Les fondations scandinaves en Occident et les débuts du duché de Normandie

Photo de couverture :
«The Golden Cross», *Liber Vitae* de New Minster, Winchester (1031),
Londres, British Library, Ms. Stowe 944, fol. 6.

ISBN : 2-902685-28-9

Colloque de Cerisy-la-Salle
(25-29 septembre 2002)

Les fondations scandinaves en Occident et les débuts du duché de Normandie

Actes publiés sous la direction de
Pierre BAUDUIN

Publications du CRAHM – Caen
2005

AVANT-PROPOS

Pierre BAUDUIN*

Le onzième colloque du cycle «Normandie médiévale» s'est tenu à Cerisy-la-Salle du 25 au 29 septembre 2002. Il a réuni une vingtaine de spécialistes venus de France, de Belgique, des îles Britanniques et de Scandinavie autour du thème «Les fondations scandinaves en Occident et les débuts du duché de Normandie». L'objectif était d'éclairer la naissance du duché de Normandie en la confrontant aux autres expériences menées par les Scandinaves dans l'Europe du Nord-Ouest aux IXe-Xe siècles. La démarche scientifique était résolument comparatiste, puisque les intervenants ont présenté leurs conclusions et débattu sur les tentatives de colonisation scandinave en Angleterre, en Écosse, en Irlande, en Frise, en Bretagne, sur la basse Loire et bien sûr en Normandie. Elle était aussi pluridisciplinaire dans la mesure où les questions ont été abordées à partir des différents champs de la recherche, en sollicitant l'historiographie, l'archéologie, la linguistique, la toponymie, l'onomastique et l'anthropologie sociale.

Comme il a été souligné dans les conclusions de ces journées, ce colloque a contribué à une nouvelle lecture de la période, en nuançant les lieux communs qui sont encore souvent attachés aux invasions vikings. Les communications ont ainsi mis en évidence les liens entre l'installation des Scandinaves et les évolutions internes des pays d'origine, les différentes réactions des sociétés concernées par l'arrivée des Scandinaves, l'insertion – réussie ou non – de ces derniers dans les structures politiques et sociales des pays d'Occident, les processus d'acculturation et les transferts culturels révélés par la christianisation, les échanges linguistiques ou les témoignages archéologiques. La double nécessité d'envisager la colonisation scandinave en Occident dans sa globalité, à l'échelle de l'Europe du Nord-Ouest, tout en tenant compte de la diversité des expériences menées dans chacun des pays concernés a pu être ainsi largement démontrée et commentée.

La Normandie se distingue par une assimilation relativement rapide au monde franc et un succès politique sur la longue durée. Les communications

* Université de Caen Basse-Normandie, CRAHM

présentées sur ce thème ont ainsi permis de préciser la chronologie et les modalités de l'installation des Scandinaves sur la basse Seine, de proposer une explication à la rareté des découvertes archéologiques vikings dans la région, de comprendre l'insertion des chefs normands au sein de l'élite franque et de s'interroger sur l'évolution des patrimoines ecclésiastiques entre le IXe siècle et la période ducale.

Il a également largement été question de la démarche scientifique quant aux sources et aux méthodes, en mettant en exergue la nécessaire relecture des sources écrites, l'urgence de nouvelles éditions de textes, l'exploitation de documents jusque-là peu sollicités, l'importance des analyses linguistiques pour comprendre les processus d'acculturation, d'échanges et d'installation des Scandinaves, les différentes interprétations possibles des témoignages archéologiques ou de leur absence.

Ce colloque est une nouvelle fois l'occasion de se féliciter de la collaboration fructueuse entre le Centre de recherches archéologiques et historiques médiévales (Centre Michel de Boüard, UMR 6577) et l'Office universitaire d'études normandes. La publication de ces actes offre aux organisateurs de cette rencontre – Pierre Bauduin (CRAHM et OUEN), Pierre Bouet (OUEN) et Claude Lorren (Directeur du CRAHM) – l'opportunité d'exprimer leur plus vive reconnaissance à l'Association des Amis de Pontigny-Cerisy pour son accueil chaleureux dans le cadre prestigieux du château de Cerisy-la-Salle (Manche), qu'elle a mis à la disposition des participants à ce colloque. Il nous est également agréable de remercier toutes les instances qui ont permis la tenue de ces journées et la publication du volume qui en est issu : la Direction régionale des affaires culturelles, le Conseil régional de Basse-Normandie, le Conseil général du Calvados, le Conseil général de la Manche, la Communauté de communes du canton de Cerisy-la-Salle, la Communauté de communes de la Hague, l'Université de Caen Basse-Normandie et la ville de Caen. Notre gratitude va enfin et surtout à tous les intervenants, venus des îles Britanniques, de Scandinavie, de Belgique et de France, dont est redevable le succès scientifique de ce colloque. Nous voudrions particulièrement honorer la mémoire du professeur Hubert Guillotel, disparu en juin 2004, dont la participation à cette rencontre, comme à d'autres organisées dans ce cycle de colloque, fut souvent l'occasion de discussions fructueuses.

Les fondations scandinaves en Occident et les débuts du duché de Normandie

Pierre Bauduin*

À partir de la fin du VIIIe siècle, les récits des annalistes et hagiographes n'en finissent plus d'égrener la longue litanie des dévastations provoquées par les Scandinaves, les villes et les églises pillées, la fuite éperdue des communautés religieuses. La venue des Vikings est alors fréquemment parée des oripeaux de la barbarie, interprétée comme une lutte entre le christianisme et le paganisme, voire comme le juste châtiment de Dieu à l'encontre des chrétiens pervertis par le péché[1]. Sans nier la rudesse du choc, les spécialistes ont maintenant, depuis plus d'une quarantaine d'années, considérablement nuancé le tableau, soulignant d'un côté que les Vikings n'eurent jamais le monopole de la violence ou de la prédation et, d'autre part, que la confrontation armée ne fut jamais le mode exclusif des relations entre les sociétés occidentales et les peuples nordiques. Ils se sont aussi attachés à replacer l'expansion scandinave dans une perspective européenne[2] en montrant notamment que la participation des Vikings à l'histoire de l'Occident ne devait pas exclusivement être pensée en terme de rupture des systèmes politiques et sociaux existant alors en Europe.

L'activité des peuples scandinaves en Occident a revêtu des modalités bien différentes dans l'espace et dans le temps. Selon le modèle établi par le professeur Lucien Musset, trois grandes phases peuvent être ainsi distinguées : aux raids ponctuels, visant principalement les établissements des régions littorales, succède une phase d'intensification de la pression viking, avec des expéditions de plus grande envergure et la perception quasi systématique de tributs, puis des entreprises de colonisation dans les îles Britanniques et sur le continent[3]. Ce schéma admet de multiples variantes locales, selon les peuples scandinaves concernés et les sociétés qu'ils ont rencontrées.

---

* Université de Caen Basse-Normandie, CRAHM

1. S. Coupland, « The Rod of God's Wrath or the People of God's Wrath? The Carolingian Theology of the Viking Invasions », *Journal of Ecclesiastical History*, 42, 4, (1991), p. 535-554.

2. N. Lund, « Allies of God or man? The Viking expansion in a european perspective », *Viator*, 20, 1989, p. 45-59.

3. L. Musset, *Les invasions,* t. 2, *Le second assaut contre l'Europe chrétienne (VIIe-XIe siècle)*, 2e éd. Paris, 1971, p. 123-148, 223-226.

Les fondations scandinaves en Occident, p. 3-9, Publications du CRAHM, 2005

Par ailleurs, l'Angleterre se singularise par le fait que dans un deuxième temps, au début du XIe siècle, ce pays connut une conquête qui aboutit à la prise du pouvoir par les rois danois.

C'est surtout la fondation des états scandinaves qui occupe les travaux de cette rencontre, en confrontant les expériences menées dans les îles Britanniques et dans le monde franc[4]. L'orientation donnée à ce colloque procède d'abord d'un choix : celui d'éclairer ces fondations du point de vue des sociétés qui les ont reçues, leur ont permis de durer ou, au contraire, les ont repoussées. Elle rejoint les préoccupations qui, ces dernières années, ont enrichi le débat sur les constructions politiques et culturelles nées de l'établissement des Scandinaves dans différentes régions de l'Occident[5]. Longtemps centré sur l'origine et le nombre des nouveaux venus, le questionnement s'est élargi à des perspectives plus générales sur l'intégration de ces populations aux cadres politiques et sociaux des royaumes occidentaux, à leur assimilation culturelle et à la production d'identités spécifiques dans les territoires concernés. La singularité des différentes expériences n'en est que mieux apparue, de même que les disparités régionales à l'intérieur d'un même espace, comme par exemple le Danelaw. Les spécialistes de cette diversité sont ainsi amenés à en rechercher les facteurs en examinant le contexte de l'installation des Vikings, les compromis élaborés avec les élites autochtones, les conditions de la construction et du maintien d'entités politiques autonomes ou celles de la constitution d'identités ethniques, sociales ou culturelles. Par là même, la documentation s'est trouvée sollicitée non plus seulement comme le témoignage passif d'une influence ou d'un legs scandinave, mais comme un facteur participant aux processus en cours.

4. Dans cette optique comparatiste, citons l'article pilote de L. MUSSET, «Pour l'étude comparative de deux fondations politiques des Vikings : le royaume d'York et le duché de Rouen», in *Essays in honour of John Le Patourel, Northern History*, vol. X, p. 40-54 (rééd. in ID., *Nordica et Normannica. Recueil d'études sur la Scandinavie ancienne et médiévale, les expéditions vikings et la fondation de la Normandie*, Paris, 1997, p. 157-171).

5. Pour un tour d'horizon historiographique récent : B. CRAWFORD, «L'expansion scandinave en Europe de l'Ouest (VIIIe-XIe siècle)», in *L'Héritage maritime des Vikings en Europe de l'Ouest*, Actes du colloque international de la Hague (Flottemanville-Hague, 30 septembre-3 octobre 1999), E. RIDEL (éd.), Caen, 2002, p. 15-32; D. DUMVILLE, «Vikings in the British Isles : a question of sources», in *The Scandinavians from the Vendel Period to the Tenth Century. An Ethnographic Perspective*, J. JESCH (éd.), Woodbridge, 2002, p. 209-240; D. HADLEY et J. RICHARDS, «Introduction : Interdisciplinary Approaches to the Scandinavian Settlement», in *Cultures in Contact : Scandinavian Settlement in England in the Ninth and Tenth Centuries*, D. HADLEY et J. RICHARDS (éd.), Turnhout, p. 3-15; D. HADLEY, «Viking and native : re-thinking identity in the Danelaw», *Early Medieval Europe*, 11, 2002, p. 45-70; J. NELSON, «England and the Continent in the Ninth Century : II, the Vikings and Others», *Transactions of the Royal Historical Society*, Sixth series, XIII, 2003, p. 1-28; A. NISSEN JAUBERT, «Some aspects of viking research in France», in *Vikings in the West*, S. STUMANN HANSEN, K. RANDSBORG (éd.), Copenhague, Munksgaard (*Acta archaeologica*, 71), 2000, p. 159-169; S. TRAFFORD, «Ethnicity, Migration Theory and the Historiography of the Scandinavian Settlement of England», in *Cultures in Contact…*, p. 17-39; *La progression des Vikings, des raids à la colonisation*, A.-M. FLAMBARD HÉRICHER (éd.), Rouen (Cahiers du GRHIS n° 14), 2003.

CONTACTS, ÉCHANGES, ALTÉRITÉ

Les textes, l'archéologie, la linguistique, la toponymie et l'onomastique témoignent d'échanges de toute nature entre le monde nordique et l'Occident, des influences réciproques qui ont pu se manifester de part et d'autre. Les données recueillies offrent chacune à leur manière des réponses aux questions soulevées par les processus d'intégration et d'acculturation, mais il convient aussi de s'interroger sur leur représentativité et les éventuelles discordances que les recherches récentes ont mises en évidence. Partant des débuts de l'implantation nordique en Écosse, James Graham-Campbell présente les différentes catégories de témoignages archéologiques (tombes, armes, bijoux, habitat rural, monuments sculptés, trésors...) permettant de considérer l'implantation scandinave en Occident et les difficultés que soulève leur interprétation.

On ne saurait comprendre les expériences menées sans envisager les échanges très divers et parfois très anciens entre ces sociétés et le monde nordique ni occulter la réalité des sociétés de départ, qui connaissent elles-mêmes de profondes transformations. D'un point de vue politique, par exemple, les VIIIe-IXe siècles, particulièrement pour le Danemark, virent l'affirmation d'un pouvoir monarchique dont les vicissitudes et les ambitions eurent une portée importante sur les rapports établis avec le monde occidental. Peut-être a-t-on également tendance à sous-estimer que les raids vikings participèrent également à une histoire diplomatique dont il convient de mieux cerner les enjeux, à la fois pour comprendre l'évolution intérieure des royaumes concernés et les relations entre les différents protagonistes impliqués. Niels Lund propose ainsi une relecture des sources annalistiques et hagiographiques pour démontrer comment les événements de 845 s'inscrivent dans une histoire des relations franco-danoises, qu'il est nécessaire d'examiner sur le long terme pour envisager les conflits d'intérêt opposant les uns et les autres en Frise, en Saxe et à l'égard des Abodrites. Il en ressort notamment une cohérence, insoupçonnée jusque-là, de la politique extérieure des rois danois pendant la première moitié du IXe siècle, qui éclaire sous un angle particulier les événements de l'Empire carolingien dans les années 830 et les premières cessions territoriales accordées à des chefs danois en Frise.

Contacts et échanges, violents ou pacifiques, ont conforté ou engendré toute une série de représentations de l'autre, parfois connotées d'images positives, mais plus souvent chargées d'un mutuel discrédit. Rappelons le contraste entre une opinion commune des auteurs occidentaux, principalement issus des milieux ecclésiastiques, qui dressent un portrait très négatif des Vikings, et les témoignages attestant les collusions entre les autorités en place et les chefs scandinaves, employés à plusieurs reprises par les rois comme auxiliaires pour combattre d'autres bandes de pirates, voire, dans l'Empire franc, pour participer aux luttes civiles opposant les descendants de Charlemagne. Delphine Planavergne s'interroge ainsi sur la valeur des *topoi* répandus dans les sources hagiographiques franques contemporaines ou postérieures aux invasions. Le propos des hagiographes n'est pas de faire une description ethnographique des Normands, mais plutôt de montrer les vertus protectrices du saint. Par ailleurs, l'insistance avec laquelle les auteurs dépeignent les Normands comme des assaillants insaisissables contribue assez largement à justifier la fuite des moines ou des clercs. Au-delà de la «rhétorique des lamentations», chère à une historiographie moderne de la question, se discerne mieux une critique de l'autorité publique défaillante, à laquelle se substitue le saint pour assurer la protection des populations. À la vérité, le tableau mérite d'être largement nuancé car, sans nier les effets dévastateurs des raids vikings et leur impact sur la désorganisation de la vie religieuse, la vision apocalyptique laissée par les sources doit être confrontée à d'autres éléments de la réalité vécue par les communautés. L'exemple des chanoines de Saint-Martin de Tours, développé par Hélène Noizet, est sur ce point éloquent. Touchée à plusieurs reprises par les assaillants, la collégiale tourangelle réussit à obtenir du souverain, en arguant des raids vikings, des domaines destinés à servir de refuge aux chanoines, qui se constituèrent ainsi un patrimoine important en Bourgogne, que l'établissement conserva jusqu'à la Révolution française.

Si la confrontation entre les deux sociétés a sans doute attisé, dans les esprits, ce qui marquait leurs différences, «l'étranger» pouvait se révéler beaucoup plus proche que ne laissent entendre les auteurs du temps[6]. Les contacts noués à l'occasion d'échanges commerciaux, de missions diplomatiques ou d'évangélisation, avaient établi une proximité qu'il ne faut pas perdre de vue lorsqu'on examine les processus d'acculturation. Il faut ainsi éviter de pousser trop loin l'antagonisme entre les sociétés d'accueil et les Scandinaves, ni sous-estimer les possibilités d'assimilation des nouveaux venus. Abordant la signification du baptême pour les chefs scandinaves, Stéphane Coviaux évoque ainsi l'attrait d'une cérémonie qui créait une parenté artificielle dont la forme n'était pas totalement inconnue des sociétés nordiques. À un autre niveau, la conversion pouvait aussi encourager l'adhésion des princes scandinaves à un modèle politico-religieux dont ils percevaient l'intérêt pour la réalisation de leurs projets politiques.

LES EXPÉRIENCES MENÉES EN OCCIDENT

Il y a également lieu de se demander si ce sont d'abord le contexte et les conditions d'exercice du pouvoir qui ont pu déterminer les opportunités, et, à plus long terme, la réussite ou l'échec des entreprises de colonisation scandinaves. En somme doit-on considérer ces dernières comme l'aboutissement logique de l'expansion des peuples nordiques à l'ouest ou comme une étape de l'histoire

6. I. WOOD, «Christian and pagan in ninth-century Scandinavia», in *The Christianization of Scandinavia*, B. et P. SAWYER, I. WOOD (éd.), Alingsås, 1987, p. 36-67, notamment p. 51-52.

interne des sociétés qui les ont reçues; les deux points de vue n'étant d'ailleurs pas forcément contradictoires. Sur ce point, il y a des réponses à attendre de la comparaison entre les différentes expériences menées en Occident. Analysée en terme de pouvoir, elle nécessite d'abord de situer l'action des Scandinaves dans les sociétés politiques des IXe-Xe siècles : le temps des fondations scandinaves, dans ce demi-siècle qui entoure l'an 900, intervient à un moment où s'opère une redistribution des forces politiques que ce soit en Angleterre, avec la formation d'une monarchie anglo-saxonne unifiée, ou dans le monde franc, avec l'éclatement de l'Empire, la naissance de dynasties nationales et l'affirmation de pouvoirs régionaux. Le rôle joué par les Scandinaves dans cette évolution est matière à un débat qui ne doit pas être uniquement présenté en terme de rupture mais aussi considérer le fonctionnement d'un ordre dans lequel les nouveaux venus ont trouvé, à un moment, l'opportunité de s'insérer. Régine le Jan met en lumière le contexte politique du royaume franc au moment où interviennent plusieurs tentatives d'installation des Scandinaves en Frise puis dans le nord-ouest de la Gaule. Alors que l'équilibre des pouvoirs entre le roi et les princes tend à se rompre, se trouve posée la question de la participation des Normands à la nouvelle donne politique et de la capacité – ou non –, pour le roi, d'établir un compromis propre à satisfaire les intérêts de chacun.

La comparaison des différentes expériences amène d'autres interrogations sur les processus d'intégration et d'acculturation des Scandinaves installés en Occident. Des deux côtés, les élites y jouèrent un rôle qu'il convient encore de préciser. De manière plus générale, il y a lieu de discuter du rôle joué par les Scandinaves dans la construction de l'identité des pays concernés, du maintien durable ou non des relations avec la Scandinavie, de l'interaction entre l'influence scandinave et la pérennité des constructions politiques mises en place par les Vikings. Sans doute cela nous amènera à nuancer les termes de réussite ou d'échec des fondations scandinaves, tant il est vrai que celles-ci ne doivent pas être jaugées uniquement à l'aune des critères politiques. À plusieurs reprises, des Scandinaves s'établirent dans le monde franc mais, à l'exception de la Normandie, aucune de ces tentatives ne déboucha sur une formation politique durable. Stéphane Lebecq analyse les raisons de cet «échec relatif» pour une région voisine du Danemark : la Frise. Cette proximité, accrue par une intensification des échanges aux VIIe-VIIIe siècles, explique assez paradoxalement les raisons pour lesquelles aucune des concessions faites par les autorités franques aux chefs scandinaves ne déboucha sur un enracinement réel des nouveaux venus dans un pays qu'ils considéraient d'abord comme «une base arrière destinée à faciliter la réalisation de leurs ambitions dynastiques au Danemark». Il est *a priori* plus surprenant d'évoquer les soubresauts dynastiques de la Norvège pour comprendre les destinées de l'implantation norvégienne en Bretagne. En établissant le parallèle entre le retour d'Alain Barbetorte en Bretagne et celui d'Håkon en Norvège, tous deux encouragés par le roi de Wessex, Athelstan, Joëlle Quaghebeur nous introduit dans un jeu géopolitique à l'échelle de l'Europe qui permet de mieux saisir l'échec final des Norvégiens.

Cette dimension européenne n'en rend que plus indispensable les comparaisons avec d'autres situations. Lesley Abrams dégage ainsi les caractères originaux de l'expérience scandinave en terre anglaise, où se combinent un échec politique et une indéniable influence culturelle doublée de la formation d'une identité anglo-scandinave. Cette dualité apparente ne doit cependant pas occulter les différences que l'on observe d'une région à l'autre, voire à l'intérieur même d'une région, et dont les facteurs sont à rechercher dans un faisceau d'indices que nous laissent entrevoir, par exemple, les modes de compromis élaborés, les rapports entre les Églises et les nouveaux venus, les formes prises par l'assimilation culturelle et les identités produites. L'exemple de l'Irlande présenté par Olivier Viron suggère qu'une longue fréquentation des sociétés indigènes n'amène pas forcément une intégration des Scandinaves qui, longtemps, demeurent des étrangers.

LES DÉBUTS DU DUCHÉ DE NORMANDIE

La singularité de l'expérience tentée au début du Xe siècle sur la basse Seine tient à la fois à l'assimilation rapide des Normands au monde franc et au maintien de l'indépendance politique sur une longue durée, près de trois siècles. La Normandie doit à son passé scandinave une composante essentielle de son identité, dont certains traits se fixent très tôt, à la charnière des Xe-XIe siècles. D'un autre côté, par bien des aspects, l'épisode des invasions vikings et l'installation des Normands dans la province ecclésiastique de Rouen ne représentent pas une rupture fondamentale dans l'histoire du pays qui – ce paradoxe a été maintes fois souligné – conserve un héritage franc plus solide que bien des principautés du royaume. Pourquoi n'y eut-il qu'une seule « Normandie »? Dans quelle mesure la particularité que nous venons d'évoquer doit-elle être nuancée? L'installation des Vikings dans ce qui devient la Normandie et leur intégration au monde franc apportent des réponses à ces questions et suscite des interprétations parfois divergentes. Jacques Le Maho aborde de manière détaillée, en exploitant les ressources de la toponymie et de l'archéologie, le contexte de la basse Seine à la fin du IXe siècle. Loin d'être abandonné par la puissance publique, cet espace apparaît sous le jour d'une vigoureuse reprise en main par les pouvoirs laïques, dont témoignent l'accueil de communautés ecclésiastiques du Cotentin et du Bessin venues chercher refuge dans la région ou le regroupement planifié des populations des *vici* portuaires de la Seine à Rouen, dont la topographie paraît alors profondément remaniée. Les lieux délaissés par leur population furent occupés par les Scandinaves, peut-être selon les termes d'un accord prévoyant un partage territorial avec les nouveaux venus au tout début du Xe siècle. De son côté, Pierre Bauduin envisage les premiers comtes normands de Rouen dans le contexte politique du royaume et s'attache particulièrement à examiner leurs relations avec l'élite franque. La fidélité, l'amitié, les liens établis par les alliances matrimoniales et la parenté spirituelle sont autant d'éléments qui concourent à une harmonisation des rapports de force et, en définitive, à l'intégration des premiers Rollonides à l'élite princière du royaume. Katharine Keats-Rohan rappelle l'importance du monachisme pour l'assimilation des nouveaux venus et leur intégration dans l'ordre social des Francs. L'étude d'une documentation jusque-là peu sollicitée par les historiens du duché, les nécrologes des abbayes normandes, suggère que c'est seulement à partir de la fin du Xe siècle que les Normands s'avérèrent prêts à intégrer le monachisme.

Anne Nissen Jaubert souligne la situation paradoxale de la Normandie, où la présence nordique est bien avérée par les textes, la toponymie et l'onomastique, alors qu'elle ne l'est pratiquement pas par l'archéologie. Longtemps incriminé, le retard de l'archéologie viking en France ne peut plus guère être invoqué. Il importe alors de considérer les raisons de ce silence archéologique, d'élargir les comparaisons à d'autres régions d'accueil, de prendre en considération les différences entre les sociétés scandinaves, de s'interroger sur les critères d'identification des matériels ou du décor et sur leur rôle comme marqueur ethnique ou culturel. Des questions de même nature se posent lorsque l'on envisage les données toponymiques. La comparaison qu'établit Gillian Fellows-Jensen entre la Normandie et le Danelaw montre, dans les deux cas, des conditions d'implantation assez proches mais des formations toponymiques inégalement représentées dans chacune des régions. Les Vikings venus s'installer dans l'une et l'autre étaient issus de contrées diverses mais, pour l'essentiel, d'origine danoise et beaucoup de ceux qui s'implantèrent en Normandie séjournèrent d'abord dans les îles Britanniques. La communication d'Åse Kari Hansen Wagner permet d'affiner cette analyse à partir d'une série toponymique particulière, celle des noms de lieux en *–tuit*, issus du mot scandinave *þveit*, utilisé en Normandie dans le sens de «défrichement suivi d'une implantation». Cette formation toponymique témoigne d'un contact de langue étendu (avec les langues scandinaves, le vieil anglais, la langue romane), attestant une nouvelle fois l'importance des relations avec l'Angleterre. Les échanges linguistiques retiennent également l'attention d'Élisabeth Ridel à partir, cette fois, des mots d'origine scandinave attestés dans les textes latins du XIe siècle. L'analyse linguistique de l'échantillon relevé (neuf mots) démontre qu'il est possible d'envisager des contacts de langue sur une chronologie longue, avec des emprunts aux langues scandinaves au moins jusque vers le milieu du XIe siècle, présageant d'une continuité d'échanges avec le monde nordique au-delà de 1025.

Les approches développées par les spécialistes de la période viking nécessitent plus que jamais une coopération entre les différentes disciplines que ce colloque aura, espérons-le, contribué à promouvoir. Elles encouragent également à poursuivre la comparaison d'une situation donnée – la Normandie était ici l'espace de référence – avec d'autres expériences et à confronter les thématiques abordées à celles envisagées pour d'autres périodes du Moyen Âge.

1ère partie

Contacts, échanges, altérité

Les traces archéologiques des peuplements scandinaves en Occident

James Graham-Campbell*

En 847, l'évêque Prudence de Troyes note, dans ce qui est maintenant connu sous le nom des *Annales de Saint-Bertin*, que :

> «Les Irlandais, assaillis par les Normands pendant plusieurs années, furent contraints à devenir «tributaires» à perpétuité. Les Normands s'assurèrent en plus la domination de toutes les îles de la côte irlandaise et y restèrent sans rencontrer la moindre résistance»[1].

Il est très intéressant de noter que les informations sur ces événements survenus en 847 en Irlande et dans l'ouest de la Grande-Bretagne atteignent Troyes, d'autant plus que les *Annales de Saint-Bertin* ne contiennent qu'une seule autre référence concernant l'Irlande, et celle-ci se rapporte à l'année suivante (848) :

> «Les Irlandais attaquèrent les Normands, remportèrent une victoire grâce à l'aide de notre Seigneur Jésus-Christ et expulsèrent ces derniers de leur terre. Ce fut alors que le roi irlandais envoya des émissaires qui apportèrent des présents à Charles [le Chauve] pour établir un traité d'amitié et d'alliance avec lui ; le roi irlandais chercha aussi à obtenir l'autorisation de traverser le royaume de Charles pour effectuer un pèlerinage à Rome»[2].

Le passage-clef est ici «le roi irlandais envoya des émissaires qui apportèrent des présents à Charles…». Tout porte ainsi à croire que Prudence avait été directement informé sur ces événements du milieu du IXe siècle, même s'ils s'étaient déroulés dans un coin perdu de l'Europe du nord-ouest, si éloigné de sa *civitas* de Troyes.

S'il est donc possible de prendre à la lettre cette notation des annales, nous pouvons alors préciser une date à la prise et à l'implantation des Vikings aux Hébrides (c'est-à-dire, les «Îles Occidentales» de l'Écosse [*The Western Isles*]

* Professeur émérite, University College London, Londres.

1. *The Annals of St-Bertin*, trad. et ann. par J. Nelson, Manchester, 1991, p. 65.
2. *Ibidem*, p. 66.

telles qu'on les nomme encore aujourd'hui). Cependant les Vikings, venus du Nord, ont appelé ces îles les *Suðreyar*, c'est-à-dire «les Îles du Sud», en raison de leur situation au sud des Orcades et des Shetland, le premier archipel écossais à être atteint pendant l'expansion norvégienne vers l'ouest.

Ce document sur l'implantation viking dans ce que l'on peut seulement considérer comme les Hébrides est d'autant plus important, que, comme le remarque Jean Renaud :

> «Les sources écossaises n'en parlent pas du tout, mais les sources irlandaises indiquent que les premières incursions scandinaves eurent lieu au cours de la dernière décennie du VIIIe siècle. Les Annales de l'Ulster les mentionnent dès 794, évoquent notamment les pillages sur l'île de Skye, et les Annales d'Innisfallen parlent de la première mise à sac de l'île d'Iona à la même date... Dès 850 les Celtes appelaient les Hébrides «Innsigall», c'est-à-dire «les îles des étrangers» : on trouve le mot employé pour la première fois dans les Annales des Quatre Maîtres. En l'absence d'autres sources écrites concernant les Shetland et les Orcades, on peut supposer que les Norvégiens avaient abordé leurs côtes avant de mettre le pied sur le sol hébridais»[3].

Le témoignage des sources irlandaises est donc clair à deux égards : d'abord, les incursions visant les monastères hébridais et irlandais commencent vers la fin du VIIIe siècle; deuxièmement, les Hébrides passent sous le joug scandinave vers le milieu du IXe siècle, tout comme l'affirme Prudence dans les *Annales de Saint-Bertin*.

Qui plus est, la présence norvégienne dans les archipels est confirmée, sur le plan archéologique, par les résultats de ma propre recherche sur la datation de la première implantation scandinave en Écosse. Cette recherche a été conduite à partir de deux types de témoignages : premièrement, par l'étude des enterrements païens (d'hommes et de femmes, entièrement vêtus, portant leurs parures et accompagnés de leurs armes ainsi que d'autres objets funéraires) et, deuxièmement, par la découverte du peu que l'on sait de leurs habitations. Elle a démontré que l'implantation permanente commence, non pas autour de 800 – comme on l'affirme souvent – mais plutôt vers le milieu du IXe siècle. Avant de prendre quelques exemples, il importe d'abord de considérer quelques hypothèses courantes concernant le processus d'implantation (non documentée celle-ci) aux Orcades.

J'ai ailleurs remis en question, dans deux communications récentes[4], l'idée que la première présence permanente des Scandinaves aux Orcades n'a pas été le résultat d'une prise de possession du territoire effectuée en force par

3. J. RENAUD, «Les Vikings dans les archipels écossais», in *Les Mondes Normands (VIIIe-XIIe s.)*. Actes du deuxième congrès international d'archéologie médiévale (Caen, 2-4 octobre 1987), H. GALINIÉ (éd.), Caen, 1989, p. 61.

4. J. GRAHAM-CAMPBELL, «The Vikings in Orkney», in *The Faces of Orkney. Stones, Skalds and Saints*, D. J. WAUGH (éd.), Édimbourg, 2003, p. 128-137; ID., «The Vikings and the Earldom of Orkney», in *La Progression des Vikings, des raids à la colonisation*, A.-M. FLAMBARD HÉRICHER (éd.), Rouen (*Cahiers du GRHIS*, n° 14), 2003, p. 71-82.

les Vikings, mais plutôt celui d'une pénétration graduelle, au cours d'une période décrite comme une *phase d'établissement « informelle »*. Celle-ci aurait impliqué une phase de coexistence, ou même d'intégration, entre les Pictes indigènes et les tout premiers colons norrois.

On a également suggéré que la première phase d'établissement norrois aux Orcades avait impliqué la prise d'éperons (c'est-à-dire en anglais, « *ness-taking* » ou la fortification des promontoires) afin de créer des bases pour les raids, ainsi que l'occupation de petites îles isolées de la côte dans le même but. Cependant, aucun site de ce type n'a été encore id, et le fait est que tous les établissements d'époque viking découverts dans les archipels écossais ont été trouvés sur des sites antérieurement occupés durant la période picte.

Plus récemment, Simon Buteux a avancé l'hypothèse d'établissements norrois aux Orcades sous la forme d'un processus en trois phases[5]. Dans l'état actuel de nos connaissances, ce nouveau modèle suscite bien des commentaires. Il distingue :

– Une *phase pionnière* de contact, de pillage et de commerce, avec peut-être certaines occupations et/ou l'établissement de bases hivernales sur une terre restée sous le contrôle des Pictes.

– Une *phase de consolidation*, durant laquelle des habitats permanents ont été établis, mais où la culture picte a largement survécu.

– Une *phase d'établissement* pendant laquelle toutes les institutions de culture picte furent pratiquement remplacées par d'autres ayant un caractère norrois à part entière.

La deuxième phase *de consolidation*, qui aurait eu lieu durant le milieu du IXe siècle, marque le tournant de ce processus, avec le déplacement, par les Nordiques, de l'aristocratie picte et l'appropriation des domaines stratégiques, ainsi que de la main-d'œuvre. Bien que la phase finale *d'établissement*, avec la création du Comté des Orcades (*the Earldom of Orkney*), ait eu pour conséquence « la submersion politique, linguistique, culturelle et sociale »[6] des Pictes des Orcades, quelques documents attestent de la survie limitée de l'Église picte.

Les indices archéologiques pour la « *phase pionnière* de contact, de pillage et de commerce » entre la Scandinavie et les îles Britanniques revêtent donc la forme non pas de la fortification des promontoires, mais d'objets des VIIIe et IXe siècles provenant de Grande-Bretagne et d'Irlande trouvés dans des tombes païennes en Scandinavie, particulièrement des fragments d'objets ecclésiastiques transformés en parures personnelles, comme par exemple les découvertes, nouvellement publiées[7], provenant de la tombe d'une femme

5. S. BUTEUX, *Settlements at Skaill, Deerness, Orkney. Excavations by Peter Gelling of the Prehistoric, Pictish, Viking and Later Periods, 1963-1981*, Oxford, British Archaeological Reports, British Series 260, 1997, p. 261-264.

6. F. T. WAINWRIGHT, « The Scandinavian settlement », in *The Northern Isles*, F.T. Wainwright (éd.), Édimbourg, 1972, p. 162.

7. L. F. STENVIK, *Skei – et maktsenter fram fra skyggen*, Trondheim, Vitark 2, Vitenskapsmuseet, NTNU, 2001 ; J. GRAHAM-CAMPBELL, « National and regional identities : the "glittering prizes" », in *Pattern and Purpose in Insular Art. Proceedings of the Fourth International Conference on Insular Art, Cardiff, 3-6 September 1998)*, M. REDKNAP, N. EDWARDS, A. LANE ET J. KNIGHT (éd.), Oxford, 2001, p. 27-32.

Fig. 1 : La monture irlandaise convertie en broche trouvée dans l'inhumation féminine à Skei (Trøndelag), en Norvège (Cliché P.E. Fredriksen, NTNU Vitenskapsmuseet, Trondheim).

riche dans l'ouest de la Norvège, à Skei en Trøndelag. La tombe date d'environ 800 et elle témoigne donc nettement de la *phase pionnière* avec une lampe provenant d'Irlande, sous forme d'un bol de bronze triangulaire ; une louche provenant également d'Irlande ; un seau finement décoré, d'éventuelle manufacture picte ; et une monture (très probablement issue d'un objet ecclésiastique) convertie en broche de femme (fig. 1).

On se fait une idée claire de l'étendue de l'implantation scandinave en Grande-Bretagne et en Irlande par l'étude des noms des lieux qui démontre, par exemple, l'existence de colonies rurales nombreuses dans le nord et l'ouest de l'Écosse ; on remarquera surtout que quasiment tous les noms de lieux des Orcades et des Shetland sont d'origine purement scandinave[8].

Examinons plutôt les témoignages archéologiques de la colonisation scandinave relevés dans les tombes païennes, avec leurs armes et leurs bijoux, et dans les habitations. Les tombes de riches Vikings sont facilement reconnaissables par les armes qu'elles peuvent contenir : leurs belles épées (fig. 2) et leurs lances, leurs haches et leurs boucliers, bien que ceux-ci ne sont habituellement représentés que par leurs umbos en fer, étant donné que les planches en bois se sont le plus souvent décomposées sous terre, lorsqu'elles n'ont pas été incinérées dans le cas de rites crématoires, les deux formes d'enterrement étant en vigueur en Scandinavie pendant l'âge des Vikings. Pourtant, la crémation n'est pas une pratique très courante chez les Vikings de l'ouest, bien que quelques exemples soient connus en Écosse et pour un cimetière au cœur de l'Angleterre, à Heath Wood (Ingleby), où des tertres peu élevés couvrent des incinérations de colons danois[9].

---

8. G. FELLOWS-JENSEN, « Viking settlement in the Northern and Western Isles – the place-name evidence as seen from Denmark and the Danelaw », in *The Northen and Western Isles in the Viking World. Survival, Continuity and Change*, A. FENTON et H. PÁLSSON (éd.), Édimbourg, 1984, p. 148-168.

9. J. D. RICHARDS, *Viking Age England*, Stroud, 2000, p. 146-149.

Fig. 2 : Poignée d'une épée trouvée dans une sépulture d'un guerrier viking sur l'île d'Eigg (Hébrides), en Écosse (cliché National Museums of Scotland).

Fig. 3 : Une d'une paire de fibules ovales en bronze trouvée dans une inhumation féminine sur l'île d'Oronsay en Écosse.

Un homme aurait pu porter une broche ou une épingle pour agrafer son manteau et d'autres objets – tels que les outils de forgeron, un harpon, une corne à boire ou encore, peut-être, des pièces de jeu – avoir été déposés dans sa tombe. Les femmes et les hommes pouvaient aussi être enterrés dans des bateaux – comme à Scar et à Westness aux Orcades – et aux Hébrides, à Kiloran Bay (Colonsay), où il y a la tombe bien connue d'un homme enterré avec son bateau et son cheval[10]. L'on connaît aussi des sépultures-bateaux sur l'île de Man, dont deux où l'homme est accompagné d'une femme qui ne porte ni parure ni mobilier funéraire et il peut s'agir, dans ce cas, d'une esclave sacrifiée[11].

Au cours des IXe et Xe siècles, en Scandinavie, la plus belle robe d'une femme – celle portée par exemple pour son enterrement – était agrafée par une paire de fibules ovales en bronze (fig. 3), mais une femme pouvait également avoir un collier de perles en verre et une broche (ou une épingle) supplémentaire pour agrafer son manteau. Il arrivait encore qu'une femme soit enterrée avec des outils de tissage, car la fabrication du tissu de laine incombait essentiellement aux femmes, non seulement pour les vêtements mais aussi pour les voiles des bateaux vikings.

Ce sont cependant les fibules ovales en bronze qui constituent l'indice le plus évident de l'enterrement de femmes vêtues à la manière scandinave car

10. J. GRAHAM-CAMPBELL et C. E. BATEY, *Vikings in Scotland. An Archaeological Survey*, Édimbourg, 1998 ; A. ALLEN, « Archéologie des sépultures à bateaux dans les Orcades », in *L'Héritage maritime des Vikings en Europe de l'Ouest*, É. RIDEL (éd.), Caen, 2002, p. 247-266.

11. G. BERSU et D. M. WILSON, *Three Viking Graves in the Isle of Man*, Londres, 1966.

elles représentent un mode d'habillement tout à fait distinct de ce qui se portait dans n'importe quelle autre région de l'Occident à cette époque, bien que les modes locales semblent avoir été vite adoptées par les colons. Cette adoption des modes d'habillement locales nous aide à expliquer la rareté des traces d'inhumations féminines en France, quoiqu'il existe, bien sûr, la belle paire de fibules de la sépulture de Pîtres (Eure), au confluent de l'Andelle et de la Seine[12]. On a récemment affirmé qu'« elles proviennent de la seule tombe de femme viking connue entre le Rhin et les Pyrénées »[13], car il semble que l'autre paire conservée en Normandie provienne d'une collection scandinave de XIXe siècle. Mais, à titre de comparaison, une seule paire de telles broches n'est attestée à ce jour en Angleterre, en provenance du sud du Danelaw, c'est-à-dire de la région d'implantation danoise au sud du fleuve Humber[14].

Des armes scandinaves ont été trouvées dans les fleuves en France comme en Angleterre, mais une seule tombe de guerrier viking a été découverte en France – la sépulture de l'île de Groix (Morbihan), sur la côte sud de la Bretagne[15]. Elle date du Xe siècle et est celle d'un chef incinéré à bord d'un bateau d'une longueur estimée entre 12 et 14 m, dont il ne reste que les rivets et des éléments en fer provenant peut-être de l'ornement de la poupe. Aux ossements calcinés du guerrier s'ajoutent ceux d'une femme plus jeune, peut-être une esclave sacrifiée.

On a retrouvé, dans cette sépulture, les fragments de deux épées (dont une avec un décor en argent), de trois fers de lance, de plusieurs pointes de flèches, de deux tranchants de hache et de 21 umbos de boucliers. Parmi les outils, on remarque par exemple une enclume et des tenailles. Il y avait aussi une bague en or et deux agrafes en argent, des boucles, un chaudron en fer et un autre en bronze, avec les éléments décoratifs, et des pièces de jeu en bois de cerf et en ivoire de morse.

Il semble donc que l'île de Groix servit de base pour un chef viking, de même que nous savons que les flottes vikings se servaient d'îles pour établir des bases sur la Seine et, ceci est bien connu, sur l'île monastique de Noirmoutier, à l'embouchure de la Loire.

La même pratique s'observe en Irlande où les annales attestent l'occupation d'îles et de monastères lors des hivernages des flottes et des armées

12. P. PÉRIN, « Les objets vikings découverts en Haute-Normandie », in *Les Vikings en France*, *Dossiers d'Archéologie*, 277, octobre 2002, p. 18-22.

13. P. PÉRIN, « Les objets vikings du musée des antiquités de la Seine-Maritime, à Rouen », in *Recueil d'études en hommage à Lucien Musset*, Caen, Cahiers des Annales de Normandie 23, p. 163-166 et 175-178.

14. J. GRAHAM-CAMPBELL, « Pagan Scandinavian burial in the central and southern Danelaw », in *Vikings and the Danelaw. Select Papers from the Proceedings of the Thirteenth Viking Congress*, J. GRAHAM-CAMPBELL, R. HALL, J. JESCH ET D.N. PARSONS (éd.), Oxford, 2001, p. 110-111.

15. M. MÜLLER-WILLE, « Das Schiffsgrab von der Ile de Groix (Bretagne) – Ein Exkurs zum "Boot-kammergrab von Haithabu" », *Berichte über die Ausgrabungen von Haithabu* 12, 1978, p. 48-84 ; L. TARROU, « La sépulture à bateau viking de l'île de Groix (Morbihan) », in *Les Vikings en France*, p. 72-79.

vikings à partir de 840 environ, bien que l'on sache qu'elles ont parfois créé leurs propres défenses, assez simples, sous forme de remparts de terre. En ce qui concerne Dublin, il se peut bien que la première base d'hiver fut le monastère irlandais de Kilmainham, sur la Liffey, en amont de ce qui allait devenir, au xe siècle, le centre de la ville même de Dublin, à l'embouchure du fleuve[16].

Un modèle identique se rencontre en Angleterre où les Vikings établissent leur toute première base d'hiver, en 850, dans l'île de Thanet, au large de la côte du Kent, puis, dans les années 860, lorsque la «grande armée danoise» étend ses ravages, établissant chaque année un quartier d'hiver différent et saisissant souvent dans ce but une ville fortifiée. Mais, pour l'hiver 873/874, la «grande armée» choisit l'emplacement du monastère anglo-saxon de Repton où le professeur Biddle et son épouse ont découvert un fossé défensif qui incorpore l'église en pierre pour servir de bâtiment destiné à garder l'entrée[17]. Dans cet enclos, il y avait plusieurs tombes païennes et, en dehors, une fosse commune contenant les restes d'au moins 249 personnes dont environ 80 % étaient des hommes. En sus des os il y avait cinq pièces qui nous permettent de dater cette sépulture exceptionnelle de 874 environ.

On attendrait des armées vikings sur le continent qu'elles se comportent de la même façon. Il n'est donc pas surprenant de supposer que ce fut une armée opérant en Bretagne pendant la première moitié du xe siècle qui fortifia de nouveau les défenses du Camp de Péran, où quantité d'objets en fer de type viking ont été trouvés – et pas seulement des armes : chose passionnante, on a aussi retrouvé un «penny» en argent, frappé pour les Vikings à York au début du xe siècle[18]. Si les Vikings ont tenu ici une position défensive, la destruction des remparts du Camp de Péran résulta sans doute de l'attaque d'Alain Barbetorte en 936.

Sur d'autres aspects, je laisserai à Olivier Viron le sujet des fondations scandinaves en Irlande, y compris pour la ville de Dublin, ainsi qu'à Lesley Abrams celui des fondations scandinaves en Angleterre, notamment le royaume de York. Je m'occuperai plutôt ici des témoignages archéologiques laissés par les habitations rurales en Grande-Bretagne et en Irlande. Il y a malheureusement peu à dire pour éclairer le cas de la Normandie. On a récemment fouillé un site rural en Irlande, non loin de la région au sud de Dublin, et ses bâtiments en bois ressemblent d'assez près aux maisons de la ville de Dublin[19]. En

16. R. Ó Floinn, «The archaeology of the early Viking Age in Ireland», in *Ireland and Scandinavia in the Early Viking Age*, H.B. Clarke, M. Ní Mhaonaigh et R. Ó Floinn (éd.), Dublin, 1998, p. 131-165.

17. M. Biddle et B. Kjølbye-Biddle, «Repton and the «great heathen army», 873-4», in *Vikings and the Danelaw*, p. 45-96.

18. J.-P. Nicolardot, *Le Camp de Péran de la bêche à l'épée*, Saint-Brieuc, 1991 ; Id., «Le Camp de Péran et les Vikings en Bretagne», in *Les Vikings en France*, p. 60-69.

19. J. Ó Néill, «A Norse settlement in rural County Dublin», *Archaeology Ireland* 13, 4, Winter 1999, p. 8-10.

revanche, le seul site de ce genre à avoir été fouillé sur l'île de Man comporte une paire de longs bâtiments rectangulaires à côtés bombés, avec des murs en terre et en pierre, et des pignons en bois; on relève aussi un bâtiment circulaire construit selon la tradition indigène qui nous montre qu'il s'agit ici d'une ferme d'exploitation réoccupée par les Vikings[20].

De telles salles appartiennent à la tradition de l'architecture du nord de la Scandinavie et sont bien comparables au style des 12 sites de même nature déjà connus pour l'Écosse scandinave, dont le plus célèbre reste celui de Jarlshof dans les Shetland[21]. De tels bâtiments sont aussi connus dans les colonies norroises aux îles Féroé et en Islande.

En revanche, la tradition danoise prônait la construction en bois, mais peu de constructions ont été tout aussi magnifiques que celles des forteresses vikings les plus connues[22]. Cette utilisation du bois par des constructeurs danois nous aide à comprendre pourquoi nous en savons si peu sur les établissements ruraux des Danois en Angleterre – comme en Normandie, selon toute probabilité – bien que le nord de l'Angleterre nous fournisse au moins des monuments en pierre à côtés bombés, sculptés au Xe siècle, qui, comme des maisons symboliques pour couvrir les morts, semblent refléter la forme des maisons des vivants. De même, les guerriers vikings représentés sur quelques croix scandinaves en pierre reflètent la conversion des colons au christianisme[23] – et donc, bien sûr, l'abandon des rites d'enterrement païens, comme cela fut aussi le cas en Normandie.

Au Danemark, il n'y avait aucune tradition de monuments sculptés en pierre avant la conversion au christianisme et le célèbre monument que le roi Harald à la Dent Bleue fit ériger à Jelling, vers 965, avec son inscription runique, son dessin d'un lion enlacé par un serpent, et sa représentation de la Crucifixion. En Angleterre, sous le règne du roi danois, Knut le Grand, durant la première moitié du XIe siècle, c'était encore une nouvelle mode pour l'art viking. Le plus bel exemple est une pierre du cimetière de Saint-Paul à Londres, avec une inscription runique et une bête (accompagnée d'une autre plus petite), qui s'inspire du lion sur la pierre de Jelling, à la manière du style de Ringerike[24].

Mais il n'y a pas de pierres runiques authentiques en France, ni d'art viking, sauf sur des objets d'origine scandinave comme les fibules de Pîtres et l'épée damasquinée de l'île de Groix.

---

20. M. CUBBON, «The archaeology of the Vikings in the Isle of Man», in *The Viking Age in the Isle of Man. Select papers from The Ninth Viking Congress, Isle of Man, 4-14 July 1981*, C. FELL, P. FOOTE, J. GRAHAM-CAMPBELL et R. THOMSON (éd.), Londres, 1983, p. 18-19.

21. J. GRAHAM-CAMPBELL et C. E. BATEY, *Vikings in Scotland*; S. STUMMANN HANSEN, «Viking settlement in Shetland. Chronological and regional contexts», *Acta Archaeologica*, 71, 2000, p. 87-103; O. OWEN, «Les Vikings en Écosse : quel type de maison les colons vikings construisaient-ils?», in *L'Héritage maritime...*, p. 137-170.

22. H. SCHMIDT, *Building Customs in Viking Age Denmark*, Copenhague, 1994.

23. J. T. LANG, «The hogback : a Viking colonial monument», *Anglo-Saxon Studies in Archaeology and History* 3, 1984, p. 85-176; R. N. BAILEY, *Viking Age Sculpture in Northern England*, Londres, 1980.

24. D. M. WILSON et O. KLINDT-JENSEN, *Viking Art*, Minneapolis, 1980, pl. XLIX et LVIII, A.

Fig. 4 : Une bague en or trouvée sur la petite île de Fladda-chùain (près de Skye), en Écosse (cliché National Museums of Scotland).

Il reste une catégorie de témoignages archéologiques pour considérer l'implantation scandinave en Occident ; c'est celle fournie par des bagues et des broches en argent et en or dont les Vikings aimaient se parer (fig. 4). Ces beaux objets sont bien connus en Grande-Bretagne et en Irlande (comme en Scandinavie) et on les retrouve, soit compris dans un trésor, quelquefois avec des pièces d'argent, soit isolés.

On pense, par exemple, au trésor découvert à Skaill (aux Orcades) pesant 8 kg d'argent et qui fut enfoui vers 950/960[25]. Mais le plus grand des trésors vikings découverts en Occident fut trouvé, en 1840, à Cuerdale au nord-ouest de l'Angleterre. Ce trésor, qui pèse environ 40 kg, fut déposé vers 905 et la majeure partie des objets en argent avait été hachée pour être utilisée comme « monnaie »[26]. D'autre part, le trésor comprenait environ 7500 pièces d'argent dont une partie se répartit en deux groupes représentant chacun le butin de deux incursions vikings dans le *Regnum Francorum*. Le plus important des deux comporte environ 900 pièces provenant de France occidentale (vallée de la Loire), peut-être le produit du butin fait lors du raid viking en Aquitaine en 898. L'autre groupe provient du territoire des Francs orientaux et fut ramené à la suite d'une incursion contre les Pays-Bas au début du Xe siècle.

Des trésors vikings ont été découverts récemment aux Pays-Bas ; le plus important, qui date au milieu du IXe siècle, fut déposé à Westerklieff[27], qui était

25. J. GRAHAM-CAMPBELL, *The Viking-Age Gold and Silver of Scotland (AD 850-1100)*, Édimbourg, 1995, p. 34-48.

26. *Viking Treasure from the North West. The Cuerdale Hoard in its Context*, J. GRAHAM-CAMPBELL (éd.), Liverpool, National Museums and Galleries on Merseyside Occasional Papers, Liverpool Museum 5, 1992.

27. J. C. BESTEMAN, *Vikingen in Noord-Holland? De silverschat van Wieringen in het licht van de Noormanneninvallen*, Haarlem, Archeologische publicatie Provincie Noord-Holland 1, 1997 ; ID., « Viking silver on Wieringen. A Viking Age silver hoard from Westerklief on the former isle of Wieringen (Province of North Holland) in the light of the Viking relations with Frisia », in *In Discussion with the Past. Archaeological Studies presented to W. W. van Es*, H. SARFATIJ, W. J. H. VERWERS et P. J. WOLTERING (éd.), Zwolle, 1999, p. 253-266.

à cette époque sur une petite île sur la côte (Wieringen). Mais, en Normandie, il n'y a pas de bagues ni de trésors vikings comparables à ceux-ci, seulement des trésors composés de monnaies, dont celui de Fécamp, qui est très important (environ 9000 pièces), déposé vers 980[28].

En supposant que les Vikings de Normandie eussent été chrétiens, qu'ils n'eussent pas écrit pas en runes et n'eussent pas utilisé l'art de leurs patries, que les femmes eussent choisi les modes carolingiennes et les hommes abandonné leurs bagues, il y aurait très peu de traces archéologiques de caractère scandinave attestant de l'implantation des Vikings en France[29], sauf les armes découvertes dans les fleuves apportées par les bateaux vikings pendant les incursions[30].

28. F. DUMAS-DUBOURG, *Le Trésor de Fécamp et le monnayage en France occidentale pendant la seconde moitié du xᵉ siècle*, Paris, 1971.

29. E. ROESDAHL, «What may we expect? On the problem of Vikings and archaeology in Normandy», in *La Progression des Vikings...*, p. 207-211.

30. P. PÉRIN, «Les objets Vikings», p. 166-169, 175-176 et 179-188; L. MAZET-HARHOFF, «Sur la trace des Vikings en Haute-Normandie : problématique», in *La Progression des Vikings...*, p. 131-133.

L'AN 845 ET LES RELATIONS FRANCO-DANOISES DANS LA PREMIÈRE MOITIÉ DU IXe SIÈCLE

Niels LUND*

Mon propos ici est de démontrer la cohérence de la politique extérieure d'Horik, qui régna sur le Danemark seul ou avec d'autres rois entre 814 et 854, à l'égard de l'empire et des royaumes francs, et la qualité de l'information et des témoignages sur lesquels elle s'est fondée. Ceci implique un nouvel examen des événements marquants de l'an 845, qui vit un certain Ragnar attaquer Paris et d'autres villes, et Horik envoyer une flotte sur l'Elbe contre les Saxons. Hambourg fut aussi attaquée – mais par qui? Les sources de cet événement et des négociations qui ont suivi la guerre sont très ambiguës, mais si l'on admet que les *Miracles de saint Germain* ne sont pas fiables même lorsqu'ils citent Kobbo et d'autres témoins oculaires, certains événements sont plus vraisemblables qu'ils ne le sont apparus jusqu'ici.

En 845, Paris et Hambourg furent toutes deux mises à sac par les Vikings. Au mois de mars de cette même année, une flotte de 120 navires menée par un certain Ragnar, ou *Reginheri*, remonta la Seine et gagna Paris la veille de Pâques, le 28 mars. Selon les *Annales de Saint-Bertin*, ils rencontrèrent peu de résistance sur leur trajet et furent alors en mesure de se livrer à des pillages sur les deux rives du fleuve avant d'atteindre Paris. Quand ils entrèrent dans Paris, ils furent payés pour sortir de la ville. Alors, ils « dévastèrent toutes les régions côtières, les pillèrent et y mirent le feu »[1]. Les *Annales de Xanten* renvoient probablement à ce saccage plutôt qu'à tout autre acte malveillant commis à Paris entre la veille de Pâques et le moment où ils furent payés pour quitter la ville, lorsqu'elles mentionnent qu'en dépit du paiement par Charles de plusieurs milliers de livres d'or et d'argent, les monastères de plusieurs saints furent détruits et de nombreux chrétiens capturés[2]. Les *Annales de Fulda* confirment cette

* Professeur, Institut for Historie, Université de Copenhague.

1. *Annales Bertiniani*, in *Quellen zur karolingischen Reichsgeschichte*, zweiter Teil, R. RAU (éd.) Darmstadt, 1969/1972, p. 64-66.

2. *Annales Xantenses*, in *ibidem*, p. 346-348.

information : ayant reçu le paiement de Charles, les Vikings quittèrent Paris pacifiquement, mais livrèrent trois batailles en Frise, perdant les deux premières, mais gagnant la dernière, et tuèrent un grand nombre d'hommes. Nous apprenons également qu'ils «détruisirent un *castellum*[3] en Saxe, appelé Hambourg, et revinrent dans leur pays, non sans punition[4]». Cette attaque est décrite de façon plus détaillée au chapitre 16 de la *Vie de saint Ansgar* par Rimbert. Les Vikings apparurent comme un coup de tonnerre dans un ciel serein et pillèrent la *civitas* et le *suburbium* pendant trois jours. La cathédrale d'Ansgar de même que le monastère furent détruits par le feu[5].

Il semble parfaitement clair, d'après ceci, que Ragnar, après avoir été payé à Paris, se dirigea vers son pays natal en pillant les côtes de la Seine à l'Elbe, couronnant son raid par la mise à sac de Hambourg. Ce sac de Hambourg a cependant été confondu avec d'autres événements de cette année-là. D'après les *Annales de Saint-Bertin*, en cette même année, «Horik, roi des Normands, envoya 600 navires sur l'Elbe en Germanie contre Louis. Les Saxons leur firent barrage, et quand la bataille fut livrée, avec l'aide de notre Seigneur Jésus Christ, ils remportèrent la victoire». Les événements suivants ne sont pas établis avec certitude. L'auteur, Prudence, poursuit en disant que, sur le chemin du retour, *unde digressi*, ils attaquèrent et conquirent une certaine ville appartenant aux Slaves, *Sclavorum quandam civitatem*[6]. La plupart des commentateurs ont supposé qu'il s'agissait là d'une référence aux Danois, et que cette «ville appartenant aux Slaves» était Hambourg. Janet Nelson va jusqu'à invoquer les *Annales de Fulda* dans ce sens[7], même si cette source fait clairement apparaître l'attaque sur Hambourg comme l'événement final du retour de Ragnar de Paris. La tournure grammaticale du passage entier suggère aussi fortement que ce ne sont pas les Danois, mais les Saxons qui attaquèrent cette ville slave à leur retour de la bataille. Le sujet de la phrase commençant par *Unde digressi* doit être le même que celui de la phrase précédente : *Saxones*. Louis avait écrasé les Abodrites au cours d'une bataille l'année précédente, d'après les *Annales de Fulda*, et, d'après les *Annales de Xanten*, les Abodrites rompirent leur allégeance à Louis au moment où il leur tourna le dos[8]. À l'évidence, nous devons bien distinguer l'attaque de Horik sur la Saxe des

3. Une cité épiscopale dans son enceinte; J. F. NIERMAYER, *Mediae latinitatis lexicon minus*, Leiden, 1993, p. 154.

4. *Annales Fuldenses*, in *Quellen zur karolingischen Reichsgeschichte*, dritter Teil, R. RAU (éd.) Darmstadt, 1960/1975, p. 32.

5. RIMBERT, *Vita Anskarii*, in *Quellen des 9. und 11. Jahrhunderts zur Geschichte der Hamburgischen Kirche und des Reiches*, W. TRILLMICH et R. BUCHNER (éd.), Darmstadt, 1978, p. 50-52.

6. *Annales Bertiniani*, p. 66 : *Nortmannorum rex Horicus sexcentas naves per Albim fluvium in Germaniam adversus Hludovicum dirigit. Quibus Saxones occurrentes, commisso proelio, domini nostri Iesu Christi auxilio victores efficiuntur. Unde digressi, Sclavorum quandam impetunt et capiunt civitatem.*

7. *Annales Bertiniani*, p. 61, note 3

8. *Annales Xantenses*, année 844, p. 346.

activités de Ragnar sur les régions côtières culminant avec le sac de Hambourg[9].

D'après les *Annales de Fulda*, les Vikings ne quittèrent pas Hambourg «impunis» (*nec inulti*). Provenant de Francie orientale et vraisemblablement compilée à Mayence[10], cette source pourrait être considérée comme la plus fiable concernant les événements qui ont eu lieu en cet endroit. Cependant, plus on s'éloigne de Hambourg, mieux les annalistes semblent être informés des événements qui s'y déroulèrent. Les *Annales de Xanten*, écrites près de Nimègue par Gerward, ancien bibliothécaire de la cour de Louis le Pieux, signalent que Ragnar et son armée furent frappés par une immense pestilence, *ingenti clade*, à laquelle Ragnar lui-même succomba comme en décida le Seigneur. Les survivants recherchèrent l'aide divine par tirage au sort et la trouvèrent, non auprès de leurs propres dieux païens, mais du dieu chrétien. En signe de pénitence, les Danois et leur roi[11] s'abstinrent de viande et d'hydromel pendant quinze jours, et lorsque la peste cessa de sévir, ils renvoyèrent tous les chrétiens qui étaient détenus au Danemark.

Les *Annales de Saint-Bertin*, écrites à Troyes par Prudence (à la tête de cet évêché depuis 843) – et de ce fait elles ne sont plus une source officielle[12] – témoignent aussi de ce que les Danois subirent la vengeance divine, alors qu'ils avaient auparavant servi à Dieu d'instrument pour châtier les Francs livrés au péché. Après avoir mis à sac un certain monastère, de toute évidence à la fin de leur raid sur les régions côtières entre la Seine et l'Elbe – et donc vraisemblablement sur Hambourg – ils furent «frappés par le

9. Les *Annales de Xanten* contribuent à rendre le problème plus confus. Après avoir consigné les événements concernant le royaume de Charles, la destruction de plusieurs monastères et la capture de nombreux prisonniers chrétiens, elles poursuivent à propos des activités de Louis en 845 : *his ita gestis*, Louis rassembla une grande armée et marcha contre les Wendes. Il manque un lien logique, ou une raison pour laquelle Louis ne pouvait pas attaquer les Wendes avant que Ragnar et sa flotte ne quittent le royaume de Charles, et il est très difficile de s'en faire une idée. L'action de Louis contre les Wendes ne dépendit pas de ce que Ragnar fit après avoir quitté Paris, même s'il finit par attaquer Hambourg, événement qui n'est pas mentionné dans les *Annales de Xanten*. L'expression *his ita gestis* est plus vraisemblablement la trace d'une compilation maladroite, renvoyant à un élément des sources du compilateur.

Les *Annales de Xanten* signalent ensuite que, après avoir été mis au courant de l'expédition de Louis contre les Wendes, les «Gentils» envoyèrent des émissaires en Saxe avec des présents et des otages et demandèrent la paix. Louis la leur accorda, puis ils quittèrent la Saxe, sans doute pour Ratisbonne. Ceci semblerait être une réaction sensée de la part des Abodrites, mais pourquoi les Danois demanderaient-ils la paix au moment où ils entendent parler d'une attaque saxonne sur les Wendes? N'est-il pas plus plausible que les «Gentils» auxquels il est fait référence soient les Abodrites plutôt que les Danois? Ils étaient également des païens, après tout. Et les *Annales de Xanten* mentionnent la sanction appliquée aux païens et la mort de Ragnar seulement après que les Abodrites eurent résolu leurs différends avec Louis.

10. Les *Annales de Fulda* ont longtemps été considérées comme étant les annales plus ou moins officielles du royaume de la Francie orientale, et les années 838-864 ont été attribuées à un certain Rudolf, moine et érudit de Fulda. Comme le montre Timothy Reuter (*The Annals of Fulda*, trad. et com. par T. REUTER, Manchester, 1992), les fondements de ces affirmations sont très fragiles.

11. Les *Annales de Xanten* appellent ce roi Rorik, alors que le roi du Danemark était Horik Ier.

12. *The Annals of St-Bertin*, trad. et com. par J. NELSON, Manchester, 1991, p. 9.

jugement divin et en restèrent soit aveugles, soit déments, et ils souffrirent si sévèrement que très peu d'entre eux seulement purent s'échapper pour témoigner aux autres de la puissance de Dieu». Quand Horik l'apprit, il fut si impressionné «qu'il envoya des émissaires au roi Louis pour engager des pourparlers de paix, et se tint prêt à libérer tous les prisonniers et à faire tout son possible pour restituer tous les trésors volés».

La vengeance divine sur Ragnar et ses compagnons fut aussi connue à Paris, à Saint-Germain-des-Prés. Les petites annales de ce monastère sont concises au sujet des événements, car, en 845, elles établissent simplement que les Normands vinrent à Paris pour la première fois[13]. Parmi les miracles accomplis par saint Germain, en revanche, on trouve une version de l'épidémie de peste ou de quelque autre catastrophe qui frappa les Vikings à la fin de leur raid. Elle constitue une partie d'un récit détaillé des actions des Vikings sur Paris, et en particulier à Saint-Germain-des-Prés, avant qu'ils ne soient payés par Charles le Chauve pour quitter la ville[14]. Mais quelle est l'étendue des ravages que provoquèrent les Vikings à Paris avant que Charles ne paie?

Lorsque les moines de Sainte-Geneviève furent informés de l'arrivée des Vikings en 845, ils déplacèrent les reliques de leur sainte patronne à Draveil, à quelque 20 kilomètres en amont de la Seine à vol d'oiseau. Quand les Normands conclurent leur traité avec les Francs, les moines revinrent à Paris avec leur sainte et la placèrent sur l'autel des apôtres Pierre et Paul dans leur église[15]. Rien ne nous indique que leur monastère ait souffert de dégâts causés par les Vikings. Les *Annales de Saint-Bertin* nous laissent à penser que lorsque Charles s'aperçut qu'il ne pouvait tenir les Normands à l'extérieur de Paris par la force, il parvint à le faire avec son argent, et les *Annales de Fulda* ne suggèrent pas non plus le pillage de Paris. Les *Annales de Xanten* sont trop imprécises pour que nous puissions dire si l'auteur avait l'intention de relater le pillage des monastères de plusieurs saints à Paris ou dans les régions côtières, mais dans le contexte de l'évacuation de nombreux prisonniers chrétiens, la deuxième possibilité est plus vraisemblable.

Selon les *Miracles de saint Germain*, cependant, c'est le matin de Pâques – le jour de la plus grande fête religieuse bien entendu – de l'an 845 que les Vikings entrèrent dans le monastère de Saint-Germain et commencèrent à piller et détruire ce sanctuaire et ce que les moines y avaient laissé au moment où, comme ceux de Sainte-Geneviève, ils évacuaient les reliques et d'autres trésors dans un lieu sûr, en l'occurrence Combs-la-Ville sur l'Yerres. Puisqu'ils étaient à 25 kilomètres environ de là, à vol d'oiseau encore une fois, les moines n'avaient pas une connaissance directe des événements qui s'étaient déroulés dans leur église, mais durent se fier à des informations de seconde

13. *Annales Sancti Germani minores*, H. PERTZ (éd.), *MGH SS* IV, Hanovre, 1841, p. 3.

14. *Ex miraculis in Normannorum adventu factis*, G. WAITZ (éd.), *MGH SS* XV : 1, Hanovre, 1887, p. 10-14.

15. *Acta Sanctorum*, t. I, *Januarii*, Venise, 1734, p. 149.

main. Ils prétendirent avoir obtenu celles-ci de Kobbo, magnat saxon qui avait servi d'émissaire auprès les Danois pour Louis le Germanique ; Kobbo avait rencontré là-bas quelques-uns de ces Vikings qui auraient participé au pillage de Saint-Germain. Les *Miracles* sont donc, ou au moins prétendent être, des récits des Vikings eux-mêmes à propos de leurs expériences dans le monastère de Saint-Germain : Kobbo les aurait appris au Danemark et rapportés aux moines au cours d'une visite ultérieure à Paris.

Ces récits ne laissent aucunement entendre que Saint-Germain-des-Prés a beaucoup souffert en cette occasion. En fait, ils visent à démontrer avec quelle efficacité le saint défendit son sanctuaire et ses occupants. Le premier récit évoque trois Vikings qui arrachèrent une poutre de l'église afin, selon Aimoin, de l'utiliser pour leurs bateaux – ce qui est peu plausible car c'était seulement du bois vert qui était utilisé pour la construction navale. Ils tombèrent raides morts devant l'autel de saint Étienne.

Le récit suivant concerne un Viking qui se jeta sur une des colonnes en marbre de l'église et la trancha 13 fois avec son épée. Son bras s'atrophia par l'intervention de saint Germain, et Kobbo dit avoir vu cet homme au bras atrophié au Danemark ; pendant sa visite à Saint-Germain, il retrouva, dit-on, les entailles sur la colonne.

Le troisième miracle attribué à saint Germain fait non seulement commencer au monastère la maladie qui eut raison des Vikings, mais emmène aussi le vieil évêque de Paris au Danemark à la cour du roi Horik, au moment où Ragnar apparaît devant le roi, vantant ses exploits à Paris. Un jour, au cours de l'attaque de Saint-Germain par les Vikings, l'église fut soudainement envahie par un brouillard épais. Ce prodige non seulement les terrifia et les remplit d'une grande crainte à l'égard du saint qui les fit quitter son monastère sur-le-champ, mais ils furent affligés également de maux terribles tels que la dysenterie qui les foudroya aussitôt. Terrifiés par le saint et affaiblis par la maladie, Ragnar et ses compagnons sollicitèrent Charles pour obtenir la paix. Lorsque celui-ci la leur accorda, ils repartirent chez eux. Un autre miracle se produisit pourtant avant le départ des Vikings : tandis que la plupart des païens étaient épuisés et succombaient à la maladie, aucun des prisonniers chrétiens n'était atteint. Un fait croyable pour les fidèles mais à peine pour un médecin.

Et un cinquième fut accompli lorsque les moines retournèrent au monastère : les Vikings avaient laissé assez de vin dans les caves de Saint-Germain-des-Prés pour que les moines n'en manquent pas avant la prochaine vendange ! S'il s'est jamais produit de vrai miracle, ceci en est proche.

Cependant, les Vikings ne se furent pas libérés de l'emprise du saint. Ceux qui gagnèrent le Danemark périrent de maladie là-bas ou alors furent tués par le roi Horik. La mort de Ragnar fut particulièrement miraculeuse. Au moment où il se vantait au roi de ses exploits à Paris, il fut attaqué et battu par saint Germain. Après trois jours de souffrances, il tenta d'apaiser le saint en embrassant la religion chrétienne et en lui offrant une statue en or. Il ne fut cependant pas exaucé, et mourut justement d'une façon épouvantable : il enfla tellement qu'il explosa et ses intestins se répandirent sur le sol. Cette démonstration de pouvoir de la part du dieu chrétien persuada Horik qu'il était préférable de tuer ceux qui n'avaient pas encore été décimés par la maladie. Le saint avait si puissamment défendu sa cité que, de ceux qui attaquèrent Paris, pas un ne survécut. Horik demanda également que soient libérés non seulement les prisonniers ramenés par Ragnar lors de son raid, mais tous les prisonniers chrétiens de son royaume.

Ce récit apparaît, sans aucun doute, comme une version de la même histoire que celle que l'on rencontre dans les *Annales de Saint-Bertin* et les *Annales de Xanten*; il a seulement été attribué ici à saint Germain. L'épidémie commença dans son monastère, et là où dans les *Annales de Xanten* et les *Annales de Saint-Bertin,* Dieu lui-même infligea la sanction aux païens, c'est à saint Germain que revient ici le rôle de l'exécutant[16]. L'adhésion à ce récit, étayé par de fréquentes références à des témoins – et en premier lieu Kobbo – en a conduit beaucoup à conclure que ce «certain monastère» mentionné dans les *Annales de Saint-Bertin* avait dû être Saint-Germain-des-Prés[17]. Ceci était tellement plus évident quand on croyait que l'attaque contre Hambourg fut conduite non par Ragnar mais par Horik. Mais pourquoi, si Charles était la partie lésée, Horik aurait-il offert des dédommagements à Louis le Germanique et lui aurait-il rendu les prisonniers de Ragnar?

De toute évidence, l'information contenue dans les *Annales de Fulda* selon laquelle l'attaque sur Hambourg fut la dernière d'une série accomplie par Ragnar, et qu'il fut pour cela puni, par Dieu ou par Horik, est préférable au compte rendu contenu dans les miracles anonymes de saint Germain. Un soupçon devrait se faire jour chez les historiens lorsqu'un auteur se montre aussi soucieux que l'est celui-ci d'attirer l'attention sur la fiabilité même de l'information. Et nous devons garder à l'esprit le fait que même si nous ne pouvons pas, en tant que chrétiens, renier la possibilité de miracles sans renier la toute-puissance de Dieu, nous ne sommes pas tenus d'accepter sans discernement tous les miracles revendiqués dans l'hagiographie ou toutes les intercessions qui Lui sont attribuées dans cette présente vie.

Ayant donc mis à sac la ville de Hambourg en 845, Ragnar et ses compagnons furent apparemment frappés par une maladie que les écrivains ecclésiastiques s'empressèrent d'attribuer à la volonté de Dieu ou de saint Germain. Les sceptiques peuvent penser que, dans les conditions sanitaires et hygiéniques de l'époque, les Vikings devaient sans doute être touchés par des épidémies occasionnelles. Le postulat que la maladie ne frappa pas les prisonniers chrétiens, la rend digne de soupçons d'un point de vue médical. Plus vraisemblablement, Ragnar fut puni par Horik, qui tua un certain nombre

16. Un récit semblable est relaté dans la *Vie de saint Ansgar* par Rimbert, ch. 18. Il relate la vengeance divine qui frappa une famille qui avait pris part au sac de l'évêché de Sauzbert à Birka (RIMBERT, *Vita Anskarii*, in Quellen ... p. 56-58).

17. *The Annals of St-Bertin*, p. 62, note 6; N. SKYUM-NIELSEN, *Vikingerne i Paris*, Copenhague, 1967, p. 14, note 7.

de ses compagnons et libéra ses prisonniers, soit parce qu'il avait peur que l'épidémie ne se propageât au Danemark, soit parce qu'il avait pour habitude de poursuivre des Vikings revenant de Francie avec un butin, soit encore parce que l'attaque de Ragnar sur Hambourg était fâcheuse pour lui dans la mesure où il avait attaqué sans succès le royaume de Louis. Un rappel des relations entre Danois et Francs avant 845 pourra peut-être clarifier cette question.

Depuis qu'il avait succédé à son père Charlemagne, Louis le Pieux s'était impliqué dans les affaires danoises. Dans l'espoir de propager la foi et peut-être surtout dans l'espoir de se ménager un allié fiable à la tête du Danemark, l'empereur avait soutenu Harald Klak, prétendant au trône danois, après qu'il eut perdu le pouvoir au profit des fils de Godfrid en 814. Il avait envoyé une armée au Danemark en 815, et en 819 il obtint de ses alliés les Abodrites qu'ils soutiennent Harald. Celui-ci était apparemment accepté, au Danemark, comme souverain associé par deux des fils de Godfrid, même si l'annaliste les soupçonne de malhonnêteté. En 826, Harald fut baptisé à Mayence avec sa famille et reçut deux missionnaires pour l'accompagner lors de son retour au Danemark, dont l'un devint le futur saint Ansgar. L'empereur fit don également à Harald de la province de Rüstringen dans l'estuaire de la Weser en Frise septentrionale, pour qu'il ait un endroit où se retirer avec sa famille et des biens s'il en avait besoin. Une occasion se présenta bientôt : l'année suivante, les rois du Danemark, en la personne des fils de Godfrid, le privèrent de sa part de pouvoir et le contraignirent à l'exil. Il se retira probablement en Rüstringen à partir de 827.

Tant que Louis et Harald étaient alliés, Louis ne pouvait pas réellement avoir de relations amicales avec Horik ; ce dernier était le principal adversaire d'Harald et après 827, il émergea comme roi unique du Danemark. Cependant, cette situation changea rapidement.

Le premier indice suggérant que Horik essaya d'améliorer ses relations avec l'empereur apparaît en 831. Cette année-là, il envoya des émissaires à l'empereur à Thionville pour négocier un traité. En 834, 835 et de nouveau en 836, les *Dani* (834) et les *Nordmanni* (835 et 836), dévastèrent Dorestad et d'autres parties de la Frise ; cette expédition fut menée par un certain Harald en concertation avec Lothaire. Il fut récompensé plus tard par Lothaire en recevant Walcheren et d'autres terres. Certains d'entre nous ont cru que ce Harald était le même qu'Harald Klak[18], mais les fondements de cette hypothèse sont fragiles[19]. L'empereur, après avoir été libéré en 835, essayait de veiller sur la restauration des biens de l'Église en Italie, qui avaient été usurpés pendant le conflit, et Lothaire cherchait apparemment à gagner du temps. Dans cette situation, Horik envoya une nouvelle fois des émissaires à l'assemblée de Louis à Worms, offrant les conditions de son amitié et de son obéissance,

18. N. LUND, « Allies of God or Man? The Viking Expansion in a European Perspective », *Viator. Medieval and Renaissance Studies* 20 (1989), p. 45-59.

19. Harald Klak était baptisé et Prudence condamne le fait que Lothaire ait assujetti des chrétiens à un païen.

et il assura l'empereur qu'il n'avait d'aucune manière approuvé les méfaits commis par ces Danois. De plus, nous savons que des émissaires voyageaient régulièrement entre les Danois et l'empereur : Horik déplora le meurtre, près de Cologne, d'émissaires qu'il lui avait envoyés précédemment. Et l'empereur consentit à envoyer ses *missi* pour punir les coupables. Quand l'empereur retourna à Aix-la-Chapelle, sa résidence d'hiver favorite, des émissaires d'Horik l'y retrouvèrent pour demander une somme d'argent[20] pour ceux qu'il avait capturés et tués parmi ceux qui avaient perpétré récemment de telles attaques sur les frontières franques.

Ce qu'Horik proposait était d'aider Louis à dompter Harald Klak et d'autres chefs danois établis en Frise; ceci était bien entendu dans leur intérêt mutuel. Cependant, l'empereur tenta de résoudre ses problèmes en Frise sans l'aide d'Horik. Les *Annales de Saint-Bertin* décrivent la manière dont, en 837, il prit des mesures pour mettre les défenses côtières en ordre, et comment cette entreprise échoua, en partie, par incompétence et en raison de l'ampleur de la tâche, et, en partie, en raison de l'insoumission du pays qui l'obligea à envoyer des abbés et des comtes énergiques pour réprimer les Frisons rebelles. Il donna aussi des ordres pour mettre en place une flotte afin qu'à l'avenir les pirates soient poursuivis. Deux ou trois ans plus tôt, l'empereur avait dépossédé Louis le Germanique de la Frise en raison de son rôle dans la rébellion de 833-834, or il incluait à présent la Frise dans le royaume de Charles.

L'année suivante, l'empereur passa du temps à Nimègue dans l'espoir que sa présence appuierait les mesures de défense et effraierait les pirates. Dans cette entreprise, il fut aidé par une tempête qui détruisit une flotte entière de pirates.

Au même moment, Louis était en prise à de nombreux autres problèmes. Les Bretons saisirent l'opportunité de se rebeller en 837, mais, avant cela, sa création d'un royaume pour son plus jeune fils Charles (carte 1), âgé de 15 ans en 838, suscita de nouvelles difficultés avec les frères aînés de Charles : Louis le Germanique était furieux à l'idée de perdre de nombreuses provinces qu'il considérait comme siennes, même si, du point de vue de son père, il les avait usurpées, et il chercha à prendre contact avec son frère Lothaire, insatisfait lui aussi de la division projetée. Louis le père et Louis le fils se querellèrent et l'empereur, voulant réduire le royaume de son fils à la Bavière, prit lui-même le contrôle de plusieurs provinces, dont la Saxe (carte 2 et 3). Telle était la situation lorsque Horik proposa d'aider Louis à contrôler la Frise et les Abodrites. Sous l'année 838, les *Annales de Saint-Bertin* indiquent que :

> «Là aussi [à Attigny] des émissaires d'Horik vinrent annoncer qu'en raison de sa loyauté à l'empereur, il avait capturé et fait exécuter la majorité de ces pirates qui avaient attaqué notre territoire. Horik demanda aussi que les Frisons et les Abodrites lui soient livrés. Cette demande sembla si inconvenante ou impropre qu'il la méprisa et l'ignora totalement».

20. Janet Nelson (*The Annals of St-Bertin*, p. 35) traduit par «une somme équivalente au prix du sang», ce qui est peut-être une interprétation convaincante, mais guère une traduction.

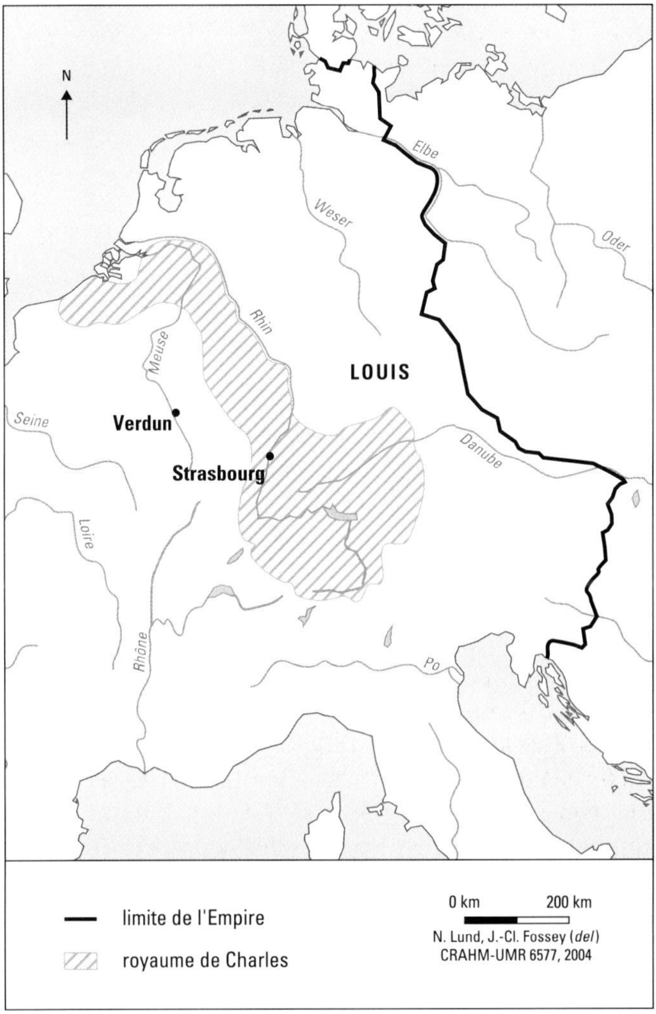

Carte 1 : Partage de l'Empire en 831 :
Charles se voit attribuer le royaume indiqué ci-dessus.

C'est sur ce point que les commentateurs modernes se sont arrêtés le plus souvent. Ils ont adopté le point de vue apparent de Louis sur Horik, à savoir qu'il était un autre barbare vaniteux des marges de l'empire, aussi présomptueux que son prédécesseur Godfrid qui avait menacé d'attaquer Charlemagne en personne à Aix[21].

L'annaliste pousse l'histoire un peu plus loin cependant : il explique pourquoi Louis n'était pas intéressé par l'offre concernant les Abodrites : en fait, quelque temps auparavant, alors que l'empereur était occupé à chasser à

21. EGINHARD, *Vita Karoli*, ch. 14, in *Quellen zur karolingischen Reichsgeschichte* 1, R. RAU (éd.), Darmstadt, 1955/1974, p. 182.

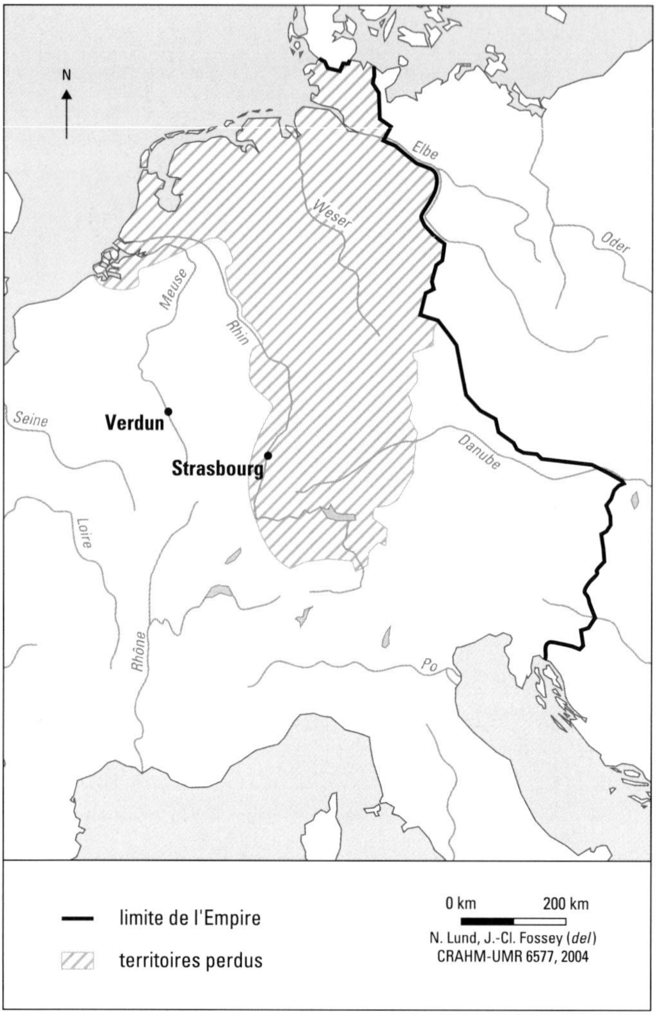

Carte 2 : Les territoires perdus par Louis le Germanique en 838. Entre 831 et 838, Louis avait usurpé l'Alsace et l'Alémanie, par conséquent ses pertes sont plus importantes que ne le suggère le partage de 831. L'empereur prit lui-même en main la Frise et la Saxe.

Ver[-sur-Launette], les comtes Adalgar et Egilo, qui avaient précédemment été envoyés contre les Abodrites et les Wilzes après que ceux-ci eurent renié leur allégeance, revinrent avec des otages et annoncèrent que ces peuples seraient désormais soumis à l'empereur. Cet optimisme s'avéra prématuré : l'année suivante, il y eut tant d'agitation parmi les Slaves que Louis dut lancer deux expéditions contre eux, l'une contre les Sorabes et les Wilzes, et l'autre contre les Abodrites et les Linons.

Ainsi donc, Horik offrait manifestement ses services à l'empereur à une époque où Louis avait des problèmes avec les Abodrites, et ceci suggère que

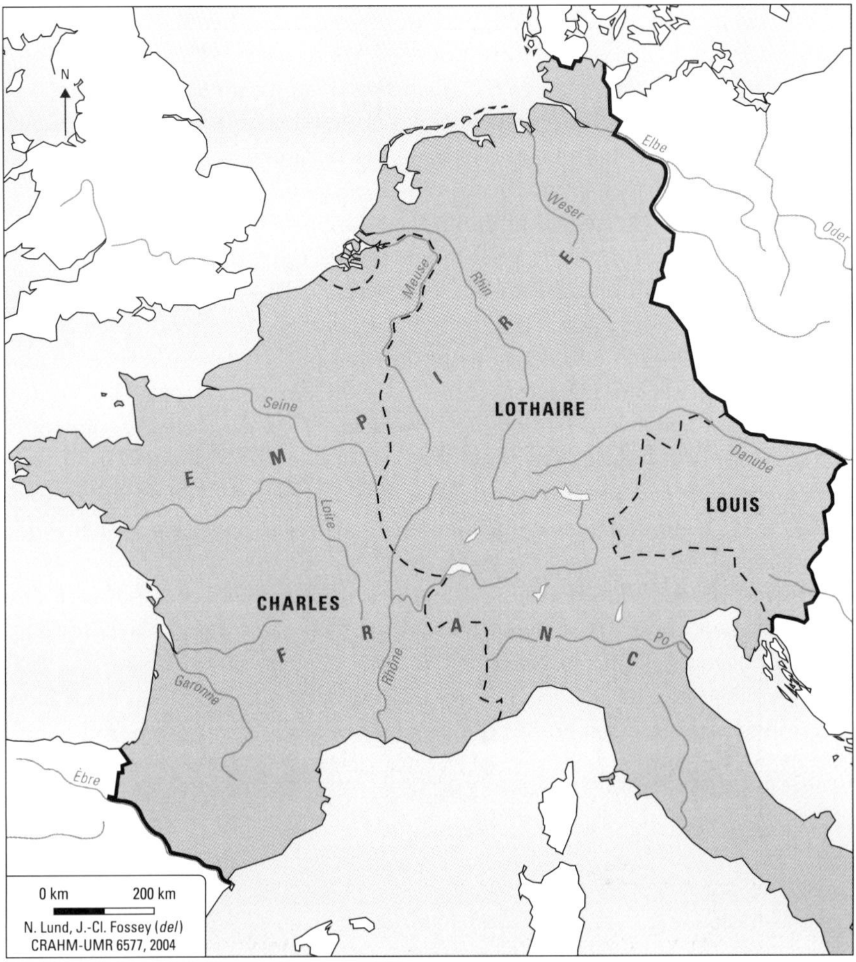

Carte 3 : Partage entre Lothaire et Charles (839). Louis ne conserve que la Bavière. L'essentiel du royaume qui lui avait été attribué antérieurement passe à Lothaire.

l'on porte une attention plus grande à d'autres éléments d'information donnés dans ce passage, à savoir qu'Horik se disait loyal à l'empereur et lui offrait apparemment de l'aide pour contrer les pirates qui infestaient ses terres.

Horik a pêché en eau trouble mais le jeu en valait la chandelle, car Louis devint bientôt plus bienveillant, semble-t-il, à son égard. En 839, Horik envoya un nouvel ambassadeur à l'empereur. Des présents furent échangés et les plaintes portées par Horik contre les Frisons furent cette fois prises en considération; l'empereur promit d'expédier des ducs vigoureux, *duces strenui,* pour que justice soit faite. Ceci fut exécuté immédiatement, car l'annaliste de Saint-Bertin conclut l'année 839 avec l'information selon laquelle les émissaires de l'empereur, envoyés à Horik en raison de la paix, reçurent des serments de sa part et conclurent un traité permanent.

Avec la mort de Louis le Pieux, l'année suivante, beaucoup de choses changèrent, mais l'intérêt d'Horik pour les Abodrites ne diminua pas. Après la division du royaume franc en 843, ils furent de nouveau les voisins de Louis le Germanique et celui-ci entreprit de les soumettre en 844. Il les força à se soumettre mais ils rompirent leur serment immédiatement. Louis envoya alors de nouveau une armée contre eux, en 845, et Horik, probablement dans une nouvelle tentative de maintenir l'influence danoise chez les Abodrites, intervint en lançant une flotte puissante sur l'Elbe. Quand il fut vaincu, il put néanmoins tirer son épingle du jeu, et le sac par Ragnar d'une ville germanique a dû survenir à un moment très inopportun. Horik dut prendre ses distances avec Ragnar et ses actions pour échapper à la colère des Germains. Et ce n'était pas la première fois, après tout, qu'il avait agi contre les Vikings qui infestaient plusieurs parties de la Francie. Deux ou trois ans plus tard, Lothaire, Louis et Charles envoyèrent ensemble des émissaires à Horik pour le menacer d'une guerre s'il n'empêchait pas son peuple d'attaquer les chrétiens. L'épée d'Horik a, vraisemblablement, causé plus de morts qu'une vague maladie.

Les intérêts d'Horik en Frise, en Saxe et avec les Abodrites peuvent être retracés beaucoup plus loin dans le temps. Les chefs danois avaient sans doute une grande influence sur ces régions au VIIIe siècle, et au IXe, leurs successeurs tentèrent de conserver les intérêts danois traditionnels qui étaient en conflit avec ceux des Francs qui s'étaient manifestés de nouveau.

Les Normands avant la Normandie : les invasions scandinaves en Neustrie au IXe siècle dans l'hagiographie franque

Delphine Planavergne*

A gladio Normannorum libera nos Domine, telle est la prière que les habitants de la région de Rouen ont pu prononcer au moment de la grande invasion normande de 875, d'après ce que nous rapporte l'*Histoire de la translation des reliques de saint Taurin à la place forte de Lezoux puis au monastère de Gigny*[1], rédigée vers le milieu du XIIe siècle. Les Normands donnaient encore à cette époque-là, plus de deux cents ans après la fin de leurs agressions en Francie occidentale, une image de terreur. Mais ne serait-ce pas le fait d'exagérations de la part des hagiographes : peut-on se fier à ce qu'ils rapportent? Beaucoup en doutent. On peut lire dans des ouvrages relativement récents, une critique assez dure de la valeur «historique» des récits hagiographiques; par exemple :

> «On ne croit plus aujourd'hui que les attaques normandes (...) ont ruiné le royaume des Francs. C'est qu'on ne croit plus sur parole ceux qui ont raconté les faits et gestes des barbares. Ces auteurs sont tous, bien entendu, des clercs, et pour la plupart des moines»[2].

Certes les sources hagiographiques ne sont pas les seules en cause. En effet, pratiquement toutes les sources narratives de cette époque sont rédigées par des ecclésiastiques, mais ce sont elles qui ont été et restent très souvent encore la cible de telles critiques. Il convient donc de poser la question de la fiabilité de ce type de sources qui ne seraient qu'un fatras de *topoi* sans fondement historique, visant à édifier et culpabiliser l'auditoire. Mais justement

* PRAG en Histoire médiévale, Université Toulouse II Le Mirail.

1. *Historia translationis S. Taurini ad castrum Laudosum et inde ad cœnobium Gigniacense* (abrége désormais, *Historia translationis S. Taurini*, et en français, *Histoire de la translation des reliques de saint Taurin*), lib. 1, c. 4, P. Bosch, J. Cupper, J. Pin, J-B Soller (éd.), *Acta Sanctorum* (désormais abrégés *AA. SS.*), *Aug. II*, Paris-Rome, 1867, p. 645 C.

2. L. Theis, *Nouvelle histoire de la France médiévale*, t. 2, *L'Héritage des Charles*, Paris, 1990, p. 60.

qui constitue ce dernier? Ce qui revient à discerner quelle est la finalité de tels textes[3].

De fait, certains récits de type hagiographique donnent des renseignements pour le moins étonnants et sans fondement historique. Plusieurs d'entre eux, en effet, appellent les Normands par des noms anachroniques, comme *Marcomani*, *Getae* ou encore *Vandali*[4]. Il serait hâtif d'interpréter ces erreurs par l'incohérence historique et événementielle des hagiographes, ou par leur totale ignorance en ce qui concerne les envahisseurs. Leur propos n'est pas de nature historiographique mais de conserver et de propager la mémoire de tel ou tel saint, de ses œuvres et de ses fondations. Ils ne cherchent pas à raconter les faits et gestes des Normands[5]. En effet il faut souligner que la période des invasions scandinaves entre la fin du VIIIe siècle et la fin du Xe siècle correspond à une très forte production hagiographique. Plusieurs explications peuvent être avancées. On est dans un temps de renouveau culturel intense et de réforme religieuse, qui sont caractéristiques de la période carolingienne. C'est aussi le moment de l'émergence d'Églises nationales voulant s'émanciper d'une tutelle extérieure. C'est le cas par exemple de l'Église bretonne qui cherche alors à se libérer de la tutelle de l'Église franque. En effet la Bretagne dépend, à cette époque, de provinces ecclésiastiques franques : de Tours pour la partie sud et de Rouen, au nord, après l'absorption de l'Avranchin et du Cotentin par le royaume des Bretons au début des années 860. Et enfin on est dans une époque qui connaît un très fort développement du culte et du trafic des reliques[6]. Toutefois il semble évident que les événements ont pu influer sur les récits et pousser les religieux à rédiger des textes, afin de perpétuer la mémoire et donc le culte de tel saint dont l'église ou le monastère a eu à souffrir des agressions scandinaves. La forte proportion des récits de translations de reliques, dans le corpus des sources hagiographiques des IXe-Xe siècles, tendrait aussi à prouver que les invasions normandes sont un élément explicatif du regain de la rédaction de ce type

3. Sur un thème proche, on doit signaler l'article de P. BOUET, « Les chroniqueurs francs et normands face aux invasions vikings », in *L'héritage maritime des Vikings en Europe de l'Ouest*, Actes du colloque international de La Hague (Flottemanville-Hague, 30 septembre-3 octobre 1999), É. RIDEL (éd.), Caen, 2002, p. 57-74.

4. Par exemple les Normands sont appelés *Marcomani* dans les *Miracula S. Amanti post mortem*, H. DELEHAYE, CH. DE SMEDT, P. PEETERS, A. PONCELET, F. VAN ORTROY (éd.), *AA. SS., Nov. II, 1*, Bruxelles, 1894, p. 282-283, dans les *Miracula S. Leufredi*, c. III, B. KRUSCH, W. LEVISON (éd.), *Monumenta Germaniae Historica, Scriptores Rerum Merovingecorum* [désormais abrégés *MGH SS. RR.*], t. VII, Hanovre-Leipzig, 1919, p. 18 et dans *les Miracula S. Medardi et translatio Divionem, Prol.*, F. BAERT, C. JANNING (éd.), *AA. SS., Iun. II*, Paris-Rome, 1867, p. 95. Ils sont nommés *Getae* dans les *Miracula et translatio S. Vedasti*, J. BOLLAND, G. HENSCHEN (éd.), *AA. SS., Feb. I*, Paris-Rome, 1863, p. 807-808, et enfin *Vandali* dans la *Translatio S. Evurtii*, J. LIMPEN, J. PERIER, J. STILTING, C. SUYSKEN (éd.), *AA. SS., Sept. III*, Paris-Rome, 1868, p. 51 A.

5. Voir à ce sujet l'article fondateur de L. MUSSET, « Un aspect de l'esprit médiéval : la cacogéographie des Normands et de la Normandie », *Revue du Moyen Âge Latin*, II, n° 2, mai-juillet 1946, p. 129-138.

6. Ce fait est parfaitement analysé et expliqué par P. GEARY, *Furta sacra. Le vol des reliques au Moyen Âge*, Paris, 1992 (pour la traduction française).

de textes à partir du milieu du IXe siècle : les religieux fuient devant l'ennemi, emportant leurs plus précieux trésors.

En outre, on constate que des récits hagiographiques faisant mention des agressions scandinaves sont encore produits longtemps après la fin des invasions en Francie occidentale, vers les années 950, au moins jusqu'à la fin du XIIe siècle. Or à cette date les Normands, en Normandie, en Angleterre ou en Italie méridionale, sont des chrétiens fondateurs et protecteurs d'églises et de monastères, et n'hésitant pas à prendre la Croix contre l'infidèle. Le douloureux souvenir des invasions scandinaves semble donc perdurer longtemps.

Il va s'agir dans cette étude de relever le vocabulaire utilisé pour présenter et qualifier les Normands dans les écrits contemporains et postérieurs à leurs agressions, afin de mettre en valeur le propos réel des hagiographes qui rédigent ces textes. Comment perçoit-on les Normands et leurs agissements au haut Moyen Âge dans des récits d'un genre particulier, les sources hagiographiques?

LE CORPUS DES SOURCES

Seuls les textes hagiographiques constituent le fondement scripturaire de cette étude, c'est-à-dire les vies de saints, les récits de miracles et de translations de reliques et les poèmes en l'honneur de tel ou tel saint[7]. Certes il existe d'autres types d'écrits que l'on peut considérer comme relevant du genre hagiographique, tels les obituaires, les nécrologes, les martyrologes, ou autres gestes d'abbés ou d'évêques, de plus en plus nombreux à partir de l'époque carolingienne. Ils ne font toutefois pas partie du corpus retenu pour cette étude fondée essentiellement sur des *Vitae*, *Miracula* et *Translationes*. Pourtant ils ne sont pas à éliminer, comme d'ailleurs les textes narratifs, annales, chroniques ou autres histoires, ne serait-ce que pour permettre la confrontation de plusieurs sources afin de mieux discerner et évaluer le propos des hagiographes[8].

Pour ce qui est du cadre géographique considéré, il s'agit du territoire de Francie occidentale tel qu'il est défini au partage de Verdun en 843. C'est-à-dire la portion d'espace de la France actuelle délimitée par la Meuse, la

7. La bibliographie à ce sujet est très abondante, mais pour la définition de ce que l'on entend par hagiographie, voir plus précisément, G. Philippart, «Hagiographes et hagiographie, hagiologues et hagiologie : des mots et des concepts», *Hagiographica*, t. I, 1994, p. 1-16. Pour le type de sources cité, M. Heinzelmann, *Translationberichte und andere Quellen des Reliquienkultes*, Turnhout, (= *Typologie des sources du Moyen Âge occidental*, t. 33), 1979.

8. Les gestes d'abbés ou d'évêques, les martyrologes, nécrologes et obituaires, font partie du genre hagiographique, toutefois par récits hagiographiques on entend essentiellement les textes relatifs à la vie terrestre et céleste de tel saint et qui sont nettement plus étoffés que les brèves notices caractéristiques des premiers. Voir plus spécialement à ce sujet, outre les références de la note précédente, Dom J. Dubois, *Les martyrologes du Moyen Âge latin*, Turnhout, 1978 (complété 1985) ; G. Philippart, *Les légendiers et autres manuscrits hagiographiques*, Turnhout, 1977 (complété 1985) ; M. Sot, *Gesta episcoporum, Gesta abbatum*, Turnhout, 1981, (= respectivement *Typologie des sources du Moyen Âge occidental*, n° 26, 24-25, 37).

Saône et le Rhône à l'est, la mer Méditerranée et les Pyrénées au sud, l'océan Atlantique, la Manche et la mer du Nord à l'ouest et au nord-ouest. Il s'agit approximativement des territoires relevant des provinces ecclésiastiques de Bordeaux, Bourges, Narbonne, Reims, Rouen et Tours, ainsi que ceux qui sont situés outre Rhône dans les provinces de Lyon et de Vienne. Toutefois c'est la région de la Neustrie franque, entre la Loire et la Seine, où se situe la majeure partie de la Normandie actuelle, qui va attirer plus particulièrement l'attention. Cet espace subit les agressions des Normands les plus nombreuses et les plus récurrentes, mais également, c'est là qu'elles sont les plus intenses dans l'empire carolingien. Enfin, c'est ici que fut produit le plus grand nombre de récits hagiographiques faisant mention des hommes du Nord, du moins durant la période des invasions, aux IXe-Xe siècles.

Le corpus est enfin limité aux textes qui font explicitement référence aux Normands, ce qui n'est pas le cas de tous les récits hagiographiques contemporains des incursions, tant s'en faut. C'est pour cela que la présente étude est fondée essentiellement sur des écrits contemporains des invasions normandes en Francie occidentale. Cependant le recours à des sources hagiographiques postérieures s'avère malgré tout nécessaire pour pouvoir établir des comparaisons afin de mieux évaluer l'évolution de la perception des Normands dans une telle littérature.

Ainsi pour l'espace géographique considéré, 58 textes ont été retenus, mais leur liste n'est sans aucun doute pas exhaustive, concernant 38 saints différents :

– IXe siècle : trente-trois textes, dont vingt-sept sont des translations de reliques et des miracles opérés à cette occasion;

– Xe siècle : huit textes, trois *Vitae* et cinq récits de *Translationes* et *Miracula;*

– XIe siècle : sept textes, quatre récits de *Translationes* et *Miracula* mais liés à des inventions de reliques, trois *Vitae;*

– XIIe siècle : cinq vies et récits de translations de reliques et miracles;

– XIIIe siècle : cinq vies et récits de miracles.

On voit donc que la période des invasions vikings est marquée par une forte proportion de textes narrant le déplacement de reliques et les miracles qui arrivent à cette occasion. Ceci correspond tout à fait aux différents témoignages transmis par des annales ou autres chroniques contemporaines, qui rapportent la fuite de communautés de religieux devant les Normands. Le plus grand nombre de récits de translations de reliques et de récits de miracles qui leur sont inhérents pour les IXe-Xe siècles, pourrait montrer l'existence d'une littérature spécifique liée aux agressions normandes de la même époque.

Il convient donc maintenant, d'affiner l'étude du vocabulaire utilisé par les hagiographes francs pour désigner les envahisseurs venus du Nord.

LE VOCABULAIRE

Les termes les plus couramment utilisés pour désigner les Normands dans les récits hagiographiques sont, «barbares», *barbari*, «païens», *pagani*, «infidèles», *infideles*, «pirates», *piratae* et «féroces», *feroces*. Le mot «peuple», *gens*, est aussi usité mais toujours associé à un adjectif qualificatif. Ainsi on trouve, *gens effera*, «peuple sauvage», *gens ferox*, «peuple féroce», *gens saeva*, «peuple cruel» et *gens infidelis*, «peuple infidèle». Les expressions «fils de Bélial», *filii Belial* et «cruelle tyrannie», *saeva tirannis*, se rencontrent également mais moins fréquemment, surtout dans des poèmes[9]. Il est à noter que l'expression «fils de Bélial» est utilisée par l'hagiographe de l'*Historia relationis S. Richarii*, pour désigner les abus de pouvoir de certains aristocrates de la fin du IXe siècle ; or ces exactions sont décrites juste après la description des ravages opérés par les Vikings en Francie occidentale, comme si elles appartenaient à un même registre de turpitudes :

> «Donc après que les péchés furent mesurés il plut à la justice divine, que par la main des Païens, dont un chef avait été Guaramond, la Francie fut persécutée ; et alors de nombreux monastères des saints sont détruits et aussi la beauté et l'immense gloire de l'église de Centula est détruite en partie ; beaucoup de faits ont lieu de façon tout à fait confuse à travers la Gaule : alors que la dignité impériale est affaiblie, de nombreux aristocrates et même des gens du peuple, comme des fils de Bélial, exprimèrent les vices de leurs vies»[10].

Le terme «barbares», *barbari*, apparaît le plus souvent pour désigner les Normands dans les récits hagiographiques. Lorsqu'il est utilisé par les hagiographes c'est essentiellement pour souligner la cruauté et la sauvagerie des envahisseurs. Le récit des *Translations de saint Corneille à Compiègne*, rédigé entre fin 886 et 888 par un moine qui a sans doute suivi le transfert des reliques du saint à Compiègne afin qu'elles y soient en sécurité, décrit les envahisseurs vikings comme des barbares incendiaires et des loups rapaces, issus de nations barbares et qui ont dépeuplé la région – de Senlis – par le feu[11].

---

9. Pour *filii Belial*, on trouve également l'expression chez Sedulius Scottus, dans le poème *De adventu Franconis episcopi Sedulius cecinit*, L. Traube (éd.), *MGH Poetae Latini Aevi Carolini*, t. 3, Weimar, 1896, p. 220 ; il s'agit d'un poème composé pour célébrer une victoire de l'évêque Francon de Liège sur les Danois entre 854, date du début de l'épiscopat de Francon, et les années 860-868 période où Sedulius n'est plus en Fancie mais à Milan auprès de l'évêque Tado (860-868) : *Zelus an divi Finees in ara / Cordis exarsit tibi, clare praesul,/ Filios contra Belial superbos / Munere Christi.*

10. *Postquam igitur peccatis exigentibus divinae justitiae placuit, ut per manum paganorum, quorum princeps fuerat Guaramundus, Francia vexaretur ; et dirutis multis sanctorum locis, Centulensis quoque ecclesiae honestas et gloria maxima ex parte deleta est ; multa per Galliam admodum confuse gesta sunt : dum deficiente principatu regio, ceteri proceres vel populi, tamquam filii Belial, vitarum suarum pravitates exercerent* (*Historia relationis sancti Richarii*, I, 1, G. Henschen, D. Papebroch (éd.), *AA. SS., Apr. III*, Paris-Rome, 1866, p. 461 C).

11. *S. Cornelii Compendiensis translationes*, L. Traube (éd.), *MGH, Poetae Latini Medii Aevi*, t. IV, I, Weimar, 1899, p. 237-241, c. 1, vers 22-31 : *Ac velud si pars Averni ructuaret sulphura / Mixtus ignis fluctuaret alta pulsans sidera : / Barbari circum furentes tanta dant incendia*… et aussi c. III, vers 3 : *Lupi presentia, / Cedibus vastantes plebem et domos incendio.*

L'*Histoire de la translation des reliques de saint Taurin*, est due vers 1158 à un moine anonyme du monastère de Saint-Pierre-de-Gigny en Bourgogne. Ce monastère fait alors désormais partie de la communauté clunisienne. Le texte fournit de très précis et nombreux renseignements sur les envahisseurs vikings. L'auteur, quoique très postérieur aux faits qu'il rapporte, décrit les Normands comme un peuple barbare vivant selon des mœurs bestiales[12]. Enfin le moine Ermentaire qui écrit les *Miracles de saint Philibert en deux livres*, entre 848 et 862, décrit l'attaque de l'île de Noirmoutier par les Normands. Celle-ci provoque la fuite des moines avec leurs précieuses reliques vers le continent dès 836; Ermentaire qualifie cette attaque de *barbarica infestatio*[13].

Ensuite les Normands sont également désignés par le terme général de *gens*, que l'on peut traduire en français par différents mots : peuple, tribu ou encore peuplade. Toutefois ce mot n'apparaît qu'accompagné d'adjectifs qualificatifs, toujours très défavorables vis-à-vis des peuples scandinaves. Ainsi on trouve les expressions, *barbara gens*, «peuple barbare», *effera gens*, «peuple envahisseur», *saeva gens*, «peuple cruel» ou encore *tiranis gens*, «peuple tyran». Par exemple Ermentaire de Noirmoutier dans les *Miracles de saint Philibert*, parle des Normands comme un peuple d'envahisseurs[14]. *Gens* se trouve aussi associé à des adjectifs exprimant la provenance ou l'origine des envahisseurs : *gens Normannorum*, *gens Danorum*. En revanche aucune explication n'est donnée sur l'origine de l'adjectif *Normanni* avant le XIIe siècle, à de rares exceptions près[15]. Il semblerait que les hagiographes utilisent alors des explications données par Dudon de Saint-Quentin, l'historiographe des ducs de Normandie, le seul dont les écrits sont bien connus des auteurs français et normands du XIIe siècle. C'est le cas du récit de la translation des reliques de saint Taurin, pour prendre l'exemple d'un auteur du royaume de France, qui correspond à l'ancienne Francie occidentale. Dans son texte, l'hagiographe donne une étymologie des mots Normandie et Normands :

> «Alors le susdit tyran [l'hagiographe parle ici de Rollon, fondateur du duché de Rouen, mais chef viking jusqu'alors] lors d'un conseil commun avec ses grands, changea là, le nom ancien de la province et en imposa un nouveau : de fait celle appelée auparavant Neustrie, devint un nom composé, à savoir Normandie : car en effet le nom est

12. *Barbara gens et more bestiali vivens* (*Historia translationis S. Taurini*..., p. 646 C).

13. *Miracula S. Filiberti,* lib. I, *Praefatio*, R. POUPARDIN (éd.), *Monuments de l'histoire des abbayes de Saint-Philibert Noirmoutier, Grandlieu, Tournus*, Paris, 1905, p. 24. Voir à ce sujet, D. PLANAVERGNE, «De Jumièges à Tournus, culte et mémoire de saint Philibert», in *Faire mémoire. Souvenir et commémoration au Moyen Âge*, C. CAROZZI et H. TAVIANI-CAROZZI (éd.), Aix-en-Provence, 1999, p. 277-298.

14. *Miracula S. Filiberti,* lib. I, *Praefatio*, p. 23 : (...) *utpote gens admodum effera*...

15. Comme par exemple dans le récit des miracles de saint Germain de Paris, dû à un hagiographe bien connu du IXe siècle, Aimoin de Saint-Germain : *Deo permittente, flagitiis quidem exigentibus actum est nostris, ut exterae nationes e propriis egrederentur sedibus, videlicet gens Danorum, qui vulgo Nortmanni, id est Septentrionales homines appellantur* (*Miracula sancti Germani Parisiensis*, lib. I, c. I, F. BAERT, C. JANNING (éd.), *AA. SS., Maii VI*, Paris-Rome, 1866, p. 787 D).

composé à partir de man, qui signifie homme, et de Norweia, qui est une île très lointaine. La Normandie, selon l'interprétation du nom, est la patrie des hommes qui viennent de Norweia; Normand, homme de Norweia»[16].

Chez les auteurs anciens, *gens* est un des termes utilisés pour désigner la communauté des barbares. Par exemple, Isidore de Séville définit le mot *gens* par «une communauté née d'un seul ancêtre»[17]. Dans les *Etymologies*, l'évêque de Séville fait suivre cette définition par une description des peuples de l'Ancien Testament, correspondant en réalité aux tribus d'Israël issues des fils d'Adam. Il est évident que son explication est étroitement liée à un arrière-plan idéologique vétéro-testamentaire, et que la notion de peuple est dépendante de celle de tribu, de nation; c'est-à-dire que c'est la parenté, l'ascendance commune, le sang qui crée une *gens*. Il semblerait donc qu'en employant ce mot, les hagiographes reconnaissent l'existence d'une communauté des peuples normands fondée sur des liens de sang, des liens tribaux; on lui reconnaît donc des structures sociales de type ethnique et clanique.

En revanche la différence fondamentale se situe sur le plan des adjectifs qualificatifs. En effet, ceux-ci qualifient plus particulièrement les hommes du Nord comme des envahisseurs. Les adjectifs les plus utilisés soulignent l'aspect d'agression et de rapidité d'action de la part de pirates. On trouve ainsi les expressions *gens adgressa*, «peuple agresseur», *gens effera*, «peuple sauvage», *gens piratae*, «peuple pirate»; ou encore les expressions *improvisus occursus*, «assaut imprévisible», *occursus Normannorum*, «assaut des Normands», pour désigner l'aspect imprévisible et rapide de leurs assauts, ou enfin ces derniers peuvent être qualifiés avec les adjectifs, *advolans*, «volant» et *velivolans*, «volant comme à voile»[18]. Ces adjectifs sont là pour nuancer dans un sens négatif le terme *gens*, qui, dans les texes latins chrétiens concernant les peuples issus des invasions germaniques des IVe-VIe siècles, a une valeur très nettement positive. Par exemple Jordanès dans son histoire des peuples goths, présente l'île de Scandie comme une «matrice de peuples», puisque ses héros les Goths en sont issus[19]. De même les auteurs de l'époque mérovingienne et carolingienne, utilisent très couramment l'expression *gens Francorum* pour appeler les Francs, comme ils parlent d'ailleurs de *Regnum*

16. *Praedictus vero tyrannus communicato consilio cum primatibus suis, antiquum nomen provinciae illi mutavit, et novum imposuit : antea quippe Neustria vocabatur, et compositum nomen, scilicet Normanniam, adinvenit : est enim compositum nomen ex man, quod verbum dicitur homo, et Norweia, quae est remotissima insula. Normannia, secundum interpretationem nominis, patria est hominum qui de Norweia venerunt; Normannus, de Norweiai homo* (*Historia translationis sancti Taurini*..., c. I, 4, p. 646 C).

17. ISIDORE DE SÉVILLE, *Etymologies*, lib. IX, c. II, J-P MIGNE (éd.), *Patrologie latine*, t. 82, col. 328 : *Gens est multitudo ab uno principio orta*.

18. Par exemple *Miracula S. Bertiniani*, c. 1, O. HOLDER-EGGER (éd.), *MGH, Scriptores*, t. XV, 2, Hanovre, 1887, p. 509 : (...) *cum saeva tirannidis paganorum emergeret, famosa scilicet flumina Sequanae ac Ligeris advolans. Miracula S. Filiberti*, lib. I, *Praefatio*, p. 23 : (...) *utpote gens admodum effera*...

19. Jordanès emploie les expressions *officina gentium* et *vagina nationum*, JORDANÈS, *Getica*, IV, 25, O. DEVILLERS (éd. et trad.), Paris, 1995, p. 12.

Francorum pour désigner le royaume qui est sous la domination du peuple franc. Par l'usage d'adjectifs particuliers, les hagiographes carolingiens différencient nettement les envahisseurs normands des peuples qui étaient barbares à l'origine, mais qui désormais sont intégrés à l'Occident chrétien. Les auteurs d'origine scandinave mais d'expression écrite latine, qui, à partir du XIIe siècle, rédigent des généalogies royales, des récits d'origine ou des histoires des peuples du Nord, utilisent à leur tour le mot *gens*, mais là évidemment sans adjectif dépréciatif, pour désigner leur peuple, tout à fait sur le modèle des auteurs antérieurs de langue latine, écrivant au sujet des peuples germaniques[20].

En revanche, le terme *populus* n'apparaît jamais, ou alors de façon exceptionnelle[21]. Ceci est compréhensible si l'on se réfère au contexte historique général de l'Occident au moment où se situent les invasions normandes, et celui de la rédaction des textes postérieurs à celles-ci, surtout entre le XIe et le XIIIe siècle. Pour ce qui est de la période des invasions, on est au moment de la restauration de l'Empire en Occident, c'est-à-dire dans une époque marquée par la notion de *renovatio imperii*. Cette dernière n'est pas celle des empereurs romains païens, mais celle de la *Pax Ecclesiae* fondée par Constantin après sa victoire sur Maxence au pont Milvius en 312. On se situe donc dans le cadre d'un empire chrétien, où le *populus* héritier du *populus romanus* païen, le «peuple des gentils», est conçu comme le *populus christianus*, «le peuple chrétien» constituant l'Église. L'empire rénové par les Carolingiens est ainsi perçu comme la représentation terrestre de la cité céleste[22].

C'est sans doute en opposition par rapport au *populus christianus*, que les Normands sont aussi appelés *pagani*, «païens», ou *infideles*, «infidèles», par les hagiographes. Ce dernier terme est relativement peu fréquent toutefois, car il est plutôt réservé, dès l'époque carolingienne, aux envahisseurs sarrasins musulmans. On trouve d'ailleurs beaucoup plus fréquemment la notion de mauvais croyant sous la forme *infidelis*[23]. De même le terme

20. Par exemple SAXO GRAMMATICUS, *Gesta gentis Danorum*, lib. I, 45, G. WAITZ (éd.), *MGH Scriptores*, t. XXIX, Stuttgart-New York, 1964 : *Dan igitur et Angul, a quibus Danorum cepit origo patre Humblo procrati, non solum conditores gentis nostrae, verum etiam rectores fuere. Quamquam Dudo rerum Aquitannicarum scriptor Danos a Danais ortos nuncupatos que recenseat.* Voir à ce sujet et plus particulièrement sur les Normands, l'article de C. CAROZZI, «Des Daces aux Normands. Le mythe et l'identification d'un peuple chez Dudon de Saint-Quentin», in *Peuples du Moyen Âge*, C. CAROZZI et H. TAVIANI-CAROZZI (éd.), Aix-en-Provence, 1996, p. 7- 25.

21. La seule mention que j'ai pu relever se trouve dans les *Miracula S. Remacli episcopi Trajectensi*, lib. II, c. I, J. LIMPEN, J. PIN, J. STILTING, J. VELDT (éd.), *AA. SS., Sept. I*, p. 705 : *Ecce populus venit de terra Aquilonis et gens magna consurgit a finibus terrae : sagittam et scutum arripiet, crudelis est non miserabitur, ait Dominus*..., et encore on voit parfaitement la référence vétéro-testamentaire, qui sous-tend la description tirée de Jérémie, 1, 14 : *ab Aquilone pandetur malum super omnes habitatores terrae*. En outre ce récit est rédigé par trois moines du monastère de Stavelot dans la première moitié du Xe siècle, donc en dehors de l'espace géographique considéré ici.

22. Voir à ce sujet la synthèse de R. FOLZ, *L'idée d'empire en Occident du Ve au XIVe siècle*, Paris, 1954.

pagani est souvent associé à des adjectifs mettant en avant la cruauté des Vikings[24]. C'est le vocabulaire que l'on trouve couramment pour qualifier les barbares des invasions des ve et vi^e siècles, à une époque où le christianisme se diffuse dans la partie occidentale de l'ancien Empire romain. Cependant, à l'époque des invasions normandes, période du développement de la réforme ecclésiastique et de la paix carolingiennes, la perception de l'envahisseur s'amplifie d'une connotation religieuse très marquée. L'agresseur ne peut être que barbare, on l'a vu plus haut, mais également qu'incroyant ou mauvais chrétien. De fait les sources hagiographiques contemporaines ne décrivent que très rarement les Normands de façon précise, elles ne font que les qualifier. Les seules descriptions véritables sont très rarement le fait des hagiographes. Il est à noter qu'alors les Normands sont souvent présentés comme des êtres exceptionnels et d'un grand mérite car justement ils sont, soit sur la voie de la conversion, soit ils reçoivent favorablement le message des missionnaires. C'est ce que l'on trouve par exemple dans la *Vie de saint Ansgar* par Rimbert de Torhout. C'est un des seuls textes hagiographiques de la période des invasions vikings à donner la description d'un homme du Nord ; il s'agit du roi Harald à l'occasion de son baptême en 826. Rien dans le texte de Rimbert ne souligne un quelconque aspect barbare du roi danois ; au contraire il est même présenté comme une victime de la barbarie puisqu'il a dû fuir son royaume à cause de ses sujets qui voulaient rester païens[25]. Cependant on doit quand même souligner qu'il s'agit ici d'un cas très exceptionnel, dans la mesure où la conversion du roi danois semble dictée en réalité essentiellement par des raisons politiques et d'ordre diplomatique : il a besoin de l'alliance et du soutien des Francs, étant dans une situation périlleuse chez lui, notamment face à l'aristocratie. En effet, de son côté Ermold le Noir, un auteur contemporain des faits et qui est dans l'entourage royal franc à ce moment-là, donne une description très flatteuse du roi Harald. Ce dernier apparaît parfaitement respectueux de l'empereur Louis le Pieux et de sa cour, et il a été très sensible à la prédication de l'évêque Ebbon de Reims envoyé en mission chez les Danois par l'empereur, en 825-826[26].

---

23. Par exemple l'*Historia translationis S. Taurini*..., p. 646 A : (...) *non enim in Christo regeneratus, infidelitatis tenebris obcaecabatur et verum lumen, quod Christus est, infirmis oculis ascipere non poterat*...

24. C'est ce que l'on trouve par exemple dans l'*Elevatio, translationes et miracula S. Godegrandi*, J. Limpen, J. Pin, J. Stilting, J. Veldt (éd.), *AA. SS., Sept. I*, Paris-Rome, 1968, p. 770 E : « *Cum autem haec agerentur paganorum crudelissima rabies Nortmannorum scilicet dirissima caedes* ».

25. *Post haec vero contigit, ut Herioldus quidam rex, qui partem tenebat Danorum, ab aliis ipsius provintiae regibus odio et inimicitia conventus, regno suo expulsus sit.* (...) *tandem gratia divina tribuente ad finem convertiti, et sacro baptismate perfusum, ipse de sacro fonte suscepit* (*Vita S. Anskarii*, c. 7, G. Waitz (éd.), *MGH Scriptores*, t. II, New York-Stuttgart, 1963, p. 694).

26. *Poème au roi Louis*, vers 2186-2229, E. Faral (éd.), Paris 1932, p. 167-171.

On doit noter toutefois que le mot *infideles* pour désigner les Normands a généralement un sens plus moral que religieux ; ils sont «sans foi» au sens strict du terme, comme ils sont aussi perfides[27]. Ceci d'autant plus qu'ils ont des méthodes d'attaque qui, dans les premiers temps des agressions du moins, surprennent les populations par leur rapidité et leur violence, notamment à cause de l'usage du feu. En effet le feu apparaît de façon récurrente dans les sources hagiographiques comme une arme de terreur utilisée par les Vikings lors de leurs attaques. Ceci explique que les hagiographes les décrivent comme des envahisseurs tout à fait insaisissables et semant la terreur par le feu, comme des émissaires du diable. Pourtant il est à noter qu'il n'existe aucun discours de type millénariste ou du moins, d'une peur de la fin des temps dans les textes retenus. La seule allusion qui pourrait relever de ce genre de propos et encore de façon très indirecte, est la mention que l'on trouve chez Paschase Radbert qui fait l'exégèse du verset tiré du livre de Jérémie (1, 14) «Depuis le Nord sera répandu un mal qui s'étendra sur tous les habitants de la Terre». Ce verset de l'Ancien Testament constitue d'ailleurs pendant très longtemps, jusqu'à Dudon de Saint-Quentin au début du XIe siècle, une des seules références faisant allusion aux Normands comme des hommes issus du Nord que l'on trouve dans les récits hagiographiques, ou les autres textes qui font mention de leur venue en général.

Les noms propres servant à qualifier les Normands selon leur provenance géographique ou leur appartenance ethnique sont d'abord *Nortmanni* ou *Normanni*, *Dani*, et plus rarement *Suevi*. C'est-à-dire que l'on sait qu'ils viennent du Nord, mais pas d'où précisément, et en plus on ne sait pas à quel peuple ils appartiennent exactement. Les noms *Marcomani*, *Getae*, *Vandali*, certes beaucoup plus rares, mais quand même assez fréquents pour qu'il soit impossible de les attribuer uniquement à d'éventuelles erreurs de copistes, montrent que pendant longtemps l'origine des Vikings est inconnue en Occident. Les hagiographes sont donc contraints d'associer les Normands à d'autres envahisseurs qu'ils connaissent : soit à ceux dont le nom se rapproche de celui des *Normanni*, c'est le cas sans doute pour *Marcomani* par exemple, soit des peuples les plus septentrionaux dont ils ont des exemples antérieurs, comme les Gètes[28].

Enfin les Normands sont des pirates qui agissent très rapidement. Cette célérité qui caractérise les raids normands est liée au fait qu'ils se déplacent par voie d'eau ; de fait, il s'agit là d'un autre aspect souligné par les hagiographes qui qualifient les envahisseurs de *piratae* dans de nombreux récits[29]. Les

27. Ainsi ils attaquent à l'improviste comme par lâcheté et pour persécuter les chrétiens, par exemple *Miracula S. Filiberti*, lib. I, *Praefatio*, p. 23 : (...) *quia istius rei impedimentum Nortmannorum subitanei atque inprovisi occursus fuere* ; *ibidem* p. 24 : (...) *ne beati Filiberti sepulchrum perfidi homines effoderent*... et *ibidem* lib. II, p. 68, (...) *et propter paganorum infestationem et christianorum persecutionem*...

28. Cette question constitue le fondement de l'article de L. MUSSET, «Un aspect de l'esprit médiéval... », p. 129-138.

29. Parmi les nombreux textes dans lesquels les Normands sont qualifiés de pirates, on peut citer par exemple : *Vita et Miracula S. Wandregisili*, P. BOSCH, G. CUPPER, J. PIN, J.-B. SOLLER (éd.), *AA. SS., Iul. V*, Paris-Rome, 1868, p. 283 C : (...) *gravissima Danorum piratarum lues* et plus loin (..) *ex quo vero Oceanum ingressi piraticam exercere aggressi fuerant*.

mentions d'agressions de la part de pirates, ne sont pas des nouveautés liées aux invasions normandes. Les auteurs latins font souvent mention de peuples pirates, c'est-à-dire qui réalisent des incursions et des déprédations parmi les populations de l'Empire, par voie maritime. C'est très souvent le fait de peuples originaires des rives de la Méditerranée méridionale ou orientale, comme par exemple ceux contre lesquels Pompée s'illustre en 67 avant Jésus-Christ. Mais pas uniquement. César dans la *Guerre des Gaules*, décrit les peuples de l'Océan, Ménapes, Osismes, Lexoviens, Namnètes, Ambiliates, Morins et Diablintes. Mais surtout il attache une grande importance à ceux qui semblent être les maîtres de l'Océan dans les régions de la Mer du Nord : les Vénètes. Pour le consul, ils sont comme des pirates particulièrement experts en matière de navigation, qui savent parfaitement et rapidement manœuvrer le long des côtes et remonter les fleuves côtiers[30]. De même les textes hagiographiques à partir du VIIIe siècle, utilisent couramment le mot «pirates», *piratae,* pour qualifier les Sarrasins, au point que l'on en trouve qui font la confusion entre les Sarrasins et les Vikings [31]! Il ne semble pas que ce soit l'origine des pirates qui intéresse les hagiographes mais plutôt leurs méfaits. La *Vie de saint Ansgar* est très révélatrice de cette idée. Elle rapporte que des pirates attaquent son évêché de Hambourg en 837 et le Jutland en 860. Or l'hagiographe ne donne aucun renseignement sur l'origine des agresseurs[32]. Ces pirates ne peuvent être que des Vikings, d'autant plus que leurs méthodes sont tout à fait similaires dans les différents types de sources contemporaines. Elles sont caractérisées chez Rimbert de Torhout, par la rapidité d'action, leur aspect soudain et par l'usage intempestif du feu.

De fait les textes insistent surtout sur les conséquences de la venue des Normands. Les hagiographes expliquent leurs dévastations par leur cruauté innée et leur perfidie puisque les envahisseurs ont la lâcheté d'attaquer la nuit. Les *Miracles de saint Bertin* font mémoire de miracles survenus à l'occasion des agressions normandes contre le monastère de Sithiu-Saint-Bertin en 860-

30. César, *Guerre des Gaules*, lib. II, c. 9, P. M. Duval (trad.), Paris, 1981, p. 130-131

31. Par exemple *Vita S. Venerii*, J. Limpen, J. Pin, J. Stilting, J. Veldt (éd.), *AA. SS., Sept. IV*, Paris-Rome, 1868, p. 118 E : *Ferocissima gens Normannorum per mare navigans venit ad civitatem Arelatensem indeque ad Lunensem civitatem navigare coeperunt*, ceci est parfaitement attesté par d'autres sources comme les *Annales Bertiniani*, a. 859-860, qui font mention de l'agression des Normands sur les côtes méditerranéennes. En revanche, l'hagiographe ajoute plus loin, *ibidem*, p. 118 F : *erant severissimi volantes incedere barbari,* il s'agit de l'incendie de l'autel du saint à Luna par les Vikings, ce qui n'est attesté par aucun texte en ce qui concerne les Normands. On peut se demander si l'hagiographe n'a pas confondu les hommes du Nord et les Sarrasins, d'autant plus qu'il consacre plusieurs paragraphes aux agressions de ces derniers dans la suite du texte, *ibidem*, p. 119 B et suivants.

32. *Vita S. Anskarii*, c. 10, 16 et 31, G. Waitz (éd.), *MGH, Sciptores,* t. II, New York-Stuttgart, 1963, p. 697; le saint qui fait route par mer vers le Nord, est attaqué par des pirates : *Nobis hoc tantum narrasse sufficiat, quod dum in medio fere essent itinere, in pyratas offenderent*; *ibidem*, p. 700, Rimbert décrit l'agression de Hambourg : *contigit ex improviso pyratas advenientes Hammaburgensem civitatem navigio circumdedisse;* et enfin, *ibidem*, p. 715, il décrit l'agression du Jutland par les mêmes pirates : *ut pyratarum infestatione memoratus Horicus rex, quibusdam propinquis eius regnum ipsius invadere conantibus....*

861 et en 891. Leur auteur anonyme, moine du monastère, témoigne de ces traits négatifs des Normands, ceci avec d'autant plus de force qu'il a été lui-même un témoin direct des événements : «...la cruauté de la violence dévastatrice des païens surgit, fondant par les fleuves Seine et Loire à travers toute la Neustrie, pour attaquer par le fer et par le feu». Plus loin, il donne une description morale des envahisseurs : ils ont une véritable dévotion à la perfidie, ils ont des mœurs agressives, «de chien», *more canino*, ils sont avides de richesses, accoutumés au pillage, affamés de butins et assoiffés de sang; enfin il raconte qu'un des quatre moines restés pour garder le monastère, alors que les autres ont fui avec les reliques, est violé par les Normands, puis tué, deux autres sont torturés et le dernier «accablé d'opprobres»[33].

Les hagiographes n'ont aucune volonté de faire une quelconque étude de type ethnographique des Normands. Leur perception est différente. Ils apparaissent auparavant le plus souvent quasi totalement inconnus des écrivains, et tout à fait insaisissables. Il ne faut pas voir, derrière ces lacunes, la disparition de la curiosité des auteurs de l'époque carolingienne pour les différents peuples du monde connu d'alors; Paul Diacre, qui écrit l'*Histoire des Lombards* à la fin du VIIIe siècle, prouve le contraire. Mais cela est étroitement lié au propos des hagiographes. La cruauté des envahisseurs ne pourrait-elle pas être mise en exergue pour montrer du calame des pouvoirs carolingiens défaillants?

LE PROPOS DES HAGIOGRAPHES

Il apparaît maintenant évident, à travers plusieurs éléments, que les hagiographes n'ont pas pour principale préoccupation de donner des informations précises sur les envahisseurs. Seulement dans 14 textes du corpus, ceux-ci ne sont pas nommés *Normanni*, mot très vague somme toute, mais *Dani*, «Danois», donc issus du Danemark. L'emploi de ce terme peut paraître plus précis, à condition que ce pays corresponde à un espace géographique défini dans l'esprit des auteurs, ce qui, en réalité, est loin d'être le cas avant le XIe siècle. Le seul texte relativement précis en ce qui concerne la géographie et les peuples du Nord jusqu'à cette époque, est la *Vita sancti Anskarii*, pour des raisons qui n'ont rien à voir avec un souci de précision de la part de l'hagiographe. Mais ceci est lié au fait que ce dernier, Rimbert de Torhout, connaît très bien lui-même ces régions car il y a été missionnaire aux côtés de son héros et y a vécu plus tard en tant qu'évêque de la métropole de Brême-Hambourg. Pour conclure sur le peu de souci de précision ethnique des hagiographes francs ou un manque flagrant de connaissances des hommes

33. *Miracula S. Bertiniani*, c. I, p. 509-510 : *cum saeva tirannidis paganorum emergeret, famosa scilicet flumina Sequanae ac Ligeris advolans et per totam Niustriam grassando ferro igneque...*, puis à leur sujet...*amica sibi fraude inficiati, more canino, (...) pecunia avidi, rapina usitati, praeda famelici, sanguine mentiebantur sitibundi.* Et enfin au sujet du jeune moine violé : *Quartus proinde eorum, qui et iunior ac succulentior, (...), variis contritionibus fractus, (...), quam ludibriorum suorum execrabilissimis spurcitiis pollui.*

du Nord, il faut souligner qu'une expression apparaît très souvent dans les textes *Dani seu Normanni*, «Danois ou bien Normands», comme si les deux mots étaient totalement synonymes.

En outre les Normands n'occupent pas une place centrale dans les textes. Il est fait mention d'eux dans les prologues ou dans le premier chapitre du récit, pour justifier sa rédaction et lui conférer une valeur historique, puisqu'il est ainsi relié à des événements précis[34]. On trouve également des mentions des Normands au cours des récits, mais toujours dans un nombre restreint de textes, sous la forme de descriptions de leurs méfaits, ou alors sous celle de brèves allusions. À ce sujet, l'*Histoire de la translation des reliques de saint Taurin* est tout à fait exceptionnelle puisque non seulement, elle décrit longuement les agressions des Vikings, mais encore elle donne de nombreuses informations précises à leur sujet. Toutefois on doit nuancer la précision du récit par le fait qu'il a été rédigé au début du XIIe siècle. Mais, mis à part ce texte exceptionnel, si les Normands semblent motiver la rédaction de nombreux récits hagiographiques à partir du milieu du IXe siècle, les envahisseurs venus du Nord ne sont pas au centre du propos des écrivains.

De fait dans les textes contemporains des invasions, qui représentent la majorité des récits du corpus retenu, les Normands ne sont que les catalyseurs du propos des hagiographes dont la trame centrale du discours concerne, par définition, tel ou tel saint. Le saint apparaît, en effet, comme un combattant qui défend et protège les populations chrétiennes et avant tout sa communauté. Il est le rempart de la religion chrétienne et le défenseur de la liberté. Les Normands mettent en valeur les vertus du saint, qui se manifestent de façon tangible par ses miracles et l'efficacité de sa protection. Ainsi le saint est le seul à être efficace contre les envahisseurs. On doit voir, derrière cette idée, une très sensible critique des pouvoirs publics déficients en ce qui concerne la lutte contre les Vikings et la défense des populations. Dans la préface du premier livre des *Miracles de saint Philibert*, Ermentaire rapporte que Louis le Pieux et ses grands conseillaient aux moines qui leur demandaient de l'aide contre les agressions des scandinaves, récurrentes depuis quelque temps, de quitter leur monastère de Noirmoutier, car ils ne pouvaient rien faire pour eux[35]. Il existe dans les textes hagiographiques une critique des souverains et des comtes surtout, dont le rôle est de guider le peuple vers son salut ainsi que de le défendre.

34. Ainsi, par exemple, le livre premier des *Miracles de saint Philibert*, ne fait mention des Normands que dans la préface, ensuite ils sont complètement absents du récit qui comporte quatre-vingt-trois chapitres. Le second livre, divisé en vingt-deux chapitres, parle longuement des envahisseurs dans la préface, pour expliquer les raisons de la translation des reliques du saint depuis Noirmoutier jusque sur le continent; ensuite il n'est fait que de courtes allusions aux Vikings dans les chapitres XI et XII, toujours pour expliquer la raison des translations successives des reliques du saint toujours plus en amont dans la vallée de la Loire.

35. *Miracula sancti Filiberti*, lib. I, *Praefatio*, p. 25 : *Tunc vero gloriosus rex suique optimates, (generale siquidem regni sui placitum existebat), istius modi rem solerti cura pertractantes, nequaquam ibi auxilium pugnandi assidue administrari posse reppererunt...*

Au lieu de cela, ils ne font rien et, au contraire, ils sont divisés par la discorde[36].

À côté de cette critique de la déficience des pouvoirs publics face aux Normands, on perçoit également un discours tendant à justifier la fuite des moines ou des clercs, avec leurs reliques, devant les envahisseurs. C'est ainsi que l'on peut interpréter le discours récurrent qui présente les Normands comme des assaillants insaisissables et se déplaçant très rapidement. De même que leur perception par les hagiographes comme des gens n'agissant que par surprise et essentiellement la nuit. Ils sont montrés comme des individus que l'on ne peut saisir et donc la seule solution pour leur échapper est la fuite. Ceci d'autant plus qu'ils sont aussi plus particulièrement les ennemis des églises et des monastères, puisque leur but est de les piller et de les détruire. Donc devant l'acharnement de tels ennemis, le seul et ultime recours est la fuite. C'est une des raisons pour laquelle, sans doute, parmi les textes retenus, on trouve un très grand nombre de récits de translations de reliques. Pourtant, si les religieux fuient devant les Vikings, les hagiographes précisent que cela n'est pas de leur plein gré, mais qu'ils y sont contraints par la force des choses. On trouve même des velléités de résistance de la part de certains. Par exemple, Ermentaire rapporte que l'abbé de Noirmoutier avait fait fortifier le monastère[37] avant que la communauté ne quittât l'île en 836. Ou alors la fuite apparaît être une obéissance fidèle aux commandements du Christ rapportés par saint Matthieu : «Si vous êtes persécutés dans une cité, fuyez dans une autre»[38]. Il semble que s'exprime le besoin de justifier la fuite, attitude lâche pour un homme d'église, par rapport au comportement héroïque des martyrs. D'ailleurs on ne trouve que très peu de récits de martyres à l'époque carolingienne en Francie occidentale, du moins des martyres qui seraient dus à des actes criminels des Normands. Le seul véritable martyr des Vikings, ce qui a motivé d'ailleurs la rédaction d'un texte hagiographique, est saint Gunhard. Il s'agit d'un évêque de Nantes, tué par les Normands en 843, alors qu'il célébrait la messe pascale. D'autres

36. Ce thème se retrouve très souvent dans les textes hagiographiques, même postérieurs aux invasions normandes, ce qui semble démontrer l'effet psychologique qu'ont pu avoir ces discordes sur les populations contemporaines capables de comprendre leurs tenants et aboutissants. Par exemple : *Miracula sancti Genulfi episcopi*, c. VI, J. BOLLAND, G. HENSCHEN (éd.), *AA. SS., Ian. II*, Fribourg-Paris, 1863, p. 466 C : *At vero Ludovico descedente Balbo, filius ejus Karolus agnomine Minor post eum regnavit. Contra quem Franci conjurantes, eum de regno expelerunt; Miracula sancti Germani Parisiensi*, lib. I, c. I, F. BAERT, C. JANNING (éd.), *AA. SS., Maii VI*, Paris-Rome, 1866, p. 787 E : *donec nemine sibi resistente, fluvium Sequanae ingressi, Rotomaco sorte incredibili applicarent. Cumque in eadem civitate aliquantispater demorantes, regionis Principes (quod absque ingenti contritione cordis effari nequevimus) ad bellandum pigros timidosque adverterent*; ou encore *Miracula S. Filiberti*, lib. II, *Praefatio*, p. 60 : *ut gesta potius silenda vel deflenda quam miracula sancti confessoris referentur, fit primo inter suprascriptos discordia fratres, tunc demum inter regni primores* et plus loin l'hagiographe parle d'«horribles guerres intestines», *orribilia belle intestina*.

37. *Miracula S. Filiberti*, lib. I, *Praefatio*, p. 25 : *praedictus pater Hilbodus, qui propter ipsam perfidam gentem in memorata insula castrum condidera*.

38. Matth. 10, 23. Par exemple : *Miracula sancti Bertiniani*, c. I, p. 509 : *verum monitu iubentis Domini obtemperantes, quo dicit : 'Si vos persecuti fuerint in una civitate, fugite in aliam'*...

évêques subirent le même sort, comme Baltfrid de Bayeux ou Lista de Coutances, sans faire l'objet d'un récit hagiographique.

Enfin les récits hagiographiques font une large place aux monastères. Ils décrivent leur défense, leur reconstruction ou leur refondation, ou les glorifient en général. Pendant les agressions, beaucoup de moines sont obligés de fuir. Or à l'occasion de la fuite et pendant l'exil qui en découle, le monastère est abandonné et donc le vœu de stabilité, un des aspects fondamentaux de la règle de saint Benoît de Nursie promue dans l'empire carolingien par les capitulaires monastiques de Louis le Pieux et saint Benoît d'Aniane en 816-817, ne peut plus être respecté. Mais le saint, par ses miracles, polarise l'espace où se trouve la communauté en exil. Ainsi les hommes de Dieu continuent à vivre selon les commandements de la règle dans un espace consacré par la présence des reliques transportées avec eux, mais aussi par l'accomplissement de miracles. C'est comme si le monastère quitté, et souvent détruit, était toujours présent, au moins symboliquement. Les hagiographes, dans leur discours, assurent ainsi la défense de la vie communautaire bénédictine mise en danger à cause des invasions qui provoquent l'impossibilité du respect du commandement de stabilité.

Au terme de cette étude, plusieurs éléments sont à rappeler avant de conclure.

D'abord le vocabulaire pour désigner les Normands ne présente pas une très grande originalité ou nouveauté par rapport à celui utilisé par les auteurs anciens pour qualifier des barbares envahisseurs : *barbari*, *barbara gens*, *gens barbarorum* ou *gens* suivi de l'indication de la nation ou espace géographique d'où ils semblent être issus ou d'où on les croit issus, comme l'expression *gens Normanorum*. De la même façon on trouve des substantifs indiquant un lieu ou un peuple d'origine, utilisés seuls : *Normani*, *Dani*, *Getae*, *Marcomani*. La religion chrétienne a apporté un vocabulaire nouveau pour qualifier les envahisseurs non encore convertis à la vraie foi, et que l'on retrouve utilisé par les hagiographes à partir du IXe siècle pour désigner les Vikings : *pagani*, *infideles*, *gens infidelis*, ou encore *gens perfida*. Pourtant, malgré tout, on trouve dans les textes hagiographiques, certains traits de vocabulaire et certaines expressions qui, par leur originalité ou la fréquence de leur emploi, démontrent de façon certaine, la spécificité des invasions des Normands par rapport aux agressions barbares antérieures. En outre cela tendrait à prouver également la particularité de la perception qu'en ont les hagiographes contemporains. C'est le cas du vocabulaire qui décrit la rapidité d'action et l'aspect soudain des agressions des hommes du Nord, *gens effera*, *advolantes*, *velivolantes*, *occursus*. Il s'agit également des mots qui montrent que les Vikings sont alors avant tout des marins, à la recherche de butin, ce qui est exprimé par la fréquence de l'emploi du mot *piratae* (ou *pyratae*) pour les désigner.

Pourtant malgré la diversité du vocabulaire, on ne trouve que très peu de descriptions des Normands eux-mêmes, ni un quelconque souci ethnographique dans les récits hagiographiques, à part quelques rares exceptions comme la *Vie de saint Ansgar* par Rimbert de Torhout, ou dans des textes tardifs comme l'*Histoire de la translation des reliques de saint Taurin*. Et encore, même le récit de Rimbert, qui a pourtant vécu dans la proximité des Scandinaves, et qui relate la vie de son maître et prédécesseur comme missionnaire dans ces régions, ne fait pas une description très précise de ces contrées et de leurs habitants. En revanche on trouve dans les récits hagiographiques, de très longs passages détaillant les méfaits des agresseurs et leurs conséquences directes en ce qui concerne les communautés religieuses : la fuite des moines de leur monastère devant les envahisseurs, ou la reconstruction d'une église détruite par les païens venus du Nord. Ainsi le barbare agresseur est décrit de façon très négative, quitte même à exagérer dans le pathos, ce à quoi les historiens modernes ont donné le nom de «rhétorique des lamentations». Celle-ci existe, il n'est pas question de la discuter. En revanche c'est son interprétation qu'il convient de réviser quelque peu. Si les Normands sont présentés de façon très négative par le biais de la description de leurs méfaits essentiellement, c'est certes un moyen qu'ont les hagiographes d'attirer l'attention sur leurs malheurs, et ceux de l'Église en général. Mais également il s'agit de critiquer les péchés des hommes. Il n'y a rien de très novateur dans tout cela. En revanche, la représentation du Normand envahisseur rapide, destructeur et pilleur, opposé au saint civilisateur par la mission et la pastorale, fondateur d'églises et de monastères et protecteur efficace des populations, est un aspect nouveau et particulier des récits hagiographiques de la période des invasions normandes. Le saint reprend la place de l'autorité publique défaillante; défaillance d'autant plus mal perçue, que, depuis 751, l'autorité publique est représentée par un souverain sacré, lieutenant et bras armé de Dieu sur terre, dont le rôle doit être d'assumer la protection du peuple chrétien.

Enfin l'insistance des hagiographes pour décrire l'aspect subit et rapide des attaques des Normands, tend à montrer qu'ils sont perçus non pas comme des envahisseurs qui chercheraient à s'installer, mais comme de simples agresseurs venant piller le royaume des Francs. Cela contribue d'autant plus à les faire percevoir comme des envoyés du Malin, ceci en l'absence de tout autre élément qui pourrait tenter d'expliquer leur venue, ainsi que le manque d'éventuels modèles antérieurs d'agressions de ce type à utiliser.

Les textes hagiographiques ont pour but de révéler une fonction primordiale d'édification. Pourtant ils donnent des renseignements précieux sur des événements précis, ainsi que pour mesurer leur perception et l'impact psychologique qu'ils ont pu avoir sur les hommes de Dieu, voire sur les populations. C'est ainsi que l'on peut également comprendre et donner une nouvelle interprétation aux récits hagiographiques, qui appartiennent à un genre littéraire oscillant entre l'histoire, et surtout celle qui se rapporte à la religion, et la fonction d'édification, voire de prédication. Cet aspect original de l'hagiographie reste encore largement à approfondir.

Les chanoines de Saint-Martin de Tours et les Vikings

Hélène Noizet*

Alors que les incursions vikings du IXe siècle ont longtemps été présentées comme des catastrophes, accompagnées de leurs cohortes de conséquences désastreuses, tant du point de vue démographique que politique et économique, Lucien Musset et Albert d'Haenens ont proposé dans les années 1960 une nouvelle approche beaucoup moins pessimiste, qui continue de marquer la recherche sur les Vikings en France[1]. Ils ont montré que ces raids, qui étaient des opérations de pillage ponctuelles et rapides, géographiquement et chronologiquement très localisées, n'ont pas eu de conséquences profondes sur l'économie ou la société – la vraie rupture se situant plutôt au XIe siècle pour ces auteurs. Ils avaient notamment remarqué que les sources narratives ou diplomatiques dont nous disposons pour la période carolingienne sont exclusivement des sources produites par les milieux ecclésiastiques. Or, ces institutions ont été des cibles privilégiées des Vikings : il est donc logique qu'elles se posent en victimes, qu'elles aient une vision apocalyptique de ces raids et que les incursions de ces hommes soient assimilées à des invasions de barbares impies. Cette perception constitue bien un niveau de la réalité, mais pas toute la réalité du phénomène. Nous voudrions, en nous situant dans la lignée des travaux précédemment évoqués, proposer ce modeste travail sur un autre niveau de cette réalité, dans le cadre tourangeau, et plus particulièrement à Saint-Martin de Tours. Nous allons essayer de montrer l'aspect positif de ces incursions pour le patrimoine de la collégiale tourangelle. Si, à l'échelle de l'individu, elles ont certainement été vécues comme des catastrophes terribles, on peut remarquer qu'il n'en est pas de même à l'échelle de l'institution canoniale, qui a tiré un large profit de ces raids : ceux-ci ont, en effet, permis à la collégiale tourangelle de se constituer un important patrimoine en

* ATER, Université de Paris-VIII, UMR 6575 Archéologie et Territoires (Tours).

1. L. Musset, *Les invasions : le second assaut contre l'Europe chrétienne (VIIe-XIe siècles)*, 2e éd. Paris, 1971 ; A. d'Haenens, *Les invasions normandes, une catastrophe?*, Paris, 1970. Pour une vision synthétique de l'évolution historiographique, voir : A. Nissen-Jaubert, « Some aspects of Viking research in France », *Acta Archaelogica*, 71, 2001, p. 159-169.

Bourgogne. Nous analyserons de quelle manière les chanoines ont argué des incursions normandes pour obtenir un grand nombre de *villae*, *villae* qui ont été concédées par les souverains carolingiens pour leur servir de refuge. Il est notamment intéressant de constater qu'avant les incursions normandes, les chanoines n'étaient pas du tout présents en Bourgogne, et qu'après celles-ci, la collégiale a conservé ces biens jusqu'à la Révolution française.

DESTRUCTIONS LIÉES AUX INCURSIONS VIKINGS À TOURS : ENTRE MYTHE ET RÉALITÉ

Il convient de rappeler tout d'abord la chronologie des raids des hommes du Nord à Tours. À partir du milieu du IXe siècle, la collégiale de Saint-Martin, lieu de pèlerinage très fréquenté en raison de la réputation de son patron, a été plusieurs fois victime des raids des Vikings qui auraient pillé et incendié, non seulement la basilique elle-même, mais également le bourg qui se trouvait à proximité. La vulnérabilité de cette agglomération est liée à son site : en effet, la basilique de Saint-Martin et son bourg se situaient à un kilomètre à l'ouest de la cité de Tours, en zone ouverte, c'est-à-dire non protégée par des fortifications. Ces épreuves ont fortement marqué les chanoines, qui se sont vus obligés, à plusieurs reprises, de quitter la ville et de se réfugier ailleurs. P. Gasnault[2] a étudié les pérégrinations du corps de saint Martin durant les invasions normandes. Celui-ci a fait une reprise du travail de E. Mabille[3], un historien tourangeau de la fin du XIXe siècle qui avait beaucoup travaillé sur Saint-Martin de Tours. Après avoir minutieusement analysé les exposés des motifs et les souscriptions des documents diplomatiques de Saint-Martin, il a proposé une chronologie des incursions vikings en val de Loire au IXe siècle, que nous rappellerons brièvement. À l'automne 853, les Vikings font une première descente à Tours qui est incendié, y compris la basilique Saint-Martin : mais les chanoines avaient mis les reliques de saint Martin à l'abri dans une de leurs dépendances, le monastère Saint-Paul de Cormery, à une vingtaine de kilomètres au sud-est de Tours. L'été suivant, en 854, les chanoines étaient déjà rentrés puisque les reliques sont de nouveau à Tours. Il y eut ensuite une nouvelle incursion dans la vallée de la Loire entre 856 et 871, mais qui n'a touché Tours qu'à partir de 862 : en août 862 et en janvier 869, Charles le Chauve concède aux chanoines des *villae* pour leur servir de refuge, notamment Léré en Berry et Marsat en Auvergne. Si E. Mabille propose une chronologie précise de la fuite, P. Gasnault rappelle que nous n'avons pas de preuves tangibles de ces mouvements : il est possible, par exemple, que les chanoines n'aient pas quitté la ville à chaque incursion, mais qu'ils aient monnayé leur sécurité avec les Vikings. Il est certain en tout cas que le corps

2. P. GASNAULT, « Le tombeau de saint Martin et les invasions normandes dans l'histoire et dans la légende », *Revue de l'Histoire de l'Église de France*, XLVII, 1961, p. 50-66.

3. E. MABILLE, « Les invasions normandes dans la Loire et les pérégrinations du corps de saint Martin », *Bibliothèque de l'Ecole des chartes*, XXX, 1869, p. 149-194 et p. 425-460.

de saint Martin est à Tours en août 871. Puis, après une lacune de 6 ans, deux diplômes de Charles le Chauve de 877 attestent la présence du corps saint à Chablis, dans le Tonnerrois. P. Gasnault a montré que, contrairement à ce qu'avait écrit E. Mabille, le retour de Bourgogne du corps avait eu lieu le 13 décembre 877, et non pas le 13 décembre 885. Ainsi, il a établi que le déménagement des reliques en Bourgogne n'avait duré que peu de temps, au maximum de 871 à 877. D'après les *Annales de Saint-Bertin*, la dernière incursion scandinave qui a affecté les chanoines date de 903 : cette fois-ci, les chanoines se sont réfugiés à l'intérieur de la cité de Tours, à l'abri des remparts gallo-romains, qui avaient été réparés à la fin du règne de Charles le Chauve[4]. Le siège a duré moins d'un an. Mais les reliques sont restées plusieurs années dans la cité, jusque vers 915-918, car les chanoines faisaient construire une enceinte, appelée par la suite *castrum novum*, autour de la basilique et d'une partie du bourg.

Naturellement, les sermons et les chroniques écrits par les chanoines de Saint-Martin donnent une vision apocalyptique de ces incursions scandinaves, que ces textes soient contemporains ou plus tardifs. Ainsi, Odon de Cluny, qui a été chanoine à Saint-Martin, avant d'être abbé de Cluny, a écrit un sermon[5], intitulé *de combustione basilica*, suite à l'incendie de 903 dû aux Normands : ce sermon, caractérisé par le ton moralisateur, fait de cet incendie un châtiment, une épreuve infligée par Dieu aux chanoines à cause de leurs péchés. Très inspiré par les *Moralia in Job* de saint Grégoire, Odon y démontre que les maux des chanoines proviennent de leurs péchés, connus ou inconnus, et de la miséricorde divine qui veut leur faire expier leurs fautes et les mettre en garde contre les rechutes[6]. On retrouve là la perception fataliste des défaites chrétiennes face aux Vikings, que les historiens et théologiens contemporains présentent comme les « instruments d'un Jugement de Dieu » : ces châtiments mérités et provoqués par Dieu devaient être subis par les chrétiens avec patience et résignation car, en les souffrant, on désarmerait la colère divine[7]. Concernant les sources narratives postérieures (XIIe-XIIIe siècles), celles-ci racontent que pas moins de 28 églises auraient brûlé en 853, et encore 22 en 903[8] ! Il s'agit là bien évidemment de chiffres délibérément exagérés, qui

4. *Annales Bertiniani*, F. Grat *et al.* (éd.), Paris, 1964, p. 166.

5. *Patrologiae cursus completus, series latina*, J.-P. Migne (éd.), Paris, 1844-1864, t. 133, col. 729-749. Sur l'attribution de ce sermon à Odon de Cluny, qui ne fait plus de doute aujourd'hui, voir S. Farmer, *Communities of Saint-Martin : Legend and Ritual in medieval Tours*, Ithaca et Londres, 1991, p. 313-315.

6. Dom J. Laporte, « Saint Odon, disciple de saint Grégoire le Grand », in *À Cluny, congrès scientifique fêtes et cérémonies liturgiques en l'honneur des saints abbés Odon et Odilon (congrès tenu les 9-11 juillet 1949)*, Dijon, 1949, p. 138-143. Ici, voir p. 140.

7. L. Musset, *Les invasions*..., p. 224 ; A. d'Haenens, *Les invasions normandes en Belgique au IXe siècle : le phénomène et sa répercussion dans l'historiographie médiévale*, Louvain, 1967, p. 144-147.

8. La chronique écrite par le chanoine de Saint-Martin, Pierre, fils de Béchin, dans le premier tiers du XIIe siècle (elle se termine en 1138), évoque les incendies de 853 et 903 en ces termes : « *Anno incarnati Verbi DCCCCIII, pridie kal. Julii, festo sancti Pauli, regnante Carolo, filio Lodovici Balbi, post obitum Odonis regis, in ano VI, et Robereti abbatis anno XV, iterum succensa est*

ne correspondent absolument pas à une réalité matérielle. A. d'Haenens parlait en effet d'évaluations quantitatives «fantaisistes»[9], qui correspondent à un cliché littéraire que nous retrouvons tout à fait ici. S'ils ne sont pas révélateurs des dégâts matériels de ces raids, ces lieux communs montrent que les envahisseurs ont produit un choc psychologique très fort sur les esprits de leurs victimes. Ce choc mental s'est ensuite propagé largement au-delà du IXe siècle dans la mesure où ces événements ont été survalorisés dans la conscience historique des élites intellectuelles : P. Geary[10] a bien montré que les mécanismes sélectifs de la mémoire et de l'oubli, les processus de reconstruction du passé résultent d'une compétition pour le pouvoir, le but étant de conformer le passé au présent, et même de justifier l'avenir. Ce cliché constitue un thème historique payant dans la mesure où il justifie les revendications des domaines perdus ou sécularisés : ces récits accréditaient l'idée selon laquelle les moines et les clercs, dépossédés de leurs biens à cause des troubles normands, étaient dans leur plein droit lorsqu'ils voulaient récupérer telle ou telle possession.

D'ailleurs, les campagnes de fouilles archéologiques réalisées à Tours, dans le quartier de la basilique Saint-Martin[11], qui a été décrite comme ravagée par une succession d'incendies par les sources écrites, n'ont révélé aucune phase d'incendie. À Saint-Pierre-le-Puellier, qui est situé dans le bourg de Saint-Martin, les sources archéologiques mettent en exergue une période d'abandon au haut Moyen Âge, du Ve au IXe, avant la reprise urbaine marquée par une période de reconquête aux IXe et Xe siècles, jusqu'au début du XIe siècle, grâce la présence de fours à chaux et de nombreux dépotoirs contenant des déchets d'animaux et de céramiques. Il est vrai que sur ce sujet, le lien entre les sources archéologiques et les sources écrites est très difficile à faire du fait des différences des échelles de temps et d'espace entre les deux types de sources : face à un niveau d'incendie, il est rare de pouvoir les attribuer à un événement, daté à l'année près par les sources écrites, car le pas de temps des sources archéologiques est beaucoup plus large que celui des sources textuelles. Un niveau archéologique est le plus souvent daté par une fourchette

basilica beati Martini cum XXVIII aliis Ecclesiis, ab Heric et Baret Normannis, cum toto castro. [...] *Anno verbi incarnati DCCCCXCVII, anno regni Roberti VI, incensum est castrum beati Martini, et ipsius basilica, cum XXII ecclesiis, VIII kal. augusti, ab oriente, a fine sancti Hilarii usque ab sanctam Mariam pauperculam; et, a meridie, a porta sancti Petrutionis usque ad Ligerim.*» Voir A. SALMON, *Recueil de chroniques de Touraine*, Tours (Mémoires de la Société archéologique de Touraine, I), 1854, p. 45 et 51. Ce texte a été ensuite repris par les chroniques postérieures à celle de Pierre, notamment la *Chronicon Sancti Martini Turonensis* de la fin du XIIe siècle, et la *Chronicon Turonense magnum* : *Ibidem*, p. 97 et p. 218.

9. A. D'HAENENS, *Les invasions normandes, une catastrophe?...*, p. 99-103.

10. P. GEARY, *La mémoire et l'oubli à la fin du premier millénaire*, Paris, 1996.

11. H. GALINIÉ *et al.*, «Fouilles archéologiques sur le site de Saint-Pierre-le-Puellier 1969-1974, rapport préliminaire», *Bulletin de la Société archéologique de Touraine*, 38, 1976, p. 155-172; ID., «Fouilles archéologiques de Tours 1978-1979, rapport préliminaire», *Bulletin de la Société archéologique de Touraine*, 39, 1979, p. 203-249; ID., «Fouilles archéologiques de Tours 1981, rapport préliminaire», *Bulletin de la Société archéologique de Touraine*, 39, 1981, p. 1041-1084; ID., «Fouilles archéologiques de Tours 1982, rapport préliminaire», *Bulletin de la Société archéologique de Touraine*, 40, 1982, p. 153-199.

chronologique d'au moins quelques dizaines d'années, et plus souvent d'un ou deux siècles : une couche d'incendie, surtout si la zone fouillée est étroite, peut être aussi bien due au cuisinier qui renverse ses ustensiles et met le feu à sa cuisine qu'à un incendie de plus grande ampleur ! Cela dit, on peut parfois attribuer une date précise à un niveau d'incendie lorsque la fouille est étendue et concerne des espaces proches des édifices du pouvoir politico-religieux, comme c'est le cas à Rouen, pour les fouilles de la cathédrale dirigées par J. Le Maho[12] : ce dernier peut dater la couche d'incendie, datée du milieu du IXe par la céramique et les analyses au carbone 14, de 841, moment d'un grand incendie qui a brûlé la ville de Rouen d'après les sources écrites.

Quoi qu'il en soit de la difficulté d'articuler sources écrites et archéologiques sur ce sujet, force est de constater qu'à Tours, aucune source archéologique n'a mis au jour, pour l'instant, de niveau important d'incendie, comme à Rouen par exemple. Ceci nous confirme bien que les renseignements fournis par les sources écrites sur les dégâts provoqués par les raids vikings ne sont pas à prendre au pied de la lettre – même s'il est probable que des incendies eurent lieu à petite échelle –, mais révèlent le choc produit par ces événements sur les esprits des chanoines. Examinons maintenant ce que les chanoines ont obtenu comme possessions suite à ces incursions scandinaves.

L'ACQUISITION DES *VILLAE* EN BERRY, AUVERGNE ET BOURGOGNE : UNE JUSTIFICATION VIKING

Entre 862 et 886, les chanoines de Saint-Martin obtiennent une petite dizaine de *villae* situées dans l'est de la France, dans le carrefour de Bourgogne, entre la Loire, la Marne et la Saône. Jusqu'au milieu du IXe siècle, cette région n'était pas mentionnée dans les actes de Saint-Martin de Tours : les chanoines n'y possédaient aucun bien, exceptée la *villa* de Marsat, qui se trouve à la périphérie de cette zone, non loin de la Loire, en Auvergne. La possession de ce bien leur a été confirmée par Pépin Ier en 828[13].

Dans l'acte du 23 avril 862, Charles le Chauve[14] confirme à Saint-Martin la possession de la *villa* de Léré dans l'actuel département du Cher, à une dizaine de kilomètres de Cosne-Cours-sur-Loire, sur la rive gauche de la Loire, pour leur servir de refuge : « *Liradus quoque ob Normannorum seu Brittonum saevissimam persecutionem ad confugium seu monasterium construendum* ». L'utilisation de ces *villae* comme des refuges est également suggérée dans un autre acte de Charles le Chauve[15], du 30 janvier 869, qui confirme aux

12. J. LE MAHO, « Les fouilles de la cathédrale de Rouen de 1985 à 1993 : esquisse d'un premier bilan », *Archéologie médiévale*, 1994, XXIV, p. 1-49.

13. L. LEVILLAIN, *Recueil des actes de Pépin I et Pépin II, rois d'Aquitaine (814-848)*, Paris, 1926, n° X p. 31.

14. G. TESSIER, *Recueil des actes de Charles II le Chauve, roi de France*, Paris, 1943-1955, n° 239, t. 2, p. 232.

15. *Ibidem*, n° 319, t. 2, p. 201.

chanoines la possession de Léré et Marsat : «*Unde, quia praefati coenobii venerabiles canonici in jam dictis villis ob infestationem paganorum refugium habere saepius consuescunt...*».

Dans le diplôme du 23 avril 862, Charles le Chauve accorde aux chanoines, comme l'avait voulu sa mère l'impératrice Judith, la possession de la *villa* de Mons-en-Montois, dans le *pagus* de Melun.

En 867, Charles le Chauve[16] leur donne la *cella* du fisc royal appelée Chablis, située en Tonnerrois, avec toutes ses dépendances, tant en Tonnerrois qu'en Avalois, à *Neriacus* et à Uzy, ainsi que dans la *villa* de *Guisio* en Autunois et ailleurs.

En 871, les exécuteurs testamentaires du comte Eudes, les comtes Boson et Bernard, donnent aux chanoines la *villa* de Nogentel, sur la Marne[17], que Charles le Chauve avait donnée au comte Eudes en 849[18]. En 877, Charles le Chauve[19] ratifie un échange, conclu entre les chanoines de Saint-Martin et de Saint-Martin de Chablis et les religieuses de Saint-Julien d'Auxerre, de biens sis en Tonnerrois, dans la viguerie de Tonnerre, dans les *villae* de l'Athée (Yonne, canton et commune de Tonnerre) et d'*Eroia*, données jadis à Saint-Martin par ce même souverain, contre des biens de Saint-Julien sis sur le territoire de Commissey, également en Tonnerrois, et situés à une vingtaine de kilomètres à l'est de Chablis. Ce même échange est ensuite confirmé dans un autre acte de Charles le Chauve[20], émis le même jour, soit le 12 juillet 877.

La même année, les chanoines se font donner par Charles le Chauve[21] la *villa* royale de Mellecey en Chaunois, pour laquelle ils obtiennent un régime

16. *Ibidem*, n° 307, t. 2, p. 179.

17. R. POUPARDIN, *Recueil des actes des rois de Provence*, Paris, p. 29, n° XV. Il a été daté du mois d'août 871 par L. LEVILLAIN, «Essai sur le comte Eudes, fils de Harduin et Guérimbourg», *Le Moyen-Age*, XLVI, 1937, p. 155, n. 3. Cet acte est aussi indiqué par E. MABILLE, *La pancarte noire de Saint-Martin de Tours*, Paris, 1866, n° CXLV, p. 145. Nogentel, Aisne, cant. Château-Thierry.

18. G. TESSIER, *Recueil des actes de Charles II le Chauve...*, n° 119, p. 315. En ce qui concerne l'identification de cette «*villa Novientus in pago Otmense, in vicaria Otmense*», il convient de remarquer les progrès qui ont été faits. Traditionnellement, ce toponyme est identifié avec Nogent-en-Omois (Aisne, cant. Condé-en-Brie, comm. Baulne-en-Brie). G. Brunel a suggéré d'identifier *Novientus* avec Nogentel, s'appuyant pour cela sur un témoignage montrant que Saint-Martin de Tours était possessionné en 1191 à Essômes-sur-Marne (Aisne, cant. Château-Thierry), face à Nogentel sur l'autre rive de la Marne. J. Barbier confirme cette hypothèse en rappelant que *Novientus* devait être proche de Château-Thierry, puisque dans l'acte de 871, il est situé dans le *pagus* et surtout dans la viguerie d'Omois, c'est-à-dire Château-Thierry : or Nogentel n'est qu'à trois kilomètres de Château-Thierry, tandis que Nogent-en-Omois en est distant de quinze kilomètres. Voir J. BARBIER, «*Palatium*», «*Fiscus*», «*Saltus*». *Recherches sur le fisc entre Loire et Meuse du VIe au Xe siècle*, Thèse de doctorat, Histoire médiévale, Université de Paris-IV, soutenue en 1994 sous la direction d'O. Guillot, p. 462-463. Si ce dernier argument ne semble pas totalement fiable – nous ne connaissons pas l'étendue des vigueries à l'époque carolingienne -, les archives de Saint-Martin confirment l'identification de Nogentel puisque nous retrouvons ce toponyme mentionné dans des documents de l'époque moderne de Saint-Martin, notamment aux cotes G 438 et G 439 des archives départementales d'Indre-et-Loire. Cette *villa* est donc située sur la rive gauche de la Marne, à trois kilomètres au sud de Château-Thierry, et à un kilomètre à l'ouest de la voie romaine Soissons-Troyes.

19. G. TESSIER, *Recueil des actes de Charles II le Chauve...*, n° 437, t. 2, p. 477.

20. *Ibidem*, n° 438, t. 2, p. 480.

21. *Ibidem*, n° 441, t. 2, p. 488. Mellecey, Saône-et-Loire, cant. Givry.

d'immunité identique à celui caractérisant le reste du patrimoine canonial. Les frères sont autorisés à y construire un *monasterium*.

L'année suivante, en 878, les chanoines obtiennent de Louis le Bègue[22] la *villa* de Merlaut sur la Vière, modeste affluent de la Marne, dans le Chamsesais, pour être affectée aux besoins de la communauté.

En 886, Charles III[23] confirme les possessions san-martiniennes parmi lesquelles Saudoy, dans la Marne, dans le canton de Sézanne. Cette *villa* est confirmée «*cum illo manso*», manse qu'E. Mabille[24] proposait d'identifier au Meix-Saint-Epoing. Cette *villa* et d'autres avaient été données en 813 par le comte Hélingaud à Saint-Martin, ainsi que d'autres biens tels que la *villa* d'Allement dans le *pagus* de Meaux, mais celle-ci n'est pas reprécisée dans l'acte de Charles III. Il est remarquable que les chanoines s'intéressent à cette *villa* plus de soixante-dix ans après sa donation, au moment même où ils acquièrent d'autres biens dans la région.

Toutes ces *villae* apparaissent dans trois diplômes de confirmation entre 878 et 886 alors même que les reliques étaient revenues à Tours au plus tard en décembre 877 : Chablis, Mellecey, Merlaut, Nogentel, dans un acte de Louis le Bègue[25] de 878 et dans un acte de Carloman II[26] entre 882 et 884; Chablis, Mellecey, Saudoy, Merlaut, Mons, Nogentel dans l'acte de 886 de Charles III le Gros[27]. Dans l'acte de Louis le Bègue, non seulement Chablis et Mellecey sont expressément confirmées pour servir de refuge, mais surtout le roi permet aux chanoines de construire, dans ces biens ou d'autres, un monastère pour se protéger des invasions des hommes impies : «*ut res quas pie recordationis genitor noster domnus Karolus quondam imperator augustus, videlicet Capleiam et Miliciacum villam ob amorem Dei et sancti Martini reverentiam fratribus ad confugium pro remedio anime sue ac genitricis sue domnæ Judith quondam auguste dederat suique auctoritate præcepti corroboraverat, sicut et nuper nos villam nostram Merlaum prona devotione obtulimus in necessitatibus fratrum habendas cum omnibus sibi rebus pertinentibus, et Novientum*

22. F. GRAT, J. DE FONT-RÉAULX, G. TESSIER, R.-H. BAUTIER, *Recueil des actes de Louis II, Louis III et Carloman II, rois de France (877-884)*, Paris, 1978, n° 12, p. 28.

23. P. KHER, *Die Urkunden Karl III*, (MGH, Diplomata Karolinorum Germaniae, II), Berlin, 1937, n° 139, p. 223.

24. E. MABILLE, *La pancarte noire*..., p. 226. Meix-Saint-Epoing, Marne, cant. Esternay.

25. F. GRAT *et al.*, *Recueil des actes de Louis II, Louis III et Carloman II*..., n° 15, p. 42. Chablis, Yonne, ch.-l. de cant.

26. *Ibidem*, n° 87, p. 220. J. Dufour rappelle que G. Tessier considérait que la forme actuelle de cet acte était fausse et datait du xᵉ, alors que R.-H. Bautier, qui édite l'acte, le considère comme sincère. Voir J. DUFOUR, «État et comparaison des actes faux ou falsifiés intitulés au nom des Carolingiens français (840-987) », *Monumenta Germaniae Historica Schriften*, 33, IV, 1988, p. 167-210. Il nous semble que les arguments donnés par R.-H. Bautier, dans son introduction de l'acte en question, sont convaincants et permettent de considérer l'acte comme sincère. De plus, Pierre Gasnault, qui a fait sa thèse de l'École des chartes sur les documents diplomatiques de Saint-Martin, ne considère pas cet acte comme faux, ni-même remanié ou interpolé : P. GASNAULT, *Étude sur les chartes de Saint-Martin de Tours des origines au milieu du XIIᵉ siècle*, Thèse de l'École des chartes, Paris, 1953, 2 vol., ici vol. 2, n° 70.

27. P. KHER, *Urkunden Karl III*..., n° 139, p. 223. Mons, Seine-et-Marne, cant. Donnemarie-Dontilly.

villam quam Odo comes per licentiam genitoris nostri fratribus contulit, [...] *corroboraremus, quod si etiam monasterium in predictis rebus vel alicubi pro infestatione paganorum vel malignorum hominum construere eisdem fratribus libuerit aut necesse extiterit, nostra largitate concederemus absque inquietudine more solito permanendum* ». L'acte de Carloman II reprend quasiment la même formulation, répétant ainsi que ces *villae* peuvent leur servir de refuge. Dans l'acte de 886 de Charles III, qui leur confirme les privilèges et diplômes précédemment accordés, les huit *villae* sont citées toutes ensemble pour être confirmées, sans que soit rappelé le danger viking : « *decernimus ut sicut in privilegiis prædecessorum regum parentum nostrorum continetur, ita ab hodierna die et in reliquum inrefragabiliter permaneat cum omnibus villis eorum stipendiis deputatis cum Lirado et Capleaia seu Miliciaco et Marciaco nec non Saldoa cum illo manso et Merlao, villa quoque Monte, quam Gerbaldus precario more ad censum retinet, atque Noviento, quam Odo integerrime ad peculiare fratribus contulit* ». Ainsi, à la fin du IXe siècle, la peur des pillards subsistant sans doute dans les consciences, les chanoines font confirmer ces *villae*. Cela dit, nous pouvons noter que, dès 886, l'argument des raids vikings ne fait plus partie de la rhétorique diplomatique san-martinienne.

Nous devons remarquer que ces *villae*, exceptées Saudoy et Marsat, ne faisaient absolument pas partie du patrimoine de Saint-Martin avant le IXe siècle. Contrairement au discours de R. Monsnyer, un chanoine de Saint-Martin de Tours qui a écrit au XVIIe siècle une monumentale histoire de son chapitre[28], ces biens, comme Léré ou Chablis, n'appartenaient pas de toute antiquité au chapitre tourangeau. Il s'agit là d'une tradition inventée par le chanoine pour asseoir les droits de la collégiale. En effet, au XVIIe siècle, les privilèges de Saint-Martin étaient attaqués et remis en cause : c'est pourquoi R. Monsnyer s'arme de sa plume et cherche à prouver l'ancienneté des droits de Saint-Martin. La meilleure preuve en est qu'il ne cite aucune source diplomatique ou narrative pour prouver son propos, ce qu'il fait fort bien par ailleurs, nous permettant ainsi de connaître des pièces médiévales qui sont perdues.

MAINTIEN ET RENFORCEMENT DE CE PATRIMOINE EXCENTRIQUE DU Xe AU XVIIIe SIÈCLE

L'acte d'échange de Commissey de 877 précise que l'échange concerne les religieuses de Saint-Julien-d'Auxerre d'un côté, et les chanoines de Saint-Martin de Tours et de Chablis de l'autre. Un *monasterium* a donc été créé à Chablis[29], cette communauté étant sous la tutelle de l'abbé du chapitre tourangeau :

28. R. MONSNYER, *Historia generalis*, Tours, 1670. Un exemplaire en est conservé à la bibliothèque municipale de Tours, fonds ancien, ms. 1294, et un autre à la BnF, nouv. acq. lat. 2423, p. 75-76 et p. 86-87.

29. G. TESSIER, *Recueil des actes de Charles II le Chauve...*, n° 437, t. 2, p. 478.

«*Igitur notum sit* [...] *quia quidam reverendus cenobii basilice santi Martini, eximii confessoris Christi, simulque Capleiensis monasterii, quo corporaliter ad presens ejusdem venerandum corpus quiescit, Hugo abbas* [...] *innotuit...*». À cette époque, c'est-à-dire entre 871 et 877, cette communauté est donc composée d'une partie des chanoines tourangeaux qui avaient fui le danger normand. Nous ne pouvons pour l'instant affirmer qu'une communauté canoniale a été maintenue à Chablis et Léré, après le retour des chanoines à Tours en 877. En effet, il est possible que les chapitres de Léré et de Chablis, qui sont bien attestés notamment au XIIIe siècle[30], aient été institués plus tard, après 877, dans un contexte différent. Il conviendrait pour cela d'explorer les archives du Cher et de l'Yonne plus à fond, ce que nous n'avons pu faire dans le cadre de cet article.

Il est remarquable en tout cas de constater que ces *villae* sont toujours mentionnées dans les diplômes du Xe siècle qui confirment les biens de Saint-Martin : ces mêmes *villae* de Léré, Mons, Chablis et sa dépendance Commissey, Mellecey, Saudoy, Nogentel et Merlaut sont citées dans l'acte de 896 concédé par Eudes[31], l'acte de 931 de Raoul[32], l'acte de 938 de Louis IV[33], l'acte d'Hugues Capet de [987-996][34]. Même si on exclut les diplômes de Charles le Simple qui sont susceptibles d'être des actes faux ou remaniés[35],

30. Au début du XIIIe siècle, un coutumier de Saint-Martin cite les chanoines des chapitres de Léré et Chablis, qui sont dépendants de Saint-Martin de Tours : cette subordination concerne le spirituel comme le temporel. Voir A. FLEURET, *Rituel de Saint-Martin de Tours (XIIIe siècle), Documents et Manuscrits*, Paris, 1899-1901, p.145-146. Ceci confirme donc l'existence de ces communautés canoniales subordonnées à Saint-Martin de Tours, au plus tard à partir du XIIIe siècle, mais vraisemblablement bien avant. Léré, Cher, ch.-l. de cant.

31. G. TESSIER, R.-H. BAUTIER, *Recueil des actes d'Eudes, roi de France (888-898)*, Paris, 1967, n° 41, p. 174.

32. R.-H. BAUTIER, J. DUFOUR, *Recueil des actes de Robert Ier et Raoul, rois de France (922-936)*, Paris, 1978, n° 15 p. 67. Cet acte a été rédigé par le destinataire, c'est-à-dire par les chanoines de Saint-Martin. La copie la plus ancienne de ce diplôme date du XIIe siècle et a été interpolée sur un point bien repéré par l'éditeur : mais nous pensons que cela n'a pas d'incidence sur notre propos puisque l'interpolation, très bien circonscrite, concerne un tout autre sujet que celui de cet article. Les problèmes diplomatiques posés par les actes de Saint-Martin sont particulièrement épineux, dans la mesure où quasiment tous les originaux, ainsi que les cartulaires des XIIIe-XIIIe siècles, ont disparu : nous ne possédons plus que les copies effectuées à l'époque moderne par des érudits, tels que Baluze. Cependant, G. Tessier a montré que, malgré leurs bizarreries diplomatiques, il ne fallait pas rejeter systématiquement ces diplômes : les spécificités des actes de Saint-Martin peuvent s'expliquer par le fait qu'ils ont été rédigés par les chanoines eux-mêmes, et non par les notaires des chancelleries royales. Voir G. TESSIER, «Les diplômes carolingiens de Saint-Martin de Tours», in *Mélanges d'histoire du Moyen Âge dédiés à la mémoire de Louis Halphen*, Paris, 1951, p. 683-691. Nous pensons donc que ce diplôme est digne de confiance pour la question qui nous intéresse.

33. P. LAUER, *Recueil des actes de Louis IV, roi de France (936-954)*, Paris, 1914, n° IX, p. 28.

34. L. DELISLE, *Recueil des Historiens de Gaule et de France*, t. X, Paris, 1874, n° III, p. 551. Ce document non daté n'en est pas moins authentique : voir P. GASNAULT, *Chartes de Saint-Martin...*, n° 159; Q. GRIFFITHS, «The Capetian kings and Saint Martin of Tours», *Studies in medieval and Renaissance History*, 9, 1987, p. 85-133, ici p. 109 note 17.

35. Nous ne tenons pas compte pour l'instant des trois actes de Charles le Simple de 903, de [910-911] et de 919, qui mentionnent également ces *villae* de Bourgogne : P. LAUER, *Recueil des actes de Charles III le Simple, roi de France (893-923)*, Paris, 1940-1949, n° XLVI, t. 1, p. 99-100,

nous pouvons constater que ces biens acquis au IXe siècle sont toujours bien présents dans le patrimoine de Saint-Martin au Xe siècle.

Plus intéressant encore, nous avons trouvé un acte privé[36] de 978, soit plus d'un siècle après les incursions scandinaves, qui agrandissait le domaine de Saint-Martin dans cette région : par cet acte, la comtesse Letgarde, veuve du comte Thibaud, et ses fils Hugues, archevêque de Bourges et le comte Eudes, donnent aux chanoines de Tours la *villa* de Chalautre[37] située dans le comté de Troyes, avec ses dépendances. Il semble alors possible de penser que l'acquisition de cette *villa*, proche de Saudoy et Nogentel, n'a plus rien à voir avec le contexte d'insécurité lié aux Vikings. On est passé là à une autre logique, celle d'une acquisition foncière visant à conforter un patrimoine déjà bien consistant et cohérent dans cette région.

Après le Xe siècle, il faut constater un hiatus dans notre corpus documentaire : pour le XIe siècle et une grande partie du XIIe siècle, nous ne disposons d'aucune confirmation globale des biens de Saint-Martin avec l'énumération précise des possessions comme dans les actes carolingiens.

Il faut attendre la fin du XIIe siècle pour retrouver, dans une bulle du pape Alexandre III, en 1170, la liste de toutes les possessions de Saint-Martin, parmi lesquelles nous retrouvons Léré, Chablis, Mellecey, Chalautre, Saudoy, Nogentel[38].

---

n° LXIII, t. 1, p. 140, et n° CI, t. 1, p. 236-237. En effet, bien que considérés comme sincères par l'éditeur P. Lauer, ces trois actes posent des problèmes diplomatiques : c'est pourquoi nous ne les utilisons pas pour le Xe siècle. P. Gasnault considère que ces actes sont faux dans leur forme actuelle : mais il pense que le troisième diplôme, du 27 juin 919, a été rédigé à partir d'un diplôme sincère. Ils auraient été rédigés au début du XIIe siècle, de toute façon avant 1131-1140, date à laquelle ils sont intégrés dans le cartulaire de Saint-Martin, la Pancarte noire : P. GASNAULT, *Chartes de Saint-Martin*..., p. 102-112. Nous souscrivons totalement à l'hypothèse de P. Gasnault pour une rédaction ou un remaniement au début du XIIe siècle de ces diplômes : nous reprendrons cette question plus en détail dans le cadre de notre thèse.

36. «*Quocirca in nomine summi salvatoris domini, Ego Letgardis comitissa necnon Hugo episcopus et filius meus Odo comes,* [...] *donamus, donatumque esse volumus eidem, ut dictum est, prælibato præsuli domno nostro Martino, suæ scilicet congregationi cui præesse videtur domnus et venerabilis Hugo abbas* [...], *hoc est Calistam nomine cum ecclesia in honore sancti Gregorii constructa, et cum omnibus rebus ad ipsam potestatem aspicientibus, hoc est cum villa Puteo Flodulfi, et cum altera villa Cantegrello nomine, et in quodam mansile Ordono scilicet tribus mansis et medio, et in Pergiaco villa mansis septem inter sylvam et terram arabilem, et in Corbedino tria hospitia, et terram arabilem, et in villa Ledors mansum unum cum pratis, et in Corte Agoldi, unde exeunt denarii sex. Hæc omnia supra memorata, et insuper tertiam partem sylvæ Ferarias, et in villa unde exeunt denarii duodecim prælibato sancto Martino, suisque canonicis ad eorum peculiare cedimus, tradimus atque transfundimus sita in comitatu Trecasino, in pago scilicet Morinensi a die præsente et deinceps, ita ut ab hodierna die quidquid ex ipsis rebus facere voluerint, liberam et firmissimam habeant faciendi potestatem, et de nostro jure in jus potestatemque sancti Martini ipsiusque canonicorum libenter et gratis cedimus*». Copie du XVIIe siècle à la bibliothèque municipale de Tours, fonds ancien, ms. 1294, p. 187. Autre copie d'époque moderne aux archives départementales d'Indre-et-Loire, G 438. Voir aussi P. GASNAULT, *Chartes de Saint-Martin*..., n° 153.

37. Il s'agit de l'actuelle commune de Chalautre-la-Grande (Seine-et-Marne, cant. Villiers-Saint-Georges). C'est effectivement cette appellation de Chalautre-la-Grande que nous retrouvons dans les documents de l'époque moderne de Saint-Martin (arch. dép. d'Indre-et-Loire, G 438 et G 439).

38. J. RAMACKERS, *Papsturkunden in Frankreich : Touraine, Anjou, Maine und Bretagne* (Papsturkunden in Frankreich, 5), Göttingen, 1956, n° 138, p. 232.

Dans cet acte pontifical de la fin de XIIe siècle, le type de rapport juridique est évidemment différent, dans la mesure où ce sont essentiellement les dîmes et les bénéfices paroissiaux qui reviennent à Saint-Martin. Ces *villae* sont en effet mentionnées avec la liste des églises paroissiales dépendant de chacune de ces *villae* : « *in episcopatu Bituricensi castrum Liriaci cum ecclesia sancte Marie et alia ecclesia que est extra castrum* [...] *; in episcopatu Lingonensi Chableiam cum ecclesia sancte Marie et ecclesia sancti Petri et capella sancti Martini in eodem vico, ecclesiam de Viveriis cum decimis, ecclesiam de Yroerio cum decimis, ecclesiam de Beru cum decimis, ecclesiam de Flaeio cum decimis, decimas et terragia de Praid, ecclesiam de Cumisseio cum decimis; ecclesiam sancti Martini de Militiaco, ecclesiam sancte Columbe que sunt in prepositura Miliciaci infra episcopatum Calumpnensem; in episcopatu Senonensi villam que dicitur Domna Maria, cum ecclesia, ecclesiam de Landeio, villam que dicitur Calixta, Saudoa cum Plesseio, Nogentum, villam que dicitur Mesium, cum ecclesia; Turciacum et Luxiacum villas in Suessionensi episcopatu...* ». Nous retrouvons, presque trois siècles après la concession de ces *villae* au IXe, leur présence au sein du patrimoine de Saint-Martin, et notamment Léré, Chablis, Mellecey, Chalautre, Saudoy, Nogentel. Chacune de ces *villae* regroupe plusieurs églises ou dépendances, dont certaines étaient déjà connues au IXe siècle, comme Commissey. Mais il faut y ajouter en plus de nouvelles dépendances, comme Donnemarie ou Turcy.

Pour la période suivante, le XIIIe siècle, outre le coutumier déjà cité, plusieurs documents diplomatiques édités par le chanoine R. Monsnyer évoquent les chapitres de Léré et de Chablis, dirigés par des prévôts[39]. Ainsi, un acte du chapitre est composé en novembre 1217 pour obliger les prévôts de Chablis et de Léré à résider dans leurs églises[40]. De même, deux lettres de 1290 échangées entre le chapitre de Saint-Martin de Tours et le chapitre de Chablis montrent que les prévôts de Tours sont venus visiter l'église de Chablis pour améliorer et corriger ses statuts[41].

Dans les archives de Saint-Martin de la fin du Moyen Âge et de l'époque moderne, Léré, Chablis, Mellecey et Chalautre sont attestées dans le patrimoine de Saint-Martin jusqu'à la Révolution[42]. Elles constituent quatre des quinze prévôtés du chapitre de Tours, soit plus du quart du patrimoine de Saint-Martin, ce qui est sans conteste une proportion très élevée. Il est intéressant de constater que Saudoy et Nogentel sont incluses dans la prévôté de

39. Voir note 28 supra.

40. R. Monsnyer, *Historia generalis...*, p. 88-89.

41. *Ibidem*, p. 90.

42. Aux archives départementales du Cher, il y a 88 articles concernant la collégiale de Saint-Martin de Léré, dont deux inventaires du XVIIIe siècle : A. Gandilhon et B. Jarry, *Répertoire critique des anciens inventaires des archives du Cher*, Bourges, 1939, n° 187 et 188, p. 55-56. Aux archives départementales d'Indre-et-Loire, les cotes G 436 et G 437 concernent la prévôté de Chablis, celles de G 438 à G 445 la prévôté de Chalautre, et G 459 la prévôté de Mellecey, orthographié Milcy aux XVIIIe-XIXe siècles. Pour Chablis, il faut ajouter les cotes G 2296 à G 2324 des archives départementales de l'Yonne.

Chalautre[43] : ces *villae* ont été regroupées et organisées en réseau, afin sans doute d'en améliorer la gestion et la perception des revenus. Outre Léré à l'ouest, sur la Loire, nous trouvons au nord, la prévôté de Chalautre, regroupant Saudoy et Nogentel, effectivement situées à proximité, puis, au centre, Chablis et ses dépendances, telles que Commissey et Uzy, et enfin au sud, Mellecey, avec ses dépendances. On voit clairement qu'une logique géographique est à l'origine de la structuration du patrimoine dans cette partie de la *Francia* (cf carte). Nous ne savons pas, en revanche, de quelle époque date cette réorganisation[44].

CONCLUSION

Le nombre des diplômes carolingiens émis en une vingtaine d'années – de 860 à 880 environ – afin d'obtenir ou de confirmer des biens dans l'est de la *Francia occidentalis* est très important. Pas moins de neuf actes ont été spécialement accordés aux chanoines tourangeaux afin de mettre en place ce patrimoine foncier. L'obtention de ces neuf actes en moins d'une vingtaine d'années a certainement exigé beaucoup de temps et d'énergie de la part des chanoines. L'étude de ce dossier permet de mettre en évidence la capacité des chanoines de Saint-Martin de Tours à obtenir du souverain une série de *villae* pour leur servir de refuge.

De plus, nous avons constaté une extraordinaire permanence de ce patrimoine acquis à l'époque carolingienne grâce aux incursions vikings. Le fait que la plupart de ces possessions soient restées dans l'escarcelle du chapitre, du IXe siècle jusqu'à la Révolution française, prouve que les chanoines ont su tirer profit de la crise de la fin du IXe siècle.

Il est donc possible d'observer plusieurs facettes du phénomène des incursions scandinaves, notamment en fonction des échelles de temps. À court terme, à l'échelle de la vie humaine, il ne fait pas de doute que les hommes et les femmes du IXe siècle ont été frappés par ces incursions, qu'ils ont certainement vécues comme des agressions. À moyen terme, on retrouve un écho négatif des incursions scandinaves, à travers les chroniques et récits hagiographiques, écrits par les principales victimes de ces incursions, c'est-à-dire par les hommes d'Église, et recopiés de siècle en siècle durant tout le Moyen Âge. Mais à plus long-terme, force est de constater que ces institutions

43. On trouve ainsi dans la cote G 438 une déclaration de la mairie de Saudoy de 1327 faite par le curé de la paroisse pour le chapitre de Saint-Martin. Dans la cote G 442, nous disposons de plusieurs baux à ferme, d'époque moderne, faits par le chapitre pour les terres et seigneuries de Chalautre, Saudoy, Nogentel, et celles apparues plus tardivement, Donnemarie (Haute-Marne, cant. Nogent) et Lucy-le-Bocage (Aisne, cant. Charly).

44. Cela doit probablement dater de la fin du Moyen Âge ou du début de l'époque moderne. Mais, pour répondre précisément à cette question, il faudrait effectuer des recherches qui dépassent le cadre de cet article.

Les possessions de Saint-Martin de Tours dans l'est de la France (IXe-XVIIIe siècles).

ecclésiastiques en ont retiré un grand bénéfice : ces incursions leur ont donné l'opportunité de se développer et de constituer des patrimoines fonciers considérables, et ce de manière durable. Il s'agit là d'une conséquence extrêmement positive, tant du point de vue économique (augmentation des ressources) que politique (implantation dans un nouveau réseau aristocratique politico-ecclésiastique). Non seulement ces incursions n'ont pas détruit et ruiné le chapitre de Saint-Martin, mais, bien plus, elles lui ont indirectement impulsé un nouvel élan, en consolidant son domaine. Il ne s'agit pas de nier l'aspect dramatique du vécu des chanoines de Saint-Martin, mais simplement de montrer que cette dimension négative coexiste avec une dimension positive qui, elle, n'est jamais évoquée. À cet égard, l'étude de cet exemple mériterait d'être confirmée ou infirmée par d'autres cas : s'agit-il d'un cas unique ou retrouvons-nous cette situation pour d'autres établissements religieux?

Il y a semble-t-il une singularité de Saint-Martin, au moins sur un point précis : la capacité de cette institution à conserver un patrimoine excentrique au-delà de l'époque carolingienne, et même jusqu'à la Révolution. En effet, L. Musset[45], qui a étudié la propriété monastique avant et après les incursions vikings, notamment pour Jumièges, avait observé une continuité dans la structure des patrimoines monastiques : au Xe siècle, ceux-ci restent très dispersés, exactement comme aux VIIIe-IXe siècles. Le véritable changement intervenait au XIe siècle : désormais, les possessions monastiques se cantonnaient à l'intérieur du duché normand, en abandonnant les patrimoines excentriques typiques de l'époque carolingienne. À part l'abbaye du Mont-Saint-Michel, qui multiplie les acquisitions hors de Normandie – Bretagne, Maine, Anjou, Touraine, Dunois, Lombardie –, toutes les abbayes normandes changent de stratégie et se placent uniquement dans le cadre du duché normand. Nous avons vu qu'il en était différemment en Touraine. Non seulement les chanoines de Saint-Martin ont conservé leur patrimoine excentrique carolingien, mais bien plus encore, ils l'ont renforcé en le complétant par des acquisitions postérieures aux incursions vikings. Il serait intéressant de savoir à quoi tient cette différence entre ces deux types de comportements de gestion ecclésiastique. Risquons-nous à formuler une hypothèse en relation avec les structures politiques de ces espaces : le pouvoir ducal, très tôt structuré, n'exerce-t-il pas sur son espace une attraction et une emprise territoriale plus fortes que le pouvoir capétien sur l'Île-de-France, proposant ainsi un environnement suffisamment cohérent pour que les grands responsables ecclésiastiques y trouvent du sens et cherchent à y inscrire leurs patrimoines fonciers? Mais il ne s'agit là que d'une suggestion qui nécessiterait d'être approfondie.

---

45. L. MUSSET, «Les destins de la propriété monastique durant les invasions normandes (IXe-XIe siècles) : l'exemple de Jumièges», *Jumièges. Congrès scientifique du XIIIe centenaire*, I, Rouen, Lecerf, 1955, p. 49-55 (rééd. ID., *Nordica et Normannica, Recueil d'études sur la Scandinavie ancienne et médiévale, les expéditions des Vikings et la fondation de la Normandie*, Paris, 1997, p. 351-359).

Baptême et conversion des chefs scandinaves du IXe au XIe siècle

Stéphane Coviaux*

Indissolublement associé au traité de Saint-Clair-sur-Epte, le baptême de Rollon fut certainement l'un des actes fondateurs de la principauté normande, en ce qu'il permit une rapide fusion des élites franques et scandinaves[1]. Un des moyens d'en comprendre la signification est de le replacer dans un contexte large et de considérer qu'il ne constitua pas un événement inédit à l'époque des Vikings : tout au long des IXe et Xe siècles, et même jusqu'au début du siècle suivant, des chefs nordiques se firent baptiser, soit en Angleterre, soit dans le monde carolingien, soit en Scandinavie.

Une étude critique des sources continentales et anglo-saxonnes, notamment des annales et des chroniques, permet d'identifier avec certitude un certain nombre de baptêmes semblables à celui de Rollon. Neuf cas ont été ici retenus, auxquels on a adjoint deux cas de confirmation, qu'il a semblé légitime d'intégrer à cette enquête, car ils relèvent de la même logique et s'inscrivent dans le même mouvement que les baptêmes. N'ont été pris en considération que les cas pour lesquels on dispose de sources suffisantes et fiables. L'un des principes directeurs de cette recension critique fut donc de laisser presque systématiquement à l'arrière-plan les textes tardifs, qu'ils soient continentaux, anglais ou scandinaves, car ils reflètent des traditions souvent gauchies. On sait, par exemple, qu'Adam de Brême a donné dans l'*Histoire des archevêques de Hambourg* une version tout à fait inexacte du baptême de Harald à la Dent Bleue. Alors que ce roi danois fut baptisé par un missionnaire nommé Poppon, entre 960 et 965, Adam a antidaté la cérémonie d'une quinzaine d'années, et en a rendu directement responsable Otton Ier. À l'en croire, celui-ci serait même devenu le parrain du roi[2]. En réalité, s'il fut bien

* Docteur en Histoire, Professeur en classe de Première supérieure, Lycée Guez de Balzac (Angoulême).

1. D. Douglas, «Rollo of Normandy», in *Time and the Hour. Some Collected Papers of David C. Douglas,* Londres, 1977, p. 121-140.

2. *Magistri Adam Bremensis Gesta Hammaburgensis ecclesiæ pontificum*, B. Schmeidler (éd.), *MGH, Scriptores rerum Germanicarum in usum scholarum*, 2, Hanovre-Leipzig, 1917, p. 64-66; L. Demidoff, «The Poppo Legend», *Mediæval Scandinavia,* 6, 1973, p. 39-67.

à l'initiative de la mission de Poppon, il est clair qu'Otton ne se rendit pas personnellement au Danemark[3]. L'historiographie anglaise fournit une autre illustration des déformations que la tradition a fait subir à l'histoire de la conversion des chefs scandinaves. Selon Roger de Wendover, le roi d'York Sigtrygg se fit baptiser à Tamworth, où il rencontra le roi anglo-saxon Athelstan en 926[4]. On a parfois considéré cette information comme digne de foi[5]. Cependant la *Chronique anglo-saxonne*, qui mentionne la rencontre de Tamworth, n'évoque en rien la conversion de Sigtrygg; elle indique simplement que le roi de Wessex lui donna pour épouse sa sœur Eadgyth[6]. Qu'il ait pu l'abandonner à un païen sans exiger de lui le baptême devait paraître impensable à un auteur aussi tardif que Roger de Wendover; on peut, par conséquent, estimer que son récit de la rencontre de Tamworth constitue une extrapolation à partir de celui de la *Chronique anglo-saxonne*[7]. Lui accorder du crédit ne semble pas indiqué.

Au-delà de ces cas particuliers, l'objectif de cette étude sera de comprendre la signification du baptême que reçurent nombre de chefs scandinaves entre le IXe siècle et le début du XIe siècle, tant pour ces chefs eux-mêmes que pour les princes chrétiens qui y contribuèrent. Si l'on peut supposer *a priori* que les seconds cherchaient par ce moyen à répondre à l'incessante menace constituée par les pirates du Nord, on aimerait savoir en quoi précisément le baptême était à leurs yeux un instrument adapté pour ce faire. Quant aux chefs scandinaves, il est difficile, faute de sources, de comprendre leurs motivations exactes : agissaient-ils entièrement sous la contrainte, ou bien par intérêt? Le sacrement avait-il à leurs yeux une quelconque signification religieuse? Pour répondre à ces questions, il est nécessaire de se livrer à un examen préliminaire des formes particulières que leur baptême prit entre le IXe siècle et le début du XIe siècle.

LE BAPTÊME DES CHEFS SCANDINAVES : CARACTÉRISTIQUES GÉNÉRALES

Les baptêmes des chefs scandinaves furent rarement des événements isolés. Bien au contraire, ils s'inscrivirent presque toujours dans des ensembles

3. E. HOFFMANN, «Beiträge zur Geschichte der Beziehungen zwischen dem deutschen und dem dänischen Reich für die Zeit von 934 bis 1035», in *850. Jahre St. Petri Dom zur Schleswig 1134-1984*, C. RADTKE et W. KÖRBE (éd.), Schleswig, 1984, p. 105-132.

4. ROGER DE WENDOVER, *Chronica sive Flores Historiarum*, vol. 1, H. COXE (éd.), Londres, 1841, p. 385.

5. A. P. SMYTH, *Scandinavian York and Dublin. The History and Archaeology of Two Related Viking Kingdoms*, vol. 2, Dublin, 1979, p. 3-6.

6. *The Anglo-Saxon Chronicle*, M. SWANTON (trad.), Londres, 1996, p. 105.

7. On notera avec intérêt que Guillaume de Malmesbury, dans les *Gesta Regum Anglorum*, donne de la rencontre de Tamworth et de ses conséquences un récit fidèle à celui de la *Chronique anglo-saxonne (*GUILLAUME DE MALMESBURY, *Gesta Regum Anglorum*, W. STUBBS (éd.), Londres, 1887-1889, (*Rerum britannicum medii aevi scriptores*, 90), p. 146.)

d'actes et de rituels scellant des alliances avec des princes chrétiens. Ils furent ainsi parfois précédés par l'échange d'otages. Selon la *Chronique anglo-saxonne*, par exemple, le chef danois Guthrum donna à Alfred le Grand des otages préliminaires, après avoir été sévèrement défait à Edington en 878[8]. Asser précise même que le roi en reçut autant qu'il en voulut, sans en remettre lui-même à son adversaire ; c'était la première fois que les Danois devaient se rendre à de telles conditions[9]. Avant d'être baptisés, les chefs scandinaves durent fréquemment s'engager par serment, soit à quitter la région qu'ils infestaient, soit à ne jamais y revenir en ennemis. Selon les *Annales de Saint-Bertin*, le chef danois Weland, arrêté par Charles le Chauve sur la Marne, jura de restituer tous les captifs faits sur ce fleuve, puis de descendre la Seine avec tous les autres Normands pour regagner la haute mer ; au cas où ceux-ci auraient refusé de le suivre, il devait se joindre à l'armée franque pour les combattre et les expulser *manu militari*[10]. À cette occasion, le chef viking devint le fidèle du roi des Francs de l'Ouest. À ces serments, qui s'apparentaient à des pactes de non-agression, a pu parfois s'ajouter la promesse du baptême. En 878, par exemple, les Danois de Guthrum durent non seulement jurer de quitter le royaume de Wessex, mais aussi de faire baptiser leur chef[11]. Quatre ans plus tard, lit-on dans les *Annales de Saint-Bertin,* Charles le Gros exigea la même chose du Danois Godfrid, qui venait d'Angleterre et auquel il se proposait de concéder la Frise et les terres que Roric avait précédemment tenues[12].

Une fois le baptême célébré, d'autres actes venaient parfois consolider encore l'alliance conclue. Dans un cas au moins, la cérémonie fut suivie par un mariage. Selon Réginon de Prüm et les *Annales de Saint-Vaast*, Godfrid épousa Gisla, la fille de Lothaire II[13]. Les *Annales de Fulda* prétendent néanmoins que l'union fut conclue l'année suivante[14]. Parfois le baptême s'accompagnait de la concession d'une terre en bienfait. Harald Klak, baptisé en 826 à Mayence sous le parrainage de Louis le Pieux, reçut de lui le comté de Rüstringen, pour y trouver refuge en cas de besoin[15]. La plupart du temps, enfin, le chef scandinave baptisé recevait de son parrain de nombreux présents.

8. *The Anglo-Saxon Chronicle*, p. 74-79.

9. *Asser's Life of King Alfred together with the Annals of Saint Neots erroneously ascribed to Asser*, W.H. STEVENSON (éd.), Oxford, Clarendon Press, 1904, p. 46.

10. *Annales Bertiniani*, G. WAITZ (éd.), *MGH, Scriptores rerum Germanicarum in usum scholarum*, 5, Hanovre, 1883, p. 89.

11. *The Anglo-Saxon Chronicle*, p. 74-79.

12. *Annales Bertiniani*, p. 99.

13. RÉGINON DE PRÜM, *Chronicon*, F. KURZE (éd.), *MGH, Scriptores rerum Germanicarum in usum scholarum*, 50, Hanovre 1890, p. 119 ; *Annales Vedastini*, B. VON SIMSON (éd.), *MGH, Scriptores rerum Germanicarum in usum scholarum*, 12, Hanovre, 1909, p. 51.

14. *Annales Fuldenses sive annales regni Francorum orientalis,* F. KURZE (éd.), *MGH, Scriptores rerum Germanicarum in usum scholarum*, 7, Hanovre, 1891, p. 100.

15. *Annales regni Francorum*, G. H. PERTZ (éd.), *MGH, Scriptores rerum Germanicarum in usum scholarum*, 6, Hanovre, 1895, p. 169.

Une autre caractéristique de ces baptêmes réside dans l'importance qu'y prit le rituel du parrainage. Arnold Angenendt en a déjà fait la remarque au sujet du récit qu'a laissé Ermold le Noir du baptême de Harald Klak, en 826 : le parrainage impérial y occupe une place absolument centrale et occulte même le reste de la cérémonie[16]. D'une manière générale, on ignore le nom des clercs qui conférèrent le sacrement du baptême aux chefs scandinaves. Font exception sur ce point les baptêmes de Rollon – mais Dudon de Saint-Quentin commet sur le nom de l'archevêque de Rouen qui le baptisa une erreur qui a déjà été abondamment commentée[17] –, de Harald à la Dent Bleue, baptisé par le missionnaire Poppon, et d'Olaf Haraldsson, qui le fut par l'archevêque de Rouen Robert[18]. *A contrario*, le nom de celui qui tira le chef scandinave des fonts baptismaux, devenant ainsi son parrain, conformément à un rituel déjà ancien, est la plupart du temps connu. Il s'agit généralement d'un roi : en 826, Louis le Pieux fut ainsi le parrain de Harald; son fils Charles le Chauve l'imita en 862 en tirant Weland des fonts baptismaux[19]. Cette règle vaut également pour les parrainages de confirmation. Pour s'en tenir à un seul exemple, le roi anglo-saxon Ethelred fut le parrain du norvégien Olaf Tryggvason, lorsque celui-ci fut confirmé en 994 à Andover[20]. Pourtant, il arrivait parfois que des membres de la famille du roi, ou certains de ses proches, se substituassent à lui. D'après Ermold le Noir, Lothaire servit de parrain au fils de Harald[21] ; vers 893, l'*earldorman* de Mercie Ethelred parraina l'un des fils du Danois Hasting, tandis que l'autre fut parrainé par Alfred le Grand lui-même[22]. Enfin, conformément à une tradition bien ancrée dans le rituel du parrainage, deux chefs scandinaves reçurent de leur parrain un nouveau nom : outre Rollon, qui reçut celui de Robert, Guthrum fut renommé Athelstan en 878 par Alfred[23].

Le baptême des chefs scandinaves fut enfin un phénomène géographiquement circonscrit. En Scandinavie même, il fallut attendre le début des années 960 pour qu'un roi, en l'occurrence le Danois Harald à la Dent Bleue, se convertisse. En revanche, nombreux furent ceux qui, bien avant cette date, se firent baptiser au contact des Carolingiens Louis le Pieux, Charles le Chauve, Charles le Gros et Charles le Simple. Les rois anglo-saxons de la dynastie de Wessex convertirent également un certain nombre de chefs danois : Alfred le Grand fit baptiser Guthrum en 878 et les fils de Hasting vers 893, tandis que son descendant Edmond gagna à la foi chrétienne le roi d'York Olaf Kvaran

16. A. ANGENENDT, *Kaiserherrschaft und Königstaufe. Kaiser, Könige und Päpste als geistliche Patrone in der abendländischen Missionsgeschichte*, Berlin – New-York, 1984, p. 216.

17. H. PRENTOUT, *Etude critique sur Dudon de Saint-Quentin et son Histoire des premiers ducs normands*, Paris, 1916, p. 252.

18. *The Gesta Normannorum ducum of William of Jumièges, Orderic Vitalis, and Robert of Torigni*, E. VAN HOUTS (éd.), vol. II, Oxford, 1995, p. 26-28.

19. *Annales Bertiniani*, p. 89-90.

20. *The Anglo-Saxon Chronicle*, p. 126-129.

21. ERMOLD LE NOIR, *Poème sur Louis le Pieux et épîtres au roi Pépin*, E. FARAL (éd. et trad.), Paris, 1964, p. 170.

22. *The Anglo-Saxon Chronicle*, p. 87.

23. *Ibidem*, p. 82-83.

en 943[24]. Le monde carolingien et l'Angleterre anglo-saxonne furent ainsi longtemps les lieux privilégiés de la conversion des chefs vikings. *A contrario*, il n'y eut aucun baptême de ce type dans les terres à peuplement celtique colonisées par les Scandinaves, que ce soit en Bretagne, dans les Orcades, en Ecosse, en Irlande ou encore dans le pays de Galles.

Telles furent les principales caractéristiques des baptêmes des chefs scandinaves entre le IXe siècle et le début du XIe siècle. Puisque le rôle joué par les princes chrétiens fut primordial, il paraît judicieux d'étudier leurs motivations et de déterminer au plus près quels objectifs ils poursuivaient lorsque, de gré ou de force, ils menaient les chefs scandinaves sur les fonts baptismaux. La question revient à se demander si le baptême était leur but premier ou bien si, en faisant baptiser les pirates du Nord, ils poursuivaient d'autres objectifs, plus vitaux à leurs yeux.

POURQUOI LES PRINCES CHRÉTIENS ONT-ILS FAIT BAPTISER LES CHEFS SCANDINAVES?

Concourir au baptême d'un chef païen devait être pour un prince chrétien de ce temps un acte de prestige, illustrant clairement sa puissance en le rattachant à des modèles anciens. En tirant des fonts baptismaux plusieurs chefs scandinaves, Louis le Pieux et ses descendants avaient certainement à l'esprit le précédent créé par Charlemagne, qui avait fait baptiser le Saxon Widukind en 785. D'après les sources franques, ce baptême ressembla fort aux cérémonies qui viennent d'être décrites. Il avait été précédé de négociations, au cours desquelles le chef rebelle avait accepté de se rendre auprès du roi des Francs, moyennant l'assurance qu'il ne serait pas attenté à sa sécurité. Parvenu à Attigny, il reçut le baptême avec ses compagnons[25]. Ce fut Charlemagne en personne qui le tira des eaux baptismales[26].

D'autres modèles, plus anciens, ont cependant pu entrer en jeu. Il n'est pas impossible que les Carolingiens aient imité un modèle venu de Byzance. Quelques années avant le baptême de Widukind, l'empereur Léon avait, en effet, voulu utiliser le parrainage de baptême comme moyen de parer au danger bulgare. S'il faut en croire la *Chronographie* de Théophane, le khan Telerig fut baptisé à Constantinople en 777, à l'instigation de l'empereur, qui devint son parrain, avant de l'élever à la dignité de patrice et de le marier à une cousine de l'impératrice Irène[27].

En faisant baptiser les chefs scandinaves, les rois d'Occident, et en tout premier lieu ceux de Wessex, se plaçaient également dans la lignée des premiers rois anglo-saxons chrétiens, dont Bède le Vénérable a conté le destin

24. *The Anglo-Saxon Chronicle*, p. 110-111.

25. *Annales regni Francorum*, p. 70.

26. *Annales Mosellani*, O. HOLDER-EGGER et B. VON SIMSON (éd.), *MGH, Scriptores rerum Germanicarum in usum scholarum*, 16, Hanovre, 1916, p. 497.

27. *Theophanis Chronographia*, C. DE BOOR (éd.), vol. 1, Leipzig, 1888, p. 451.

dans l'*Histoire ecclésiastique du peuple anglais*. Cette œuvre fondamentale pour l'histoire des missions du haut Moyen Âge, comme l'a souligné récemment Ian Wood[28], montre que les *bretwaldas*, soucieux d'imposer leur autorité aux autres rois anglo-saxons, parrainèrent systématiquement ceux qu'ils avaient pu amener au baptême, alors même qu'ils étaient réticents à faire baptiser leurs propres fils[29]. En les imitant, les rois de Wessex des IXe et Xe siècles entendaient certainement maintenir leur emprise sur les terres occupées par les Scandinaves. Par ce moyen, ils se rattachaient en tout cas aux plus prestigieux de leurs ancêtres.

Outre le prestige qu'ils pouvaient en tirer, on peut imaginer que les princes chrétiens souhaitaient faire œuvre missionnaire en menant les chefs vikings au baptême, et qu'ils entendaient ainsi participer à l'extension de la Chrétienté vers le nord de l'Europe. Depuis le temps des premières invasions, le baptême des chefs barbares était conçu comme un moyen d'évangéliser les peuples païens dans leur entier. On sait, par exemple, l'importance du baptême de Clovis dans la conversion des Francs saliens. L'*Histoire ecclésiastique du peuple anglais* montre également que la conversion des rois anglo-saxons fut le premier souci des missionnaires envoyés par le pape Grégoire Ier. À peine arrivé dans le Kent, en 597, Augustin envoya des émissaires au roi Ethelbert, pour obtenir de lui l'autorisation de prêcher dans son royaume[30]. Le roi, conquis à la foi chrétienne par son épouse franque et par la force de la prédication, se fit rapidement baptiser[31]. En 601, le pape Grégoire Ier lui écrivit pour l'encourager à persévérer dans sa foi nouvelle[32]. Le baptême des chefs païens s'inscrivait donc depuis longtemps dans les stratégies missionnaires préconisées par l'Église. Aussi est-il souhaitable d'examiner l'importance qu'occupèrent ces préoccupations dans l'esprit des rois chrétiens qui menèrent les chefs scandinaves au baptême.

Dans un certain nombre de cas, qui remontent surtout au début et à la fin de notre période, leur souci missionnaire apparaît très clairement. Même s'il est possible qu'il ait envisagé d'exercer par ce biais une domination indirecte sur le Danemark, l'empereur Louis le Pieux avait indubitablement pour objectif la conversion des Danois lorsqu'il fit baptiser Harald en 826. Ce baptême s'inscrivait clairement dans un contexte missionnaire : l'archevêque Ebbon de Reims, responsable de la mission depuis 822, avait fait en 823 une incursion en terre danoise[33]; par ailleurs, Harald quitta Louis le Pieux accompagné de quelques missionnaires, dont Ansgar[34]. Ce dernier devait poursuivre

28. I. WOOD, *The missionary life : saints and the evangelization of Europe 400-1050*, Londres, 2001, p. 44-45.

29. A. ANGENENDT, *Kaiserherrschaft und Königstaufe ...*, p. 181-186.

30. BÈDE, *Ecclesiastical History of the English People*, B. COLGRAVE et R.A.B. MYNORS (éd.), Oxford, 1969, p. 72-76.

31. *Ibidem*, p. 76-78.

32. *Ibidem*, p. 110-114.

33. *Annales regni Francorum*, p. 163.

34. RIMBERT, *Vita Anskarii*, G. WAITZ (éd.), *MGH, Scriptores rerum Germanicarum in usum scholarum*, 55, Hanovre, 1884, p. 26-29.

l'évangélisation des Danois, en enseignant à Harald et à son peuple la vraie foi. Louis le Pieux souhaitait à la fois promouvoir le christianisme et pacifier un voisin dangereux. La christianisation n'excluait nullement, en effet, la poursuite d'objectifs politiques.

On connaît au moins deux autres cas dans lesquels le baptême fut indiscutablement lié à des préoccupations missionnaires. Harald à la Dent Bleue fut baptisé vers 960 alors qu'il existait au Danemark trois diocèses, depuis 948[35]. Son baptême était donc probablement destiné à faciliter l'action des premiers évêques, et, peut-être aussi, à asseoir la domination impériale sur le Danemark ; Otton s'inscrivait ainsi dans la lignée de Charlemagne, qui lui avait depuis toujours été donné comme modèle. Quant à Olaf Tryggvason, confirmé et parrainé par Éthelred en 994, il quitta rapidement la Norvège avec un évêque missionnaire, que la tradition nordique nomme Sigurd[36].

Les préoccupations évangélisatrices paraissent toutefois moins évidentes à l'époque où les raids scandinaves atteignirent leur plus grande intensité, c'est-à-dire dans la deuxième moitié du IXe siècle. Aucun des baptêmes qui furent célébrés à cette époque ne paraît avoir été accompagné d'une mission, et aucun nouveau baptisé ne semble avoir été accompagné par des clercs chargés de l'entretenir dans sa foi nouvelle. Quant à l'enseignement catéchétique, il fut apparemment la plupart du temps réduit à sa plus simple expression. C'est ce que révèle l'exemple de Guthrum. Trois semaines après avoir promis de se faire baptiser, le chef danois, accompagné de trente de ses hommes, rejoignit Alfred le Grand à Athelney, où il fut baptisé. Il resta ensuite une vingtaine de jours avec lui, ce qui constitue un temps d'apprentissage fort bref[37]. Peut-être croyait-on en la vertu quasi miraculeuse du baptême, acte en lequel se serait résumé tout le processus de conversion. La plainte adressée par l'archevêque de Rouen Guy à Hervé de Reims, après 911, est représentative de ce type de conception : Guy s'y émouvait de ce que, bien que baptisés, des Danois persévéraient dans les pratiques païennes[38].

On en conclura que, à l'époque où les raids scandinaves constituaient un danger quotidien en Occident, la mission ne fut peut-être pas la principale préoccupation des rois chrétiens. En imposant le baptême à certains chefs scandinaves, leur objectif premier devait être de parer à la menace venue du Nord et de protéger leur royaume. On constate d'ailleurs que la grande vague des baptêmes correspond assez exactement à l'époque de l'exaspération du danger scandinave. Pour s'en tenir à un seul exemple, le baptême de Weland intervint dans le contexte de la grande offensive danoise des années 855-862,

35. Trois évêques danois étaient présents au synode d'Ingelheim, en 948. Ils avaient pour sièges Schleswig, Ribe et Århus.

36. Adam de Brême connaît l'existence de cet évêque, mais il le nomme *Johannes* (*Magistri Adam Bremensis Gesta Hammaburgensis...*, p. 98).

37. *The Anglo-Saxon Chronicle*, p. 74-79.

38. O. Guillot, « La conversion des Normands peu après 911. Des reflets contemporains à l'historiographie ultérieure (Xe-XIe siècles) », *Cahiers de Civilisation médiévale Xe-XIIe siècles*, 24, 1981, p. 101-116.

au cours de laquelle les Vikings de la Seine commirent des actes particulièrement graves, comme la capture de Louis, abbé de Saint-Denis et petit-fils de Charlemagne[39].

En quoi précisément le baptême était-il de nature à protéger les royaumes chrétiens d'Occident? On songera, bien évidemment, à la vertu pacificatrice de ce sacrement. La coutume voulait que l'on interprétât les raids vikings comme autant d'attaques dirigées contre la foi chrétienne. De ce fait, le baptême apparaissait naturellement comme un moyen de mettre les églises à l'abri des méfaits des pirates du Nord. Les princes chrétiens, qui en étaient les défenseurs traditionnels, devaient nécessairement chercher à les en protéger. Rendre chrétiens les Scandinaves revenait donc à réduire leur pouvoir de nuisance.

Mais c'était vraisemblablement du parrainage qu'on attendait le plus de bienfait. C'était une véritable institution de paix, qui établissait entre le prince chrétien et son filleul une relation personnelle, verticale et inégalitaire, qui plaçait le chef viking dans une position d'infériorité, l'obligeait à l'obéissance et le forçait à manifester honneur et respect envers son parrain[40]. Cette parenté artificielle était plus contraignante que les simples serments que l'on fit parfois prêter aux Scandinaves, par lesquels ils s'engageaient à mettre un terme à leurs méfaits. La solution du baptême fut d'ailleurs souvent envisagée et mise en œuvre alors que des serments de ce type s'étaient avérés totalement inefficaces. L'exemple de Guthrum en est à nouveau la claire illustration : avant 878, Alfred le Grand avait par deux fois négocié avec ce chef danois, pour tenter d'obtenir de lui qu'il quittât le royaume de Wessex. Un premier accord avait été conclu en 876 : les Danois lui avaient alors donné des otages, choisis parmi les plus importants de l'armée, et avaient prêté serment sur l'anneau sacré de quitter le royaume. L'année suivante, assiégés à Exeter, ils avaient à nouveau donné des otages et juré de conserver la paix. Mais, par deux fois, ils avaient manqué à leur parole. À peine les accords conclus, ils avaient repris leurs coupables agissements[41]. Au début de l'année 878, l'autorité du roi de Wessex avait été presque anéantie. Il avait dû se replier sur l'île d'Athelney, qui seule ne s'était pas soumise aux Danois[42]. C'est dans ce contexte, que, victorieux à Edington, il contraignit son adversaire au baptême.

Les princes chrétiens utilisèrent donc souvent ce sacrement comme un adjuvant, pour faire en sorte que les chefs scandinaves tiennent leurs engagements et cessent de trahir leur parole. Ils escomptaient différents avantages des accords qui étaient ainsi conclus. Certains voulurent utiliser les Vikings convertis comme remparts contre l'arrivée d'autres pirates du Nord. C'est probablement ce qui explique la concession de terres frisonnes à Harald ou celle du comté de Rouen à Rollon. D'autres cherchèrent par ce moyen à

39. F. Lot, «La grande offensive normande de 861-862», *Bibliothèque de l'École des Chartes*, 69, 1908, p. 5-62.

40. J. H. Lynch, *Godparents and Kinship in early medieval Europe*, Princeton, 1996, p. 169-192.

41. *The Anglo-Saxon Chronicle.*, p. 74-75

42. *Ibidem*, p. 74-79.

rompre le front scandinave, lorsque celui-ci était particulièrement menaçant. La confirmation d'Olaf Tryggvason par Ethelred, en 994, permit au roi anglo-saxon, mis en péril par la recrudescence des raids nordiques, de couper les Norvégiens des Danois et d'alléger la menace qui pesait sur son royaume[43]. Mais le baptême put aussi être utilisé pour créer des alliances destinées à peser dans les rapports de force internes au monde chrétien. C'est parfois ainsi que l'on a interprété le baptême du chef danois *Hundeus*, qui eut lieu le 27 mars 897 sous l'égide de Charles le Simple[44]. Il a été suggéré que le Carolingien souhaitait ainsi se faire un allié dans sa lutte contre Eudes[45].

En contribuant au baptême des chefs scandinaves, les princes chrétiens visaient donc des objectifs multiples, dans lesquels le politique et le religieux se mêlaient inextricablement. Leur but premier était certainement de parer au danger nordique; mais c'était aussi un moyen de se placer dans la lignée de ces rois prestigieux qui, des *bretwaldas* anglo-saxons à Charlemagne, avaient grandement contribué à la propagation de la foi chrétienne parmi les païens. Il reste à déterminer ce que le baptême pouvait représenter pour les chefs scandinaves qui, dans les conditions qui ont été décrites, acceptèrent de le recevoir.

LA SIGNIFICATION DU BAPTÊME POUR LES CHEFS SCANDINAVES.

En l'absence de tout document scandinave contemporain des événements des IXe et Xe siècles, il est très difficile de comprendre ce que signifiait ce sacrement pour eux. On aimerait néanmoins proposer quelques hypothèses à ce sujet.

Indubitablement, de nombreux chefs scandinaves furent contraints d'accepter le baptême, notamment à la suite d'une défaite militaire. Avant de se faire baptiser, Rollon avait subi un revers devant la ville de Chartres. Quant à Guthrum, quelques décennies plus tôt, il avait dû capituler devant Alfred de Wessex, vainqueur à Edington. D'autres étaient clairement en quête d'un soutien politique. Harald, en 826, attendait de Louis le Pieux une aide pour s'imposer au Danemark face aux fils de Godfrid. Doit-on pour autant en conclure que la décision de se faire baptiser ne leur fut dictée que par l'instinct de survie, par la duplicité, ou bien encore par le désir de tirer d'une alliance avec un prince chrétien des avantages politiques ou économiques?

C'est l'impression que peuvent donner de nombreux textes chrétiens contemporains de ces événements. Le récit qu'a laissé Richer du baptême d'un certain *Catillus* (Ketill) paraît représentatif de cette tendance. Fait prisonnier par Eudes, ce Scandinave eut à choisir entre le baptême et la mort; ayant choisi

43. P. H. SAWYER, «Ethelred II, Olaf Tryggvason and the conversion of Norway», *Scandinavian Studies*, 59 n°3, 1987, p. 299-303; N. LUND, «Peace and Non-Peace in the Viking Age – Ottar in Biarmaland, the Rus in Byzantium, and Danes and Norwegians in England», in *Proceedings of the Tenth Viking Congress*, J. KNIRK (éd.), Oslo, 1987, p. 255-269.

44. *Annales Vedastini*, p. 78.

45. A. ECKEL, *Charles le Simple*, Paris, 1899, p. 62; E. FAVRE, *Eudes, comte de Paris et roi de France (882-898)*, Paris, 1893, p. 187-189; G. SCHNEIDER, *Erzbischof Fulco von Reims (883-900) und das Frankenreich*, Münich, 1973, p. 163-164.

de vivre, il était sur le point d'être baptisé dans la cathédrale de Limoges lorsque l'un de ses suivants le mit à mort. Pour justifier son geste, le meurtrier déclara que *Catillus* n'avait choisi le baptême que par peur de la mort, et que, une fois libéré, il aurait repris ses agissements coupables[46].

Pourtant, la thèse d'une duplicité fondamentale des Scandinaves ne paraît pas totalement convaincante. En premier lieu, elle ne tient guère compte du véritable danger que le baptême représentait pour ces chefs, ne serait-ce que parce qu'il impliquait au moins formellement un renoncement aux dieux et aux cultes païens. Dans la civilisation nordique ancienne, le chef était certainement investi d'une fonction cultuelle[47]. Y renoncer revenait à risquer d'être dépossédé de toute autorité. Selon la tradition norroise, qui s'exprime dans les sagas royales du XIIIe siècle, ce fut cette menace qui fut brandie contre Håkon le Bon, roi de Norvège entre 935 et 961. Baptisé en Angleterre à la cour d'Athelstan, où son père Harald à la Belle Chevelure l'avait envoyé encore enfant, il souhaita que l'ensemble de ses sujets suivissent son exemple et se fissent baptiser; mais il dut renoncer à son projet et participer en personne aux rites ancestraux, sous peine de se faire destituer par ses propres sujets[48].

Par ailleurs, tous les chefs scandinaves ne se firent pas baptiser sous la contrainte. Certains font même figure de chrétiens convaincus, à l'instar des rois norvégiens Olaf Tryggvason et Olaf Haraldsson, qui firent du christianisme la religion officielle de leur royaume. Rien n'indique non plus qu'un nouveau converti comme Guthrum soit retourné au culte de ses ancêtres.

Enfin, le peu que nous savons de l'attitude des chefs scandinaves baptisés ne milite pas vraiment en faveur de la thèse d'une duplicité fondamentale des Vikings face à ce sacrement. Certes, nombreux furent ceux qui ne respectèrent pas la foi qu'ils avaient jurée, ce qui leur valut l'accusation d'*infidelitas*. Ce fut, par exemple, cette accusation que l'on porta en 863 contre Weland, que Charles le Chauve avait fait baptiser l'année précédente[49]. Mais il importe de saisir le sens exact de ce terme. Polysémique à souhait, il véhicule en premier lieu l'idée d'un parjure, d'un manquement à la parole donnée. Les chefs scandinaves auraient donc assez fréquemment trahi leurs engagements, mais il s'agissait avant tout d'engagements politiques. Les *Annales de Fulda* signalent ainsi que l'empereur fit assassiner en 885 le chef danois Godfrid, qu'il avait fait baptiser trois ans plus tôt, parce qu'il lui avait été infidèle[50]. Mais son infidélité fut précisément toute politique. Il avait été poussé à la trahison par

46. RICHER, *Historiarum libri IIII*, G. WAITZ (éd.), *MGH, Scriptores rerum Germanicarum in usum scholarum*, 38, Hanovre, 1877, p. 8.

47. R. SIMEK, «Royauté sacrée», in *Dictionnaire de la mythologie germano-scandinave*, vol. II, Paris, 1996, p. 281-283.

48. La version la plus élaborée de cette histoire est donnée par Snorri Sturluson dans le cycle de sagas royales intitulé *Heimskringla*. On pourra se reporter à la récente traduction de la première partie du cycle proposée par François-Xavier Dillmann (SNORRI STURLUSON, *Histoire des rois de Norvège. Des origines mythiques de la dynastie à la bataille de Svold*, F. X. DILLMANN (trad.), Paris, 2000, p. 164-202).

49. *Annales Bertiniani*, p. 104.

50. *Annales Fuldenses*, p. 102.

Hugues, son beau-frère, qui complotait contre Charles le Gros et souhaitait récupérer le royaume de son père Lothaire. Pour le convaincre de l'assister, Hugues lui avait même promis la moitié de ce royaume. Sans qu'il soit possible de généraliser à partir de cet exemple, on voit que le baptême ne constituait pas nécessairement une garantie suffisante contre la trahison politique, et que les devoirs liés au parrainage pouvaient être sans effet. Les chefs scandinaves ne devaient se sentir contraints par ces liens que lorsque cela n'allait pas à l'encontre de leurs intérêts.

L'attitude religieuse des nouveaux baptisés se laisse moins facilement deviner. À la lueur des quelques rares indices que livrent les sources, on constate que leur comportement paraissait généralement bien peu orthodoxe aux clercs de ce temps, ce qui pouvait leur valoir l'accusation d'apostasie. On connaît par exemple le récit qu'Adémar de Chabannes a laissé des derniers temps de la vie de Rollon. Peu avant de mourir, le chef normand aurait pratiqué des sacrifices humains en l'honneur des dieux païens tout en faisant des dons nombreux aux églises[51]. Guillaume de Malmesbury, au xiie siècle, raconte qu'Olaf Kvaran, baptisé en 943 en présence du roi Edmond, attira rapidement sur lui la colère de son parrain en apostasiant ; ce n'est qu'à la fin de sa vie qu'il se serait réconcilié avec l'Église, après s'être retiré au monastère d'Iona, où il mourut en 981[52]. Ces quelques informations suggèrent avant tout que les Scandinaves mirent du temps à se dégager de la gangue du paganisme ; les nouveaux baptisés pratiquaient une religion hybride, dans laquelle se mêlaient éléments païens et chrétiens, au grand dam des clercs les plus radicaux, qui auraient souhaité que, par le baptême, les chefs scandinaves abandonnassent les coutumes de leurs ancêtres. En tirer la conclusion qu'ils ne se firent baptiser que par intérêt reviendrait donc à épouser trop étroitement le point de vue des clercs du Moyen Âge, qui attendaient des baptisés une conversion immédiate et totale. Comme l'a montré Olivier Guillot, la plainte adressée par l'archevêque de Rouen à Hervé, archevêque de Reims, est l'expression de cette conception radicale du baptême, qui ne pouvait que générer une grande amertume chez ceux qui la partageaient[53].

Il se pourrait en définitive fort bien que le baptême ait pu exercer un certain attrait sur les chefs vikings. Cette cérémonie s'accompagnait d'un parrainage prestigieux et créait une parenté artificielle qui pouvait leur être quelque peu familière. La Scandinavie païenne connaissait en effet des formes de parenté de ce genre, destinées à élargir la communauté créée par le sang et les alliances matrimoniales. L'un de ces systèmes est fréquemment qualifié

51. *Ademari Cabannensis Chronicon*, P. Bourgain (éd.), Turnhout, 1999, p. 140.

52. Guillaume de Malmesbury, *Gesta Regum Anglorum*, p. 158. A. Smyth a accordé du crédit aux informations données par cet auteur tardif (A.P. Smyth, *Scandinavian York and Dublin*..., p. 112).

53. O. Guillot, « La conversion des Normands... », p. 109-116 ; Id., « La conversion des Normands à partir de 911 », in *Histoire religieuse de la Normandie*, B. Beaujard et *alii* (dir.), Chambray, 1981, p. 25-53 (en particulier p. 39-46).

de *fosterage*, et consiste pour un père à confier l'éducation de l'un de ses enfants à un homme étranger à sa famille[54].

On peut également supposer que, au moins dans un premier temps, ils ne furent vraisemblablement guère attirés par le contenu doctrinal du christianisme, auquel le sacrement du baptême constituait l'acte d'adhésion, aux yeux des clercs qui le conféraient. Si adhésion il y eut, ce ne fut pas, au premier chef, adhésion à une religion nouvelle, qui impliquait un renoncement instantané aux coutumes ancestrales, mais plutôt adhésion à un modèle politico-religieux qu'ils admiraient et qui devait correspondre assez exactement à leurs aspirations. Autant qu'on puisse en juger par les maigres sources dont nous disposons, la Scandinavie de cette époque fut animée par un irrésistible mouvement d'unification politique. Le Danemark fut certainement pionnier en ce domaine[55]. S'il faut en croire les sagas royales, le même phénomène survint en Norvège un peu plus tardivement, à l'initiative de Harald à la Belle Chevelure, qui vécut au début du Xe siècle ; son œuvre fut inlassablement poursuivie par ses descendants, jusqu'à saint Olaf, qui mourut en 1030. Les royaumes et les principautés d'Occident, dans lesquels le pouvoir des princes s'appuyait sur l'Église et s'étendait sur de vastes territoires, fournissaient un modèle politique enviable, dont l'imitation passait notamment par le baptême[56].

Le destin du roi de Norvège Olaf Haraldsson, le futur saint Olaf, en fournit la claire illustration. Quoi qu'on puisse lire dans les sagas, il est absolument certain qu'il fut baptisé en 1013 à Rouen, par l'archevêque Robert. Deux ans plus tard, accompagné de missionnaires dont au moins un était normand, il conquit la Norvège et y imposa son autorité aux dépens des Danois. Il adopta la religion chrétienne au moment même où, comme l'a suggéré Olivier Guillot, le mythe de la fondation de la Normandie par Rollon se cristallisait, sous la plume de Dudon de Saint-Quentin. Le récit du chanoine picard, souvent pourfendu par la critique, est dans une certaine mesure une reconstruction historique[57]. Quoi qu'on pense de son authenticité, il est porteur d'un message fort clair, auquel le jeune chef norvégien ne pouvait pas rester insensible, et qui s'exprime avec prédilection dans les deux visions prémonitoires qu'aurait eues Rollon de son baptême. Dans le texte de Dudon, elles établissent

---

54. G. TASSIN, *Le problème des relations de parenté en Scandinavie du IXe au XIIIe siècle. Une méthode d'enquête d'après les sources écrites,* Thèse de doctorat de troisième cycle, Université de Paris, 1972 (dactyl.), p. 372-374.

55. N. LUND et K. HØRBY, *Samfundet i vikingetid og middelalder 800-1500,* Copenhague, 1980, p. 48-55.

56. Dans un travail récent, l'historien Nick Higham est parvenu à des conclusions similaires sur la christianisation de l'Angleterre anglo-saxonne. La conversion fut pour les rois de cette région une stratégie utilisable pour défendre ou étendre leur pouvoir, intéressante en ce qu'elle leur offrait des manières nouvelles d'exercer et de manifester leur autorité (N. HIGHAM, *The Convert King. Power and religious affiliations in early Anglo-Saxon England,* Manchester – New-York, 1997).

57. Nous renvoyons à l'étude très radicale de Henri Prentout, déjà citée, ainsi qu'aux remarques de Lucien Musset sur le traité de Saint-Clair-sur-Epte (L. MUSSET, « Ce que l'on peut savoir du traité de Saint-Clair-sur-Epte », in *Nordica et Normannica. Recueil d'études sur la Scandinavie ancienne et médiévale, les expéditions des Vikings et la fondation de la Normandie,* Paris, 1997, p. 377-381).

clairement une équation entre conversion, qui se résume au seul sacrement du baptême, et prospérité politique[58]. Désireux de conquérir la Norvège et d'en faire un royaume puissant sur le modèle occidental, Olaf fut certainement tenté de suivre la voie tracée par Rollon, en se faisant baptiser.

Pour autant, cette décision n'était certainement pas facile à prendre. On sait par exemple qu'à partir de la fin du IXe siècle, les rois danois d'York entretinrent des relations harmonieuses avec les archevêques de la cité, sans pour autant se faire baptiser[59]. Pour passer ce cap difficile, il fallait que certaines conditions soient réunies. Le déracinement en fut certainement une : la preuve en est qu'aucun chef établi en Scandinavie ne reçut le baptême avant la deuxième moitié du Xe siècle. Il mettait les Vikings en contact direct avec les modèles politiques et religieux qu'ils pouvaient ainsi admirer et chercher à imiter. La défaite militaire était également une condition importante; elle pouvait être perçue comme la manifestation très concrète de la puissance du Dieu des chrétiens, qui armait le bras des ennemis des Scandinaves. L'existence de précédents pouvait également jouer un rôle. Godfrid, qui accepta le baptême en 882, venait d'Angleterre, où Guthrum s'était converti quatre ans plus tôt.

CONCLUSION

Le baptême n'eut pas la même signification pour les princes chrétiens qui en furent les instigateurs, et qui y participèrent très activement en assumant le rôle de parrains, et pour les chefs scandinaves qui le reçurent. Ce décalage fut à la source d'une incompréhension mutuelle, qui fit que les Scandinaves furent parfois accusés d'hypocrisie, voire d'apostasie. Les premiers cherchaient de toute évidence à régler le problème viking, et aussi, même si cela apparaît parfois secondaire, à poursuivre l'expansion du christianisme vers les terres païennes. Pour les seconds, le baptême n'avait certainement pas la signification religieuse que les théologiens du début du Moyen Âge avaient patiemment façonnée. Il correspondait au moins pour une part à une volonté d'imiter les régimes politiques occidentaux, qui conféraient aux princes chrétiens un pouvoir et un prestige auxquels les Vikings ne pouvaient qu'aspirer. En cela, le baptême des chefs scandinaves participa d'un transfert culturel entre l'Occident chrétien et le Nord de l'Europe.

58. O. Guillot, «La conversion des Normands... », p. 199-207.

59. Sur ces liens, cf. A. P. Smyth, *Scandinavian York and Dublin...*, p. 41-44. À la différence de M. Smyth, nous ne pensons pas qu'il existe la moindre preuve pour affirmer que ces rois étaient chrétiens. Certes, l'*Histoire de saint Cuthbert* montre qu'à la fin du IXe siècle, au temps du roi d'York Guthfrith, les moines de Lindisfarne purent regagner leur monastère. Il y eut donc normalisation des rapports entre les Danois et les chrétiens de cette région. Mais cela n'implique nullement que Guthfrith se fit baptiser.

nom du chef	baptême / confirmation	date	Lieu	nom du parrain	Contexte	sources
Harald Klak	baptême	826	Mayence	Louis le Pieux	querelles dynastiques au Danemark et expulsion de Harald	ARF, AF, Ermold …
Weland	baptême	862	région de Paris	Charles le Chauve	ravages des Vikings de la Seine (855-862)	AB
Guthrum	baptême	878	Athelney (Wessex)	Alfred le Grand	ravages de la « grande armée danoise » depuis 865, victoire d'Alfred à Edington	ASC, Asser, Ethelweard
Godfrid	baptême	882	région de la Meuse	Charles le Gros	ravages des Danois dans la région de la Meuse, siège d'Esloo	Asser, AB, AV,AF, Réginon AM
Fils de Hasting	baptême	avant 893		Alfred le Grand et l'earl Ethelred		ASC
Hundeus	baptême	897	Clingen (diocèse de Spire)	Charles le Simple	ravages des Danois dans la région de la Meuse	AV
Olaf Kvaran	baptême	943		Edmond	rivalités entre Scandinaves pour la domination sur York ?	ASC
Ragnall	confirmation	943		Edmond	idem ?	ASC
Harald à la Dent Bleue	baptême	v.960	Danemark (missionnaire Poppon)		existence de trois diocèses au Danemark (948)	Widukind
Olaf Tryggvason	confirmation	994	Andover	Ethelred	raids danois sur l'Angleterre (Sven), pacte de non-agression avec Olaf	ASC
Olaf Haraldsson	baptême	1013	Rouen (archevêque Robert)		séjour d'Olaf en Normandie	Guillaume de Jumièges

AB = *Annales de Saint-Bertin*
AF = *Annales de Fulda*
AM = *Annales de Metz*
AB = *Annales de Saint-Bertin*
AF = *Annales de Fulda*
ARF = *Annales du royaume des Francs*
ASC = *Chronique anglo-saxonne*

Asser = *Vie d'Alfred le Grand*
AV = *Annales de Saint-Vaast*
Ethelweard = *Chronique* d'Ethelweard
Ermold = *Poème sur Louis le Pieux*
Guillaume de Jumièges = *Histoire des ducs des Normands*
Réginon = *Chronique* de Réginon de Prüm
Widukind = *Histoire des Sax*

Le baptême des chefs scandinaves : tableau synoptique.

2e partie

Les expériences menées en Occident

LE ROYAUME FRANC VERS 900 : UN POUVOIR EN MUTATION ?

Régine LE JAN*

La théorie politique qui fut progressivement élaborée par les clercs carolingiens reposait sur l'idée de la *communis utilitas*[1]. Elle devait conduire à assurer la paix et la concorde et elle reposait sur la capacité du roi à associer les élites du royaume à ce programme en contrôlant les mécanismes de l'échange par lesquels se construisait le pouvoir, et à imposer l'idée que la famille carolingienne avait vocation à détenir le *nomen regis*. Pour légitimer le coup d'État par lequel ils étaient arrivés au trône, pour s'assurer la fidélité des grands, les Carolingiens avaient créé leur propre image du passé, ils avaient construit leur légitimité, cherché à convaincre qu'ils étaient les « seigneurs naturels des Francs », pour reprendre l'expression de Réginon de Prüm au début du Xe siècle[2]. Mais comme l'exercice du pouvoir résulte de la coopération des différents acteurs qui y participent, l'exaltation de la supériorité carolingienne ne se comprend que par rapport à une noblesse qui trouvait en elle-même sa propre supériorité. Pour reprendre l'expression de Stuart Airlie, « la noblesse n'est pas la créature des rois », elle possède sa propre autonomie, ses propres vertus, elle a droit à posséder les *honores*. Tout comme les fils de rois héritaient du droit à régner, la naissance conférait aux fils de nobles une capacité naturelle à commander qui, pour les uns s'exerçait sur leurs domaines et qui, pour les plus puissants s'exprimait dans l'exercice des charges civiles et ecclésiastiques. L'honneur-fonction ne faisait pas le noble, mais l'accumulation d'honneurs déterminait le rang des princes. L'idéologie carolingienne cherchait donc à la fois à convaincre les princes que la famille royale carolingienne était supérieure aux autres familles nobles et que servir la famille royale était un élément constitutif de l'identité de la haute noblesse et un facteur d'ascension sociale. Elle y est parvenue. Dans le *Manuel* qu'elle

* Professeur, Université de Paris I.

1. J. NELSON « Translating Images of Authority : the Christian Roman Emperors in the Carolingian World », in EAD., *The Frankish World 750-900*, Londres et Rio Grande, 1996, p. 75-88.

2. *Reginonis chronicon*, a.888, F. KURZE (éd.), *MGH SSRM*, 51, Hanovre, 1890, p. 598 [désormais RÉGINON].

écrit vers 841 pour son fils Guillaume dont elle est séparée, l'aristocrate Dhuoda lui rappelle qu'il tire sa noblesse de ses ancêtres qui puisaient eux-mêmes leur prestige dans leur fidélité à l'égard des Carolingiens. «Chez tes aïeux, écrit-elle, la folie d'infidélité n'a pas existé, elle n'existe pas, elle n'existera pas à l'avenir...Toi, donc, mon fils Guillaume, issu de leur lignée, sois avec ton seigneur comme je te l'ai dit»[3]. La proximité du roi n'était donc pas seulement source de profit, elle était aussi source de gloire et d'un surcroît de noblesse. La royauté ministérielle avait placé le roi au sommet du corps social mais elle lui avait aussi étroitement associé les principaux acteurs du pouvoir en même temps qu'elle les avait isolés du reste de la population.

Jusqu'en 879/888, les grands qui ont osé défier les rois carolingiens n'ont pas contesté la légitimité carolingienne, ils ont agi dans le cadre carolingien, soutenant un prince carolingien contre un autre. En 858-859 par exemple, les grands de Francie occidentale n'ont pas rejeté l'autorité carolingienne en cherchant à usurper la couronne, ils ont appelé Louis le Germanique contre Charles le Chauve. En revanche, à la fin du IXe siècle, les princes ont été confrontés à la question cruciale de savoir comment choisir le roi : ils n'y ont pas répondu de la même manière en 888, en 898 et en 922, mais la façon dont les historiographes contemporains ont rapporté les événements permet de mettre en lumière les fondements profonds de la légitimité d'un pouvoir confronté à des difficultés particulièrement vives. Les choix qu'ont faits les grands de Francie occidentale posent la question des relations entre royauté et royaume, c'est-à-dire celle de l'identité : pour quelles raisons les grands préfèrent-ils se donner un roi plutôt que choisir des rois pour les différents *regna* qui composent alors le royaume? Comment l'équilibre des pouvoirs se modifie-t-il à la fin du IXe siècle?

COMMENT CHOISIR LE ROI?

Depuis le remplacement de la dynastie mérovingienne par les Carolingiens au milieu du VIIIe siècle, les acteurs de la pièce conduisant à la fabrication d'un roi n'ont pas changé : le candidat à la royauté, les princes laïques et ecclésiastiques qui l'acceptent et qui l'élisent, le prélat qui le consacre. La légitimation du roi suppose l'accord des participants, et à travers eux de la communauté qu'ils représentent, ce qui pose la question de la valeur légitimante des instruments qui créent le consensus, des rites mais aussi des écrits qui transcrivent les rites. Au-delà des *ordines* servant à faire un roi, ce sont en effet les récits des historiographes qui devraient nous aider à comprendre l'évolution qui transforme en profondeur les relations entre les grands et le roi à la fin du IXe siècle, en acceptant le paradigme selon lequel l'idéologie politique dont ils étaient empreints était en prise sur les réalités sociales[4].

3. DHUODA, *Manuel pour mon fils*, III, 4, P. RICHÉ (éd.), Paris 1975, p. 150-151.

4. Sur cette question : *Formen und Funktionen öffentlicher Kommunikation im Mittelalter*, G. ALTHOFF (éd.), Stuttgart, 2001 ; Ph. BUC, *Dangereux rituel. De l'histoire médiévale aux sciences sociales*, Paris, 2003.

Les formes de légitimation du pouvoir relèvent entièrement du système de représentation des sociétés qui les imaginent, elles constituent un ensemble symbolique qui s'exprime à travers des formes particulières et changeantes de communication politique. Pour appréhender le système symbolique du pouvoir franc, nous devons passer par les œuvres historiographiques dont les travaux récents ont montré qu'elles étaient elles-mêmes de véritables constructions idéologiques et qu'en reconstruisant le passé ou en interprétant le présent, leurs auteurs créaient une représentation du pouvoir destinée à un public déterminé qui était celui des élites. L'écriture du passé sert et construit le système de légitimation ou de délégitimation, de sacralisation ou de désacralisation du pouvoir. Il faut donc non seulement s'interroger sur la valeur légitimante des instruments de communication dans la création de l'ordre politique[5], mais aussi sur les ambiguïtés historiographiques qui révèlent la complexité des systèmes idéologiques dans les périodes de transition et qui permettent d'en souligner les transformations. On a noté comment, à partir du milieu du IXe siècle, les clercs avaient renforcé leur mainmise sur le processus de sacralisation de la royauté, mais ce faisant on a artificiellement séparé profane et sacré, alors que le changement intervenu tient davantage à ce que les élites, cléricales et laïques, contrôlent désormais complètement l'accession à la royauté.

Une comparaison du récit de Réginon de Prüm et de celui de l'annaliste de Saint-Vaast, tous deux contemporains des événements de 888 et de 898, permet de comprendre les enjeux qui se sont alors posés aux princes. Je commencerai par le très célèbre récit de Réginon, un récit à la fois légitimiste et légaliste. L'abbé de Prüm déplore qu'en 888, après la mort de l'empereur Charles le Gros, dernier Carolingien à avoir régné sur tout l'empire, les Francs de chacun des *regna* jusque-là soumis à l'empereur carolingien n'aient pas attendu leur «seigneur naturel» et qu'ils se soient choisi des rois «issus de leurs entrailles», causant ainsi de nombreuses guerres. Ce n'est pas, ajoute-t-il, «qu'on manquât de princes des Francs qui, par leur noblesse, leur courage et leur sagesse, auraient pu commander aux royaumes, mais parce qu'ils étaient égaux en largesse, en dignité et en puissance et qu'aucun ne pouvait l'emporter et imposer sa domination aux autres»[6]. On retiendra plusieurs points de ce récit : d'abord le fait que la légitimité carolingienne semble «naturelle» à Réginon, bien qu'elle ait déjà été battue en brèche dix ans plus tôt, en 879,

5. Voir en particulier M. GLUCKMANN, *Politics, Law and Ritual in Tribal Society*, Chicago, 1965.

6. RÉGINON, a. 888, p. 598 : «*post cuius mortem regna quae eius ditioni paruerant, veluti legitimo destituta haerede, in partes a sua compage resolvuntur, et iam non naturalem dominum praestolantur, sed unumquodque de suis visceribus regem sibi creari disponit. Quae causa magnos bellorum motus excitavit; non quia principes Francorum deessent, qui nobilitate, fortitudine et sapientia regnis imperare possent, sed quia inter ipsos aequalitas generositatis, dignitatis ac potentiae discordiam augebat, nemine tantum caeteros praecellente, ut eius dominio reliqui se submittere dignarentur.*».

quand le comte Boson s'était fait élire roi de Bourgogne-Provence, à Mantaille, le précédent ayant fortement marqué l'opinion[7]. Ensuite, l'absence de toute référence au sacre, le principe électif s'entendant comme une désignation de Dieu par l'intermédiaire du peuple et se combinant chez les Francs avec l'hérédité. Dans le récit de l'abbé de Prüm, le charisme naturel du candidat à la royauté, qu'expriment sa largesse, sa dignité et sa puissance, l'impose aux autres prétendants. On se trouve ici dans le registre de l'échange compétitif auquel la royauté elle-même n'échappe pas. Cependant, le texte de Réginon est plein d'ambiguïté : s'il condamne vigoureusement l'usurpation de Boson qui avait passé outre aux droits des fils de Louis le Bègue, au prétexte que leur mère avait été répudiée, et s'il déplore qu'en 888, les Francs, privés d'héritier carolingien en ligne directe, aient abandonné leurs seigneurs naturels, il ne dénie pas aux princes le droit de choisir un roi, fût-il d'une autre lignée que celle de Charlemagne. Il regrette que les princes francs, italiens ou bourguignons aient choisi Eudes, Bérenger et Rodolphe plutôt que le carolingien Arnulf, mais il accepte leurs choix. Il souligne la supériorité d'Arnulf, l'héritier naturel, qui consent à ce que les grands fassent unanimement d'Eudes, fils de Robert, leur roi, mais le portrait qu'il dresse du nouveau roi prouve qu'à ses yeux, ce dernier avait toutes les qualités pour accéder à la dignité suprême. Qui plus est, quand il relate, dix ans plus tard, la mort du roi Eudes, il signale qu'il fut inhumé à Saint-Denis, avec tout l'honneur qui lui était dû et il ajoute sans aucun commentaire particulier que les «princes, réunis en un même conseil et d'une même volonté, se choisirent pour roi Charles». Le récit de Réginon sonne donc comme l'échec de l'entreprise de légitimation dynastique carolingienne, commencée en 754 avec le sacre de Charles et de Carloman, fils de Pépin, et patiemment continuée par Charlemagne et ses successeurs.

L'annaliste de Saint-Vaast ouvre d'autres perspectives. Cette fois, il fait intervenir le sacre dans le processus d'accession à la royauté : selon son récit, les Francs, divisés entre Eudes, soutenu par le comte Thierri, et Gui de Spolète, lui-même soutenu par l'archevêque Foulques de Reims, élisent et font sacrer leurs candidats, le premier par l'archevêque Gautier de Sens, le second par Geilon de Langres. Un peu plus tard, le retrait de Gui de Spolète sur ses terres italiennes ne suffit pas à rallier ses adversaires, au premier rang desquels se trouvent l'archevêque Foulques de Reims, un parent de Gui, l'abbé Raoul et le comte Baudouin de Flandre. Bien qu'ils aient accordé leur foi à Eudes, ces grands vont trouver Arnulf pour lui demander de venir en Francie recevoir le royaume qui lui revenait. Mais, ajoute l'annaliste, «tandis qu'ils agissaient ainsi, la miséricorde de Dieu accorda au roi Eudes une victoire inopinée, car le jour de la naissance de saint Jean-Baptiste, il rencontra l'armée des Danois avec une petite armée et sortit victorieux du combat. Cette victoire lui conféra une gloire non négligeable»[8].

7. C. B. BOUCHARD, «The Bosonids. Or Rising to Power in the Late Carolingian Ages», *French Historical Studies* 15,1988, p. 407-431.

8. *Annales Vedastini*, a. 891, B. VON SIMSON (éd.), *MGH, Scriptores rerum germanicarum in usum scholarum*, 12, Hanovre, 1909, p. 65.

Le récit oppose clairement deux systèmes de légitimation royale, manipulés par les grands et par leurs historiographes. Les deux systèmes relèvent du sacré, mais le sacre n'en est pas l'élément moteur. Dans le premier système, la sacralité royale tient à la légitimité de la dynastie carolingienne dont les membres ont droit au royaume. La construction d'une dynastie qui fonde sa supériorité dans un passé lointain et une origine touchant au surnaturel crée en effet une légitimité de nature religieuse qui n'a pas nécessairement besoin de la consécration cléricale pour s'imposer. Les Carolingiens n'ont cessé de créer le passé de leur famille et d'imposer l'idée que leur pouvoir était naturel à travers une entreprise de légitimation complexe qui est passée par la rédaction de généalogies et le système anthroponymique. En 888, Arnulf, roi de Germanie, est le détenteur de cette légitimité religieuse carolingienne et c'est à ce titre que les adversaires d'Eudes vont le chercher. Mais l'annaliste de Saint-Vaast qui écrit sous le règne de Charles le Simple, alors que le monastère de Saint-Vaast est menacé par le comte Baudouin II de Flandre, ne prend pas leur parti, il prend celui d'Eudes dont il justifie le droit à régner en faisant intervenir un second système de légitimation, tiré de la victoire.

Dans un article important, Michel Sot a analysé les élections de 751, 888 et 987 comme des surgissements de la royauté guerrière, tempérés par l'institution de la royauté ministérielle[9]. Je ne reviendrai pas sur ce dernier point qui mériterait d'amples discussions. Mais de fait l'annaliste oppose le roi héréditaire qui fonde sa légitimité dynastique et religieuse dans un passé lointain et mythique au roi guerrier qui tire de ses propres qualités surnaturelles, «magiques», sa capacité à obtenir la victoire et à assurer la prospérité au peuple[10]. Car il va de soi que Eudes n'a pu vaincre la grande armée des Normands par ses seuls moyens militaires et qu'il a vaincu les païens parce qu'il était l'élu de Dieu et que Dieu manifestait ainsi sa volonté. Le système de légitimation des royautés guerrières a été complètement intégré dans la construction chrétienne du pouvoir et de la société. La composante guerrière de la royauté carolingienne s'exprime à travers les rituels de remise des armes royales ou encore les représentations iconographiques des grandes bibles carolingiennes[11]. Comme l'a souligné Jacques Le Goff, la royauté chrétienne intègre la fonction juridico-religieuse, la fonction guerrière et la fonction de production[12]. Mais toute l'entreprise carolingienne a tendu à fonder la légitimité du pouvoir royal carolingien dans l'hérédité. Cependant, les événements de 879 et 888 prouvent que les princes des Francs estiment que leur choix peut se porter sur un autre candidat si ce dernier s'impose par ses qualités

9. M. SOT, «Hérédité et sacralité avant 987», *Annales ESC*, 43e année, 3, (mai-juin 1988), p. 705-733. Sur le schéma des trois fonctions, G. DUMÉZIL, *Mythe et épopée 1, L'idéologie des trois fonctions dans les épopées des peuples indo-européens*, 3e éd., Paris, 1979.

10. R. LE JAN, «La sacralité de la royauté mérovingienne», *Annales Histoire, Sciences Sociales*, 58e année, 6, 2003, p. 1217-1242.

11. R. LE JAN, «Remises d'armes et rituels du pouvoir chez les Francs : continuités et ruptures de l'époque carolingienne», in EAD., *Femmes, pouvoir et société dans le haut Moyen Âge*, Paris, 2001, p. 170-189.

guerrières. Et si ce choix paraît contesté, il faut reconnaître les signes qui désignent l'élu de Dieu. Pour autant, l'annaliste de Saint-Vaast ne remplace pas un système de légitimation par un autre : il écrit en effet qu'en 898, à la mort d'Eudes, «les Francs tinrent une assemblée à Reims et qu'ils placèrent Charles sur le trône de ses ancêtres (*in sede paterna constituunt*) ». Cette fois-ci donc, les Francs ont choisi l'héritier légitime, mais ils auraient pu en choisir un autre. Dans la pratique, on voit bien comment depuis 879, la légitimité carolingienne est devenue un argument dans les rapports de force entre les puissants. Dans le système de représentation, la supériorité carolingienne continue à être reconnue, mais elle ne suffit plus à imposer un candidat qui ne soit pas l'élu des princes ou à maintenir un roi dont les princes ne voudraient plus.

À cet égard, les événements de 920-922 qui conduisent à l'élection du roi Robert sont éclairants. Flodoard rapporte qu'en 920, à Soissons, tous les comtes de Francie abandonnèrent le roi Charles qui refusait de renvoyer son conseiller Haganon, parce que celui-ci sortait du groupe des *mediocres* et qu'il en avait fait un puissant[13]. Deux ans plus tard, en 922, alors que les forces de Charles et celles du comte Robert stationnaient avant de s'affronter près de l'Oise, Charles, qui «voyait chaque jour se multiplier les défections dans son camp et les forces de Robert augmenter, préféra abandonner la partie et repartir en Lotharingie avec Haganon. Les Francs élirent alors pour seigneur Robert et se recommandèrent à lui. Robert est fait roi à Reims, à Saint-Rémi, par les évêques et les grands du royaume»[14]. Pour être reconnu et accepté, le roi doit pouvoir rassembler les grands et s'imposer à eux. De leur côté, les grands, qui désormais choisissent le roi, se sont aussi arrogé le droit de pouvoir le renvoyer, s'il viole le «contrat» conclu le jour de l'élection. Les grands de Francie ont rejeté Charles le Simple parce qu'il leur préférait Haganon et qu'il ne respectait pas l'ordre social établi par Dieu. Le récit de Flodoard montre comment Charles s'est lui-même disqualifié en refusant un combat qu'il estimait perdu d'avance, car s'il avait été sûr de son droit, il aurait combattu et Dieu lui aurait apporté la victoire, comme il l'avait fait pour Eudes en 888.

POURQUOI CHOISIR UN ROI?

La royauté semble indissociable de l'exercice du pouvoir dans la société du haut Moyen Âge. On sait qu'elle apparaît au point de rupture de l'organisation tribale, quand un peuple en formation a besoin de fonder son identité dans une institution capable de s'imposer aux groupes de parenté sur lesquels repose l'équilibre des sociétés tribales. La question de l'existence de la royauté

12. J. LE GOFF, «Roi», in *Dictionnaire raisonné de l'Occident médiéval*, J. LE GOFF et J-C. SCHMITT (dir.), Paris, 1999, p. 984-1004.

13. FLODOARD, *Annales*, a. 920, Ph. LAUER (éd.), Paris, 1905, p. 2.

14. *Ibidem*, a. 922, p.7-11.

franque à la fin du IXe-début du Xe siècle se pose évidemment dans un autre contexte que celui des sociétés tribales, mais elle se situe néanmoins dans une perspective identitaire. Il faut ici rependre une nouvelle fois le texte de Réginon. Selon lui, les grands de Bourgogne, de Francie et d'Italie ont choisi des rois issus de leurs entrailles (*de suis visceribus*) et les Transrhénans ont fait de même en 911 lorsqu'ils ont élu le duc Conrad. Cela ne signifie évidemment pas que ces rois sortaient de familles locales, ni même implantées depuis longtemps dans ces *regna*. Les Hunrochides, dont était issu Bérenger, étaient originaires d'Alémanie et n'étaient installés en Italie que depuis les années 820[15], l'implantation des Rodolphiens en Bourgogne était assez récente[16] et Robert le Fort, père du roi Eudes, n'était arrivé en Francie qu'en 836[17]. Eudes, Bérenger et Rodolphe appartenaient à des familles de la *Reichsaristokratie*, alliées à la famille carolingienne pour les deux dernières, mais ils étaient aussi des princes territoriaux. Leurs pères avaient obtenu des rois carolingiens des charges civiles et religieuses qu'ils avaient cumulées, étendues, patrimonialisées, transmises à leurs héritiers. Ils s'en étaient servis pour tisser des alliances, créer des fidélités, rassembler autour d'eux les forces locales et apparaître ainsi comme les chefs des aristocraties régionales. En 888, Eudes n'était évidemment pas le seul prince territorial du royaume et sa candidature ne s'est pas imposée facilement. En termes de pratique du pouvoir, les raisons de son succès face à Gui de Spolète et de l'échec d'Arnulf en Francie occidentale tiennent à son implantation et à sa capacité à rassembler la plupart des princes. Et si l'on examine de plus près qui furent ses principaux opposants en 888, on constate que ce sont les princes du nord du royaume, en l'occurrence Baudouin de Flandre, Raoul du Frioul qui cumule alors les abbatiats de Saint-Bertin, Saint-Vaast, Cysoing et enfin Foulques, archevêque de Reims. Ceux-là ont soutenu Gui de Spolète, ils se sont ensuite adressés à Arnulf, ils soutiendront plus tard Charles le Simple contre Eudes. En 888, ces grands ne cherchent pas un roi «issu des entrailles du royaume», ils vont chercher un roi au-delà des frontières. Ils agissent exactement comme le font les grands de Lotharingie, quand ils font appel à Louis le Jeune contre Zwentibold en 900, à Charles le Simple contre le roi de Germanie Conrad en 911, puis à Henri Ier contre Charles le Simple en 920 et à Louis IV contre Otton Ier en 939. J'ai montré ailleurs qu'il y avait une identité lotharingienne, mais les princes lotharingiens purent seulement concevoir leur royaume comme une *pars imperii* de l'empire; il leur fallait un roi mais celui-ci n'avait pas à être un des leurs et il fallait même, sans doute, qu'il ne le fût pas[18]. En 888,

15. E. Hlawitschka, *Franken, Alemannen, Bayern und Burgunder in Oberitalien (774-962)*, Forschungen zur oberrheinischen Landesgeschichte 8, Fribourg-en-Brisgau, 1969, p. 169-172.

16. G. Castelnuovo, «Les élites des royaumes de Bourgogne (milieu IXe-milieu Xe siècle), in, *La royauté et les élites dans l'Europe carolingienne*, R. Le Jan (éd.), Lille, 1998, p. 382-408.

17. K. Glöckner, « Lorsch und Lothringen, Robertiner und Capetinger », *Zeitschrift für die Geschichte der Oberrheins*, N.F. 50 (1937), p.301-354.

18. R. Le Jan, «L'aristocratie lotharingienne au Xe siècle : structure interne et conscience politique», in Ead., *Femmes, pouvoir et société...*, p. 204-223.

Baudouin de Flandre, Raoul du Frioul et Foulques de Reims n'agissent pas autrement, ils cherchent un roi pour le royaume et ils vont le chercher ailleurs. Raoul et Foulques avaient des intérêts particuliers à l'élection de Gui de Spolète. Ce dernier était parent de Foulques, qui aurait tiré avantage de son élection. De son côté, l'abbé Raoul, frère du nouveau roi d'Italie Bérenger, voyait sans doute dans l'élection de Gui le moyen d'éloigner ce dernier d'Italie. Ils n'ont pas eu gain de cause, parce que le danger normand et la mauvaise expérience du règne de Charles le Gros conduisirent les Francs à préférer un prince qui avait fait la preuve de ses talents militaires.

Les adversaires d'Eudes ne se sont pas tenus longtemps pour battus. En 893, Baudouin II et Foulques sont encore à la tête des opposants au roi Eudes, ce sont eux qui font venir à Reims Charles, fils de Louis le Bègue, alors adolescent, et qui le placent sur le trône de ses ancêtres, en s'associant par serment contre le roi Eudes[19]. Le texte des annales de Saint-Vaast fait clairement apparaître la constitution de trois *patriae* dans le royaume des Francs – la *Francia*, l'*Aquitania* et la *Burgundia* –, elles-mêmes dirigées par un certain nombre de princes qui rivalisent entre eux, contribuant ainsi à l'affaiblissement du pouvoir royal et à la consolidation idéologique du royaume. Dans les récits des historiographes, ce ne sont pas les princes francs qui font l'élection royale, mais les princes du royaume des Francs, c'est-à-dire un certain nombre de princes de Francie, de Bourgogne et d'Aquitaine. En 893 par exemple, Charles le Simple n'a aucun appui en dehors de la Francie où les princes sont divisés, et ce sont les princes d'Aquitaine et de Bourgogne qui sont les vrais arbitres de la compétition qui se joue entre les candidats au trône et leurs alliés respectifs. Eudes est soutenu par les princes d'Aquitaine où il est allé passer l'hiver et chercher du renfort. À la Pâques 893, il a à ses côtés Richard le Justicier, bientôt duc de Bourgogne, Guillaume d'Aquitaine et Adémar de Poitiers.

Avec la patrimonialisation de l'*honor* princier, acquise dès la fin du IXe siècle, les familles princières ont commencé à développer une conscience dynastique organisée autour de l'*honor* familial transmis en ligne directe. La formule *ego gratia Dei comes* qui apparaît dans la titulature princière du Midi dès la fin du IXe siècle traduit la prétention des princes à tenir leur pouvoir de Dieu, donc à le transmettre héréditairement, pour fonder une légitimité dynastique, de nature religieuse, que le roi lui-même ne détient pas et qu'il doit créer s'il est choisi hors de la famille carolingienne. C'est là un autre changement dont on n'a sans doute pas assez mesuré toute la portée car seule l'hérédité du pouvoir assure à une lignée une véritable légitimité. Les changements ont été particulièrement précoces en Aquitaine, et sans doute aussi en Bourgogne, dans les régions non franques. Dans ces régions, le recul du pouvoir royal s'est fait précocement sentir, au point qu'un siècle plus tard, Adémar de Chabannes dira du duc Guillaume V d'Aquitaine qu'il «donnait l'impression d'être un

19. *Annales Vedastini*, a. 893, p. 73.

roi plutôt qu'un duc, tant il avait d'honneur et d'éclat»[20]. En 900, on n'en est évidemment pas encore là, mais le duc d'Aquitaine a pesé dans les choix de 888 et de 898, en faveur de candidats issus du royaume et capables de le défendre efficacement contre les périls normands, mais aussi suffisamment impliqués dans les affaires de Francie pour ne pas être tentés de se mêler de trop près de celles d'Aquitaine. Les choix qui ont été faits à ces moments décisifs sanctionnent en tout cas la fin du monopole carolingien de la légitimité royale et expriment en même temps l'identité du royaume, considéré comme un bien commun à tous les *Franci*, un bien sacré et inaliénable. Il y a là un basculement important par rapport à la période précédente où il fallait doter chaque roi d'un royaume.

COMMENT ASSURER L'ÉQUILIBRE DES POUVOIRS?

La société du haut Moyen âge est une société compétitive où les positions sociales sont renégociées en permanence. Les Carolingiens ont donc construit un système politique reposant sur le consensus avec les grands[21]. Ils avaient besoin de leur fidélité et les grands avaient besoin du roi pour obtenir les honneurs. Le consensus avait toujours été objet de négociation, chaque nouveau roi devant créer son réseau de fidèles en dominant le système de l'échange. La compétition pour le pouvoir tournait largement autour des *honores*, ces hautes charges civiles ou religieuses qui apportaient aux puissants un surcroît de prestige et de richesses, elle tournait autour de la possession des terres fiscales qui assuraient la supériorité sociale. Tant qu'il fut assuré de rentrées régulières par les revenus de ses domaines, le produit fiscal, les tributs et le système des dons obligés, le roi carolingien fut le pivot de la circulation des honneurs et des richesses, contrôlant la hiérarchie sociale par le système du don, imposant la mobilité et la fidélité en confisquant les honneurs pour cause d'infidélité. De leur côté, les nobles devaient en permanence se prémunir contre les menaces que faisait peser sur l'honneur aristocratique le système du partage des héritages, car, au bout de quelques générations, si les familles nobles n'avaient pas réussi à compenser les partages, le patrimoine avait complètement éclaté et les nobles tombaient dans la dépendance. Pour compenser les pertes, les nobles devaient donc obtenir du roi de nouvelles terres fiscales et de hautes charges civiles et ecclésiastiques. Une telle entreprise a longtemps été celle de groupes familiaux qui cherchaient à cumuler et à transmettre des *honores* pour consolider leur pouvoir et assurer la promotion de leurs membres. Face à ces groupes, le roi jouait des ambitions individuelles, mais la patrimonialisation des honneurs d'un

---

20. ADÉMAR DE CHABANNES, *Chronique*, III, 41, Y. CHAUVIN et G. PON (intr. et trad.), Turnhout, 2003, p. 251.

21. J. HANNING, *Consensus fidelium. Frühfeudale Interpretationen des Verhältnisses von Königtum und Adel am Beispiel des Frankenreiches* (Monographien des Mittelalters 27), Stuttgart 1982.

côté, la diminution des ressources royales de l'autre ont progressivement privé le roi de sa capacité réelle à dominer le système de l'échange, ce qui a contribué à rompre l'équilibre du système politique à la fin du IXe siècle.

Il ne peut être question d'analyser ici les étapes de ces changements. Je prendrai simplement quelques exemples tirés de la France du Nord, qui montrent la multiplication des ruptures de fidélité envers le roi. Il y a tout d'abord le roi Eudes dont les *Annales de Saint-Vaast* disent qu'il «cherchait à se lier (*sibi sociari*) ceux qui refusaient de se soumettre à lui, en partie par les flatteries, en partie par la terreur. Mais, alors même qu'ils lui avaient prêté serment qu'ils se soumettraient à sa domination, ils allèrent trouver Arnulf... »[22]. Les méthodes utilisées par Eudes pour s'assurer la fidélité des grands sont celles de ses prédécesseurs, même si les pressions violentes traduisent une capacité moindre à obtenir les serments. Ce qui a changé en revanche, c'est que le roi n'est plus capable de conserver les fidélités et qu'il ne réussit plus à garantir, par son autorité, l'équilibre du système politique.

Il y a ensuite l'assassinat de l'archevêque de Reims Foulques en 903 par un vassal du comte de Flandre. L'événement a eu suffisamment de retentissement pour que trois récits en fassent mention. En 898, après la mort du roi Eudes, dont ils étaient les principaux soutiens, Robert de Neustrie, Richard le Justicier et Guillaume d'Aquitaine sont allés prêter serment de fidélité à Charles le Simple, selon l'accord conclu avec le roi Eudes quelque temps avant sa mort. Baudouin II de Flandre, qui avait soutenu Charles le Simple contre Eudes en 893, s'est dispensé de le faire, à cause de son conflit avec Herbert de Vermandois, mais il a envoyé des messagers au roi pour l'assurer de sa fidélité[23]. En réalité Baudouin ne voulait pas se reconnaître vassal du roi, car il était alors engagé dans une compétition pour le pouvoir en France du Nord dans laquelle les Herbertiens et les Robertiens étaient partie prenante. Le conflit portait sur le contrôle d'un certain nombre d'*honores* au premier rang desquels la puissante abbaye de Saint-Vaast, avec son *castrum*. Les différentes versions des événements conduisant à l'assassinat de l'archevêque de Reims diffèrent selon les chroniqueurs mais toutes montrent le roi Charles le Simple tenter d'imposer l'autorité et la supériorité royales. Selon Réginon, Baudouin se serait emparé de l'abbaye «sans le consentement de quiconque (*nullo consedente*) » et le roi la lui aurait reprise pour la concéder à Foulques[24]. La version est à peu près la même chez Flodoard qui raconte que le roi a confisqué au comte Baudouin l'abbaye de Saint-Vaast, en raison de son infidélité (*pro infidelitate*), pour la donner à l'archevêque Foulques qui accepte de l'échanger contre celle de Saint-Médard de Soissons tenue jusqu'alors par le comte Altmar[25], apparenté

22. *Annales Vedastini*, a. 888, p. 65 : «... *Odo vero rex Francos, qui suo nolebant se subdi dominationi, partim blanditiis, partim terroribus sibi sociari festinabat. Sed cum ei fidem dedissent, quo eius dominatui se subderent, contulerunt se ad Arnulfum regem...* ».

23. *Ibidem*, a. 898, p. 79-80.

24. RÉGINON, a. 903, p. 610.

25. FLODOARD VON REIMS, *Die Geschichte der Reimser Kirche* / FLODOARDUS REMENSIS, *Historia Remensis Ecclesiae*, IV, 10, M. STRATMANN (éd.), *MGH, Scriptores*, XXXVI, Hanovre, 1998, p. 402.

aux Robertiens. Dans le système carolingien, le roi devait sa position supérieure et son autorité à ce qu'il contrôlait la circulation des honneurs et qu'il était capable d'imposer fidélité et pacification. On voit ici Charles le Simple s'appliquer à jouer ce rôle, en affirmant son droit de confisquer l'abbaye pour rupture de fidélité et en la redistribuant, comme son grand-père Charles le Chauve l'avait fait à plusieurs reprises au cours de son règne. Mais Charles le Simple s'avère incapable de faire respecter ses décisions et de rétablir durablement la paix et la concorde entre les grands, ce qui était le propre même de la mission royale. Les récits divergent sur la suite, mais tous situent l'assassinat de Foulques dans le contexte d'une vengeance. Selon le récit de Réginon, Baudouin aurait envoyé son vassal Winemar auprès de l'archevêque de Reims pour obtenir de lui qu'il renonçât à usurper par cupidité l'honneur que le comte avait tenu, lui offrant d'énormes dons pour obtenir sa médiation et son intervention. L'archevêque ayant refusé avec dureté et amertume ce qui lui était proposé, Winemar serait reparti et, à l'instigation du diable, il aurait assassiné Foulques dans une forêt[26]. Selon Flodoard, Baudouin et son entourage auraient considéré qu'en acceptant de faire passer l'abbaye de Saint-Vaast sous le contrôle d'un de leurs ennemis, Foulques aurait rompu l'*amicitia* qui les liait, en d'autres termes qu'il aurait commis un acte d'inimitié méritant vengeance (*ultio*), provoquant ainsi l'assassinat de Foulques par Winemar. Enfin le récit des *Annales de Saint-Vaast* fait intervenir un plaid judiciaire que le roi aurait organisé près de Cambrai. Baudouin s'y serait rendu et aurait restitué le *castrum* d'Arras, puis il se serait réconcilié avec Herbert. Mais quelques mois plus tard, Baudouin aurait fait irruption dans une assemblée royale pour revendiquer sa terre et comme Foulques et Herbert s'y opposaient, Winemar aurait assassiné l'archevêque. Les récits situent les événements dans le registre classique d'une vengeance, scandée par des alternances de violence et de pacification. Le premier plaid, apparemment décidé par le roi, a été négocié. On a choisi un lieu neutre, dans le royaume lotharingien de Zwentibold. Baudouin et le roi s'y sont rendus et si le comte s'est soumis à l'autorité royale en rendant le *castrum*, le règlement n'est pas considéré comme définitif. C'est en effet un véritable défi au roi que Baudouin a ensuite porté devant l'armée royale, en un lieu et à un moment où symboliquement s'affirme la supériorité royale. On mesure ainsi les changements intervenus en moins d'un quart de siècle.

Au début du Xe siècle, l'équilibre sur lequel reposait traditionnellement le consensus est rompu. Charles le Simple a tenté de contrôler la circulation des honneurs, comme l'avaient fait ses ancêtres, et d'imposer ses hommes aux princes, sans obtenir leur accord et sans conclure de pactes d'alliances avec eux, au contraire de la politique pratiquée par Bérenger Ier en Italie[27] ou Henri Ier en Germanie. Le choix de Rollon au début des années 910, comme celui d'Haganon dix ans plus tard s'inscrivent dans cette politique, avec des

26. RÉGINON, a. 903, p. 610.

27. B. H. ROSENWEIN, «The Family Politics of Berengar I, King of Italy (888-924) », *Speculum* 71, 1996, p. 247-289.

résultats opposés. Le chef normand était déjà bien intégré à la société franque avant 911 par son épouse Popa[28] et inséré dans un groupe hostile aux Robertiens et à leurs alliés, quand le roi choisit de le reconnaître comme *princeps Normannorum* [29]. Si le récit de Dudon de Saint-Quentin est exact, le roi a offert sa fille en mariage à Rollon[30], l'intégrant ainsi à la *stirps regia*, ce qui lui conférait une légitimité qui n'allait pas de soi. La manœuvre réussit, car Rollon fut accepté par les princes, à la suite du traité de Saint-Clair-sur-Epte qui apparaît comme un compromis entre le roi et Robert. Robert imposa son parrainage au chef normand, au moment de la conversion de Rollon au christianisme : il lui donna son nom et fit de lui un Robertien par le lien de filiation spirituelle[31]. En revanche, la tentative pour imposer Haganon contre les princes conduisit à la chute de Charles le Simple en 922. En 911, le roi avait été élu roi de Lotharingie, comme son grand-père en 869. Il avait épousé Frérone, qui appartenait à une famille germanique puissante et implantée en Lotharingie, celle de Bovo, et il s'était ensuite appuyé sur des parents de son épouse (son neveu Ernust, son frère Bovon et surtout Haganon) leur concédant des honneurs, pour faire contrepoids aux princes francs. La faveur dont jouissait Haganon mécontenta les princes et cette fois, il n'y eut pas de compromis entre le roi et Robert de Neustrie. Les princes refusèrent de reconnaître Haganon comme l'un des leurs et finirent par abandonner le roi Charles, pour élire Robert. La politique carolingienne de Charles le Simple avait donc finalement causé sa perte. En ce début du Xe siècle, les princes contrôlaient désormais l'accès au pouvoir.

CONCLUSION

L'équilibre des pouvoirs entre le roi et les princes est en train de se rompre à la fin du IXe siècle. Malgré les divergences d'interprétation entre les auteurs, on voit bien que la légitimité carolingienne est devenue un argument dans les rapports de force entre les puissants. Elle continue à être reconnue, mais elle ne suffit plus à imposer la supériorité d'un candidat qui ne serait pas l'élu des princes ou à maintenir un roi dont les princes ne voudraient plus. Pour les princes de la *Francia*, de l'*Aquitania* et de la *Burgundia*, le royaume des Francs est devenu un bien commun, inaliénable, à la tête duquel ils doivent placer un roi, mais ils estiment avoir le droit de choisir le meilleur roi possible. Les cartes sont loin d'être complètement redistribuées, car l'élu des princes peut jouer de la compétition entre les grands et le pouvoir princier ne s'inscrit pas dans des limites territoriales bien fixées,

28. P. BAUDUIN, *La première Normandie (Xe-XIe siècles). Sur les frontières de la haute Normandie : identité et construction d'une principauté*, Caen, 2004, p. 128-132.

29. *Ibidem*, p. 133-134.

30. DUDON DE SAINT-QUENTIN, *De gestis Normanniae ducum seu de moribus et actis primorum Normanniae ducum*, J. LAIR (éd.), Caen, 1865, p. 169, 173.

31. P. BAUDUIN, *La première Normandie...*, p. 164.

mais le roi ne contrôle déjà plus directement la circulation de tous les honneurs, sauf en l'absence d'héritier direct[32]. Il allait lui falloir trouver d'autres moyens de diriger le système de l'échange et de s'assurer les soutiens indispensables, en multipliant les liens d'amitié, naturelle et spirituelle, pour doubler ou renforcer les liens de fidélité.

32. Après la mort sans héritier direct d'Acfred, duc d'Aquitaine, en 927, le roi Raoul, soutenu par Odon de Cluny, a réussi à faire revenir toutes les charges publiques sous son contrôle. Cf. J.-P. Brunterc'h, «La succession d'Acfred, Duc d'Aquitaine (927-936)», *Quaestiones medii aevi novae*, 6, 2001, p.195-240.

Les Vikings en Frise : Chronique d'un échec relatif

Stéphane Lebecq*

Vue du Danemark, la Frise est une voisine presque immédiate. Non seulement il y a la proximité géographique, mais il y a aussi une identité morphologique et paysagère entre les deux contrées, qui ont en commun le même chapelet d'îles littorales, les mêmes cordons de dunes, les mêmes lagunes, la même plaine côtière. Seules les glaciations ont imprimé des différences, laissant au Danemark, qu'elles ont davantage marqué de leur empreinte, ces croupes morainiques qui donnent à l'intérieur du Jutland un paysage sensiblement plus vallonné[1]. Entre l'une et l'autre région, les voies de communications, terrestres autant que nautiques, sont multiples et faciles : retenons en particulier la possibilité d'une navigation abritée dans la «mer des Wadden», c'est-à-dire entre les îles côtières, qui sont les restes d'un ancien cordon littoral, et la côte même[2].

Il semble de surcroît qu'il y ait eu à l'époque migratoire une véritable familiarité sociale et culturelle entre les Frisons et les Danois, scandée par les unions et les désunions, les fêtes et les combats, et dont la littérature épique vieil-anglaise paraît se faire le lointain écho : le poème *Beowulf* et les textes qui lui sont associés (*Finnesburh Fragment*, *Widsith*) évoquent en effet une époque héroïque marquée par les règlements de compte entre Finn, roi des Frisons et époux de Hildeburh, et le frère de celle-ci, Hnaef, chef du clan

* Professeur, Université Charles-de-Gaulle, Lille 3.

1. Parmi une littérature extrêmement abondante, on trouvera une excellente approche de la Frise du très haut Moyen Âge dans la brève et jolie synthèse de H. A. Heidinga, *Frisia in the First Millenium. An Outline*, Utrecht, 1997. Pour une bonne approche du paysage, du peuplement et des activités humaines dans les contrées littorales, voir E. Knol, *Noordnederlandse Kustlanden in de Vroege Middeleeuwen*, Groningen, 1993. Et pour mieux apprécier la familiarité entre la Frise et le Danemark, on aura recours, parmi une littérature extrêmement abondante, à deux catalogues d'exposition : *Friezen, Saksen en Denen. Culturen aan de Nordzee, 400 tot 1000 n. Chr.*, Leeuwarden (Fries Museum)/Franeker, 1996; et *Kings of the North Sea, AD 250-850*, Leeuwarden (Fries Museum), 2000.

2. S. Lebecq, *Marchands et navigateurs frisons du haut Moyen Âge*, 2 vol., Lille, 1983. Pour limiter l'apparat critique infrapaginal, je renverrai souvent dans les notes qui suivent au deuxième volume de l'ouvrage, qui en constitue le *Corpus des sources écrites*.

Les fondations scandinaves en Occident, p. 97-112, Publications du CRAHM, 2005

danois des Halfdan[3]. Sans doute le raid conduit vers 525 sur les côtes de Frise par le chef danois *Chlochilaichus*, qu'on identifie sans problème au Hygelac (chef des Geats alliés des Danois et ennemis des Frisons) du *Beowulf*, s'inscrit-il dans cette tradition de contacts guerriers entre les deux voisins : son évocation par Grégoire de Tours, au troisième livre de ses *Histoires*[4], donne un réel crédit aux suggestions de la littérature héroïque.

Tout montre que les contacts entre la Frise et le Danemark se sont multipliés aux VIIe-VIIIe siècles, cette fois à l'initiative des Frisons. L'archéologie et la linguistique suggèrent un important mouvement de colonisation paysanne en direction des îles danoises de la mer du Nord et des terres côtières qui leur font face. Plus visibles sont les débuts d'une expansion marchande partie des ports de *Frise*, parmi lesquels Dorestad, à la tête du delta du Rhin, paraît acquérir dans le courant du VIIe siècle une véritable suprématie, au point de devenir dans les années 680-720 le principal enjeu des luttes entre l'autorité pippinide, acharnée à faire main basse sur la basse vallée du Rhin, et la royauté frisonne indépendante, longtemps incarnée par Radbod (c. 680-719)[5]. Un seul texte éclaire cette première connexion entre la Frise et le Danemark, c'est la relation qu'Alcuin a faite du voyage entrepris vers 700 par Willibrord, premier évêque des Frisons, jusqu'à la résidence du roi danois *Ongendus*[6] : l'idée et la logistique d'un tel voyage n'ont pu être fournies au missionnaire anglo-saxon que par les marchands/navigateurs qui assuraient alors la navette entre les deux contrées.

Il est possible que cet *Ongendus* (peut-être une forme latinisée de l'anthroponyme danois Angantyr) ait été le chef dont les places centrales ont été successivement fouillées sur la frange littorale du Jutland sud-occidental, d'abord à Dankirke, établissement à caractère rural marqué, mais dont la richesse ne s'est jamais démentie depuis l'époque pré-romaine jusqu'au VIIIe siècle, ensuite à Ribe, établissement proto-urbain créé de toutes pièces aux alentours de 704, qui allait bientôt devenir un des principaux *emporia* des mers du Nord[7]. Qu'on ait respectivement trouvé à Dankirke et à Ribe dix et près de cent-cinquante pseudo-*sceattas* d'argent du type dit « Wodan/Monstre » (que selon moi il vaudrait mieux appeler « Roi chevelu/Monstre »), c'est-à-dire

3. *Beowulf. An Edition*, B. MITCHELL et F. C. ROBINSON (éd.), Oxford, 1998. Voir en particulier les vers 2354-2366 et 2503-2506, p. 131-137.

4. GRÉGOIRE DE TOURS, *Decem Libri Historiarum*, III, 3, R. BÜCHNER (éd.), dans les *Ausgewählte Quellen zur deutschen Geschichte des Mittelalters*, vol.1, Berlin, 1967, p. 143.

5. Sur Dorestad, voir désormais *Romeinen, Friezen en Franken in het hart van Nederland (van Traiectum tot Dorestad 50 v.C.-900 n.C.)*, W. A. VAN ES et W. A. M. HESSING (éd.), Amersfoort/Den Haag, 1994. Sur le trafic à partir de Dorestad, S. LEBECQ, « Long Distance Merchants and the Forms of their Ventures at the Time of the Dorestad Heyday », in *In Discussion with the Past. Archaeological Studies presented to W. A. Van Es*, H. SARFATIJ, W. J. H. VERWERS et P. J. WOLTERING (éd.), Amersfoort, 1999, p. 233-238.

6. ALCUIN, *Vita Willibrordi*, c. 9-10; S. LEBECQ, *Corpus* cité note 2, p. 63-64.

7. Voir, pour aller vite, S. HVASS et B. STORGAARD, *Digging into the Past. 25 Years of Archaeology in Denmark*, Århus, 1993, p. 198-199 et S. JENSEN, *The Vikings of Ribe*, Ribe, 1991. En l'occurrence d'après les travaux de Jarl Hanssen, Mogens Bencard, Stig Jensen et quelques autres.

d'un type sans doute originaire de Frise où on en a retrouvé une quantité considérable de spécimens, mais qui peut très bien avoir été imité par les premiers monétaires danois, montre l'intimité des contacts, en particulier commerciaux, qui existaient alors entre la Frise et le Danemark.

On a d'ailleurs de bonnes raisons de penser que, si les Frisons ont été d'emblée présents sur le marché de Ribe, ils ont un peu plus tard (aux alentours de 750) contribué à la fondation, à la base sud-orientale du Jutland, du tout premier établissement de *Sliaswich*-Haithabu (le *Südsiedlung* des archéologues, au départ modeste poste de traite, qui révèle, par ses structures tout autant que par son mobilier, de réelles affinités avec la Germanie littorale), ouvrant ainsi la porte de la Baltique et de ses lointains marchés, suédois notamment, aux marchands/navigateurs occidentaux[8].

Sans mésestimer les facteurs propres au milieu scandinave, singulièrement la montée en puissance d'autorités monarchiques[9] qui, au Danemark en particulier, ont laissé pour compte et jeté dans l'aventure maritime tant de concurrents et tant de chefs de groupes aristocratiques, je pense que les Occidentaux, surtout Frisons, ont, en ouvrant la route de l'Est à un trafic régulier dans le courant du VIIe et du VIIIe siècle, fortement contribué à l'enclenchement du phénomène viking, en initiant les Scandinaves à l'usage de la voile, en les attirant vers les routes de l'Ouest, en leur révélant leurs itinéraires, leurs escales, leurs ports, les richesses recelées par les uns et les autres, et en les appâtant avec des cargaisons dans lesquelles il y avait des produits rares et prestigieux – véritables « produits d'appel » pour ces populations dont le niveau de culture ne s'était guère élevé au-dessus de celui de l'Âge du Fer –, tels que les armes, le vin et l'argent[10].

C'est précisément sur l'activité prédatrice des Vikings en Frise que je voudrais maintenant attirer l'attention. Après quoi je m'attarderai sur les concessions de terres et les délégations d'autorité que le pouvoir franc y a accordées aux chefs danois. Pour finir, je tenterai de dresser un bilan dans lequel on verra que les implantations scandinaves en Frise, si nombreuses et fréquentes qu'elles aient été, n'ont pas eu, à la différence de ce qui s'est passé en Normandie, en Angleterre, dans les archipels écossais ou en Irlande, un gros impact démographique, politique et culturel – sans doute, et très paradoxalement, parce que la Frise était une voisine trop proche du Danemark.

---

8. S. Lebecq, *Marchands et navigateurs frisons*..., vol. 1, en part. p. 85-88 ; Id., « Frisons et Vikings. Remarques sur les relations entre Frisons et Scandinaves aux VIIe-IXe siècles », in *Les Mondes Normands (VIIIe-XIIe siècles)*, Actes du Congrès d'Archéologie médiévale (Caen 1987), Caen, 1989, p. 45-60. Essentiellement d'après les travaux de H. Steur, *Die Südsiedlung von Haithabu. Studien zur frühmittelalterlichen Keramik im Nordseeküstenbereich und in Schleswig-Holstein*, Neumünster, 1974 ; et de H. Jankuhn, *Haithabu. Ein Handelsplatz der Wikingerzeit*, 8e éd., Neumünster 1986, en part. p. 17-22.

9. Sur la question de l'origine des monarchies scandinaves, voir L. Hedeager, *Iron-Age Societies : from Tribe to State in Northern Europe (500 BC - AD 700)*, Oxford, 1992.

10. S. Lebecq, « Aux origines du phénomène viking. Quelques réflexions sur la part de responsabilité des Occidentaux (VIIIe-début IXe siècle) », in *La progression des Vikings, des raids à la colonisation*, A-M. Flambard Héricher (éd.), Rouen (*Cahiers du GRHIS*, n° 14), 2003, p. 15-25.

L'ACTIVITÉ PRÉDATRICE DES VIKINGS EN FRISE

Pour toutes les raisons qui viennent d'être évoquées, en particulier le voisinage géographique, l'identité morphologique et la commodité des communications entre le Danemark et la Frise, on n'est pas surpris que celle-ci ait été la première et principale victime de la piraterie sinon scandinave, du moins danoise : la première et la dernière référence à des raids danois dans toute l'histoire de l'Europe carolingienne puis post-carolingienne concernent en effet toutes deux la Frise[11].

La première nous est donnée à l'année 810 des *Annales Regni Francorum* : «Tandis que l'empereur qui se trouvait à Aix était en train de préparer une expédition contre le roi [des Danois] Godfrid, il apprit qu'une flotte de deux cents navires venue de *Nordmannia* avait abordé en Frise, et que toutes les îles du littoral frison avaient été dévastées; que leur armée avait même débarqué sur le continent et y avait livré trois combats contre les Frisons; que les Danois, vainqueurs, avaient imposé un tribut à leurs vaincus, et que déjà les Frisons leur avaient versé cent livres d'argent»[12]. Si l'Annaliste paraît mettre implicitement en cause Godfrid, Eginhard dit dans sa *Vita Karoli* que le roi danois considérait la Frise et la Saxe comme ses propres «*provincias*»[13], et, bien plus tard, Saxo Grammaticus rejetterait toute la responsabilité de l'expédition sur Godfrid, acharné à disputer à Charlemagne le contrôle des régions frontalières de leurs royaumes respectifs[14], – régions où ne se rencontraient pas seulement ces Germains de la mer qu'étaient les Frisons, les Saxons et les Danois, mais aussi les Slaves Abodrites (traditionnels alliés des Francs) et Wilzes (alors soutenus par Godfrid)[15].

C'est Alpert de Metz qui nous donne dans le *De diversitate temporum* les dernières références à des raids danois dans le monde franc. Au chapitre 8

11. Je récapitule une fois pour toutes les sources principales de l'activité viking en Frise, avec l'édition à laquelle j'ai eu recours, même si dans les notes suivantes les renvois seront le plus souvent faits par commodité au *Corpus des sources écrites* cité ci-dessus note 2 :

parmi les annales : *Annales Regni Francorum* (*ARF*, R. RAU (éd.), dans les *Ausgewählte Quellen*..., vol. 5, Berlin, 1960), *Annales de Saint-Bertin* (*ASB*, F. GRAT, J. VIELLIARD, S. CLÉMENCET (éd.), Paris, 1964) ; *Annales de Fulda* (*AF*, R. RAU (éd.), dans les *Ausgewählte Quellen*..., vol. 7, Berlin, 1960) ; *Annales Xantenses* (*AX*, R. RAU (éd.), dans les *Ausgewählte Quellen*..., vol. 6, Berlin, 1960) ; *Annales Lindisfarnenses et Dunelmenses* (*ALD*, W. LEVISON (éd.), *Deutsches Archiv*, 17, 1961, p. 447-506);

parmi les autres sources narratives ou littéraires : *Vita Karoli* d'EGINHARD (*VK*, L. HALPHEN (éd.), Paris, 1938) ; *Poème sur Louis le Pieux* d' ERMOLD LE NOIR (*PLP*, E. FARAL (éd.), Paris, 1932) ; *Vie de l'empereur Louis le Pieux* de THEGAN (*VEL*, R. RAU (éd.), dans les *Ausgewählte Quellen*..., vol.5, Berlin, 1960) ; *Vita Anskarii* de RIMBERT (*VA*, W. TRILLMICH (éd.), dans les *Ausgewählte Quellen*..., vol.11, Darmstadt, 1961) ; *Chronique* de RÉGINON DE PRÜM (*CRP*, R. RAU (éd.), dans les *Ausgewählte Quellen*..., vol.7, Berlin, 1960), *De Diversitate temporum* d'ALPERT DE METZ (*DDT*, H. VAN RIJ (éd.), Amsterdam, 1980) ; *Gesta Danorum* de SAXO GRAMMATICUS (*GD*, F.-X. DILLMAN et J.-P. TROADEC (prés. et trad.), Paris, 1995)...

12. *ARF*, a. 810, p. 94; S. LEBECQ, *Corpus* LXI 8, p. 304.

13. *VK*, c. 14, p. 43; S. LEBECQ, *Corpus* LIV 2, p. 262.

14. *GD*, VIII 16, p. 384-385.

15. *ARF*, a. 808, 809, 810, p. 86-94.

– intitulé *De adventu Nordmannorum* – de son premier livre, il parle de ces «pirates qui, venus [en 1006] des îles de l'océan avec une multitude de navires, ont surgi dans le fleuve Merwede [un des bras du delta de la Meuse] avec une multitude de navires, et l'ont remonté jusqu'au *portus* de Tiel, dont la population, qui habitait sur les bords du Waal, ne trouva son salut que dans la fuite, abandonnant aux ennemis presque tout, sauf son argent, car il s'agissait de marchands [*preter pecuniam, quia mercatores erant*] » ; et au chapitre 9 – intitulé *De secundo adventu Nordmannorum* –, il évoque la remontée, en l'an 1007, du Lek [un des bras du delta du Rhin] et du Rhin lui-même par les pirates *cum nonaginta longis navibus*, ajoutant qu'alors les habitants d'Utrecht, prévenus de leur arrivée imminente, ont eux-mêmes mis le feu à leur *portus*[16].

Entre les deux, toutes les formes de prédation telles qu'elles ont été caractérisées par Lucien Musset[17] ont été pratiquées, si du moins l'on en croit les litanies transmises par les sources annalistiques (en particulier les *Annales Regni Francorum*, les Annales dites de Saint-Bertin, les *Annales Fuldenses* et les Annales dites de Xanten), et les chroniques (en particulier celles de Réginon de Prüm et d'Alpert de Metz)[18] : raids éclairs (en particulier au détriment de Dorestad, la cible privilégiée, qui fut touchée en 834, 835, 836, 837, 847, 857, enfin en 863, année où l'*emporium* fut définitivement abandonné par ses habitants) ; dévastations en rase campagne ; mise à tribut ; installation dans le pays, quelquefois sanctionnée, voire encouragée par le pouvoir carolingien... Ce dernier phénomène fouetta un véritable cercle vicieux, dans la mesure où ces concessions de terres étaient faites en faveur de princes danois engagés dans les querelles de succession dynastique, et que, du même coup, elles attirèrent sur les régions concernées la vindicte des concurrents.

Certes, l'autorité franque ne resta pas inactive : Charlemagne d'abord prit des mesures après le raid de 810 : il fit construire des flottes de guerre à Boulogne et à Gand, qu'il inspecta lui-même en 811, et restaura le *farum* romain de Boulogne[19]. Louis le Pieux fit à son tour construire des navires *contra Nordmannos*[20] et mettre en défense les côtes de Frise[21]. Si l'on s'interroge sur la nature des *maritima custodia* ainsi mis en place suivant les *Annales de Saint-Bertin*, on trouvera une explication plausible dans la *Vie de l'empereur Louis le Pieux* de Thegan, qui écrit que, vers 837, Louis «*statuit sediciones in nonnullis locis contra Danaos*», et que les Danois s'emparèrent d'une de ces *sediciones*, sans doute sur l'île de Walcheren[22] : il est probable que le mot «*sedicio*», ici détourné de son sens habituel (par un scribe distrait?)

16. *DDT*, I 8-10, p. 18-23; S. LEBECQ, *Corpus* LIX 1-3, p. 281-283.

17. L. MUSSET, *Les Invasions*. II. *Le Second assaut contre l'Europe chrétienne (VIIe-XIe siècles)*, 2e éd., Paris, 1971.

18. Sur la question de l'impact des raids vikings en Frise et spécialement sur Dorestad, voir S. LEBECQ, *Marchands et navigateurs frisons...*, vol.1, p. 272-275; et *Romeinen, Friezen en Franken...*, p. 82-119.

19. *ARF*, a. 811, p. 98; S. LEBECQ, *Corpus* LXI 9, p. 304-305.

20. *AF*, a. 838, p. 22; S. LEBECQ, *Corpus* LXIII 10, p. 319.

21. *ASB*, a. 837, p. 21; S. LEBECQ, *Corpus* LXII 5, p. 308.

22. THEGAN, *VEL*, p. 252; S. LEBECQ, *Corpus* LV 2, p. 269-270.

doive être rapproché des mots moyen-latins *sedita* ou *presidium*, qui signifient «garnison»[23], et il est possible qu'il renvoie aux fortifications connues dans l'archipel zélandais sous le nom de *burchten*, ou encore *ringwalburgen*[24], dont il n'est pas exclu que, si la plupart paraissent dater de la fin du IXe siècle, certaines ont pu recevoir leurs premières fondations dès les années 830[25].

Ces mesures militaires alternèrent avec des mesures plus pacifiques, d'une portée certes générale mais qui, presque toujours, impliquèrent la Frise. En effet, pour régulariser ses relations avec le pouvoir danois, l'autorité franque ne négligea pas les relations diplomatiques, avec envois d'ambassadeurs, échanges de cadeaux et échanges d'otages. Ainsi en 811, un an tout juste après l'attaque danoise sur la Frise, Charlemagne et Hemming, successeur de Godfrid assassiné en 810, convinrent de faire la paix : douze *nobiles* de chaque camp, c'est-à-dire Francs et Danois, se rencontrèrent sur les bords de l'Eider, rivière frontalière à la base du Jutland, et «échangèrent des serments suivant la coutume de leurs peuples». Et les *Annales Regni Francorum*, qui relatent l'événement, de citer le nom de chacun des plénipotentiaires, parmi lesquels on distinguera d'un côté Wala, cousin germain de Charlemagne et futur abbé de Corbie, et le fameux comte Unroch, bientôt marquis de Frioul, et de l'autre les propres frères du roi Hemming, Hankwin et Angandeo[26]. Quelques mois plus tard, Hemming envoya à Aix-la-Chapelle deux membres de la précédente ambassade, Aowin et Hebbi, avec des cadeaux et de nouveaux engagements de paix[27].

Quant à Louis le Pieux, on sait qu'il tenta de jouer la carte missionnaire pour neutraliser l'agressivité danoise : l'archevêque Ebbon de Reims en 823 et le moine de Corbie puis de Corvey, Ansgar, à partir de 826 en furent les principaux protagonistes[28]. La Frise, et singulièrement l'*emporium* de Dorestad, leur servirent de base logistique, comme le montre de façon récurrente la *Vita Anskarii* écrite entre 865 et 876 par Rimbert, successeur d'Ansgar sur les sièges épiscopaux de Brême/Hambourg[29].

Mais les Carolingiens eurent aussi recours à un expédient classique, naguère pratiqué par l'Empire romain en faveur de ses fédérés et désormais remis au goût

23. P. A. HENDERIKX, «Walcheren van de 6e tot de 12e eeuw. Nederzettingsgeschiedenis in fragmenten», in *Archief van het Koninklijk Zeeuwsch Genootschap der Wetenschappen*, 1993, p. 113-156, en part. p. 127-128.

24. Voir D. P. BLOK, *De Franken in Nederland*, 3e éd., Bussum, 1979, p. 131.

25. *Vroeg-Middeleeuwse ringwalburgen in Zeeland*, R. M. VAN HEERINGEN, P. A. HENDERIKX et A. MARS (éd.), Goes, 1995.

26. *ARF*, a. 811, p. 96-98.

27. *ARF*, a. 811, p. 98.

28. En dépit d'une littérature abondante et souvent renouvelée sur la question, je ne crois pas inutile de renvoyer à l'article, qui reste excellent, de Lucien MUSSET, «La pénétration chrétienne dans l'Europe du Nord et son influence sur la civilisation scandinave», naguère donné dans les *Settimane di studio* de Spolète (vol. XIV, 1967), reproduit dans ID., *Nordica et Normannica. Recueil d'études sur la Scandinavie ancienne et médiévale, les expéditions des Vikings et la fondation de la Normandie*, Paris, 1997, p. 3-50, en particulier p. 6-12 («La mission carolingienne»). Pour une discussion des étapes et des enjeux de la christianisation de la Scandinavie, voir *The Christianization of Scandinavia*, B. SAWYER, P. SAWYER et I. WOOD (éd.), Alingsås, 1987.

29. S. LEBECQ, *Corpus* XXIV, p. 126-137.

du jour, qui consista à confier des terres littorales à certains Vikings, que l'on faisait baptiser et dont on attendait qu'ils jouassent désormais les garde-frontières contre les autres. C'est sur ce point que je voudrais maintenant attirer l'attention, en tentant de démêler un écheveau événementiel particulièrement complexe.

CONCESSIONS DE TERRES ET DÉLÉGATIONS D'AUTORITÉ ACCORDÉES DANS L'ESPACE FRISON PAR LE POUVOIR FRANC À DES CHEFS DANOIS

Si les choses sont aussi compliquées, c'est que les événements qui vont suivre ont impliqué plusieurs générations de prétendants à la royauté danoise sur lesquels les sources annalistiques franques donnent des informations généalogiques souvent contradictoires[30], et parmi lesquels on rencontre de surcroît de nombreux homonymes (Hemming, Godfred/Godfrid, Harald/Harold/Heriold, Herek/Horic/Roric...), ce qui ne simplifie pas l'intelligence des faits. On peut du moins distinguer au long du IXe siècle trois phases principales de concessions de terres et de délégations d'autorité accordées par le pouvoir franc à des chefs danois dans l'espace frison : en 826, vers 840-850, et dans les années 880.

1er temps : Harald Klak en Rüstringen et Hemming à Walcheren (826)

Après l'assassinat du roi danois Godfrid en 810 puis la mort de son neveu (en l'occurrence fils de son frère) Hemming en 812[31], l'autorité royale danoise fut disputée par deux clans rivaux[32] : les fils et neveux de Godfrid d'une part, et tout un clan de prétendants se réclamant eux aussi d'une ascendance royale (remontant à un dénommé Harald, probable prédécesseur de Godfrid), dont Harald Haraldsson, dit Harald Klak, son frère Reginfrid, et leur parent Hemming, qui fut présenté plus tard, dans les *Annales de Fulda*, comme «le fils de Halfdane»[33]. Ceux-ci l'emportèrent d'abord, promouvant à la royauté Harald et Reginfrid[34]. Mais leur autorité allait être à plusieurs reprises contestée par les héritiers de Godfrid, jusqu'à ce que, Reginfrid étant mort au combat dès 814[35], Harald et son parent Hemming fussent définitivement chassés du Danemark en 826 : et c'est dans l'Empire franc, auprès de Louis le Pieux qui les avait déjà soutenus par le passé[36], qu'ils allèrent chercher refuge[37].

30. Pour trouver «*a good discussion of the conflicting information we have on Danish royal genealogy in the ninth century*», Timothy REUTER (dans son édition/traduction anglaise de *The Annals of Fulda*, Manchester 1992, p. 30 note 2) recommande toujours le vieil ouvrage de Walther VOGEL, *Die Normannen und das fränkische Reich bis zur Gründung der Normandie (799-911)*, Heidelberg, 1906.

31. *ARF*, a. 810 et 812, p. 94-96 et 98-100.

32. *ARF*, a. 812, p. 98-100.

33. *AF*, a. 837, p. 22.

34. *ARF*, a. 812, p. 100.

35. *ARF*, a. 814, p. 106.

36. *ARF*, a. 812, 814 et 819, p. 100, 106 et 120.

37. Dans l'abondante littérature relative à la Scandinavie viking, c'est sans doute à Gwyn JONES, *A History of the Vikings*, 1ère éd., Oxford, 1968, p. 102-106, qu'on doit le récit le plus clair de ces événements.

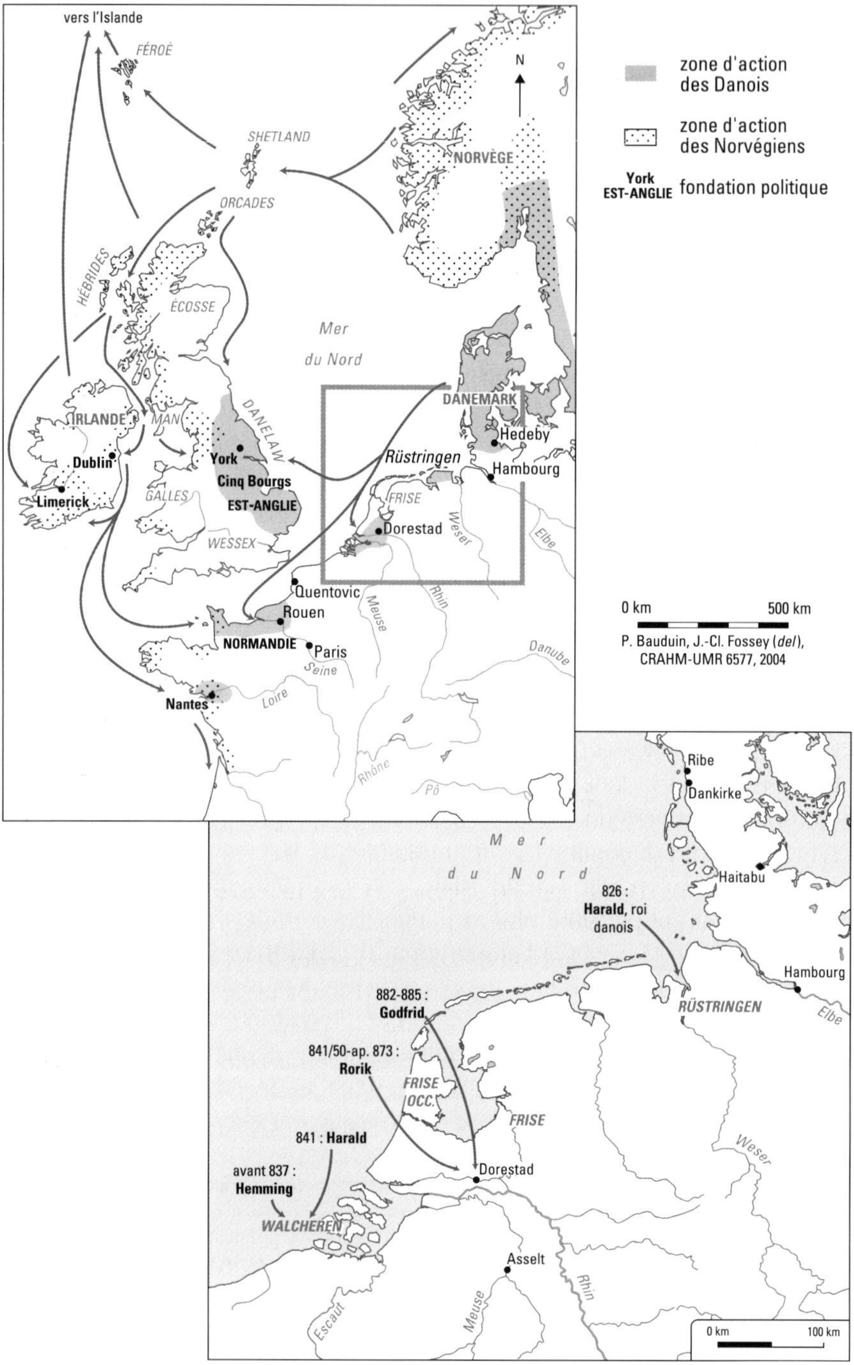

Positions acquises en Frise par les chefs danois au IXe siècle.

Le séjour de Harald chez les Francs, et sa rencontre avec Louis le Pieux à Ingelheim, sont particulièrement bien documentés, puisqu'à la relation qu'en font les *Annales Regni Francorum* s'ajoutent les récits d'Ermold le Noir dans son *Poème sur Louis le Pieux*, de Thegan dans sa *Vie* du même empereur, et de Rimbert dans la *Vita Anskarii*[38]. Harald reçut le baptême à Mayence, avec l'empereur pour parrain. Pour l'aider à rentrer au Danemark, celui-ci lui donna une escorte, à laquelle fut associé Ansgar de Corbie, chargé d'y fonder une première église, et surtout lui concéda «*in qua provincia* [= en Frise] *unus comitatus qui Hriustri vocatur, ut in eum se cum rebus suis, si necessitas exigeret, recipere potuisset*» – «un comté du nom de Rüstringen, pour que, si la nécessité l'exigeait, il pût s'y retirer avec ses biens»[39].

Quant à Hemming, qui fut lui aussi baptisé, il reçut assurément de Louis le Pieux un commandement militaire, puisqu'on sait qu'en 837 les Danois massacrèrent *in Walchram insulam* [sur l'île de Walcheren] «une quantité innombrable de chrétiens», parmi lesquels tombèrent de nombreux *optimates* de l'empereur, en particulier le duc Eggihard, «*ejusdem loci comitem*», et celui que l'Annaliste de Fulda appelle «*Hemmingum Halpdani filium*», et dont Thegan, qui orthographie son nom *Hemminch*, précise qu'il était «*ex stirpe Danorum*», et «*dux christianissimus*»[40].

2e temps : Harald à Walcheren et Rorik à Dorestad (vers 840)

À partir des environs des années 840/850, il est beaucoup question dans les sources franques de deux personnages qu'on a du mal à situer par rapport aux autres protagonistes[41] :
– un dénommé Harald (dont, à vrai dire, on ne sait s'il est le même que le Harald Klak de Rüstringen ou un de ses parents)[42];
– et un dénommé Rorik, tantôt présenté comme le *frater* du précédent, tantôt comme son *nepos*[43].

Ils apparaissent en tout cas dans le contexte des luttes entre les fils de Louis le Pieux, jouant de l'un contre l'autre, ou plutôt utilisés par l'un ou l'autre contre le troisième, et se faisant la main en piratant les côtes de Frise. Ce fut d'abord le cas de Harald, «qui, pendant des années, infligea de grands

38. *ARF*, a. 826, p. 144; ERMOLD LE NOIR, *PLP*, vers 2168-2243, p. 170-171; THEGAN, *VEL*, c. 33, p. 234-235; RIMBERT, *VA*, c. 7, p. 36. Respectivement dans S. LEBECQ, *Corpus* LXI 10, p. 305; III 1, p. 25-26; LV 1, p. 269; et XXIV 1, p. 128.

39. *ARF*, a. 826, p. 144.

40. D'après THEGAN, *VEL*, p. 252-253; et les *AF*, a. 837, p. 22. Respectivement dans S. LEBECQ, *Corpus* LV 2, p. 269-270; et LXIII 9, p. 318-319.

41. «*The rather condensed account given here of Roric's past history is difficult to verify, as the references to Roric and Harald/Heriold in the different sets of Frankish annals do not match up...*» Tel est le commentaire que fait Timothy Reuter de l'a. 850 des *AF*, dans *The Annals of Fulda*, Manchester, 1992, p. 30 note 2.

42. Else Roesdahl penche pour l'identité des deux (*The Vikings*, Harmondsworth, 1992, p. 197 et 200) ; Timothy Reuter la juge improbable (*The Annals of Fulda*, p. 30, note 2).

43. *Frater* suivant les *AF*, a. 850, p. 38; *nepos* suivant les *ASB*, a. 850, p. 59. Respectivement dans S. LEBECQ, *Corpus* LXIII 13, p. 319-320; et LXII 16, p. 311.

malheurs à la Frise et aux autres contrées maritimes appartenant aux chrétiens». Alors, en 841, «Lothaire, pour s'en obtenir le concours, lui donna *in beneficium* Walcheren et d'autres lieux du voisinage [*Gualacras aliaque vicina loca*] ». C'est du moins ce qu'écrit dans les *Annales de Saint-Bertin*[44] Prudence de Troyes, qui, très hostile à Lothaire, déplore cette concession[45].

Quant à *Rorich nepos Herioldi*, voici que, suivant la même source à l'année 850, « il dévasta avec une multitude de navires *Fresiam et Batavum insulam aliaque vicina loca per Renum et Vahalem* [le long du Rhin et du Waal]. C'est pourquoi Lothaire, qui ne pouvait l'arrêter, *in fidem recepit* et lui donna *Dorestadum et alios comitatus*»[46]. Les *Annales Fuldenses*, qui sont beaucoup plus précises, font remonter la concession au temps de Louis le Pieux : «*Rorik natione Nordmannus, qui temporibus Hludowici imperatoris cum fratre Herioldo vicum Dorestadum jure beneficii tenuit...*»; mais elles ajoutent qu'après la mort de Louis, Rorik fut capturé sur ordre de Lothaire, et que, étant parvenu à s'échapper, il reprit son activité prédatrice au détriment des terres littorales du royaume de celui-ci. Alors Lothaire, à bout de ressources et après avoir pris l'avis de ses conseillers, accepta de recevoir Rorik *in fidem*, «*ea condicione ut tributis ceterisque negotiis ad regis aerarium pertinentibus fideliter inserviret et piraticis Danorum incursionibus obviando resisteret*» («à la condition qu'il perçoive fidèlement les tonlieux et autres taxes qui [levées à Dorestad] appartiennent au trésor royal, et qu'il s'oppose aux incursions des pirates danois»)[47].

On entre désormais dans une histoire extrêmement chaotique, dans laquelle les chefs vikings s'impliquèrent dans les luttes internes entre les fils et petits-fils de Louis le Pieux, multiplièrent les raids sur les côtes et dans les vallées fluviales – celle du Rhin en particulier –, repartant éventuellement au Danemark pour y revendiquer la royauté. À Harald, tué en 845, succéda son fils Rudolf, nouveau maître de Walcheren et des bouches de l'Escaut. Ce Rudolf multiplia les agressions contre les littoraux frisons : l'une d'elles, téléguidée par Charles le Chauve contre son frère Louis, prit en 873 la direction de l'Oostergo, c'est-à-dire du *pagus* qui constituait avec le Westergo le vieux cœur de la Frise, immédiatement à l'est de l'*Almere*, ancêtre du Zuyderzee, alors au pouvoir de Louis le Germanique; mais les Frisons résistèrent et le mirent à mort – «*et cum eo octingenti viri*»[48].

Quant à Rorik, désormais accompagné de son parent Godfrid, fils d'Harald Klak[49], il repartit au Danemark en 855 pour y reconquérir le pouvoir, mais il échoua et revint à Dorestad[50]. En 857, il fit une deuxième tentative de retour

44. *ASB*, a. 841, p. 39; et S. LEBECQ, *Corpus* LXII 12, p. 310.

45. Je renvoie à Janet Nelson pour son édition/traduction anglaise de *The Annals of Saint-Bertin*, Manchester 1991, p. 51 et note 9.

46. *ASB*, a. 850, p. 59; et S. LEBECQ, *Corpus* LXII 16, p. 311-312.

47. *AF*, a. 850, p. 38; et S. LEBECQ, *Corpus* LXIII 13, p. 319-320.

48. *AF*, a. 873, p. 90-92; et *AX*, a. 873, p. 368-370. Voir S. LEBECQ, *Corpus* LXIII 16, p. 320-322; et LXV 18, p. 338-339.

49. *ASB*, a. 852, p. 65; et S. LEBECQ, *Corpus* LXII 19, p. 312.

50. *ASB*, a. 855, p. 70-71; et S. LEBECQ, *Corpus* LXII 21 et 22, p. 313.

au Danemark «*cum consensu domini sui Hlotharii regis*», et cette fois le roi Horik lui concéda des territoires proches de l'Eider, à la base sud-occidentale du Jutland[51]. Sur le devenir de sa fortune au Danemark on ne sait rien, mais ce qui est sûr c'est que, dans les années suivantes, on le revit en compagnie de Godfrid en Frise, où ni l'un ni l'autre ne purent, ou ne voulurent, faire quoi que ce fût contre les attaques sur Dorestad, définitivement détruite en 863[52].

3e temps : Godfrid maître de toute la Frise (882)?

Tandis que Rorik disparaissait peu à peu des sources (ce qui paraît chose faite en 870), Godfrid créa le fameux camp d'Ascloha sur la Meuse, qu'on identifie plus volontiers avec Asselt près de Roermond qu'avec Elsloo près de Maastricht[53], d'où il multiplia les attaques contre les bassins de la Meuse et du Rhin[54]. Suivant les *Annales de Saint-Bertin*, l'empereur Charles le Gros se dirigea en 882 contre cette forteresse (*firmitas*) avec une grande armée, mais il perdit courage («*concidit cor ejus*») et convint de négocier («*placitamento*») : il obtint que Godfrid acceptât le baptême, en échange de quoi il lui donnerait «*Frisiam aliosque honores quos Roricus habuerat*»[55]. Les *Annales de Fulda* et surtout la *Chronique* de Réginon de Prüm (qui devient désormais notre principale source d'information) permettent de préciser le contenu des tractations : les premières ajoutent en effet que l'empereur fut le parrain de baptême de Godfrid et qu'il lui donna «*comitatus et beneficia quae Rorich Nordmannus Francorum regibus fidelis in Kinnin* [Kennemerland] *tenuerat*»[56] ; et la seconde, si elle reste vague quant aux délimitations de la région concédée («*Fresia provincia*»), et si par ailleurs elle confirme que l'empereur releva Godfrid des fonts baptismaux, elle ajoute que Charles lui donna en mariage «*Gisla filia Lotharii*» – Gisèle, fille de son cousin germain Lothaire II[57].

Voici donc que Godfrid fut intégré dans le réseau de parenté des Carolingiens. Son pouvoir alors paraît immense : car si on peut croire avec l'annaliste de Fulda que son autorité était centrée sur le *Kennemerland*, région de Frise occidentale située à l'ouest de l'*Almere* qui allait devenir le noyau du futur comté de Hollande, on est en droit de considérer que lui fut également déléguée une autorité – d'un ordre qu'en dépit du manque de précision des sources on peut assimiler à un *ducatus* – sur l'ensemble de la *provincia* de Frise (incluant «*Dorestadum et alios comitatus*», qui avaient été naguère

51. *AF*, a. 857, p. 50; et S. Lebecq, *Corpus* LXIII 15, p. 320.

52. Ce sont les *Annales de Saint-Bertin*, a. 863, qui donnent le récit le plus circonstancié de la destruction et de la désertion de Dorestad : voir *ASB*, p. 95; et S. Lebecq, *Corpus* LXII 25, p. 313-314.

53. *AF*, a. 882, p. 116. Pour l'identification du site, voir A. D'Haenens, *Les Invasions normandes en Belgique au IXe siècle*, Louvain, 1969, p. 312-315; ou T. Reuter, *The Annals of Fulda*, p. 92, note 7.

54. Voir la *Chronique* de Réginon de Prüm, a. 881, p. 260; et S. Lebecq, *Corpus* LVIII 2, p. 277.

55. *ASB*, a. 882, p. 247-248; et S. Lebecq, *Corpus* LXII 27, p. 314.

56. *AF*, a. 882, p. 118.

57. *CRP*, a. 882, p. 264.

attribués à Rorik), car on apprend un peu plus tard qu'il avait sous ses ordres deux «*comites Fresonum*», Gardulf et Gerulf, dont il était en mesure de faire ses légats auprès de *Cesar* – l'empereur Charles[58].

Mais Godfrid ne respecta pas ses engagements : d'abord, il permit («*adsentiente Godefrido*») à une flottille de Normands de remonter le Rhin jusqu'à Duisburg, où ils édifièrent un retranchement (*munitio*) dans lequel ils passèrent l'hiver 884-885[59]. Puis, en 885, il fit un chantage auprès de Charles le Gros, dans le but probable de justifier une rébellion préméditée avec d'autres adversaires de l'empereur : «s'il voulait qu'il persévérât dans cette fidélité (*fidelitas*) qu'il lui avait promise, et qu'il défendît contre les incursions de sa propre *gens* (*ab incursione propriae gentis*) les frontières du royaume qui lui avaient été confiées, il fallait maintenant qu'il lui concédât en plus [les fiscs rhénans de] Coblence, Andernach, Sinzig et plusieurs autres fiscs (*et nonnullos alios fiscos*) qui produisaient le vin en abondance, parce qu'on n'en trouvait pas dans les terres que la *munificentia principis* lui avaient accordées»[60].

Finalement Godfrid fut assassiné par des Frisons révoltés, et un soulèvement général aboutit à l'expulsion des derniers contingents scandinaves de Frise[61] : comme dit Else Roesdahl, «*this was the last time a Viking chieftain was entrusted with Frisia*»[62]. Il n'est pas exclu qu'en l'occurrence il y ait eu complot, peut-être téléguidé par le pouvoir carolingien, en tout cas ourdi sur place par le comte Gerulf, car celui-ci fut l'indiscutable bénéficiaire de l'opération. Arnulf en effet, neveu et successeur de Charles le Gros comme roi de Germanie en 888 (avant d'accéder à l'Empire en 896), lui donna le Kennemerland en fief en 889, dès les lendemains de son arrivée au pouvoir. Comte de ce qu'on appelle tout aussi bien Frise occidentale et père de Dirk Ier, Gerulf est le fondateur de la dynastie des comtes qu'on désignera à partir du XIIe siècle sous le nom de comtes de Hollande[63].

UN BILAN?

Voici résumée à grands traits, mais étayée par les sources les plus explicites, l'histoire des concessions faites par les Carolingiens en Frise en faveur des Danois. Dressons en un bref bilan :
– d'abord en ce qui concerne la nature des accords. On a vu que bien souvent les concessions faites par l'autorité franque aux chefs vikings venaient en

58. *CRP*, a. 885, p. 268; et S. LEBECQ, *Corpus* LVIII 6, p. 279.
59. *CRP*, a. 884, p. 266-268; et S. LEBECQ, *Corpus* LVIII 4, p. 278.
60. *CRP*, a. 885, p. 268; et S. LEBECQ, *Corpus* LVIII 6, p. 279.
61. *CRP*, a. 885, p. 270.
62. E. ROESDAHL, *The Vikings*, Harmondsworth, 1992, p. 202.
63. Voir l'édition de l'acte par A. C. F. KOCH, *Oorkondenboek van Holland en Zeeland tot 1299*, vol.1, *Eind van de 7e eeuw tot 1222*, La Haye, 1970, n° 21, p. 34-36. Cf. par exemple W. H. TEBRAKE, *Medieval Frontier. Culture and Ecology in Rijnland*, College Station (Texas), 1985, p. 113 et note 19, avec extraits de l'acte.

contrepartie d'un baptême, et qu'elles étaient éventuellement assorties d'un mariage avec une princesse franque. Dans tous les cas, elles étaient faites «*in beneficium*» (comme il est dit du second Harald, et des «bénéfices» que Godfrid hérita de Rorik), «*in fidem*» (comme il est dit de Rorik), ou contre l'engagement de «*fidelitas*» (comme il est dit, une fois de plus, de Rorik, «fidèle des rois des Francs», et de Godfrid);
– puis en ce qui concerne l'objet territorial des accords. Ce qui fut concédé à Harald Klak fut le «*comitatus qui Hriustri vocatur*», à savoir le Rüstringen; au second Harald «*Gualacras aliaque vicina loca*», c'est-à-dire principalement Walcheren, le Domburg des archéologues, qui était l'un des principaux *emporia* de la Frise occidentale[64]; à Rorik «*Dorestadum et alios comitatus*» – Dorestad donc, le *vicus famosus* ou *vicus nominatissimus* des sources[65]; à Godfrid «*Frisiam aliosque honores quos Roricus habuerat*», c'est-à-dire (interprétation large) la «*Fresia provincia*» ou (interprétation étroite) le seul Kennemerland, Frise occidentale ou noyau de la future Hollande;
– enfin en ce qui concerne la nature de l'autorité concédée. À Rorik, ce furent des *honores*, c'est-à-dire des pouvoirs en même temps que les moyens matériels de les exercer; plus précisément il s'agissait, pour lui comme pour Harald Klak, comme pour Godfrid, d'un «*comitatus*», soit de l'ensemble des prérogatives comtales qui, toutes, impliquaient une délégation d'autorité du souverain. Certaines de ces fonctions font l'objet de mentions spéciales dans notre documentation : la fonction fiscale («*tributis ceterisque negotiis ad regis aerarium pertinentibus*»), en particulier à Dorestad, dont on sait que, depuis 779 au plus tard, elle abritait l'une des plus importantes douanes de l'État franc[66], mais aussi la fonction militaire, qu'embrasse le «*ducatus*» confié à Hemming, et qui prenait plus concrètement la forme de la défense territoriale contre les «*piraticis Danorum incursionibus*» ou contre l'«*incursio propriae gentis*», comme il était attendu respectivement de Rorik à Dorestad et de Godfrid en Frise.

Avec l'assassinat de ce dernier et l'expulsion de ses troupes, ce fut donc la fin des concessions territoriales faites par les Francs en faveur des Danois en Frise, mais pas la fin des raids : il y en eut encore de nombreux – jusqu'au début du XIe siècle, on l'a vu –, surgis d'un Danemark qui achevait sa métamorphose monarchique[67]. À la différence de ce qui s'est passé dans le

64. Voir à ce propos S. LEBECQ, «L'*emporium* proto-médiéval de Walcheren/Domburg : une mise en perspective», in *Peasants and Townsmen in Medieval Europe. Studia in honorem Adriaan Verhulst*, J.-M. DUVOSQUEL et E. THOEN (éd.), Gand, 1995, p. 73-90.

65. Sur Dorestad dans les sources littéraires, voir S. LEBECQ, *Marchands et navigateurs frisons...*, vol.1, p. 149-160.

66. D'après un diplôme du jeune Charlemagne en faveur de l'abbaye de Saint-Germain-des-Prés : cf. S. LEBECQ, *Corpus* LXXXI 1, p. 418-419. Voir le commentaire de cet acte, qu'éclaire la comparaison avec le dossier documentaire de Quentovic, dans S. LEBECQ, «Pour une histoire parallèle de Quentovic et Dorestad», in *Villes et campagnes au Moyen Âge. Mélanges Georges Despy*, J.-M. DUVOSQUEL et A. DIERKENS (éd.), Liège, 1991, p. 415-428, en part. p. 423.

67. Voir ci-dessus note 16 : ALPERT DE METZ, *DDT*, I 8-10, p. 18-23; S. LEBECQ, *Corpus* LIX 1-3, p. 281-283.

Danelaw plus qu'en Normandie, l'histoire de ces concessions fut relativement éphémère (826-885), et l'empreinte qu'elles laissèrent en Frise resta peu marquée – ce qui peut paraître paradoxal compte tenu de la proximité géographique et culturelle qui existait entre Frisons et Danois[68]. En effet, comme cela a été bien montré par Dirk Blok[69], la présence viking en Frise ne laissa pas beaucoup de traces : ni dans la langue, ni dans la toponymie (malgré des noms comme *Osemundsburg*[70]), ni dans les institutions (où le seul legs possible des Vikings fut le *heervaart*, l'organisation du pays en districts destinés à assurer la conscription de rameurs[71]), ni même dans la culture matérielle[72] : pour ne donner qu'un exemple, les forteresses circulaires de Zélande, qu'on avait cru naguère pouvoir imputer aux Vikings par référence au modèle de Trelleborg et autres forteresses danoises, ont été, on l'a vu, élevées contre les Normands.

On a trouvé cependant quelques vestiges archéologiques susceptibles d'être associés à la présence viking :
– peut-être un secteur (totalement discordant par rapport à l'ensemble) du cimetière du Heul, à Dorestad[73] ;
– un habitat et un cimetière situés à l'Est de la plage de Domburg, site de l'ancienne Walcheren : les sépultures, contenues dans des cercueils de chêne, recelaient un matériel abondant (rare dans l'Occident du IXe siècle) comprenant un torque d'argent de coupe carrée et décoré au poinçon, des aiguilles de bronze décorées de triangles poinçonnés, des appliques de bronze ornées de masques d'animaux – tous objets dont les plus sûrs équivalents ont été retrouvés dans les sites vikings de Scandinavie et d'Europe occidentale, auxquels on peut ajouter une belle garniture de toilette en argent découverte en 1989[74] ;
– des sépultures isolées, comme celle de Velsen, dans le Kennemerland, tombe assurément scandinave du début du Xe siècle, ou comme celle qui a été fouillée sur le terp d'Antum (près de Groningen) où on a retrouvé la tombe d'un homme – peut-être un Viking – enterré avec son cheval, ses étriers, son épée, trois fers de lance et les restes probables d'un bouclier[75] ;
– des trésors, comme celui qui a été découvert en 1991 dans le terp de Tzummarum (Frise) avec 2800 deniers de Louis le Pieux et Lothaire, et qui a été interprété soit comme un trésor de Viking soit comme celui d'un Frison ayant mis sa fortune à l'abri[76] ; ou comme celui qui a été trouvé en 1995 à Wieringen

68. Je renvoie une fois de plus aux catalogues d'exposition : *Friezen, Saksen en Dene...* et *Kings of the North Sea...*

69. D. P. BLOK, « De Wikingen in Friesland », in *Naamkunde*, n° 10, 1978, p. 25-47.

70. *Ibidem*, p. 41-42.

71. *Ibidem*, p. 47

72. *Ibidem, passim* ; ou, pour aller vite, H. A. HEIDINGA, *Frisia in the First Millenium. An Outline*, Utrecht, 1997, p. 24.

73. S. LEBECQ, *Marchands et navigateurs frisons...*, vol.1, p. 154.

74. Voir S. LEBECQ, « L'*emporium* proto-médiéval de Walcheren/Domburg... », en part. p. 75.

75. H. HALBERTSMA, « The Frisian Kingdom », in *Berichten van de Rijksdienst voor het Oudheidkundig Bodemonderzoek*, n° 15-16, 1965-1966, p. 69-108, en part. p. 90-91 et 103.

76. J. M. BOS, *Archaeologie van Friesland*, Utrecht, 1995, p. 141 ; S. LEBECQ, « Entre terre et mer : la mise en valeur des contrées littorales de l'ancienne Frise », in *Histoire, Economie et Société*, n° 16, 1997, p. 361-376, en part. p. 368.

(Hollande du Nord), avec des torques, des bracelets, des lingots, des monnaies, et qui peut bien avoir été le butin d'un chef viking[77].

Il n'empêche que ces traces de présence viking – dont certaines, à dire vrai, ne sont attribuées aux Scandinaves qu'à titre d'hypothèse – sont peu nombreuses, comme fut réduite la durée de leur installation en Frise.

Cela mérite une explication. Pour commencer, il ne paraît pas inutile de rappeler que la Frise a été une part essentielle de la Lotharingie, dont on sait qu'elle a été âprement disputée par les Carolingiens, surtout après la mort sans héritier mâle de Lothaire II en 859. Il y eut de fréquents, et parfois inattendus, changements de souverains : cela n'encouragea pas le respect des fidélités, de ces fidélités auxquelles les principaux protagonistes s'étaient engagés à l'égard des rois et empereurs francs.

D'autre part, la Frise, qui était située au carrefour de la mer du Nord et des grands fleuves (surtout du Rhin), a été tout au long des siècles du très haut Moyen Âge un enjeu stratégique et économique essentiel, avec l'*emporium* de Dorestad au centre de son dispositif hydrographique et commercial : les Vikings, en s'y installant avec l'aval de l'autorité franque, s'exposaient à la résistance des populations autochtones, trop intéressées à la prospérité de leur port. En dépit de leur proximité géographique et culturelle avec les Danois, les Frisons en effet ne se sont pas volontiers prêtés à la collaboration avec les Vikings, même s'il leur est arrivé de rechigner à les combattre (ainsi en 837[78]), voire de s'engager à leurs côtés dans les expéditions outre Manche (ainsi en 855 vers l'île de Sheppey, et en 868 vers la Northumbrie[79]). S'impose plutôt, quand on lit les annales au fil des pages, l'impression d'une résistance larvée contre la pression viking, qui a pu prendre un tour explosif, comme au moment de la mise à mort de Rudolf en 873 et de Godfrid en 885.

Surtout, pour les Danois qui y ont été installés par l'autorité franque, la Frise n'a été qu'une base pour réaliser des ambitions dont les enjeux étaient ailleurs : éventuellement à l'intérieur du monde franc (en particulier pour Godfrid, le seul dont on sait qu'il a été marié à une princesse franque – de surcroît fille de Lothaire II et héritière des intérêts paternels en Lotharingie[80] –, et dont on a vu que les ambitions étaient explicitement tournées vers le bassin rhénan), peut-être aussi en direction de l'Angleterre (la Frise ayant parfois été utilisée comme un marche-pied vers le Danelaw), mais surtout à destination de leur patrie, dans laquelle réside la véritable raison de leur défaut d'enracinement en Frise : pour les chefs vikings, qui appartenaient tous au même groupe de familles engagées dans la lutte pour un pouvoir monarchique unitaire, la

77. J. C. BESTEMAN, *Vikingen in Noord-Holland? De zilverschat van Wieringen in het licht van de Noormanneninvallen*, Haarlem, 1996; ou, pour aller vite, H. A. HEIDINGA, *Frisia in the First Millenium...*, p. 26 (avec photographie de la découverte) et 55 (note 19).

78. *ASB*, a. 837, p. 22; et S. LEBECQ, *Corpus* LXII 7, p. 309.

79. D'après les *Annales Lindisfarnenses et Dunelmenses* : *ALD*, a. 855 et 868, p. 484; et S. LEBECQ, *Corpus* LXVI 6 et 7, p. 343.

80. Cf. la communication présentée par Alain Dierkens au présent colloque.

Frise n'a jamais été qu'une base arrière destinée à faciliter la réalisation de leurs ambitions dynastiques au Danemark.

On ne saurait oublier cependant que, si l'installation des Danois en Frise pendant une soixantaine d'années a abouti à un échec, la perturbation jetée pendant deux siècles sur les itinéraires de navigation et sur l'activité portuaire, celle de Dorestad en particulier, qui fut définitivement abandonnée après le dernier raid de 863, a complètement désorganisé le système du « grand commerce frison » qui, depuis le VIIe siècle, avait fait la fortune de la *Fresia provincia*[81].

81. S. LEBECQ, *Marchands et navigateurs frisons...*, vol.1, p. 272-275.

Norvège et Bretagne aux IXe et Xe siècles : un destin partagé

Joëlle Quaghebeur*

Anno incarnationis Domini nostri Ihesu Xristi DCCCCXVIIII... Nordmanni omnem Britanniam in Cornu Galliae, in ora scilicet maritima sitam depopulantur, proterunt atque delent, abductis, venditis, ceterisque cunctis ejectis Brittonibus. C'est ainsi que, dès les premières lignes des *Annales* qu'il rédigeait, Flodoard mentionna pour l'année 919, ce qu'il comprenait probablement comme significatif de l'effondrement total du *regnum* breton[1]. Ruinée par les Scandinaves, les Bretons vendus ou partis en exil, cette terre était alors sans chef. Alain le Grand investi du titre royal par le Carolingien avait disparu en 907[2]. Le 27 novembre 908, le *comes* Uurmaelon était donné comme *regere* la *monarchia* de Bretagne[3], cette périphrase signifiant que, malgré la gravité des circonstances, les notaires de Saint-Sauveur de Redon entendaient souligner le strict respect du jeu institutionnel qui avait toujours cours dans le royaume breton[4]. Les combats furent sans doute d'une particulière violence dans les années qui suivirent car seule la mémoire de deux événements est parvenue jusqu'à nous. En 913 Uurmaelon fut tué[5] et l'abbaye Saint-Gwénolé de Landévennec détruite par les Scandinaves[6]. Dès lors, la Bretagne fut livrée à la convoitise des hommes du Nord.

* Maître de conférences, Université de Bretagne-Sud, Lorient.

1. *Les Annales de Flodoard*, Ph. Lauer (éd.), Paris, 1906 p. 1 (désormais Flodoard).

2. B. Bischoff, *Anecdocta novissima, Texte des vierten bis sechzehnten jahrhunderts, Quellen und untersuchungen zur lateinischen philologie des Mittelalters*, Band 7, Stuttgart, 1984, XIII, p. 103-105, à la p. 105.

3. A. de Courson, *Cartulaire de l'abbaye de Redon*, Paris, 1863, n° CCLXXVI, p. 223-224.

4. Alain le Grand ne revendiqua que le titre de *dux* jusqu'à sa reconnaissance en qualité de *rex* par le Carolingien, cf. un diplôme de 889 d' Alain en faveur de l'Église de Nantes, *Chronique de Nantes (570-1049)*, R. Merlet (éd.), Paris, 1896, chap. XXII, p. 68-72,

5. B. Bischoff, *Anecdota...*, p. 105, ...*Anno DCCCCXIII Guuormaelon oc (cissus est)*.

6. Finistère, cant. Crozon; note en marge d'une table de comput provenant de l'abbaye, Bibliothèque royale de Copenhague, fonds de Thott, série in folio n° 239, fol. 10; L. Delisle, *Littérature latine et histoire du Moyen Âge*, Paris, 1890, p. 18-19 et H. Guillotel, «Le premier siècle du pouvoir ducal breton (936-1040)», *Actes du 103e Congrès national des sociétés savantes (Nancy-Metz, 1978)*, Paris, 1979, p. 63-84, à la p. 63, note 2.

Mais si, en cette première moitié du xe siècle, la vie politique bretonne était anéantie, la force des institutions demeurait intacte alors que s'amorçait un moment décisif pour l'histoire de Bretagne : la reconnaissance du titre de *dux* pour son prince et la définition de rapports renouvelés avec le royaume de France. L'émergence de cette réalité politique nouvelle est indéniablement l'une des conséquences majeure de la présence scandinave en terre bretonne. Si ce moment a déjà été étudié[7], tout comme les circonstances du retour d'Alain Barbe-Torte[8], il convient de déterminer l'origine de ces hommes venus du Nord, ainsi que le jeu politique qui permit, à l'échelle européenne, le retour du prince breton, ultime héritier de la lignée royale. Avant d'envisager ces deux approches, il faut rappeler les dates qui jalonnèrent – à notre connaissance, car nombre de sources ont disparu en ces années et depuis lors – les attaques scandinaves en Bretagne.

La péninsule armoricaine connut, comme l'ensemble de l'Occident, les raids des pirates scandinaves. Mais sa situation, au carrefour des mondes du Nord et du Sud, la prédisposait à être une proie obligée pour des marins en quête d'escale, après la traversée de mers rudes.

La première mention d'une attaque d'importance fut faite dans les *Annales de Saint-Florent de Saumur*, à l'année 837[9]. La Bretagne et son chef Nomenoe, *missus* de l'empereur Louis, connaissaient alors des moments d'incertitude. En octobre, Louis organisa sa succession entre ses fils ; peu avant, les nobles bretons et Nomenoe s'étaient opposés à certains milieux francs désireux de s'emparer de cette terre. Lambert, au pouvoir jusqu'alors solide dans l'ancienne marche de Bretagne, avait rejoint Lothaire en Italie ; peu après il y était mort[10]. Une campagne militaire, qui vida certains secteurs de ses défenseurs en armes, jointe à un flou politique – propice à une désorganisation des structures d'encadrement[11] – permit, semble-t-il, aux Scandinaves de ravager le pays. La bonne connaissance qu'ils avaient de la situation bretonne est ici sensible, il ne pouvait donc s'agir d'une première incursion. Mais la date qui

7. N. S. PRICE, *The Vikings in Brittany*, Londres, 1989 ; J. -C. CASSARD, *Le siècle des Vikings en Bretagne*, s.l., 1996 et ID., « Les premières incursions vikings en Bretagne », *ArMen*, n° 128, mai-juin 2002, p. 10-17.

8. H. GUILLOTEL, « Le premier siècle... ».

9. *Annales Sancti Florentii Salmurensis*, in *Recueil d'annales angevines et vendômoises*, L. HALPHEN (éd.), Paris, 1903, p. 113, ...*DCCCXXXVII, Normanni vastant Britanniam.*

10. Sur ces événements, J.-P. BRUNTERC'H, « Le duché du Maine et la marche de Bretagne », in *La Neustrie, les pays au nord de la Loire de 650 à 850*, t. I, Sigmaringen, 1989, p. 29-127, aux p. 58-63.

11. Nomenoe adressa une ambassade à Louis, au palais d'Aix. L'abbé de Saint-Sauveur de Redon s'y joignit, *The monks of Redon, Gesta Sanctorum Rotonensium* and *Vita Conuuoionis*, C. BRETT (éd.), Woodbridge, 1989, *Liber primus*, 11, p. 141 : *De quarta profectione supradicti abbatis ad imperatorem, ... In tempore igitur Ludovici imperatoris discordia facta est inter Francos et Britones... Tunc eodem tempore transmisit supradictus Nominoe legatos suos ad eundem imperatorem... Quod audiens venerabilis Conuuoion abbas simul cum eis perrexit ad palatium vocabulo Aquis.* Il fallait savoir si l'ordre d'attaque émanait de l'empereur et probablement se voir confirmer l'autorité du *missus* en Bretagne. Car de quel souverain relevait désormais son pouvoir, de Louis et Lothaire ou de Charles?

marqua tous les esprits fut le 24 juin 843, l'évêque Gunhard périssant, immolé sur l'autel où il célébrait la messe[12].

Les incursions des pirates ne firent que s'aggraver dans les années qui suivirent, le pouvoir breton apparaissant dans l'incapacité de les combattre victorieusement; ainsi, en 847, Nomenoe perdit trois batailles, fut contraint de fuir et d'acheter leur départ[13]. Le monastère de Saint-Sauveur de Redon fut attaqué en 854; mais, comme le raconta le moine Ratuili, il fut préservé par un miracle[14]. Ratuili entendait ainsi montrer la protection éminente dont avait joui sa maison, sauvée par le Sauveur du Monde, mais ne voulait-il pas également stigmatiser l'incapacité royale à défendre les lieux saints et la terre de Bretagne[15]? Deux actes du cartulaire de Redon permettent de mesurer la gravité de la situation et la désorganisation des cadres institutionnels. Les Scandinaves firent alors, en effet, deux prisonniers de qualité : l'évêque Courantgen et le comte Pascweten, tous deux titulaires d'un *honor* dans le Vannetais. Le 11 mars 854, alors que le roi Erispoe était venu dans le palais épiscopal, le notaire mentionna que les hommes du Nord tenaient captif l'évêque Courantgen [16]; la présence du roi en ce secteur menacé avait peut-être une raison militaire : Erispoe allait-il aider à la libération de l'évêque? En 857, le monastère de Redon acheta la liberté du comte de Vannes par un calice et une patène d'or; en guise de remerciement (ou de remboursement) Pascweten lui abandonna peu après une saline et un domaine[17]. Le sanctuaire était donc à même de disposer de «marchandises» susceptibles d'intéresser les geôliers de Pascweten (des objets en or)[18] et de s'entremettre pour des négociations auprès des barbares.

Ces différentes mentions suggèrent que le comté de Vannes – partie médiane de la côte sud de la Bretagne – connaissait donc une situation redoutable. L'existence d'îles (Groix, Belle-Île, Houat, Hoëdic) au large de ses côtes ne pouvait que favoriser les entreprises des Vikings qui avaient pu en faire des bases de repli. Une mention tardive atteste combien leur présence marqua les esprits et les mémoires. À la fin des années 1120[19], compilant le cartulaire

12. Cf. la communication présentée par M. Hubert Guillotel lors de ce colloque.

13. *Annales de Saint-Bertin*, F. Grat, J. Vielliard et S. Clémencet (éd.), Paris, 1964, p. 54, ...*Dani partem inferioris Galliae quam Brittones incolunt adeuntes, ter cum eisdem bellantes, superant. Nomenogiusque victus cum suis fugit, dein (per) legatos muneribus a suis eos sedibus amovit.*

14. Ille-et-Vilaine, ch.-l. d'arr.; le moine décrivit le déchaînement des éléments, la colère du Ciel et la peur des pirates comblant de cadeaux le sanctuaire, *Gesta Sanctorum Rotonensium...*, III, 9, p. 212-218.

15. Ratuili rédigea ce texte entre 868 et 876, soit, vraisemblablement, sous le pouvoir du roi Salomon qui s'illustrait alors victorieusement contre les Scandinaves; le moine, par ce récit, rendait donc, discrètement, hommage à la vaillance de son prince.

16. A. de Courson, *Cartulaire de... Redon, Appendix*, acte n° XL, p. 369, ...*in solario episcopi, Normandis ipsum episcopum captivum tenentibus.*

17. *Ibidem*, acte n° XXVI, p. 21-22, (857, 8 juillet).

18. Faut-il comprendre ici l'abbaye comme détentrice d'un trésor considérable – dont on pouvait se départir de quelques composantes – ou désireuse, à n'importe quel prix, d'aider à la libération du détenteur du pouvoir civil et militaire en Vannetais?

19. Finistère, ch.-l. de cant.; l'abbaye fut fondée à la fin des années 1040.

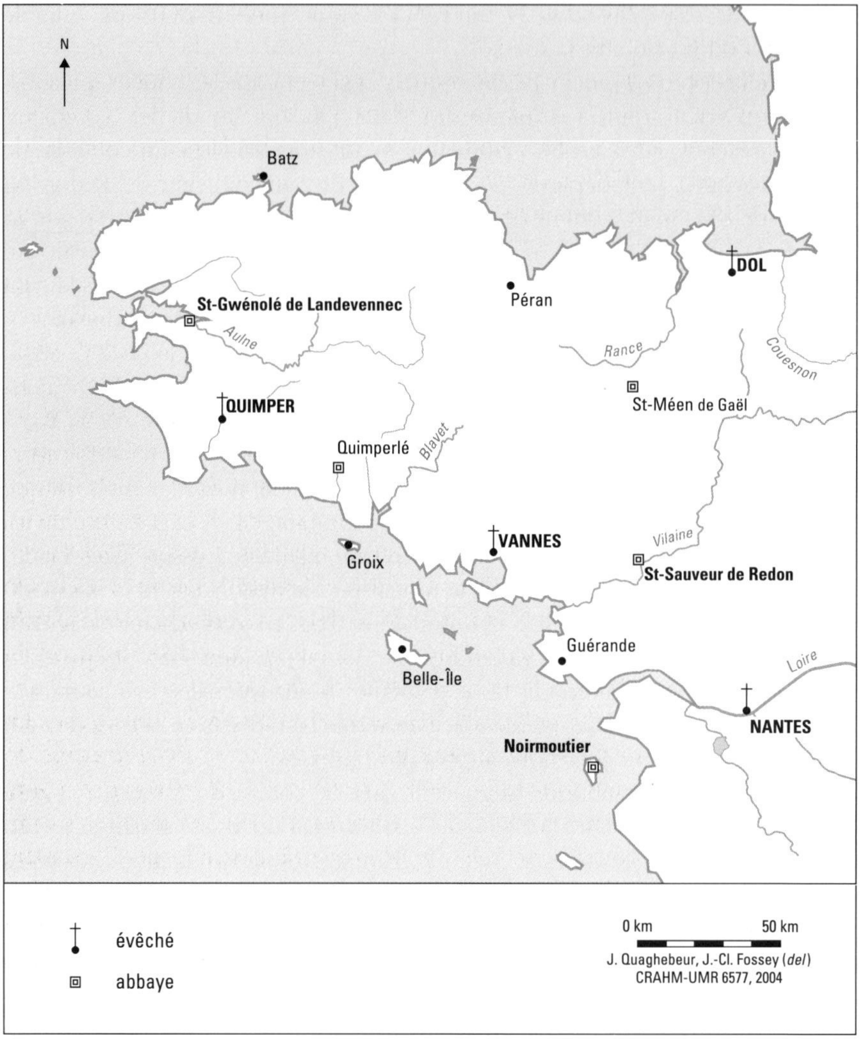

Les Vikings en Bretagne.

de sa maison, Gurheden, moine de Sainte-Croix de Quimperlé, retranscrivit l'acte de fondation et rappela la possession de l'île de Belle-Île, autrefois dévastée avec fureur par les Normands[20]. De même la célèbre tombe-barque de l'île de Groix témoigne sinon d'une installation, du moins d'une présence scandinave dans le monde insulaire du sud de la Bretagne[21]. Le IXe siècle

20. L. MAÎTRE et P. DE BERTHOU, *Cartulaire de l'abbaye Sainte-Croix de Quimperlé*, 2e éd., Paris-Rennes, s.d., acte n° I, p. 130-132,... *in oceano Britannie... Bellam habebat Insulam, nomine britannico Guedel appellatam, quam olim Normannorum rabies devastaverat.*

21. Morbihan, ch.-l. de cant.; les avis divergent pour une datation précise de la tombe de Groix même si l'on s'accorde pour la considérer comme antérieure à l'an Mil et datant du Xe siècle, Voir L. TARROU, *Corpus du mobilier de type scandinave (IXe-XIe siècles) découvert en France : Bretagne,*

avançant, un contexte politique dramatique avait aidé à cela[22]. Car, le roi Salomon assassiné en 874, le royaume breton s'enfonça dans des luttes meurtrières opposant ceux qui revendiquaient son contrôle exclusif.

Quelques documents, témoignant de la détresse des populations, sont parvenus jusqu'à nous ; ils proviennent du monastère de Saint-Gwénolé de Landévennec. À quelques années de distance, l'abbé Uurdisten et le moine Uurmonoc, décrivirent une terre ravagée autant par des luttes fratricides que par les attaques des païens honnis.

Vers 870, Uurdisten entonna un chant de lamentation pour une contrée qui lui était chère, la Cornouaille, où s'élève Landévennec. Paraphrasant une homélie de Grégoire le Grand sur Ezéchiel, où était mentionnée Rome assiégée par les Lombards, Uurdisten établit un parallèle avec sa terre[23]. « La voici maintenant écrasée, privée de ses puissants héros, vaincue, meurtrie et gémissante, ployant sous le joug étranger… le valeureux guerrier, l'indispensable chef de guerre les voilà disparus, en allés,... elle gît à cette heure, écrasée sous les armes… »[24]. Uurdisten avait rappelé la grandeur perdue[25], ainsi accentuait-il la détresse connue alors qu'il écrivait, car il voulait probablement lancer un appel à l'aide[26]. En 884, le moine Uurmonoc, consignant par écrit la *Vita* de Paul Aurélien, décrivit les barbares qui ne cessaient de dévaster l'île de Batz, pillant tout ce qu'ils y trouvaient ; le moine appelait Dieu à l'aide afin de sauver le monastère des embûches de ces méchants[27].

Mais le règne d'Alain le Grand fit connaître à la Bretagne une accalmie. En 889, il promit d'offrir à Dieu et à Saint-Pierre de Rome la dixième partie de ses biens pour obtenir la victoire sur les Normands[28]. Pareille pratique doit être rapprochée de l'aumône – à l'origine du versement annuel du denier de saint Pierre – attestée depuis 887 pour le roi Alfred de Wessex. Le petit-fils d'Alain le Grand – Alain Barbe-Torte – contraint d'aller se réfugier outre-Manche, lorsque les Scandinaves envahirent son pays, le fit auprès de Athelstan, roi de Wessex, montrant ainsi les liens existant entre les deux royaumes. Alfred avait

Normandie et Pays de la Loire, Mémoire de maîtrise d'histoire de l'art, option archéologie, Poitiers, 2000, p. 19-22 et Id., « La sépulture à bateau viking de l'île de Groix (Morbihan) », *Les Vikings en France, Dossiers d'archéologie*, n° 277, octobre 2002, p. 72-79.

22. J.-P. Brunterc'h (« Le duché du Maine… », p. 63-66) a souligné que Charles le Chauve organisa en 841 un grand commandement militaire confié à un spécialiste de la défense des côtes, Renaud d'Herbauge, afin de défendre l'estuaire de la Loire contre les entreprises scandinaves. Le souci du roi témoigne de la gravité de la situation dans ce secteur.

23. Dom M. Simon, « Les hagiographes de Landévennec », *Bretagne et pays celtiques, Langues, Histoire, civilisation, Mélanges offerts à la mémoire de Léon Fleuriot*, Rennes, 1992, p. 181-192.

24. A. de La Borderie, *Cartulaire de l'abbaye de Landévenec*, Rennes, 1888, chap. XXI, p. 84, extrait traduit par dom M. Simon, « Echos d'histoire bretonne à Landévennec au ixe siècle », *Chronique de Landévennec*, n° 48, oct. 1986, p. 105-111.

25. A. de La Borderie, *Cartulaire de… Landévenec,* chap. XIX, « *De altitudine et nobilitate Cornubiae* », p. 81.

26. J. Quaghebeur, *La Cornouaille du ixe au xiie siècle, Mémoire, Pouvoir, Noblesse*, 2e éd. Rennes, 2002, p. 33-34.

27. Ch. Cuissard, « Vie de saint Paul de Léon… », *Revue Celtique*, t. V, 1881-1883, p. 454.

28. Le texte de la donation faite à Saint-Pierre de Nantes est inséré dans la *Chronique de Nantes,* p. 68-72.

su juguler la menace scandinave en créant une défense de qualité, «il aura été le premier véritable adversaire des Vikings[29]». Le royaume breton bénéficia-t-il de conseils pour une réorganisation efficace de ses défenses?

Mais quelques mentions lacunaires suggèrent que la présence scandinave avait déjà cessé d'être sporadique. Ainsi Réginon de Prüm, mentionnant les dissensions existant entre Judicael et Alain le Grand, en l'année 889, indiqua qu'elles permirent aux païens de leur «arracher leur territoire en totalité jusqu'à la rivière du Blavet»[30]. Comprenant le danger, les deux chefs bretons se réconcilièrent, mais Judicael trouva la mort au combat. Désormais seul maître de la Bretagne, Alain, demandant le secours de Dieu, promit donc d'abandonner à Saint-Pierre de Rome, la dixième partie de tous ses biens, tous les Bretons se portant garants de ce vœu[31]. La brièveté de la mention ne permet pas de comprendre avec précision la situation géographique ici décrite, mais souligne qu'à cette date, il ne s'agissait plus, pour les Scandinaves, de se livrer seulement à des opérations de rapines, mais bien de s'emparer d'un territoire. Cette présence «permanente», ou du moins en passe de l'être, est corroborée par une mention des *Annales de Redon* signalant le massacre d'une garnison païenne dans un *castrum* non identifié, en l'an 900[32]. Le roi de Bretagne devait donc défendre sa terre mais également la reconquérir et la volonté qui fut sienne d'associer l'ensemble de son peuple au vœu qu'il prononçait suggère la conscience que tous avaient du danger.

La disparition d'Alain, en 907, offrit aux Scandinaves la capacité de s'emparer de la Bretagne. Il est significatif qu'en 913 ait péri celui qui exerçait des responsabilités de nature régalienne – Uurmaelon – et que l'abbaye Saint-Gwénolé de Landévennec ait subi une ultime et fatale attaque. Cette dernière était située dans le comté de Poher (également dénommé Cornouaille)[33], la terre des rois de Bretagne : Nomenoe *dux* et *missus* nommé par le *princeps* carolingien y était né, comme son fils, le roi Erispoe, et son neveu le roi Salomon. Malgré son étendue restreinte, ce territoire fut investi, au moins jusqu'au début du XIIIe siècle, d'une forte charge symbolique; il donnait, encore à cette époque, ses princes à la Bretagne. Le vieux sanctuaire contribua à cette place particulière dans l'imaginaire politique breton car il avait bénéficié de la protection des rois et avait su les accueillir. Une nécropole d'époque carolingienne, où reposent des nobles de très haute extraction, y a été retrouvée[34].

29. R. BOYER, *Les Vikings*, Paris, 2002, p. 159.

30. Rivière traversant Pontivy puis Hennebont (Morbihan), le Blavet se jette dans la mer à la hauteur de Lorient; *Reginonis abbatis Prumiensis Chronicon cum continuatione Treverensi*, F. KURZE (éd.), *Scriptores Rerum germanicarum in usum scholarum*, Hanovre, 1890, p. 135 : *...ceduntur passim et usque ad Blavittam fluvium omnis eorum possessio diripitur.*

31. *Ibidem*, p. 135-136.

32. B. BISCHOFF, *Anecdocta novissima...*, p. 105.

33. Ce territoire recouvrait, pour partie, le sud du département du Finistère.

34. La partie septentrionale du *westwerk* carolingien abritait trois cercueils, l'un contenait la dépouille d'un homme inhumé dans un manteau pourpre, ayant aux pieds des chausses d'un cuir très fin; sa sépulture fut pillée mais il portait collier, bagues, ceinture et boucles ou décors sur

Le Poher, désormais sans protection, offert aux pillards, permet de mesurer le degré de désorganisation atteint par le royaume breton. L'histoire de celui-ci s'enfonce dès lors dans une obscurité totale, aucune source, en Bretagne, ne permettant plus de saisir ce qui s'y déroula. Les monastères ne résonnaient plus des prières des moines qu'ils abritaient et toute activité intellectuelle avait disparu. Les reliques des saints fondateurs et les hommes de Dieu étaient partis se réfugier en *Francia occidentalis*.[35]

Cet exode massif des élites de ce qui avait été un royaume puissant dut frapper les esprits et accroître l'intérêt de certains des clercs du royaume franc pour la situation dramatique connue en Bretagne. Flodoard de Reims puis Hugues de Fleury relatèrent tous deux certains des événements connus dans les années qui suivirent; événements jugés suffisamment importants pour entendre en garder la mémoire.

En 919, Flodoard indiqua que les Normands ravagèrent, écrasèrent et ruinèrent toute la Bretagne, les Bretons étant enlevés, vendus et les autres chassés en totalité. En 921, puis en 927, il mentionna deux sièges infructueux menés contre ceux qui occupaient désormais la région de Nantes[36]. Enfin à l'année 931 – ce que nota également Hugues de Fleury – il relata un soulèvement des Bretons de Cornouaille contre les *Nordmanni* auxquels ils étaient soumis; révolte amenant le chef scandinave de la Loire à piller la Bretagne[37]. Les Cornouaillais avaient agi le jour de la saint Michel; par ce choix, probablement délibéré, ne voulaient-ils pas s'adjoindre l'aide de l'Archange, afin de triompher d'une puissance qu'ils comprenaient comme païenne et diabolique en raison de la violence qu'elle avait déployée?

Ultime date scandant la première moitié du xe siècle : 936. Flodoard nota le retour des Bretons revenus d'outre-mer sous l'égide du roi Athelstan. Le témoignage du lettré de Reims, complété par celui de Dudon de Saint-Quentin, permet de saisir les circonstances exactes du retour d'Alain Barbe-Torte, petit-fils et unique héritier vivant d'Alain le Grand. Loin de la vision guerrière et romantique rêvée par A. de La Borderie au xixe siècle, la restauration d'un pouvoir breton en Bretagne se fit à la suite de tractations diplomatiques complexes qui amenèrent toutes les parties en présence à intervenir dans les négociations. Ainsi prit fin une tentative d'installation de principautés scandinaves en Bretagne, car les sources écrites suggèrent que, durant une vingtaine d'années, les comtés de Nantes et de Cornouaille furent sous contrôle direct des « hommes du Nord ». Qu'en fut-il du Vannetais, si menacé dès le milieu du ixe siècle et occupé pour partie en 889?

---

les chausses (A. Bardel, « L'abbaye Saint-Gwénolé de Landévennec », *Archéologie médiévale*, t. XXI, 1991, p. 51-101, aux p. 61-62 et Id., *Fouille et rapport, Landévennec 1985*, Université de Haute Bretagne, 1985, aux p. 8-9).

35. H. Guillotel, « L'exode du clergé breton devant les invasions scandinaves », *Mémoires de la Société d'histoire et d'archéologie de Bretagne*, t. LIX, 1982, p. 269-315.

36. Flodoard, p. 6 et p. 38.

37. *Ibidem*, p. 50 et Hugues de Fleury, *Modernorum regum Francorum actus*, Ph. Lauer (éd.), en appendice aux *Annales de Flodoard*, p. 214.

Les textes permettant d'appréhender ces années sont rares et laconiques, mais les hommes qui les rédigèrent eurent le souci (et la capacité) de donner les *nomina* des chefs scandinaves qui intervinrent en Bretagne du milieu du IXe siècle jusqu'aux années 930, *Sidric*, *Ohtor*, *Hroald*, *Felecan*, *Rögnvald* et *Incon* nous sont ainsi connus. Une enquête onomastique, même sommaire, peut-elle permettre de préciser l'origine de ces hommes?

De prime abord, il faut souligner que ces sources les qualifient de *Northmanni,* d'«hommes du Nord», hormis en 847 où les *Annales de Saint-Bertin* notent trois batailles perdues contre les *Dani*[38]. Mais une mention des *Annales d'Angoulême* est plus précise : en 843 la *civitas* de Nantes fut prise par des *Wesfaldingi*, c'est-à-dire des hommes originaires de Norvège[39].

L'origine norvégienne de certains des Scandinaves présents alors en Bretagne paraît corroborée par des témoignages archéologiques. Une occupation viking du camp de Péran, en Plédran à quelques kilomètres de Saint-Brieuc (Côtes d'Armor), a été suggérée, grâce, entre autres, à la découverte d'une monnaie d'argent frappée à York (905-925) par les Scandinaves qui y étaient établis. Ce site offrait une situation stratégique car situé à proximité de la voie reliant Carhaix à Corseul (soit les chefs-lieux des cités des Osismes et des Coriosolites) et dominait deux rivières se jetant dans la baie d'Yffiniac. L'analyse des argiles vitrifiées constituant l'un des remparts a donné une datation 910-920 et vient confirmer la date de frappe du denier retrouvé là. Les objets domestiques et les outils présents sur le site se rattachent à des types scandinaves. La découverte d'une épée dans son fourreau avec son baudrier, d'un étrier, de trois fers de lance et d'un *umbo* de bouclier, suggèrent la présence d'hommes en armes, cavaliers de surcroît. La période d'occupation du camp paraît avoir été assez brève et l'ensemble fut détruit par un incendie d'une grande violence, amenant la vitrification de son rempart principal[40]. Le destin de Péran semble donc proche du lieu dénommé *Camp des Salles* en Locronan (Finistère), détruit dans les mêmes conditions, ce qui amena la désertion du site au Xe siècle. On y retrouva un étrier très proche dans sa typologie de celui de Plédran[41]. Un pic provenant de ce dernier site semblerait ne pas appartenir à un type d'outil connu en Gaule franque et posséderait un profil identique à celui de sépultures scandinaves, plus précisément norvégiennes[42]. De même un chaudron retrouvé lors des fouilles, présente un type similaire à celui de la tombe-barque

38. Cf. note 13.

39. *Annales Engolismenses*, G. H. PERTZ (éd.), *MGH*, *Scriptores*, t. XVI, Hanovre, 1859, p. 486 : *843... Nametis civitas a Wesfaldingis capitur...* Le Vestfold se situe sur la rive occidentale du fjord d'Oslo.

40. J.-P. NICOLARDOT, «De la bêche à l'épée au camp de Péran, forteresse carolingienne, Plédran (Côtes-d'Armor)», *Bulletin de la Société d'émulation des Côtes-d'Armor*, t. CXIX, 1990, p. 165-196 et J.-P. NICOLARDOT et Ph. GUIGON, «Une forteresse du Xe siècle : Le camp de Péran à Plédran (Côtes-d'Armor)», *Revue archéologique de l'Ouest*, t. 8, 1991, p. 123-157.

41. Ph. GUIGON, «Les résidences aristocratiques de l'époque carolingienne en Bretagne : l'exemple de Locronan», *Mémoires de la Société d'histoire et d'archéologie de Bretagne*, 1992, t. LXIX, p. 5-42 et ID., *Les fortifications du haut Moyen Age en Bretagne*, Rennes, 1997, p. 69-98.

42. J.-P. NICOLARDOT et Ph. GUIGON, «Une forteresse du Xe siècle...», p. 137.

de l'île de Groix (Morbihan)[43]. Cette dernière découverte constitue un exemple exceptionnel d'une sépulture à bateau dans ce secteur d'Europe et soulève de nombreuses interrogations[44]. Paul du Châtellier et Louis Le Pontois, s'appuyant sur les avis d'archéologues suédois et norvégiens, déterminèrent que l'origine des personnes incinérées était la Norvège (région de l'ouest ou de Vestfold); une datation fut proposée reposant sur l'analyse du décor d'une épée : dernier tiers du ixe siècle – premier tiers du xe siècle. En 1933, l'archéologue norvégien Haakon Shetelig, se fondant sur l'analyse du mobilier, suggéra que ce tumulus était celui d'un chef viking venant d'Irlande. En 1952, le suédois Holger Abman proposa lui un homme venu de Normandie ou de la région de la Loire, entre 919-939. En 1969, Holger Abman et Nils-Ove Nilsson reconnurent des défunts d'origine nordique, mais issus probablement d'une colonie viking d'Irlande ou de France, leur inhumation datant de la fin du xe siècle. Enfin, en 1978 et 1989, Michaël Müller-Wille et Neil S. Price virent là la tombe de Norvégiens, pour le premier de la seconde moitié du xe siècle, pour le second de la première[45].

Dans tous les cas, il apparaît que fut inhumé à Groix un chef scandinave, peut-être venu d'Irlande ou d'une colonie continentale, mais il voulut entamer son ultime navigation vers l'au-delà selon ses croyances et à la façon de son peuple, car les inhumations dans un navire, suivies d'une crémation, ne figurent pas parmi les pratiques connues chez les populations bretonnes continentales et chrétiennes.

La relative précision apportée par les différents chroniqueurs à nous indiquer le nom des chefs scandinaves intervenant en Bretagne, peut-elle donc éclairer un peu plus l'origine de ces hommes?

Le premier nordique à être mentionné dans les sources écrites fut, pour la Bretagne, *Sidric*. Au début des années 850, le *princeps* Erispoe s'allia à lui, afin de déloger de la Loire – des environs de Nantes – d'autres scandinaves[46]. *Sidric* doit être identifié avec le patronyme de *Sigtryggr*. Ce nom fut, à la fin du ixe siècle, celui d'un roi scandinave d'Irlande (888-896), fils d'*Ivarr*, et père de *Rögnvaldr* (mort en 920)[47]; ce dernier nom était également présent en Bretagne, nous y reviendrons dans quelques lignes. L'homme qui intervint en Bretagne était, peut-être, un membre de cette parentèle.

La *Chronique anglo-saxonne* mentionne, à l'année 914, qu'une flotte scandinave, venue de Bretagne continentale, ravagea les côtes du Pays de Galles.[48] Elle était conduite par deux *jarls* : *Hroald* et son frère *Ohtor*; ce dernier patronyme doit être rapproché du vieux scandinave *Óttar*, très courant en

43. *Ibid*em, p. 143.

44. Liliane Tarrou (*Corpus du mobilier*..., vol. 1, p. 19-22) en a fait une présentation fort claire que nous reprenons ici.

45. M. Müller-Wille, «Das Schiffsgrab von der Ile de Groix (Bretagne) – Ein Exhurs zum «Bootkammergrab von Haithabu», *Beritchte über die Ausgrabungen von Haithabu*, 12, Neumünster, 1978, p. 48-84.

46. *The monks of Redon,...,* p. 215, *Sidric* y est donné comme *dux* ou *comes Normannorum*.

47. A. P. Smyth, *Scandinavian York and Dublin*, Dublin, 1975.

48. *The Anglo-Saxon Chronicle, A revised Translation*, D. Whitelock, D. C. Douglas et S. I. Tucker (éd.), Londres, 1961, p. 63.

Norvège pendant tout le Moyen Âge. Alfred le Grand fit appel au norvégien *Óttar* (*Ohthere* dans le texte) afin qu'il lui fît une relation de ses voyages dans le Grand Nord[49]. Cette origine norvégienne est confirmée par le nom d'*Hróald*, version probable du norvégien *Hroaldr*[50].

Imputer à *Óttar* et *Hróaldr* la destruction de Landévennec, en 913, ne peut être une certitude absolue, mais la convergence des dates à notre disposition la rend plausible. Les pirates, défaits par la résistance galloise, firent route, peu après, pour l'Irlande[51].

Les noms des chefs scandinaves intervenant en Bretagne nous sont connus de nouveau aux années 930, parce qu'apparaissent, mentionnés dans les sources, les hommes à la tête des principautés de Cornouaille et de Nantes. Cette dernière région eut successivement pour chefs *Rögnvald*, puis *Incon*[52]. *Rögnvald* dérive du norvégien *Rögnvaldr* (de *Ragn/Rogn* = décision, avis et *vald* = souverain)[53]. Ce nom fut très courant en Norvège, porté dans la maison royale par l'un des fils d'*Haraldr Hárfagri* (= Harald à la Belle Chevelure), et donné également dans les colonies de l'Ouest (Shetland, Orcades) comme en Irlande[54]. Un roi de York était également appelé ainsi en 919-921 ; il eut pour successeur *Sigtryggr* (921-927), roi de Dublin depuis 917[55].

Situer, au sein de ces parentèles, les Scandinaves connus en Bretagne apparaît difficile, mais il convient de souligner que leur origine norvégienne est là encore probable et que les principautés d'Irlande et de York apparaissent également mentionnées.

À Nantes, *Incon* succéda à *Rögnvaldr*. Cela marquait-il un lien familial entre les deux hommes? Son nom fut cité, car à la faveur de la révolte des Cornouaillais, en 931, et du meurtre du *dux Felecan*, il s'empara de la Bretagne toute entière[56]. Le patronyme *Incon* peut être rapproché de celui de Hákon, nom très fréquent en Norvège et connu pour être royal, car porté par l'un des

49. S. LEBECQ, «Ohthere et Wulfstan. Deux marchands navigateurs dans le Nord-Ouest européen à la fin du IXe siècle», in *Horizons marins, Itinéraires spirituels (Ve-XVIIIe siècles)*, t. II, *Marins, navires et affaires*, Paris, 1987, p. 167-181, l'auteur indique que «Ohthere est la forme anglicisée du norrois Óttar» (p. 168). Nous remercions Åse Kari Hansen-Wagner à qui nous avons soumis les *nomina* ici relevés, ainsi que quelques éléments de toponymie. Elle a eu l'extrême amabilité de répondre à notre demande en nous livrant, dans un long courrier, des avis précieux, aussi ce qui est présenté ici lui est-il grandement redevable.

50. «Le /h/ devant le /r/ se perd en danois au début du IXe siècle, et se maintient en Norvège jusqu'au XIe siècle» (Åse Kari Hansen-Wagner).

51. Cf. note 48.

52. FLODOARD, p. 24-26 et p. 51-52; *Miracula Sancti Benedicti*, E. DE CERTAIN (éd.), Paris, 1858, livre II, § II, p. 96-98.

53. Ce que nous a indiqué Åse Kari Hansen-Wagner, et cf. E. H. LIND, *Norsk-isländska dopnamm ock fingerade namm fran medeltiden*, Uppsala, 1905-1915, et ID., *Norsk-isländska personbinamn fran medeltiden*, Uppsala, 1920-1921.

54. J. RENAUD, *Les Vikings et les Celtes*, Rennes, 1992, p. 82-85, l'auteur reconnaît en *Rögnvaldr*, le petit-fils du roi *Ivarr* (v. 853-873), roi de Dublin qui s'associa au *jarl Ohter*.

55. J. HAYWOOD, *Atlas des Vikings (989-1100), de l'Islande à Byzance : les routes du commerce et de la guerre*, Paris, 1996, p. 136-137.

56. FLODOARD, p. 51-52 : *Incon Nordmannus qui morabatur in Ligeri, cum suis Britanniam pervadit, victisque et pervasis et caesis vel ejectis Britonnibus regione potitur.*

fils d'*Haraldr Hárfagri* : le célèbre *Hákon godi* («le Bon»). F. Joüon des Longrais reconnut *Incon* dans *Aiquin*, héros du *Roman* qu'il publia[57]. Ce dernier conservé par un manuscrit du milieu du xve siècle, a peut-être pour origine un texte beaucoup plus ancien[58]. Y est relaté l'appel des Bretons à Charlemagne, afin qu'il les aidât à combattre des envahisseurs païens – dont Aiquin – donnés comme «Norrois». Aiquin, après de multiples batailles, vint se réfugier à Carhaix où il fut rejoint par 30000 «païens» de Nantes[59]. Loin de toute approche historique de ce texte, il faut malgré tout souligner que l'on a sans doute, au travers de ces lignes, la trace d'une très ancienne mémoire bretonne d'événements suffisamment dramatiques – la présence de Scandinaves s'opposant à des troupes bretonnes ou franques – pour qu'ils aient été notés dans quelque chronique dont aurait eu connaissance l'auteur du *Roman*. Il est troublant de constater que, selon le narrateur, *Incon* reçut un renfort de la colonie de Nantes; il savait donc qu'une présence norroise était avérée dans ce secteur.

Flodoard qualifia simplement *Incon* de *Nordmannus*, il ne lui savait, semble-t-il, aucun pouvoir «institutionnel» à contrôler la Bretagne. Homme de grande culture et désireux de livrer un travail de qualité, il usa, en effet, d'un autre terme pour qualifier l'autorité de *Felecan* qu'il donna comme *dux* [60]. Hugues de Fleury, relatant les mêmes événements, reconnaissait ce titre à Bérenger, comte de Rennes et à Alain Barbe-Torte, héritier du roi Alain le Grand. Hugues était, comme Flodoard, soucieux de préciser les règles institutionnelles ici suggérées : Guillaume de Normandie avait lui le titre de *princeps*, ce qui marquait sa légitimité et son rang face à une terre bretonne désormais sans chef suprême[61].

Felecan paraissait donc jouir en Bretagne d'un pouvoir avéré, du moins d'une reconnaissance par une instance que nous ne pouvons saisir, de son contrôle (jugé légitime?) d'un territoire. Bérenger et Alain «avaient l'un et l'autre vocation à diriger la principauté»[62], descendants et héritiers de lignages puissants, car royaux[63]. La terre contrôlée par *Felecan* était la Cornouaille, dont

57. *Roman d'Aiquin ou la Conqueste de la Bretagne par le Roy Charlemagne*, F. Joüon des Longrais (éd.) Nantes, 1880; hypothèse rejetée par Joseph Bédier reconnaissant une version du germanique *Acwin-Agiwin Les légendes épiques – Recherches sur la formation des chansons de geste*, 3e éd., Paris, 1926, t. II, p. 113-114.

58. *La Chanson d'Aiquin*, traduction et présentation de J. C. Lozachmeur et M. Ovazza, Paris, 1985, p. 10 et suiv.

59. *Ibidem*, v. 2029-2209.

60. Flodoard, p. 50 : *Interea Brittones qui remanserant Nordmannis in Cornu Galliae subditi, consurgentes adversus eos qui se obtinuerant, in ipsis sollemniis sancti Michaelis omnes interemisse dicuntur qui inter eos morabantur Nordmannos, caeso primum duce illorum nomine Felecan.*

61. Hugues de Fleury, p. 214 : *Anno vero incarnationis dominicae 931, Brittones in Cornu Galliae constituti, adversis Normannos quibus subditi erant insurgentes, ducem illorum interemerunt. Quod audiens Willelmus Normanniae princeps, terram illorum hostiliter intrans duriter devastavit. Et Berengerium quidem, eorum ducem potentissimum sibi reconciliavit. Alanum vero, alterum ducem illorum a terra fugavit, et sic totam Britanniam denuo sibi vi vindicavit.*

62. H. Guillotel, «Le premier siècle...», p. 69.

63. Bérenger était issu d'un grand lignage neustrien, dont l'une des héritières avait très probablement épousé Judicael, *princeps* de Poher, lui-même petit-fils du roi Erispoe. Bérenger était donc, comme Alain, de sang royal.

nous avons dit le fort pouvoir symbolique pour la Bretagne. Hugues de Fleury et Flodoard savaient-ils la place particulière donnée à ce territoire dans l'histoire politique bretonne pour vouloir relater la révolte qui s'y déroula en 931? La rébellion avait été précédée du meurtre du *dux Felecan*[64]. Ce dernier mérite qu'on lui prête un intérêt particulier car le titre qui était sien – et donc son rôle et sa place dans la vie politique et institutionnelle bretonne – semble sanctionner une installation définitive et reconnue de populations scandinaves en Bretagne. Mais, en outre, le *nomen* qui était sien paraît symptomatique d'évolutions en cours. Il s'agit là, en effet, d'un patronyme d'origine celtique : irlandais pour Lucien Musset[65], écossais pour Gillian Fellows-Jensen[66], Bernard Tanguy y voyant lui un nom à rapprocher d'un mot gallois ayant pour sens «chef»[67].

Dux des *Nordmanni* de Cornouaille, *Felecan* témoigne donc d'unions matrimoniales et de fusions ethniques ou culturelles[68] jugées suffisamment inquiétantes pour que les *duces* Bérenger et Alain aient voulu faire disparaître celui dont le pouvoir était qualifié (et donc compris) par les Francs de façon identique au leur. Il convient de souligner que l'on fut, en *Francia occidentalis*, désireux de marquer la forme de légitimité dont jouissait *Felecan*, en lui donnant un titre «partagé» avec les deux héritiers bretons.

Un indice toponymique vient étayer la vision d'une présence scandinave – désormais permanente et dans l'esprit, colonisatrice – sur la terre bretonne. *Bolast*, tel est encore le nom d'une ferme installée au bord de la rivière du Faou (Finistère), face à l'abbaye de Landévennec. Ce terme pourrait provenir du norvégien *bolstradr*, «la ferme». Peter Gammeltoft a récemment montré que cet élément – inconnu en Normandie – fut omniprésent dans les colonies vikings norvégiennes (Écosse, Islande et îles)[69]. Le lieu d'implantation de cette petite colonie est sans doute l'indice d'une volonté de surveiller ce secteur, mais également d'un contrôle effectif de ce territoire.

64. Cf. note 60.

65. L. MUSSET, «Participation de Vikings venus des pays celtes à la colonisation scandinave de la Normandie», *Cahiers du Centre de recherches sur les pays du Nord et du Nord-Ouest* (Publications de la Faculté des Lettres et Sciences humaines de l'Université de Caen), I, 1978, p. 107-117; rééd. ID., *Nordica et normannica – Recueil d'études sur la Scandinavie ancienne et médiévale, les expéditions des Vikings et la fondation de la Normandie*, Paris, 1997, p. 279-296.

66. G. FELLOWS-JENSSEN, «Les noms de lieux d'origine scandinave et la colonisation viking en Normandie. Examen critique de la question», *Proxima Thule*, 1994, p. 63-103.

67. Information non publiée dont nous le remercions, de *ffelaig* : brillant, chef.

68. Flodoard indique, à l'année 921, que les Scandinaves de la Loire commençaient d'embrasser la foi du Christ (FLODOARD, p. 6 :... *quoque fidem Xristi coeperunt suscipere*). Un très curieux rite se déroula à Landévennec, au Xe siècle. Après exhumation et pillage des tombes, les ossements furent regroupés et incinérés, puis recouverts d'un tumulus de pierre sèche d'un diamètre d'environ quatre mètres, cela entre l'église et la chapelle de l'ancienne abbaye (A. BARDEL, «L'abbaye Saint-Gwénolé...» p. 68). S'agissait-il d'un rite viking destiné à se protéger de la vengeance des morts profanés en 913, ou était-ce un hommage, plus tardif, que voulurent leur rendre des Scandinaves désormais «cornouaillais» et devenus chrétiens?

69. P. GAMMELTOFT, *The place-name element bolstradr in the North Atlantic area*, Copenhague, 2001.

Une présence viking est de même suggérée au nord de la Bretagne par des analyses palynologiques pratiquées sur des échantillons d'avoine retrouvés sur les sites du Teilleul (Ille-et-Vilaine) et de Péran déjà cité. L'*avena strigosa*, avoine des terres pauvres et acides, est répandue dans les zones montagneuses du sud-ouest de l'Europe (Portugal, Espagne). Pour ce qui concerne l'Europe septentrionale, «ses mentions carpologiques, datées du VIIe au Xe siècle la cantonnent en Frise orientale comme à Haithabu ou à Middels, en Scandinavie... et aux Pays-Bas... La période viking en Allemagne du Nord est marquée par son apparition... En Angleterre, l'*avena strigosa* est moins fréquente mais les occurrences d'avoine augmentent au cours de la même phase»[70]. «Elle n'a été reconnue, pour l'heure, dans aucun autre site médiéval français»[71], même pas en Normandie où la venue de Scandinaves est pourtant certaine. Les populations vikings installées en Bretagne étaient-elles donc originaires de secteurs géographiques différents?

Quoi qu'il en soit, ces premiers indices matériels montrent que de «prédateurs»[72] qu'ils étaient encore au IXe siècle, les Vikings étaient parvenus, au début du Xe siècle, au statut de colonisateurs de la terre bretonne[73].

Mais les événements dramatiques connus en Bretagne durant les années 850-930 apparaissent, en outre, être profondément dépendants d'un contexte politique et stratégique extérieur à cette terre. Le moment scandinave fut, pour la Bretagne, non seulement le résultat de luttes internes fratricides, mais également la conséquence d'une situation et d'un jeu géopolitique sensibles au niveau de l'Europe du Nord.

Dès le IXe siècle, les attaques vikings dont elle fut la victime paraissent être en relation directe avec la situation politique connue en Irlande et la capacité des Norvégiens à dominer l'île. Car lorsque ces derniers y eurent des revers, la pression militaire s'accentua sur la Bretagne, du moins à lire les sources encore à notre disposition pour le Vannetais et le Nantais. Ainsi après 842, quand les Norvégiens d'Irlande subirent une série de défaites : en 844 ou 845, le très célèbre *Turgeis-Torgeist* fut capturé par le roi des Ui Néill, *Mael Seachlainn*, puis noyé rituellement. En 847, *Cerball*, roi d'Osraige, mit en fuite les Vikings de Dublin commandés par *Agond-Håkon*, tout comme *Olchobar*, roi de Munster, qui anéantit la colonie de

70. «Synthèse, 8. 1. 4. 6., cultures et pratiques agropastorales : céréales, lin et prairies», in *Les habitats carolingiens de Montours et La Chapelle-Saint-Aubert (Ille-et-Vilaine)*, I. Catteddu (dir.), Paris, 2001, p. 219-221. Dans la bibliographie donnée en référence par I. Catteddu, M.-P. Ruas, B. Pradat et D. Marguerie, citons pour l'espace scandinave et germanique, la contribution de M. Müller-Wille, W. Dörfler, D. Meier, H. Kroll, *The transformation of rural society, economy and landscape during the first millenium AD : archaeological and palaeobotonical contributions from Northern Germany and Southern Scandinavia*, *Geografiska Annaler*, 1, 1988, p. 53-68.

71. *Les habitats carolingiens...*, p. 220.

72. R. Boyer, *Les Vikings*, p. 156.

73. La réaction d'*Incon* lors du meurtre de *Felecan* en témoigne : ne voulut-il pas venger un compatriote et relever le titre qui était le sien, car maître du Nantais, il pouvait désormais s'emparer de la Cornouaille?

Cork la même année; *Mael Sechnaill*, s'alliant avec un autre roi, dévasta celle de Dublin en 849, etc[74]. Dès la fin du IXe siècle, les difficultés des Scandinaves s'accentuèrent en Irlande, ainsi à Dublin, dont ils furent chassés en 902 par l'alliance de deux rois irlandais; beaucoup d'entre eux partirent en Islande ou vers le nord-ouest de l'Angleterre. Au début du xe siècle, l'Irlande connut une nouvelle vague d'envahisseurs païens. Certains secteurs furent mis à sac, la présence viking ne cessant alors de s'accentuer sur l'île. La plus cruelle des batailles eut lieu en 919 : le roi *Niall Glundub*, à la tête d'une coalition de trois royaumes, attaqua *Sigtryggr Caéch* (le Bigle) à Dublin et périt avec une douzaine de rois et de chefs parmi les plus importants d'Irlande[75]. À la fin des années 920, *Sigtryggr* monta sur le trône d'York; il succédait à son frère *Rögnvaldr* qui l'avait conquis en 919. On peut suggérer que l'expansionnisme des Scandinaves d'Irlande était alors à son apogée : ces années correspondent, en effet, à leur contrôle de la cité d'York; York dont un denier frappé à cette époque a été retrouvé dans le camp de Péran.

Les déplacements successifs de la flotte d'*Óttar* et d'*Hróaldr* (Bretagne, Pays de Galles, Irlande) laissent entrevoir que ces confins maritimes et les mers les bordant étaient alors devenus une *Mare Normannorum*.

En Bretagne, seule la date de la destruction de Landévennec et de la disparition de celui qui dirigeait le royaume de Bretagne, le comte de Poher, Uurmaelon, nous est connue avec certitude : 913. L'ampleur de l'attaque contre la terre royale de Poher fut considérable[76], la concomitance de ces deux événements aux conséquences dramatiques permettant d'envisager que le comte put trouver la mort lors de ce coup de boutoir final contre les institutions bretonnes[77].

Car, en détruisant Landévennec, les pirates n'étaient pas seulement à la recherche d'un butin facile, ils voulaient également détruire un noyau de résistance militaire. Cette dernière qualité attachée à l'abbaye par les Scandinaves est sensible dans le fait qu'ils tinrent à démanteler de façon systématique la muraille qui l'entourait du côté de la mer; mais l'ensemble des bâtiments fut détruit par un incendie d'une violence telle que les pierres des murs sont rougies en profondeur[78]. Il s'agissait donc de faire disparaître un sanctuaire qui, depuis près d'un siècle, abritait une garnison et avait participé à la défense des côtes de l'Empire, en intégrant le dispositif mis en place en 817 par Louis le Pieux. Landévennec doit, en effet, être comparée à Saint-Philibert de Noirmoutier qui devait service militaire à l'empereur et bénéficia, entre avril et octobre 830, du droit d'élever un *castrum* pour se protéger des incursions des

74. R. BOYER, *Les Vikings*, p. 119.
75. J. RENAUD, *Les Vikings...*, p. 76-77 et p. 84-85.
76. Olivier Viron, consulté à ce sujet, nous disait qu'une flotte pouvait comporter jusqu'à une soixantaine de vaisseaux, l'union des forces d'*Óttar* et d'*Hróaldr*, pourrait être évaluée, dans ce cas de figure, entre deux et cinq mille hommes.
77. Le terme *occisus* suggère, pour cette période difficile, une mort au combat, cf. note 5.
78. A. BARDEL, « L'abbaye Saint-Gwénolé... », p. 67.

pirates[79]. Les fouilles menées dans l'ancienne abbaye de Landévennec ont révélé des murailles construites «au tout début du ixe siècle»[80]. Or, en 818, avant une campagne militaire d'envergure qu'il mena peu après en Poher, Louis le Pieux rencontra, aux confins du comté de Vannes, l'abbé de Saint-Gwénolé, Matmonoc[81]. Cette entrevue fut majeure pour le devenir de la Bretagne car l'empereur vit nécessairement venir à lui une partie de la noblesse de Poher. Rappelons qu'en 831, il choisit en son sein Nomenoe et l'investit de la charge de *missus in Britannia*. Mais en outre, il est hautement probable qu'à ce moment, Landévennec se vit reconnaître ou donner le droit d'avoir des fortifications pour protéger son enceinte sacrée. Ces événements montrent bien que la Bretagne, comme on le dit trop souvent, ne fut pas tardivement attaquée par les hommes du Nord. Dès 799, ils étaient présents sur la côte vendéenne et, en 820-821, ils débarquèrent à Bouin, au-dessus de Noirmoutier (Vendée)[82]. Il a été envisagé qu'il s'agissait de Norvégiens venus d'Irlande[83]. Ainsi, il faut comprendre, dès le début du ixe siècle, les eaux bretonnes infestées de pirates en maraude. Le souci particulier de l'empereur Louis à venir jusque dans ces confins, en 818, ne provenait-il pas également de sa volonté de défendre ce secteur très menacé et d'empêcher toute alliance dangereuse pour le pouvoir impérial[84]? Les sources qui eussent pu nous renseigner sur les événements survenus dans ces secteurs sont perdues : on tenait certainement à Landévennec des annales qui furent égarées durant les pérégrinations des moines en exil ou brûlées lors du gigantesque incendie de 913.

Les Scandinaves étaient donc habitués à côtoyer la terre bretonne, elle leur était familière, tout comme les hommes qui la dirigeaient. Ils étaient, en outre, bien informés sur ce qui s'y déroulait, comme en témoigne le fait que les

79. Ce diplôme a été publié par L. Maître, «Cunauld, son prieuré et ses archives», *Bibliothèque de l'École des chartes*, t. 59, 1898, p. 250-253; Louis le Pieux et Lothaire autorisant la communauté à construire un *castrum*, afin de se protéger des attaques normandes déléguèrent «à tout jamais les hommes du monastère à la garde et au service de la congrégation en les dispensant de tous autres services publics... l'abbaye versera annuellement 6 livres d'argent au trésor royal, moyennant quoi elle sera exempte des dons, des services et des corvées dus au fisc et au palais», J. -P Brunterc'h, «Moines bénédictins et chanoines réformés au secours de Louis le Pieux (830-834)», *Bulletin de la Société nationale des Antiquaires de France*, Paris, 1986, p. 70-85, aux p. 74-75.

80. A. Bardel et R. Perennec, «Les Vikings à Landévennec», *Les Vikings en France, Dossiers d'Archéologie*, n° 277, octobre 2002, p. 50-59, à la p. 54.

81. L'entrevue est mentionnée dans un diplôme impérial retranscrit dans le cartulaire de Saint-Gwénolé de Landévennec, Uurdisten, biographe de Gwénolé, inséra ce texte dans la *Vita Sancti Winwaloei*, A. de La Borderie, *Cartulaire de...Landévenec*, p. 75-76.

82. *Annales regni Francorum*..., G. H. Pertz et F. Kurze (éd.), *Scriptores rerum Germanicarum in usum scholarum*, Hanovre, 1895, p. 154,... *Tandem in Aquitanico litore prosperis usae successibus vico quodam, qui vocatur Buyn*...

83. R. Boyer, *Les Vikings*, p. 113; cet auteur fait référence à l'ouvrage de W. Vogel, *Die Normannen und das fränkische Reich bis zur Gründung der Normandie (799-911)*, Heildelberg, 1906.

84. La faveur, toute récente, du prince est peut-être sensible dans le fait que, dès 819, une très importante campagne de construction fut mise en œuvre. Information communiquée par A. Bardel lors du Colloque du Cirdomoc, Landévennec (Juillet 2000), à partir d'une analyse de dendrochronologie des bois présents sur le site.

premières attaques notées dans les sources dont nous disposons eurent lieu en 837[85], moment d'incertitude politique et de combats à mener pour Nomenoe, puis en juin 843, alors que le chef breton ne connaissait pas encore l'*honor* qui lui serait reconnu à l'issue du partage de Verdun et quelques jours après la bataille de Messac où s'affrontèrent les troupes de Renaud d'Herbauge et les contingents bretons menés par son fils Erispoe.

Le rôle important, sinon majeur, joué par l'abbaye de Landévennec et son chef à l'aube du xe siècle est attesté, en outre, par le fait que l'unique acte de donation d'Alain Barbe-Torte en faveur d'un sanctuaire – du moins le seul parvenu jusqu'à nous – fut dressé pour saint Gwénolé et ses moines[86]. Le duc voulait contribuer à ce que le monastère retrouvât sa grandeur perdue en le dotant richement, et remercier ainsi un homme dont il savait la droiture, l'abbé Jean. Cette volonté ducale manifeste combien étaient intimes et profondes la confiance et la proximité existant entre les fils de Gwénolé et le lignage d'Alain. L'abbé de Landévennec avait pu se voir confier, à la veille de l'installation scandinave, des responsabilités considérables[87], mais celui qui était investi de cette charge aux années 930 avait probablement, en outre, une personnalité d'envergure. Nous le connaissons sous le nom de Jean[88]. L'acte rédigé en faveur de son sanctuaire le présente comme le maître d'œuvre inlassable du retour de l' héritier royal, en sa terre : «...ce même Jean s'était entremis avec succès auprès des barbares et de plusieurs peuplades saxonnes et normandes et – [une lacune] – parce qu'à de nombreuses reprises, sans se lasser, et à notre joie, il avait annoncé la paix des deux côtés de la mer»[89]. L'abbé apparaît décrit – et cela par la volonté du duc Alain – dans son rôle de diplomate, suffisamment habile et digne d'une confiance absolue pour représenter les intérêts de l'héritier auprès des différentes parties en cause : Barbares, Saxons et Normands. Il était donc apte à maîtriser plusieurs langues et à se déplacer «des deux côtés de la mer»; il est vrai qu'il résida, un temps,

85. Cf. *supra.*

86. R.-F. LE MEN et E. ERNAULT, *Cartulaire de Landévennec*, Paris, 1886, n° 25, p. 562-564 et *Les Actes des ducs de Bretagne (944-1148)*, édition critique par H. GUILLOTEL, thèse soutenue devant l'Université de Droit, d'Économie et de Sciences sociales de Paris II, 1973 (dactyl.), acte n° 2, p. 7-12, l'acte fut rédigé entre 944 et 952.

87. J. QUAGHEBEUR, *La Cornouaille...*, p. 57.

88. On ne peut saisir le lignage dont il était issu : il partit en exil avec le dernier abbé connu à Landévennec, aux années 910, Benoît, car il figurait dans la liste des moines notée dans l' acte dressé à Montreuil-sur-Mer, où la communauté avait trouvé refuge auprès du comte Helgaud, R. F. LE MEN et E. ERNAULT, *Cartulaire de Landévennec*, acte n° 24, p. 560-562. Son patronyme – probablement choisi lors de son entrée en religion – voulait, peut-être, rappeler combien l'étude des Évangiles avait joui à Landévennec d'une faveur particulière : l'un des rares manuscrits actuellement connus comme émanant du *scriptorium* de l'abbaye est celui des quatre Évangiles, New York, Public Library 115 (Harkness Gospels), ce manuscrit fut étudié par R. MOREY, E.K. RAND, C.H. KRAELING, «*The Gospel Book of Landévennec (The Harkness Gospels) in the New York Public Library*», *Art studies,* VIII, 1931, Cambridge, p. 225-286.

89. ...*Et iste Johannes satisfactione inter Barbaros plurimaque inter genera Saxonum atque Normanorum et necessariam -lacune- multis vicibus assiduis pacemque trans mare atque infra mare ad gaudium nostrum nuntiavit*, cf. note 86 et H. GUILLOTEL, «Le premier siècle...», p. 71-72.

à Montreuil-sur-Mer avec sa communauté. Il est indéniable que sa culture et sa fidélité firent qu'il fut choisi, mais probablement aussi sa qualité d'abbé de Landévennec. Un sanctuaire auquel Alain était attaché également de façon plus affective : sa grand-mère *Aourken*, épouse d'Alain le Grand, était issue du Poher; elle figure au nécrologe de Landévennec pour avoir cédé des revenus au sanctuaire et en être une *familiaris*[90].

Alain Barbe-Torte, vivant outre-Manche, pensa-t-il ne plus retrouver la Bretagne? L'exemple tout proche des comtés neustriens devenus normands pouvait faire craindre aux Bretons que leur exil – ou du moins la perte de leur souveraineté – ne fut définitif. Car loin d'une simple volonté (et capacité) de la famille royale de Bretagne à retrouver la place qui avait été sienne, la restauration d'un pouvoir légitime en terre bretonne ne pouvait que s'insérer dans le cadre plus vaste d'un jeu politique pour tout l'ouest de l'ancien Empire. Si aucun texte ne nous en donne plus trace, trois jeunes héritiers royaux, aux âges sans doute proches[91], se côtoyèrent lors de leur exil partagé auprès du roi Athelstan. Or tous trois retrouvèrent les droits qui étaient leurs de façon simultanée : Alain de Bretagne et Louis de France en 936, Hákon de Norvège aux années 930.

Le 19 juin 936, Louis IV fut sacré à Laon. La même année les Bretons revinrent d'outre-mer sous la protection du roi Athelstan[92]; le roi Raoul ayant disparu en janvier, une redéfinition politique apparaissait, en effet, nécessaire. Athelstan étant le parrain de l'héritier breton, il joua un rôle majeur dans son retour en Bretagne[93]. En outre, la cour du roi de Wessex était alors un creuset intellectuel et politique où se côtoyaient nombre des élites de l'Europe du Nord. Oncle du carolingien Louis IV, il avait également auprès de lui l'un des fils d'Harald *Hárfagri*, le jeune Hákon qu'il avait élevé, fait baptiser et qui était appelé son pupille[94]. Le roi aida, selon un chroniqueur, au retour de son protégé dans son royaume[95].

Bien informé de ces événements majeurs, l'abbé Jean put aider au retour de son prince. La reconnaissance d'Alain est perceptible dans l'acte de donation rédigé en faveur de Landévennec car Jean fut un émissaire patient et opiniâtre, «à de nombreuses reprises, sans se lasser». Les pourparlers durent être âpres, car outre la restauration d'un pouvoir de nature royale en Bretagne, il fallait convenir du destin des populations scandinaves désormais installées. Les négociateurs apparaissent clairement précisés : «Saxons» pour Athelstan, «Normands» pour les Danois de Normandie (dont Guillaume) et «Barbares» pour les Scandinaves de Bretagne[96]. Les Francs, avec Hugues le Grand, ne sont pas

90. Repose-t-elle dans la nécropole carolingienne?

91. Alain mourut en 952, Louis en 954 et Hákon en 960.

92. Flodoard, p. 63.

93. Du moins selon une tradition ancienne, probablement héritée de la fin du Moyen Âge, mais aucune source contemporaine des événements ne nous le spécifie.

94. Snorri Sturluson, *Histoire des rois de Norvège,* 1ère partie, traduction et introduction F. X. Dillmann, Paris, 2000, p. 159-160.

95. *Ibidem,* p. 165, en lui procurant «une troupe et de bons navires».

96. Ce qualificatif signifierait-il que nombre d'entre eux n'étaient pas encore chrétiens?

mentionnés, peut-être en raison de la difficulté à déterminer les relations futures entre le royaume de Francie et l'ancien *regnum* de Bretagne. Cette «absence» diplomatique est, par ailleurs, confirmée par Flodoard notant à l'année 936 «les Bretons revenant d'outre-mer sous l'égide du roi Athelstan…»[97] ; l'annaliste voulait indiquer celui à qui les Bretons devaient leur retour d'exil, place confirmée, un peu plus tard, par Dudon de Saint-Quentin[98]. Pourtant le *dux* Hugues ne pouvait voir sans inquiétude un *rex* regagner la Bretagne : des négociations durent nécessairement se dérouler avec le milieu franc, car il s'agissait de rappeler la qualité de royaume subordonné jusqu'alors dévolu à la Bretagne.

La mention de Flodoard donne, en outre, la vision d'un peuple regagnant sa terre : plus qu'un prince entouré de quelques fidèles, il s'agit bien, dans l'esprit du lettré rémois, d'une multitude d'hommes qui revinrent d'exil. L'ampleur du départ des Bretons fut donc considérable, à la mesure de ce que le pouvoir franc avait concédé aux Scandinaves. Ne peut-on suggérer que le retour d'Alain en Bretagne avait pour corollaire celui d'Hákon en Norvège, ramenant avec lui, en sa terre, une partie des populations qui étaient siennes menées par des chefs fidèles au nouveau roi?

Enfin, il convient de s'interroger sur la vigilante attention que le prince normand, Guillaume, apporta à ces négociations. Outre l'ambition d'un homme désireux d'accroître, en ses lisières, le territoire qui était sien, ne faut-il pas voir dans son attitude l'émergence de rivalités intra-scandinaves dans le but de dominer certains secteurs européens? Quel regard pouvait porter Guillaume sur ceux que les Bretons comprenaient comme des «Barbares»? Il est certain que le *dux* normand prêta une attention particulière aux affaires bretonnes; cette terre désormais sans chef légitime reconnu suscita, sans doute, ses convoitises. Lors de la révolte de 931, il avait contraint Alain à la fuite et s'était réconcilié avec Bérenger, autre prétendant au pouvoir breton[99]; en 933, se commendant au roi Raoul, il avait reçu une portion de l'ancien *regnum*[100]. Mais il y eut, aux années 930, un renversement d'alliances du côté normand.

97. Flodoard : p. 63,...*Brittones a transmarinis regionibus, Alstani regis praesidio, revertantes terram suam repetunt.*

98. Dudon de Saint-Quentin, *De moribus et actis primorum Normanniae ducum*, J. Lair (éd.), Caen, 1865, III-49, p. 193-194.

99. Hugues de Fleury, p. 214. Le comte de Rennes et le prince normand étaient fort probablement parents, cf. H. Guillotel, «Une autre marche de Neustrie», in *Onomastique et Parenté dans l'Occident médiéval I*, K. Keats-Rohan et C. Settipani (éd.), Oxford Occasional Publications of the Unit for Prosopographical Research, Linacre College (*Prosopographica et Genealogia*, vol. 3), 2000, p. 74-113. Une tradition s'oppose à cette hypothèse, elle est mentionnée dans *La Normandie avant les Normands, de la conquête romaine à l'arivée des Vikings*, E. Deniaux, C. Lorren, P. Bauduin, T. Jarry (éd.), Rennes, 2002, aux p. 404-405.

100. Le Cotentin et l'Avranchin, Flodoard, p. 55 et H. Guillotel, «Le premier siècle…», p. 65; comme l'avait souligné J. -F. Lemarignier (*La France médiévale : institutions et société*, Paris, dernière éd., 2000, à la p. 158) à la fin du IXe siècle, les comtes et les princes, au début d'un nouveau règne devaient encore aller trouver le roi afin de se commender à lui et de recevoir ainsi l'investiture de leurs charges; au Xe siècle, Guillaume fut parmi les princes qui prêtèrent hommage à Louis IV, encore s'agissait-il là d'une fidélité «tardive» (*ibidem*).

Guillaume aida Alain à retrouver le pouvoir de ses ancêtres et, ce faisant, contribua à étouffer la légitime ambition de la lignée de Bérenger. Participant aux tractations en cours, il intervint afin que désormais le maître de la Bretagne ne fût pas investi d'un titre royal qui eût surpassé son propre *honor*. Guillaume, comme Hugues le Grand, amena donc pour la Bretagne, une évolution institutionnelle et politique majeure. Car en perdant son titre royal, le *dux* Alain s'inscrivait désormais dans une nouvelle hiérarchie de pouvoirs qui influa profondément sur le destin de sa terre. Mais il faut envisager, en outre, que Guillaume ne souhaitait pas qu'une principauté norvégienne se constituât aux frontières de son pouvoir. Aussi lui fallait-il activement participer aux difficiles discussions dont Athelstan était le maître d'œuvre pour Alain et Hákon.

L'intérêt de Guillaume et des Normands pour la Bretagne demeura sensible et le fragile *modus vivendi* instauré lors du retour d'Alain fut rapidement mis à mal[101]. Mais les sources laissent à penser que désormais les Scandinaves auxquels le pouvoir breton fut confronté étaient les habitants de la Normandie. Qu'en était-il des populations arrivées aux années 900 en Bretagne? Les textes sont muets, signe probable d'une intégration progressive de ces hommes au substrat breton, ou de leur départ.

Loin des discours banalisateurs tenus trop souvent, aspirant à minimiser les conséquences des expéditions scandinaves, le destin de la Bretagne en ces années permet de mesurer les souffrances endurées par certains secteurs d'Occident. Outre les indéniables destructions matérielles, l'exil – dans certains cas définitif – de ces élites, la terre bretonne perdit, à tout jamais, sa mémoire écrite et donc la conscience de son passé. Certains textes, détruits ou perdus alors, relataient certainement les conditions réelles de l'arrivée des Bretons en Armorique et non la version que, faute de sources à leur disposition, voulurent nous en donner des moines, passé l'an mil. Si la préservation des archives de Saint-Sauveur de Redon demeure une énigme, l'anéantissement de Saint-Gwénolé de Landévennec – qui ne pouvait être accidentel – ou de Saint-Méen de Gaël – qui avait bénéficié, en 816, d'un diplôme impérial d'immunité de Louis le Pieux, seule trace à notre disposition de la place et de la puissance qui étaient siennes à l'époque carolingienne – ne témoigne-t-il pas de la violence de ces années? Mais, en outre, le xe siècle marqua pour la terre bretonne une évolution politique irrémédiable : son chef ne se vit pas reconnaître le titre royal porté par ses ancêtres.

Il serait vain pourtant de s'arrêter à ce bilan bien négatif. Le «moment scandinave» de la Bretagne n'a jamais été suffisamment approfondi et étudié. À la différence de la Normandie toute proche, aucune enquête toponymique ou onomastique n'a, par exemple, jamais été entreprise avec rigueur. De même l'archéologie par les objets, les traces palynologiques, les sites fouillés ou non, devrait-elle bénéficier d'une particulière attention. Il serait donc hautement souhaitable que s'instaure une collaboration étroite entre chercheurs bretons et norvégiens afin de rassembler tous les indices permettant de saisir l'ébauche de ce qui eût pu devenir un avenir partagé : une principauté norvégienne en Bretagne.

101. En 937 et 944.

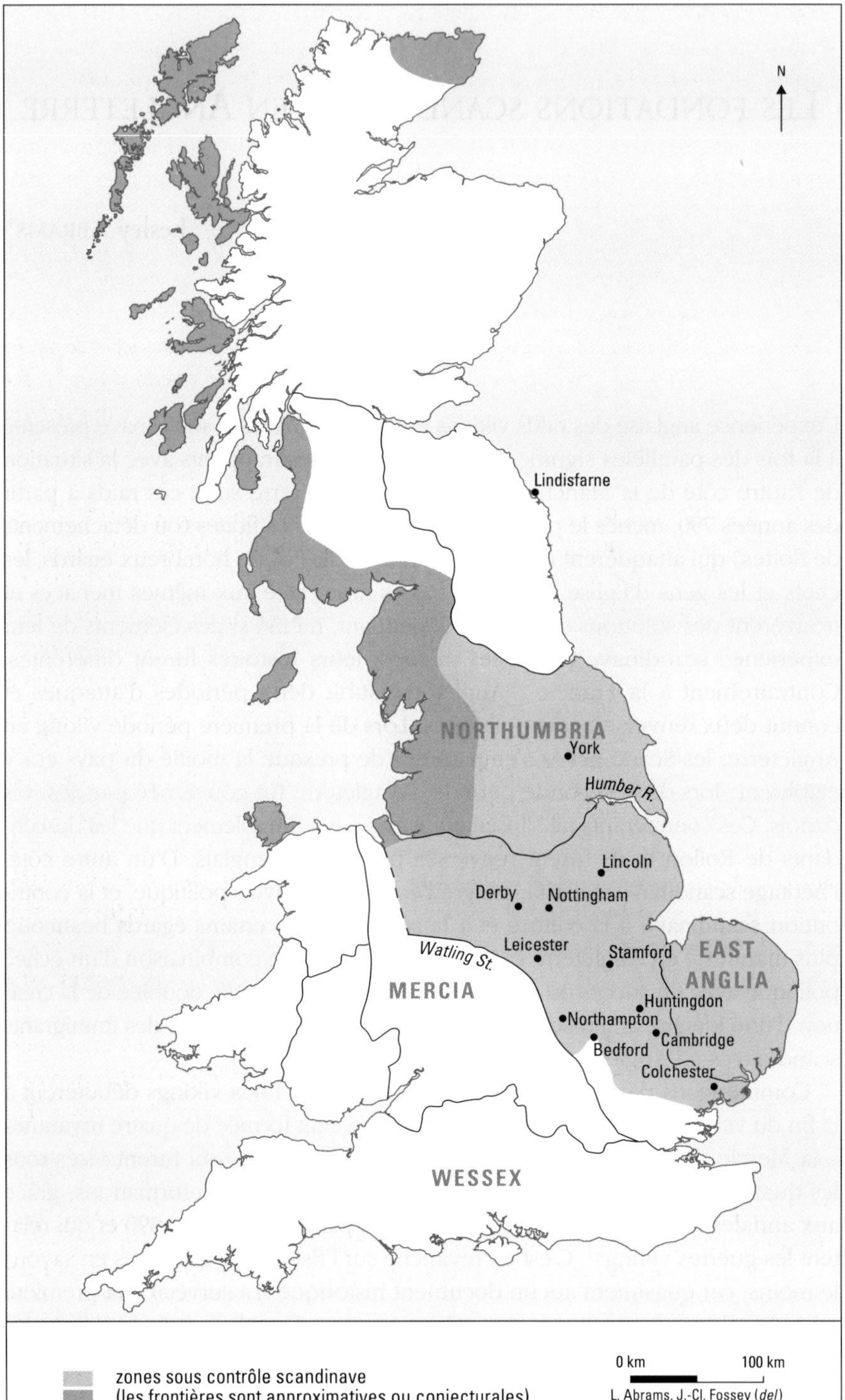

Carte 1 : La Grande-Bretagne vers 906.

aux mains des Vikings, comme l'étaient l'Est-Anglie et la moitié de la Mercie [voir carte 1]. Le nord-ouest avait été colonisé par des Vikings venant des habitats scandinaves autour de la mer d'Irlande à partir de 900, peut-être sans grand engagement militaire, mais les trois royaumes anglo-saxons furent acquis par les chefs vikings à la suite d'une conquête militaire. La manière exacte dont les armées vikings – car il y en avait plusieurs – décidèrent de partager les territoires conquis entre elles n'est pas établie avec certitude. Bien que des traités aient été conclus entre les chefs indigènes et les chefs vikings en Angleterre, la distribution de bénéfices sur le modèle carolingien n'est pas signalée par les annales. On ne trouve qu'une seule allusion à des cessions de terres (près de Chester par la fille du roi Alfred, Æthelflæd, à des Vikings venus d'Irlande après 902), et ce dans une chronique irlandaise plus tardive et peu fidèle[2]. Le roi Alfred conclut sa victoire face au Viking Guthrum par une cérémonie de baptême et le règne de Guthrum sur l'Est-Anglie voisine fut reconnu officiellement par un traité de paix. Le texte de ce traité entre Alfred et Guthrum illustre un moment de cette division du territoire, où le royaume de Mercie, jadis indépendant, fut séparé en deux[3]. La partie située hors du contrôle scandinave fut absorbée par l'autorité politique du Wessex d'Alfred, le seul royaume à demeurer intact *et* aux mains des Anglais. Les royaumes vikings et les unités politiques plus petites, établis en territoire conquis et dirigés par des hommes appelés rois dans certains cas et comtes (*jarls*) dans d'autres, furent successivement conquis par les descendants du roi Alfred après 911 : son fils et sa fille (Édouard et Æthelflæd) prirent l'Est-Anglie et la plupart des régions de la Mercie. La Northumbrie fut beaucoup plus difficile à soumettre, mais une fois que le dernier roi viking d'York, Éric à la Hache Sanglante, fut expulsé et tué en 954, la domination des Saxons de l'ouest sur l'Angleterre fut totale. Cependant, les raids vikings reprirent dans les années 980 et culminèrent en une série de conquêtes danoises qui prirent fin avec le couronnement du prince danois Cnut comme roi d'Angleterre en 1016. Cette seconde phase scandinave dura jusqu'à 1042, date du retour de Normandie du prétendant anglo-saxon exilé Édouard le Confesseur.

Même si la nature de l'impact scandinave sur l'Angleterre occupe les chercheurs depuis fort longtemps, des études récentes ont introduit de nouvelles perspectives dans le débat et de nouveaux fils conducteurs commencent à émerger[4]. Les

2. *Fragmentary Annals of Ireland*, J. N. Radner (éd.), Dublin, 1978, p. 168-173.

3. Pour les sources écrites du règne d'Alfred, voir *Alfred the Great. Asser's 'Life of King Alfred' and other Contemporary Sources*, S. Keynes et M. Lapidge (trad.), Harmondsworth, 1983.

4. Pour un résumé utile des débats, voir D. M. Hadley, «'And they proceeded to plough and to support themselves' : the Scandinavian settlement of England», *Anglo-Norman Studies*, 19, 1997, p. 69-96, et Ead. «'Cockle amongst the wheat' : the Scandinavian settlement of England», in *Social Identity in Early and Medieval Britain*, W. O. Frazer et A. Tyrrell (éd.), Londres, 2000, p. 111-135. Pour des études récentes, voir D. M. Hadley, *The Northern Danelaw. Its Social Structure, c. 800-1100*, Londres, 2000; *Edward the Elder 899-924*, N. J. Higham et D. H. Hill (éd.), Londres, 2001; *Cultures in Contact : Scandinavian Settlement in England in the Ninth and Tenth Centuries*, D. M. Hadley et J. D. Richards (éd.), Turnhout, (Studies in the Early Middle Ages 2), 2000; *Vikings and the Danelaw. Proceedings of the Thirteenth Viking Congress*, J. Graham-Campbell *et al.* (éd.), Oxford, 2001.

différences régionales entre les quatre royaumes anglais avant les conquêtes scandinaves du IXe siècle sont probablement à l'origine de leurs expériences différentes pendant les premières guerres vikings. Les stratégies de résistance furent diverses. La nature des relations entre les armées vikings et les indigènes anglo-saxons ne se réduit pas à une relation entre envahisseurs désagréables et braves défenseurs de la patrie. Nous disposons d'indices minces mais certains d'une coopération entre des élites anglaises rebelles et les armées vikings lors des guerres du IXe siècle, même si, après la victoire des Vikings, le rôle des survivants anglais fut beaucoup plus obscur. Les stratégies de compromis varièrent également d'une région conquise à l'autre. L'impact de la prise de pouvoir et de la colonisation par les Scandinaves sur l'Église, qui était un foyer d'interaction, varia aussi d'une région à l'autre : au nord, l'archevêque d'York survécut physiquement et politiquement, alors que dans les royaumes au sud de la Humber, l'Église établie semble s'être effondrée, les évêques (et leurs évêchés) disparurent, et il y eut un grand hiatus dans la vie ecclésiastique.

Heureusement, les matériaux historiques – chroniques et annales – couvrant les guerres du IXe siècle sont assez abondants. La survie du traité entre Alfred et Guthrum nous éclaire sur les premiers temps du compromis politique dans le sud, et l'*Historia de Sancto Cuthberto* (redigée en partie au Xe ou XIe siècle), plus suspecte, nous fournit des indications sur les relations entre les Vikings et les autorités anglaises encore en place au même moment au nord[5]. De même, la progression des armées danoises contre l'Angleterre à partir des années 980 est décrite en détail dans la *Chronique anglo-saxonne* ; et l'*Encomium Emmae*, commandé en 1041 par la reine Emma, épouse de Cnut, fournit des aperçus sur la société et la politique à la cour anglo-danoise juste avant le renversement de celle-ci[6]. Mais entre ces deux périodes d'activité scandinave assez bien connues, à savoir la majeure partie du Xe siècle, quand la colonisation scandinave s'étendit et s'affermit, et quand le pouvoir au sommet fut regagné par les Anglo-Saxons – bref, au moment où l'Angleterre anglo-scandinave fut créée – nos sources écrites sont silencieuses. Pour le Xe siècle, nous nous reposons largement sur les indices fournis par les noms de lieux et sur les vestiges matériels tels que des sculptures, des objets métalliques et des indices de développement commercial et urbain. Ces indices sont nombreux mais difficiles à déchiffrer et ils ont donc reçu des interprétations différentes.

Nous savons grâce aux annales d'Églises continentales que les guerres vikings ont fait beaucoup de tort aux rois francs. La préoccupation des rois carolingiens pour les conflits de pouvoir dynastique et leur prétendu manque d'intérêt à l'égard de la protection des régions ont provoqué les critiques des

5. *Alfred the Great. Asser's 'Life of King Alfred'*..., p. 171-172, pour le traité ; *Historia de Sancto Cuthberto. A History of Saint Cuthbert and a Record of his Patrimony*, T. JOHNSON SOUTH (éd. et trad.), Woodbridge, 2002.

6. *The Anglo-Saxon Chronicle* ; *Encomium Emmae Reginae*, A. CAMPBELL (éd. et trad.), Londres, 1949, (réimpr. Cambridge, 1998).

contemporains et ont, dans une certaine mesure, dévolu la responsabilité de la défense et de la négociation aux pouvoirs locaux. En Grande-Bretagne, les royaumes avaient également d'autres ennemis à craindre que les Vikings, mais les conséquences furent différentes : les guerres vikings ont joué un rôle considérable dans le processus où les divers pouvoirs royaux qui existaient en Angleterre au IXe siècle ont été remplacés par un royaume centralisé unique au cours du Xe. La dynastie ouest-saxonne, confinée à l'origine au sud, devint pour ses voisins, la Mercie, la Northumbrie, l'Est-Anglie et le Pays de Galles, une menace aussi grande, sinon plus, que les Vikings. Les enfants et petits-enfants d'Alfred exploitèrent des ressources enrichies et un pouvoir royal renforcé (créés par l'urgence de la guerre et nourris par l'expérience quotidienne du conflit). Ils étendirent leur royaume à travers les frontières du IXe siècle et unifièrent l'Angleterre pour la première fois depuis l'époque romaine. Même si Alfred devint un héros anglais grâce à ces exploits, ses contemporains n'y virent guère un résultat souhaité ou souhaitable[7].

Les indices des alliances militaires entre Vikings et rois indigènes sont moins manifestes en Angleterre qu'en Francie et en Irlande. Au Xe siècle, les petits-fils d'Alfred ont parrainé quelques rois scandinaves d'York lors de leur baptême, espérant peut-être par là étendre leur propre autorité dans le nord. Mais cette politique ne favorisa pas une meilleure disposition des Northumbriens indépendants et réfractaires envers les Saxons de l'ouest et fut vite abandonnée. Il n'est pas impossible qu'Alfred lui-même ait espéré utiliser des Vikings pour les besoins de la défense, mais ces espoirs s'avérèrent vains. Guthrum rompit le traité avec Alfred et, au lieu de protéger le Wessex, offrit son soutien à de nouveaux groupes de Vikings qui attaquèrent le royaume. Néanmoins, des Anglais rebelles s'allièrent avec les envahisseurs, y voyant des occasions à saisir dans les conditions instables créées par les victoires vikings. L'apparition de deux princes royaux anglo-saxons – le neveu d'Alfred Æthelwold et le Mercien Brihtsige – à la tête d'une armée viking, de 900 jusqu'à leur mort en 903, illustre cette coopération[8]. Beaucoup plus tard, en 1014, l'archevêque Wulfstan se plaignit des esclaves qui fuyaient leurs maîtres pour rejoindre les Vikings[9]. Après les victoires militaires déterminantes du IXe siècle, mais avant l'installation des armées dans les territoires conquis, les chefs vikings nommèrent des Anglais pour régner à leur place en Northumbrie et dans la Mercie de l'Est (et probablement en Est-Anglie également). Il est possible que ces Anglais aient été des membres de familles aristocratiques ou royales qui avaient été en compétition avec les rois récemment renversés. Ecgbert et Ricsige en Northumbrie, Ceolwulf en Mercie, Oswald et Éthelred en Est-Anglie vécurent à une période incertaine de transition qui ne dura pas

7. Voir R. ABELS, *Alfred the Great. War, Kingship and Culture in Anglo-Saxon England*, Londres, 1998, pour une étude récente des pratiques régaliennes d'Alfred et *Alfred the Great. Papers from the Eleventh-Centenary Conferences*, T. REUTER (éd.), Aldershot, 2003.

8. *Anglo-Saxon Chronicle*, s.a. 900 et 903.

9. *Sermo ad anglos*, in *The Homilies of Wulfstan*, D. BETHURUM (éd.), Oxford, 1957, n° XX, p. 263-264.

longtemps. Néanmoins ils ont peut-être joué un rôle crucial dans l'entreprise visant à amener les populations locales à la soumission, et, pour les chefs vikings, dans l'apprentissage de la manière de gouverner leurs nouvelles possessions. Les règnes de ces rois fantoches (qualifiés de «*puppet-kings*» par les historiens anglais) n'ont laissé presqu'aucune trace dans les sources écrites : Oswald et Éthelred d'Est-Anglie ne sont connus que parce qu'ils ont fait frapper des pièces[10]. Ces gouvernements provisoires anglais sous autorité scandinave ne durèrent pas longtemps.

Il est plus aisé néanmoins de repérer des coopérations dans des contextes militaires que dans des contextes ultérieurs de colonisation, même si cette dernière a certainement eu un impact plus durable à long terme. Quand la *Chronique anglo-saxonne* relata la colonisation de la Northumbrie, de la Mercie orientale et de l'Est-Anglie en 876, 877 et 880, elle se contenta d'indiquer que les armées vikings «se partagèrent la terre». Que ceci signifie ou non la répartition des grands domaines et des petites fermes entre les membres de l'armée et la dépossession de ceux qui étaient les maîtres du sol, il ne s'agissait pas moins là d'une prise de pouvoir et d'une soumission des indigènes. Un certain nombre d'Anglais auraient été tués; d'autres auraient pris la fuite. Mais d'autres, sans aucun doute, sont restés. Malheureusement, seuls les hommes d'Église ont laissé des traces, très minces au demeurant, dans les sources qui nous restent. Deux Églises importantes ont manifesté une volonté de coopérer avec leurs nouveaux seigneurs vikings. La communauté de Saint-Cuthbert affirma plus tard avoir participé à l'élection du roi danois d'York en 883[11]. Cette église cathédrale, basée à l'origine sur l'île de Lindisfarne, survécut et prospéra sous le régime scandinave, en acquérant de nouvelles terres qui avaient probablement été confisquées par le roi danois à d'autres établissements religieux[12]. Plus tard, en 943, l'archevêque d'York apparut comme porte-parole du roi hiberno-scandinave de sa cité lors de négociations avec les Anglais du sud[13]. Aux yeux de l'archevêque, un Viking païen apparaissait peut-être comme un seigneur plus désirable qu'un Saxon de l'ouest lié à Cantorbéry, archevêché rival. Mais alors que les indices d'un compromis politique entre l'Église et l'élite scandinave en Northumbrie sont convaincants, ceux d'une conversion rapide et à grande échelle des Scandinaves ne le sont pas[14]. Quelques-uns au moins conservèrent leur religion païenne. Ceux qui se convertirent (un roi, Guthfrith, fut enterré dans la cathédrale d'York en 895) ne constituaient pas nécessairement une majorité. Et si l'on fait exception de

10. P. GRIERSON et M. BLACKBURN, *Medieval European Coinage. The Early Middle Ages (5th-10th Centuries)*, Cambridge, 1986, p. 294.

11. *Historia de Sancto Cuthberto*..., ch. 13, p. 52-53; W.M. AIRD, *St Cuthbert and the Normans. The Church of Durham, 1071-1153*, Woodbridge, 1998, p. 29-33.

12. E. CRASTER, «The patrimony of St. Cuthbert», *English Historical Review*, 69, 1954, p. 177-199; W. AIRD, *St Cuthbert and the Normans*..., p. 35-36.

13. *Anglo-Saxon Chronicle* D, s.a. 943; *Symeonis monachi opera omnia. Historia regum*, T. ARNOLD (éd.), Londres, Rolls Society, 75, 1882-1885, vol. II, p. 93-94.

14. L. ABRAMS, «The conversion of the Danelaw», in *Vikings and the Danelaw*..., p. 31-44.

la communauté de Saint-Cuthbert, aucun établissement ecclésiastique ne conserva le souvenir des rois scandinaves en tant que bienfaiteurs – avant le roi Cnut qui, au XIe siècle, témoigna un soutien fervent au christianisme[15]. Le baptême de Guthrum par le roi Alfred ne semble pas avoir aidé à la renaissance de l'Église en Est-Anglie, laquelle resta sans évêque pendant près d'un siècle après la conquête viking. Hormis l'émission de pièces qui portent le nom du roi martyr saint Edmond, les indices témoignant d'une communauté chrétienne en Est-Anglie sont plus ou moins invisibles pendant la période scandinave[16]. Peut-être les églises ont-elles échoué à revendiquer des liens avec les nouveaux régimes scandinaves (sur le modèle normand) parce que les régimes concernés furent éphémères. Et peut-être furent-ils éphémères précisément parce qu'ils échouèrent à établir suffisamment de liens avec l'Église, à la différence de leur contemporain normand.

Les unités politiques vikings, établies dans les années 870, de l'est de Watling Street et au nord de la Humber [voir carte 1], eurent une période d'indépendance politique relativement courte – quelques 40 à 90 ans – avant de connaître la défaite et l'incorporation dans le nouveau royaume uni d'Angleterre. Que les habitants, dans certaines régions, fussent ou non majoritairement « ethniquement danois », les éléments d'identité sociale et culturelle scandinaves survécurent à la conquête anglaise et furent considérés comme des caractéristiques de l'identité régionale. La manière exacte dont cette identité s'est formée, et son degré de dépendance vis-à-vis des Scandinaves de souche, ont suscité de nombreux débats[17]. Les traces écrites et matérielles des Xe et XIe siècles montrent des différences persistantes entre les régions anglaises placées sous régime scandinave et celles qui échappèrent à une telle conquête. Les noms de lieux, l'influence linguistique, les sculptures, les objets métalliques, les coutumes en matière juridique et seigneuriale, et d'autres témoignages encore sont le reflet de l'influence des immigrants dans les régions désignées par la suite (au moins depuis le début du XIe siècle) sous le nom de Danelaw[18], à savoir l'ensemble des régions où la coutume locale se distinguait de la loi anglaise. Il est assez difficile de comprendre la continuité de l'identité culturelle après l'échec d'un pouvoir politique scandinave indépendant. Bien qu'une culture anglo-scandinave ait pu se développer dans les régions du Danelaw, il a été impossible jusqu'ici de voir dans quelle mesure celle-ci fut créée avant ou après le passage de ces régions sous domination des Saxons de l'ouest au Xe siècle. De plus, une

15. M. K. Lawson, *Cnut. The Danes in England in the Early Eleventh Century*, Londres, 1993, p. 117-160.

16. D. Whitelock, « The conversion of the eastern Danelaw », *Saga-Book of the Viking Society*, 12, 1937-1945, p. 159-176 ; L. Abrams, « The conversion of the Danelaw ».

17. D. M. Hadley, « 'Cockle'... » ; Id., « Viking and native : re-thinking identity in the Danelaw », *Early Medieval Europe*, 11, 2002, p. 45-70.

18. Terme employé pour la première fois dans les lois attribuées à Wulfstan, archevêque de York (1002-1023) (*on dena lage*) ; K. Holman, « Defining the Danelaw », in *Vikings and the Danelaw*..., p. 1-11 ; L. Abrams, « Edward the Elder's Danelaw », in *Edward the Elder*..., p. 128-143 ; C. R. Hart, *The Danelaw*, Woodbridge, 1992, p. 3-24.

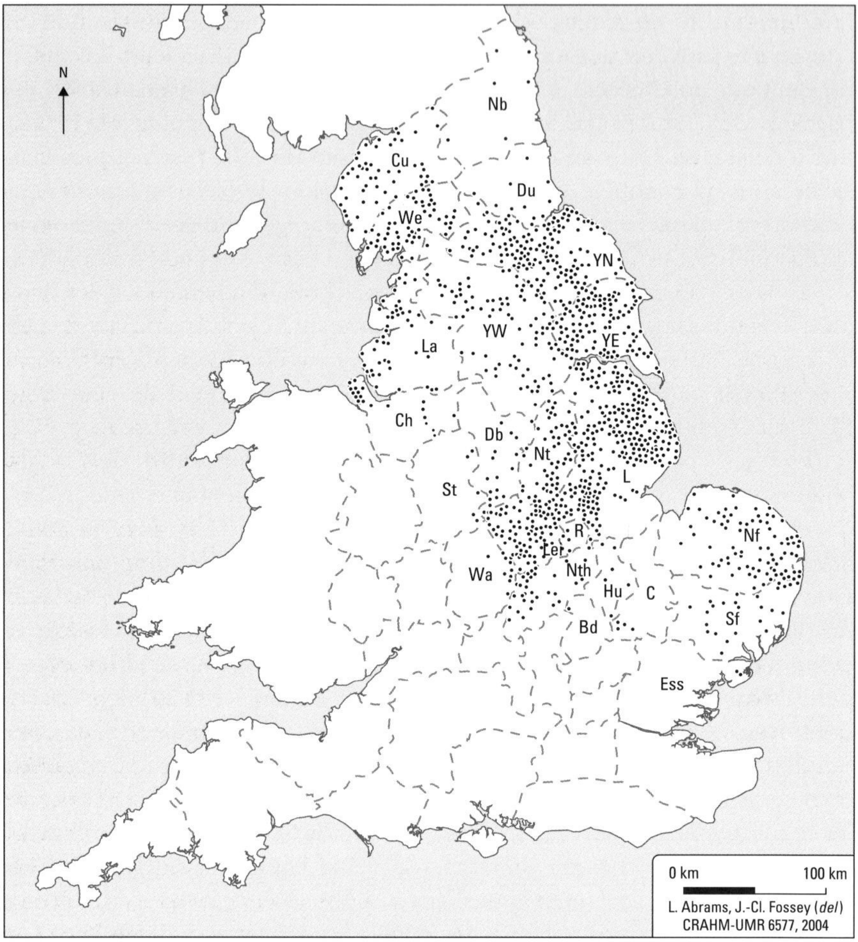

Carte 2 : Toponymes formés à partir d'éléments scandinaves (1086)
(d'après A.H. Smith, *English Place-Name Elements*, Cambridge,
English Place-Name Society, 25-26, 1956, carte 10).

nouvelle influence scandinave sur l'ensemble du royaume anglais après 1016 brouille l'image. Il est difficile, peut-être impossible, d'affirmer dans quelle mesure le caractère scandinave de l'Angleterre du XIe siècle est le fruit du règne du roi Cnut et de ses fils ou celui d'une survivance et d'un prolongement de la période des royaumes et des comtés du IXe siècle – ou de l'expansion de la domination des Saxons de l'ouest au Xe siècle. Certains chercheurs ont avancé que la démobilisation et l'installation des armées à la fin du IXe siècle expliquent la vitalité culturelle scandinave[19] ; d'autres ont proposé une migration tout au long du Xe siècle pour l'expliquer[20] ; d'autres l'ont attribuée au

19. F. M. STENTON, *Anglo-Saxon England*, 3e éd., Londres, 1971, p. 502-525.

20. K. CAMERON, *Place-Name Evidence for the Anglo-Saxon Invasion and Scandinavian Settlements*, Nottingham, 1987.

prestige culturel immense des premiers colonisateurs[21] ou à la création voulue d'une identité régionale opposée à celle des Saxons de l'ouest[22]. Malheureusement, la diffusion de la langue des immigrants et de leurs structures sociales et légales est difficile à reconstituer (et à dater). La poursuite des relations commerciales et des liens sociaux avec la Scandinavie entre les deux phases de la conquête a sans doute joué un rôle dans le renforcement de la culture scandinave en Angleterre. Ces relations commerciales et ces contacts n'ont apparemment laissé aucun écho dans les sources écrites, même si l'activité commerciale à l'intérieur de l'Angleterre et le commerce avec l'étranger peuvent être reconstitués en partie à l'aide des pièces et des fouilles de sites urbains[23]. En revanche, quelques-unes des caractéristiques distinctives du Danelaw ont peut-être précédé la colonisation danoise et représenteraient une diversité régionale antérieure. Ou alors, le processus d'unification du Xe siècle a peut-être fourni l'élan déterminant pour la création d'une identité anglo-scandinave[24].

L'assimilation culturelle visible dans l'Angleterre anglo-scandinave continue de soulever des questions sur la nature de la gouvernance des régions colonisées, à la fois précédant la réimposition de la domination politique anglaise et lui succédant. Malheureusement, les unités politiques scandinaves les plus anciennes établies en Angleterre par les rois et les jarls sont très obscures[25]. Si nous pouvions les cerner plus clairement, alors nous serions peut-être en mesure d'identifier la nature générale de ces régimes, qu'il s'agissait d'une prise de pouvoir par une élite essentiellement militaire ou d'une migration plus générale. Nous pourrions peut-être déterminer dans quelle mesure les envahisseurs ont fait table rase des coutumes préexistantes et ont inventé de nouvelles méthodes; nous pourrions savoir dans quelle mesure ils ont adopté les coutumes locales, en adaptant les institutions sociales, politiques et économiques de la vie anglo-saxonne à leurs fins propres, en exploitant l'Église et les hommes d'Église, en conservant enfin les structures foncières et les modes de gouvernement. Mais toute construction d'un modèle général nous induirait en erreur. Le peu que nous savons sur les premières entités administratives scandinaves témoigne de ce qu'elles mettaient en œuvre des modes très variés d'organisation politique et un degré de centralisation plus ou moins grand, allant de la confédération militaire basée sur des municipalités fortifiées à quelque-

21. P.H. SAWYER, *The Age of the Vikings*, 2e éd., Londres, 1971, p. 148-176.

22. M. INNES, « Danelaw identities : ethnicity, regionalism, and political allegiance », in *Cultures in Contact*..., p. 65-88.

23. P. GRIERSON et M. BLACKBURN, *Medieval European Coinage*..., p. 316-325, pour les pièces. Il existe une grande bibliographie à propos de York; voir R.A. HALL, « Anglo-Scandinavian attitudes : archaeological ambiguities in late ninth- to mid-eleventh-century York », in *Cultures in Contact*..., p. 311-324, pour un résumé récent; aussi A. VINCE, « Lincoln in the Viking Age », in *Vikings and the Danelaw*..., p. 158-179.

24. Quelques chercheurs ont souligné que la présence d'une culture scandinave n'indiquait pas forcément la présence des Scandinaves en tant que tels : M. INNES, « Danelaw identities... »; D. M. HADLEY, « Viking and native... ».

25. L. ABRAMS, « Edward the Elder's Danelaw ».

chose qui ressemblerait à un régime régalien traditionnel. Les sources ne nous permettent d'en voir que l'aboutissement, où l'assimilation a eu lieu, et non le processus. Pendant la deuxième moitié du Xe siècle, par exemple, après l'unification politique de l'Angleterre, des éléments de la jurisprudence danoise ont déjà trouvé leur place dans la loi anglo-saxonne. Une collection juridique du roi Edgar (mort en 975) fait usage de la terminologie scandinave en incluant l'emprunt lexical *lagu* (loi) ; elle donne explicitement aux «Danois» («*mid Dene*») (tous les résidents du Danelaw, même les Anglais indigènes) une liberté importante en matière de prise de décision et admet l'existence de différences régionales[26]. Le Code de Wantage du roi Éthelred en 997 utilisait également le vocabulaire scandinave et s'appliquait spécialement aux Five Boroughs, les cinq *burhs* danois : Leicester, Derby, Nottingham, Stamford et Lincoln[27]. Matthew Innes a récemment proposé que l'élaboration de lois fut un élément crucial dans l'articulation d'une identité danoise distincte, qui à son tour a contribué à définir la relation entre les colonisateurs et la population locale[28].

L'émission de monnaie montre une combinaison semblable entre imitation et innovation, avec un effet dynamique. Bien que les premières émissions de monnaie dans les régions scandinaves au sud de la rivière Humber imitassent les pièces produites par les Saxons de l'ouest, des nouvelles stratégies de frappe de monnaie, dynamiques et originales, furent rapidement mises au point; on fit venir des monnayeurs du continent et les zones de circulation furent contrôlées et définies d'une manière nouvelle[29]. Comme on peut le voir dans les pièces venant d'York, de nouveaux motifs ont été créés qui ne ressemblaient pas aux pièces anglaises et qui portaient, par exemple, le corbeau, l'épée, ou le marteau de Thor[30]. L'activité commerciale de villes telles que York et Lincoln se développa et les fouilles ont donné des indications claires quant au commerce et à l'influence de l'art scandinaves[31]. Les objets du Xe siècle trouvés en Est-Anglie et Lincolnshire par les détecteurs métalliques ont été fabriqués en Scandinavie ou produits en Angleterre en imitant les objets scandinaves[32]. Cette tradition continuait au XIe siècle.

26. La collection IV Edgar : voir P. WORMALD, *The Making of English Law : King Alfred to the Twelfth Century*, Oxford, 1999, p. 126-132, 317-320, 441-442.

27. III Éthelred. Voir P. WORMALD, *The Making of English Law*..., p. 327-329 et C. NEFF, «Scandinavian elements in the Wantage code of Æthelræd II», *The Journal of Legal History*, 10, 1989, p. 285-313. En 1008, dans son code VI Éthelred (ch. 37), Éthelred a fait une distinction entre «les districts régis par la loi anglaise» et ceux «régis par la loi danoise». Les lois de Cnut, compilées par l'archevêque Wulfstan, ont continué les traditions d'Éthelred; P. WORMALD, *The Making of English Law*..., p. 345-366.

28. M. INNES, «Danelaw identities...».

29. M. BLACKBURN, «Expansion and control : aspects of Anglo-Scandinavian minting south of the Humber», in *Vikings and the Danelaw*..., p. 125-142.

30. P. GRIERSON et M. BLACKBURN, *Medieval European Coinage*..., p. 316-325; M. DOLLEY, *Viking Coins of the Danelaw and of Dublin*, Londres, 1965.

31. Voir supra note 23.

32 S. MARGESON, «Viking settlement in Norfolk : a study of new evidence», in *A Festival of Norfolk Archaeology*, S. MARGESON *et al.* (éd.), Norwich, 1996, p. 47-57; K. LEAHY et C. PATTERSON, «New light on the Viking presence in Lincolnshire : the artefactual evidence», in *Vikings and the Danelaw*..., p. 181-202.

Les sculptures font preuve de la même combinaison dynamique[33]. Même si le Danemark, la Norvège, et la Suède (à l'exception de l'île de Gotland) ne semblent pas avoir eu de tradition de sculpture de la pierre à ce moment, dans l'Angleterre du xe siècle, le dieu Odin et le héros mythologique Sigurd apparaissent avec des motifs chrétiens sur des monuments funéraires du Danelaw, surtout dans le nord.

Les études linguistiques ont montré que le norrois a eu un impact important sur la langue anglaise[34]. En outre, un très grand nombre de noms de lieux ont été formés par des personnes parlant le norrois [voir carte 2][35]. Les langues scandinaves ont pu continuer à être pratiquées au xie siècle et au-delà. Les noms propres scandinaves se sont multipliés dans l'est de l'Angleterre, même aux xie, xiie et xiiie siècles[36]. Mais même si la langue norroise a exercé une grande influence sur l'anglais, ce dernier n'en reste pas moins la langue de la région. Et les centres de pouvoir seigneurial furent quasiment inchangés.

L'existence du Domesday Book et le témoignage qu'il nous fournit sur des noms de lieux anglais en 1086 ont permis à A. H. Smith de tracer sa carte des paroisses dont les toponymes sont en partie ou entièrement d'origine norroise [voir carte 2]. Cette carte soulève cependant le problème crucial de la restitution d'un contexte autour du processus d'assimilation culturelle qu'elle donne à voir si manifestement, du fait que la date de formation de ces noms de lieux est loin d'être clairement établie. Certains chercheurs ont proposé que ces noms pourraient nous fournir des indications sur les premières générations de colonisateurs scandinaves au cours du ixe siècle ; ils pourraient aussi dériver de dialectes anglais influencés par le norrois à partir du xe siècle ; une troisième possibilité serait qu'ils représenteraient l'influence de la langue scandinave parlée par les Danois qui suivirent Cnut au début du xie siècle. Quelle que soit la réponse – et je préfère surtout la première option, pour des raisons linguistiques et historiques – les noms de lieux témoignent de la présence de nombreux locuteurs norrois et d'un impact important sur les dialectes anglais avant la conquête normande[37]. Il apparaît clairement que l'impact scandinave provenait d'une combinaison de plusieurs éléments : le nombre des immigrants, leur statut social, les stratégies politiques de leurs élites et la réaction des aristocraties indigènes. Sans doute ces éléments – et donc l'impact – variaient d'une région à l'autre, et même à l'intérieur d'une région.

Le processus d'assimilation continue donc à échapper à toute tentative de définition exacte. Après les conquêtes des territoires au sud de la Humber par

---

33. R. N. BAILEY, *Viking Age Sculpture in Northern England*, Londres, 1980.

34. A. C. BAUGH et T. CABLE, *A History of the English Language*, 5e éd., Londres, 2002 (ch. 4).

35. G. FELLOWS-JENSEN, « To divide the Danes from the Norwegians : on Scandinavian settlement in the British Isles », *Nomina*, 11, 1987, p. 35-60.

36. D. N. PARSONS, « *Anna, Dot, Thorir*... Counting Domesday personal names », *Nomina*, 25, 2002, p. 29-52.

37. L. ABRAMS et D. N. PARSONS, « Place-names and the history of Scandinavian Settlement in England », in *Land, Sea and Home. Proceedings of a Conference on Viking-Period Settlement*, J. HINES *et al.* (éd.), Leeds, 2004, p. 379-431.

le roi Édouard l'Ancien en 917, il est possible que des *jarls* danois furent autorisés à conserver leurs terres[38]. Ainsi, quelques Scandinaves au moins ont pu conserver leur position de pouvoir sous le nouveau régime anglo-saxon. On peut les apercevoir aux côtés du roi dans les listes de témoins des chartes dans les années 930 et après[39]. Les rois d'un royaume à peine unifié ont dû trouver utile les hommes ayant un pouvoir au niveau local, qui serviraient leurs intérêts. Le compromis et la coopération auraient donc été bénéfiques aux deux parties. Niels Lund et, plus récemment, Patrick Wormald, ont identifié en la personne du roi Edgar (957-975) un acteur potentiel de l' «entente» avec la population danoise d'Angleterre lors de la seconde moitié du Xe siècle[40]. Lui seul avait, selon ces listes de témoins, des *thegns* (*ministri*) scandinaves à sa cour. La seule note discordante dans le panégyrique d'Edgar par Wulfstan, tel qu'il apparaît dans la *Chronique anglo-saxonne*, est «qu'il affectionnait les vilaines coutumes étrangères et permit trop de pratiques païennes dans le pays» [41]. L'usage ultérieur de la loi d'Edgar pendant le règne de Cnut suggère que celle-ci «sous-tendait le compromis anglo-danois» [42].

Les contacts entre la Normandie et les territoires scandinaves se relâchèrent, lors du premier quart du XIe siècle, quand les Normands furent davantage préoccupés par l'instabilité interne et l'apparition de nouvelles ouvertures dans le monde méditerranéen. Au même moment, l'Angleterre conserva des liens forts avec la Scandinavie même après la mort du dernier roi anglo-danois Harthacnut en 1042[43]. Quelques-unes des plus grandes familles d'Angleterre du XIe siècle, comme les tristement célèbres Godwins, avaient des relations scandinaves. Ni les Danois ni les Norvégiens n'avaient renoncé à leurs ambitions anglaises, et ce fait explique que ses rois rejoignirent les rangs de ceux qui se battaient pour le magnifique trophée qu'était l'Angleterre après la mort du roi Edouard le Confesseur en 1066. Aux Xe et XIe siècles, des missionnaires anglais furent envoyés en Norvège, en Suède et au Danemark pour convertir les populations au Christianisme[44]. Au XIIe siècle, ce contact ecclésiastique s'intensifia; les relations commerciales aussi continuèrent entre les ports anglais et scandinaves. À la différence de la Normandie, qui s'éloigna du monde nordique, l'Angleterre et la Scandinavie gardèrent des liens très étroits, même après que le dernier roi anglo-saxon ait cédé sa couronne à un homme qui avait des origines scandinaves bien différentes : Guillaume le Conquérant.

38. C. HART, *The Danelaw*, p. 226-227.

39. P. H. SAWYER, *Anglo-Saxon Charters. An Annotated List and Bibliography*, Londres, 1968, nos 405, 407, 416-27, 674, 679, 712, et 716, par exemple.

40. N. LUND, «King Edgar and the Danelaw», *Mediaeval Scandinavia*, 9, 1976, p. 181-195; P. WORMALD, *The Making of English Law*..., p. 131-134.

41. *Anglo-Saxon Chronicle* D, s.a. 959.

42. P. WORMALD, *The Making of English Law*..., p. 131.

43. L. ABRAMS, «England, Normandy and Scandinavia», in *A Companion to Anglo-Norman Studies*, C. HARPER-BILL et E. VAN HOUTS (éd.), Woodbridge, 2003, p. 43-62.

44. L. ABRAMS, «The Anglo-Saxons and the Christianization of Scandinavia», *Anglo-Saxon England*, 24, 1995, p. 213-249.

Les fondations scandinaves en Irlande

Olivier Viron*

Les fondations scandinaves en Irlande s'inscrivent dans la longue durée : les Vikings apparaissent à l'aube du IXe siècle sur les côtes de l'Irlande et leurs descendants n'en sont chassés par les Anglo-Normands qu'en 1171. Durant ces presque quatre siècles, ils développent leurs établissements en autant d'interfaces entre l'Irlande et l'extérieur et ouvrent ce pays aux évolutions qui touchent alors le reste de l'Europe. La longévité de ces établissements norvégiens et danois dans l'espace irlandais ne cesse d'étonner, mais l'originalité de ces fondations nordiques tient encore davantage à la permanence de leur situation périphérique. Nous voulons montrer dans cet article que les fondations scandinaves s'inscrivent durant tout ce temps dans une triple situation périphérique : géographique tout d'abord, puisque les Vikings et leurs descendants n'ont jamais pu occuper durablement le centre du pays et ont dû se résoudre à demeurer dans leurs comptoirs installés sur les côtes de Leinster et de Munster; économique ensuite, car ils ont développé à leur niveau le commerce et les villes dans une économie rurale, dominée par l'élevage et les rapports de clientèle; sociale enfin, car malgré des formes d'acculturation manifeste, les Scandinaves n'ont jamais intégré la société irlandaise et sont demeurés jusqu'au XIIe siècle ces étrangers décriés par nos sources.

La période des premières installations : l'inscription dans un cadre périphérique (IXe siècle – milieu Xe siècle)

L'apparition des Scandinaves sur les côtes irlandaises participe à la même chronologie que celle du reste de l'Europe du nord; c'est en 795 que les annalistes irlandais relèvent, pour la première fois, les pillages effectués par des païens sur

* Docteur en Histoire médiévale, Université de Paris I-Sorbonne/LAMOP.

les îles de Bretagne et d'Irlande[1]. Jusqu'en 837, ces Vikings, en majorité norvégiens, effectuaient des raids isolés et rapides, en particulier sur les monastères; ils emportaient les richesses, emmenaient des prisonniers destinés aux marchés d'esclaves, tuaient ceux qu'ils ne pouvaient acheminer et repartaient en ne laissant derrière eux que ruines et désolation. La communauté de Iona, fondée au VIe siècle par Colomba, fut la première à en être victime; elle avait été attaquée en 795 puis en 802[2]. En 806, ce furent encore soixante-six moines qui y trouvèrent la mort et les reliques du saint fondateur furent jetées à la mer. Le même sort frappa Bangor en 824 : les pillards ravagèrent l'abbaye, massacrèrent les clercs et brisèrent le reliquaire de saint Comgal[3]. Devant le peu de résistance des Irlandais, ces groupes de Vikings pénétrèrent toujours plus avant dans les terres, suivant les cours d'eau et les lacs pour atteindre les monastères, que les populations locales étaient bien en peine de défendre. Les annalistes rapportent bien ça et là quelques victoires irlandaises[4], mais les chefs des grandes dynasties étaient peu prompts à réagir, les pillages de monastères, sans être monnaie courante, étant en effet une des formes de la guerre pratiquée par les Irlandais. Le premier haut roi d'Irlande à les rencontrer en personne fut Niall Caille (833-846), juste après son avènement en 833; à cette date, il s'agissait encore de combattre de simples bandes de pillards, mais Niall Caille fut forcé de réagir devant la force et la persistance de leurs agressions[5].

La phase suivante de leurs incursions se distingue par le développement et l'ampleur de leurs opérations et par les premières tentatives d'installation permanente. Cette phase débuta en 837 quand deux flottes d'une soixantaine de navires pénétrèrent dans les estuaires de la Liffey et de la Boyne; les envahisseurs mirent à sac les régions alentour, celles du Brega et de Leinster[6]. C'est dans le même temps qu'apparut à l'ouest un personnage semi-légendaire, le norvégien Turgéis (*Thorgestr*?) que les sources irlandaises dépeignent comme un chef de guerre éminent[7]; sa flotte mouilla en 839 sur le Lough Neagh, dont

1. *The Annals of Ulster (to A.D. 1131)*, S. MAC AIRT et G. MAC NIOCAILL (éd.), Pt I, *Text and translation*. Dublin, 1983 [ci-après *AU*]. *AU* 795 : «*Loscadh Rechrainne o geinntib & Scí do choscradh & do lomradh*» : «L'incendie de Rechru par les païens, et Scí fut submergée et dévastée».

2. *Ibidem*, 802, 806.

3. *Cogadh Gaedhel re Gallaibh (The war of the Gaedhil with the Gaill or the invasions of Ireland by the Danes and other Norsemen)*, J. H. TODD (éd.), Londres, 1867 (réimpr. 1966), chap. VI : «*ocus ro airgset Bencur Ulad, ocus ro brisitar scrin Comgaill, ocus ro marbadar a epscop, ocus a suidí, ocus a sruthi*» : «et ils ravagèrent Benchur des Ulad, et ils brisèrent le reliquaire de Comgaill, tuèrent son évêque, ses savants et ses sages».

4. *AU* 806, 812.

5. J. RYAN, «Pre-norman Dublin», in *Medieval Dublin, the making of a Metropolis*, H. B. CLARKE (éd.), Dublin, 1990, p. 114.

6. *Cogadh Gaedhel...*, chap. XII : «*Tancatar iarsin .u. longa ocus tri fichit, cor gabsat in Dublind Atha Cliath, ocus ro hinred Lagin co fargi leo, ocus Mag mBrega*» : «Ensuite arrivèrent soixante-cinq vaisseaux, qui débarquèrent à Dublin d'Ath Cliath, et ils pillèrent le Leinster jusqu'à la mer et la Plaine de Brega».

7. *Ibidem*, IX : «*Tanic íarsin ríglonges adbulmór la Turgeis, i tuascert Erinn, ocus ro gab rígi Gall Erend, ocus ro hinred tuascert Erenn leo, ocus ro scailset fo Leith Cuind*» : «Une flotte royale considérable arriva ensuite avec Turgéis dans le nord de l'Irlande, et il prit la souveraineté des étrangers d'Irlande, et ils pillèrent le nord de l'Irlande et se répandirent sur tout *Leth Cuinn* (= la moitié nord) ».

il fit une base d'opérations durant près de cinq ans pour ses ravages dans tout le nord du pays. En 844, il descendit finalement vers le Lough Ree, pilla les royaumes de Mide et de Connacht, avant d'être capturé par le haut roi d'Irlande, Maél Sechnaill Ier, qui le fit noyer dans le Lough Owell[8]. Mais d'autres chefs mettaient déjà sur pied de nouvelles expéditions, et la période 845-852 foisonne de mentions de leurs déprédations dans toutes les régions d'Irlande. On le constate, l'ampleur des pillages surprend les Irlandais, qui ne s'organisent vraiment qu'au milieu du IXe siècle pour faire face à ces armées étrangères. Les *Annales des Quatre Maîtres*[9] signalent alors les victoires sur les païens ; 700 sont tués en 846 dans le nord, 1200 sont massacrés par une coalition composée des rois de Munster et de Leinster à la bataille de Sciath Neachtain la même année. Les colonies embryonnaires que les Scandinaves avaient fondées sur les côtes irlandaises sont alors submergées et anéanties, Cork en 846 et Dublin en 849.

L'apparition de flottes de grande envergure coïncide avec les tentatives d'installation de comptoirs permanents. À cette date, les navigateurs scandinaves cherchaient un havre pour leurs navires, couplé avec un site défensif, deux exigences qu'ils trouvèrent, dès 827, dans l'estuaire de la Liffey au niveau de son confluent avec la rivière Poddle. En 841 était érigé un port fortifié (irl. *longphort*), dont une partie de la première fortification, composée d'une levée de terre surmontée d'une palissade, a été mise au jour lors des fouilles récentes de Dublin[10]. Le mot *longphort*, s'appliquait également à un autre établissement, celui d'Annagassan[11] (*Linn Duachaill*), sur un confluent[12] plus au nord, dans le comté actuel de Louth. Le terme *longphort* est utilisé à plusieurs reprises par les annales ecclésiastiques : en 841 quand les navigateurs s'installent pour la première fois à l'embouchure de la Liffey, en 849 quand l'établissement est ravagé par les Irlandais, ou en 851 lorsque les Danois s'invitent et massacrent les garnisons norvégiennes de Dublin et d'Annagassan[13]. Il s'agissait sans doute à Dublin d'un site d'île, comme ceux que les Scandinaves affectionnaient durant leurs expéditions en Europe, un site qui permettait de mettre à l'abri les navires, mais que l'on pouvait abandonner rapidement en cas de revers. C'est le même attrait géographique qui explique l'attirance des navigateurs scandinaves pour le site de Cork.

8. *AU* 845.

9. *Annala rioghachta Eireann : Annals of the kingdom of Ireland by the Four Masters, from the earliest period to the year 1616*, J. O'DONOVAN (éd.), 7 vol., Dublin, 1851 (réimp. New York, 1966) [ci-après *AFM*].

10. P. F. WALLACE, : « Archaeology and the emergence of Dublin as the principal town of Ireland » in *Settlement and society in medieval Ireland*, J. BRADLEY (éd.), Kilkenny, 1988, p. 123-160.

11. *AU* 841 : « *Longport oc Linn Duachaill asar orta túatha & cealla Tethbai* » : « Il y eut un *longphort* à Linn Duachaill d'où les *túatha* (« tribu », peuple ou territoire de ce peuple) et les églises de Tethba furent pillées ».

12. P. HENRY, *Irish Art during the Viking invasions (800-1200 A.D.)*, Londres, 1967, p. 24.

13. *AU* 851 : « *Tetact Dubgennti du Ath Cliath co ralsat ár mór du Fhinngallaibh & coro shlatsat in longport eitir doine & moine. Slat do Dubhgenntib oc Lind Duachail & ar mór diib* » : « Les païens noirs (les Danois?) arrivèrent à Áth Cliath, firent un grand massacre des étrangers aux cheveux clairs (les Norvégiens?) et pillèrent le *longphort*, les gens et les biens. Les païens noirs firent un raid sur Linn Duachaill et un grand nombre d'entre eux furent tués ».

La première référence à leur présence dans ce havre littoral date de 848, quand Olchobar, roi de Cashel, après ses victoires à Sciath Nechtain et Dún Male Tuile, met le siège devant le *dún* viking de Cork[14]. *Longphort*, *dún*, ces deux mots dévoilent en partie l'image des infrastructures concernées. À Cork, c'est le terme de *dún* qui est employé pour désigner l'établissement, ce qui renforce l'idée d'une clôture de bois surmontant un remblai de terre. Selon Charles Doherty, le terme *dún* évoque un établissement permanent, opposé à *dúnad*, qui ne serait que provisoire, évoquant davantage le camp militaire de campagne[15]. Ceci expliquerait pourquoi le terme de *dún* n'est utilisé pour Dublin qu'après 944, deux décennies après que les Scandinaves eurent choisi d'installer à Dublin une colonie permanente. En effet, avant cette époque, les fouilles effectuées à Fishamble Street et Temple Bar West révèlent une phase limitée d'aménagement, avec des habitations ouvertes sur les rives de la Liffey, jouxtant le *longphort* défensif situé plus au sud, sur le cours de la rivière Poddle[16]. Il semble donc qu'avant le début du Xe siècle, nous n'ayons pas à faire à des établissements prévus pour s'inscrire durablement dans le paysage, mais tout au plus à des bases de repli destinées à regrouper le fruit des rapines, à rassembler les esclaves destinés aux marchés extérieurs, ou à commercer avec les autres marchés côtiers de la mer d'Irlande.

Ce faible développement des établissements scandinaves en Irlande au cours du IXe siècle s'explique par trois raisons : la première tient à l'hostilité marquée des populations irlandaises, dont les rois s'emparent à plusieurs reprises des bastions littoraux : Cork en 848, Dublin en 849, en 876 puis en 902[17]. La seconde tient à l'incapacité des Norvégiens et des Danois de remporter sur les Irlandais une victoire décisive; les structures politiques de l'Irlande médiévale sont telles que les dynasties locales sont toujours prêtes au combat; quand les Vikings apparaissent à York en 867, le royaume de Northumbrie tombe entre leurs mains en une seule bataille. La mort du roi entraîne la disparition de son royaume[18]. En Irlande, la mort du roi n'altère pas son royaume mais libère les initiatives guerrières des prétendants au trône, et le vainqueur prouve sa valeur en attaquant les Scandinaves. La troisième explication au lent essor des comptoirs, de celui de Dublin en particulier, tient aux aspirations des chefs vikings qui tournent leurs yeux davantage vers l'Angleterre que vers l'Irlande[19]. À partir du dernier quart du IXe siècle, les chefs de Dublin convoitent York, et quand ils sont chassés de Dublin en 876, laissant derrière eux une population dont nous ne percevons

14. *AFM* 846, *Chronicon Scottorum. A chronicle of Irish Affairs from the Earliest Times to AD 1135*, W. M. HENNESY (éd.), Londres, 1866, 848.

15. Ch. DOHERTY, «The Vikings in Ireland, a review», in *Ireland and Scandinavia in the early Viking Age*, H. B. CLARKE, M. NÍ MHAONAIGH et R. Ó FLOINN (éd.), Dublin, 1998, p. 326.

16. L. SIMPSON, «Forty years-a-digging : a preliminary synthesis of archaeological investigations in medieval Dublin», in *Medieval Dublin I*, S. DUFFY (éd.), Dublin, 2000, p. 24.

17. D. Ó CORRÁIN, *Ireland before the Normans* (Gill History of Ireland, II), Dublin, 1972, p. 95.

18. F.J. BYRNE, *Irish Kings and High-Kings*, Dublin, 1971 (réimpr. 2000), p. 30.

19. Voir à ce sujet l'ouvrage controversé mais fort intéressant de A. P. SMYTH, *Scandinavian York and Dublin. The history and archaeology of two related kingdoms*, 2 vol., Dublin, 1975-1979.

pas aujourd'hui le nombre, ils ne cherchent pas à y revenir avant quarante ans, occupés qu'ils sont à se maintenir en Northumbrie.

Cette première période de fondations scandinaves est donc marquée par l'installation d'une série de comptoirs littoraux, dont l'économie reposait sur le pillage et le butin pris sur les régions qui les entouraient. Cette économie de prédation ne pouvait favoriser l'émergence d'une structure véritablement urbaine, tout au plus l'édification de quelques défenses destinées à protéger des installations tournées vers la mer.

LA NAISSANCE DES CITÉS HIBERNO-SCANDINAVES (MILIEU Xe SIÈCLE - MILIEU XIe SIÈCLE)

Le retour de la dynastie dublinoise en la personne de Sitric Cáech en 917 marque une nouvelle étape, celle de la fondation effective des premières villes hiberno-scandinaves. Le retour de la dynastie de Dublin dans ses terres irlandaises est en partie le fruit des revers subis autour de la cité de York. Soumis à la pression constante des forces anglaises (victoires du roi de Mercie Æthelstan en 917 et en 934), les chefs vikings cherchèrent d'abord un espace de repli. Mais ce retour répondait aussi à des aspirations nouvelles; il ne s'agissait plus, en effet, d'installer de simples bases de prédation, mais de fonder des établissements, destinés à former autant de comptoirs permanents. Pour cela, Sitric Cáech et ses successeurs s'efforcèrent d'atteindre trois objectifs nécessaires : améliorer leurs relations avec les Irlandais pour établir une certaine quiétude dans la région, se doter des moyens de la prospérité, c'est-à-dire un arrière-pays agricole et des débouchés commerciaux, organiser enfin les infrastructures indispensables à l'encadrement de ces activités.

Les relations avec les rois irlandais ne formèrent pas immédiatement la première des priorités. Dès leur retour, les Dublinois attaquèrent Kildare[20] et les monastères de la région pour se réapprovisionner. L'année suivante, venu les rejeter à la mer, le haut roi d'Irlande Niall Glundub, à la tête d'une forte coalition, trouva la mort à *Duiblinn*, près du gué d'Islandbridge[21]. Un peu plus tard, un des successeurs du roi de Dublin, Amlaib, fit l'erreur de brûler Clonmacnoise et le nouveau haut roi d'Irlande, Donnchad Donn, ravagea le comptoir en représailles. C'est avec Amlaib Cúarán (vn. *Oláfr Kváran*) (945-980) que la politique d'installation définitive en Irlande put être organisée. Amlaib épousa la fille du roi d'une puissante dynastie de Leinster dans les années 950,[22] et leur fils Sitric épousa en son temps Sláine, la fille de Brian Bórama, roi de Munster[23]. Amlaib Cúarán inaugura ainsi la série des rois

20. *AFM* 915 (= 917), 916 (=918).

21. *Ibidem*, 917.

22. H. B. Clarke, «Proto-Towns and Towns in early Ireland and Britain in the ninth and tenth centuries» in *Ireland and Scandinavia*..., p. 362.

23. E. Curtis, «Norse Dublin», in *Medieval Dublin, the making of a Metropolis*, H. B. Clarke (éd.), Dublin, 1990, p. 107.

scandinaves qui ont laissé dans l'histoire la mémoire de leur acculturation. C'est sans doute sous sa direction qu'avant la fin du Xe siècle, Dublin possédait déjà un territoire que les sources irlandaises nommaient *crích Gall* « le territoire des étrangers »[24]. Plus tard ce territoire fut appelé *Fine Gall* par les Irlandais et *Dyflinaskiri* par les Scandinaves et s'étendait sans doute au nord jusqu'à Skerries, à l'ouest jusqu'à Leixlip, [25] et au sud peut-être jusqu'à Arklow[26]. Cet arrière-pays agricole fournissait à la population dublinoise les produits de base nécessaires à sa consommation quotidienne, que ce soit les produits alimentaires, lait, viande, fruits, légumes et grains ou les matières premières pour la construction et l'artisanat, bois, lin et chanvre. La dépendance de Dublin envers son arrière-pays nous pose le problème des structures de production. John Bradley pensait que les Dublinois étaient si dépendants de cet espace, qu'ils ne pouvaient l'avoir laissé entre les mains des Irlandais. Il proposait donc l'idée d'une colonisation massive et de la création autour de Dublin d'un vaste espace agricole, composé d'exploitations de type scandinave, d'où les Irlandais auraient été chassés[27]. Les recherches archéologiques récentes laisseraient plutôt entrevoir aujourd'hui un espace périphérique sous le contrôle immédiat de Dublin, où la population irlandaise restée sur place payait tribut[28], comme le faisaient ses coreligionnaires dans le reste de l'Irlande. Au-delà de cette périphérie, les Scandinaves pillaient et commerçaient à loisir, selon les circonstances, et ils allaient chercher des esclaves, dont le nombre venait grossir le flux des activités commerciales de la cité en expansion.

Les fouilles de Fishamble Street et Temple Bar dans les années 1970-1980 ont révélé une phase limitée d'habitat au IXe siècle, suivie d'une phase active de développement qui commence avec Amlaib Cúarán au milieu du siècle suivant. Le vocabulaire qui qualifie l'implantation scandinave évolue à partir de cette époque. La *Vie de saint Cóemgen* (Kevin), qui date de la fin du XIe siècle, évoque la « ville » (*civitas*) d'Ath Cliath située à Dubhlinn[29]. Peut-on suivre cet hagiographe et utiliser avec lui le terme de ville pour qualifier ces implantations hiberno-scandinaves? Si nous prenons les modèles permettant d'appréhender la réalité des cités au Moyen Âge – des fortifications, une concentration d'hommes et de capitaux, des activités artisanales et marchandes, le contrôle d'un arrière-pays agricole et la permanence de

24. Quand Dublin est ravagée en 980 par les troupes du haut roi d'Irlande Máel Sechnaill II, celui-ci affranchit tous les esclaves irlandais vivant sur « le territoire des étrangers » *Chronicon Scotorum* 978; *AFM* 979.

25. D. GREENE, « The evidence of place-names in Ireland », in *The Vikings : Proceedings of the faculty of arts symposium of Uppsala Universit, June 6-9, 1977*, T. ANDERSSON et K. I. SANDRED (éd.), Stockholm 1978, p. 119-123.

26. J. BRADLEY, « The interpretation of rural Scandinavian settlement », in *Settlement and Society...*, p. 49-75.

27. *Ibidem.*

28. A. SIMMS et P. FAGAN, « Villages in County Dublin : their origins and inheritance », in *Dublin city and county : from prehistory to present, studies in honour of J.H. Andrews*, F.H.A. AALEN et K. WHELAN (éd.), Dublin 1992, p. 89.

29. *Vitae Sanctorum Hiberniae*, Ch. PLUMMER (éd.), 2 vol., Oxford, 1910, t. 1, p. 249.

structures politiques et administratives, même sommaires – il nous faut constater que Dublin, et les autres cités hiberno-scandinaves sans doute, intégraient déjà les critères qui définissaient une ville. Des fortifications de terre et de bois avaient été érigées autour de ces comptoirs avant d'être remplacées, à une date inconnue, par des fortifications de pierre; ainsi à Wexford, ce sont bien des murs de pierre que le chroniqueur gallois Giraud de Cambrie décrit en 1170[30]. Quant aux défenses de Dublin, elles étaient suffisamment efficaces pour résister au siège de plusieurs mois mis en place par le roi Brian Boru en 1013,[31] pour repousser l'assaut des troupes de Strongbow en 1170 et de celles de O'Connor l'année suivante[32]. À Dublin, ces fortifications délimitaient un espace clos d'environ 12 hectares, bâti sur le bord du confluent de la Liffey et de la Poddle, que les lits profonds protégeaient naturellement au nord et à l'est. Des maisons d'un style commun à l'Europe du nord s'y serraient, séparées par des clôtures qui délimitaient pour chacune un petit enclos. Elles ouvraient sur des rues qui serpentaient plus haut jusqu'à un fort, que les rois scandinaves de Dublin avaient fait ériger sur l'angle sud-est de la cité. Au nord, le terrain descendait en pente douce jusqu'au fleuve, sur les berges duquel se concentraient les activités marchandes et les entrepôts, que les fouilles de Wood Quay ont permis de mettre au jour[33]. À l'est, au pied des fortifications, comme une excroissance de la rivière Poddle, un étang immergeant des terres basses et tourbeuses avait accueilli les premiers navires Vikings et avait offert, dès l'origine, un des deux noms à la cité : *Dubh Linn* «l'étang noir». Au-delà, toujours vers l'est, une hauteur accueillait le *thing*, le *Thengmota* des textes anglo-saxons, qui servait de place officielle pour les assemblées publiques et pour les affaires judiciaires de la cité[34]. Enfin, à partir du xe siècle, les Dublinois se convertirent au christianisme, même si nous percevons çà et là un certain nombre de résistances. Le roi de Dublin Sitric fonda vers 1030 l'église de la Sainte-Trinité (aujourd'hui Christ Church), et cinq églises s'élevaient en ville avant 1171.

Le Dublin du milieu du xie siècle s'apparentait à un établissement proto-urbain, dont l'activité principale reposait sur le commerce. Celui-ci se faisait dans deux directions; l'une plaçait Dublin au centre d'un territoire commercial et maritime intégré, qui reliait l'Islande et la Norvège, l'Écosse, les Hébrides et les Orcades. La preuve la plus manifeste de cette situation est illustrée par la tentative du roi de Norvège Magnus «aux jambes nues» (1098-1113) pour contrôler Dublin en 1101-1104 et revendiquer un pouvoir norvégien sur les établissements nordiques de la mer d'Irlande. L'autre direction du commerce dublinois établissait la cité maritime comme une interface commerciale entre

30. *Expugnatio Hibernica, by Giraldus Cambrensis,* A. B Scott et F.X. Martin (éd.), Dublin, 1978, p. 32.

31. *Cogadh Gaedhel*..., chap. LXXXVI.

32. *AU* 1170

33. P. F. Wallace, *Viking and Norman Dublin : The Wood Quay excavations*, Dublin, 1985.

34. H. B. Clarke, «The Topographical Development of early Medieval Dublin», in *Medieval Dublin, the making of a Metropolis*, H. B. Clarke (éd.), Dublin, 1990, p. 114.

l'Irlande et l'extérieur. Par les ports scandinaves, les Irlandais exportaient des objets de luxe, mais surtout des produits agricoles et des esclaves[35]. Les comptoirs Scandinaves importaient de l'ambre, du fer et du vin, en particulier de Normandie. Les débouchés ont évolué au cours du temps. Les marchés côtiers de la mer d'Irlande au xe siècle furent délaissés au profit de Chester et Bristol, puis du marché de Rouen, où les Dublinois vendaient leurs esclaves jusqu'au xie siècle[36]. La vie s'organisait autour des activités marchandes et artisanales, le travail du métal, dont le bronze et un alliage de cuivre, le travail de l'os, la filature, etc. Le peu de découvertes de produits artisanaux hiberno-scandinaves en dehors d'Irlande plaide en faveur d'une consommation locale des produits artisanaux fabriqués dans ces villes. Les Dublinois étaient capables de subvenir seuls à leurs besoins et les fouilles nous ont permis de découvrir en partie leurs habitudes alimentaires. Nous savons par les relevés systématiques effectués à Wood Quay et Fishamble Street qu'ils élevaient en ville de petits animaux (ovins, caprins), mais qu'ils faisaient venir le gros bétail de leur espace périurbain[37]. Nous savons par ailleurs, à travers des sources différentes, qu'ils pratiquaient la pêche, ce que ne faisaient pas leurs voisins irlandais. Les annales évoquent des campagnes de pêche au marsouin en 828,[38] une source arabe celle de la baleine au xie siècle[39]. Leur arrière-pays agricole fournissait des céréales – froment, orge, avoine – et des fèves, sous forme de tribut ou de taxes, et les sources irlandaises signalent que les rois des xie et xiie siècles fournissaient encore au roi de Dublin le malt, le sel, la viande et les bougies pour avoir le droit de commercer en ville[40].

À n'en pas douter, la cité était prospère et les rois irlandais ne s'y trompaient pas : en 989, le haut roi Máel Sechnaill II imposa une taxe d'une once d'or pour chaque manse (irl *garrdha* = maison et dépendance) payable en une fois chaque année à Noël[41] ; en 1022, c'est le roi de Brega qui imposa le versement de 1 200 vaches aux Dublinois et quand Rúaidrí O'Conor devint haut roi d'Irlande en 1166, c'est un *tuarastal* (taxe) de 4 000 vaches qu'il exigea de ceux que les Irlandais considéraient toujours comme des étrangers[42].

35. P. HOLM, «The Slave Trade of Dublin, ninth to twelfth centuries», *Peritia* 5 (1986), p. 317-345.

36. L. MUSSET, «La Seine normande et le commerce maritime du IIIe au XIe siècle», *Revue des Sociétés Savantes de Haute-Normandie*, 53 (1969), p. 3-14; cf. D. PELTERET, «Slave raiding and slave traiding in early England», *Anglo-Saxon England*, 9 (1981), p. 109.

37. P.F. WALLACE, «The economy and commerce of Viking-age Dublin», in *Untersuchungen zur Handel und Verkher der Vor-und-Frühgeschichtlichen Zeit in Mittel und Nord Europa*, K. DÜWEL, H. JANKHUN, H. SIEMS et D. TIMPE (éd.), Göttingen, 1987, p. 200-245.

38. *AU* 828 : «*Mucar már di muccaibh mora i n-airer n-Ardde Ciannachta o Gallaibh*» : «un grand massacre de marsouins sur la côte de Ard Cianachta par les étrangers».

39. D. JAMES, «Two medieval Arabic accounts of Ireland», *Journal of the Royal Society of Antiquaries of Ireland*, 108, 1978, p. 5-9.

40. R.A.S. MACALISTER, *The Book of the Uí Maine, otherwise known as the 'Book of the O'Kellys'*, Facsimiles in Collotype of Irish Manuscripts IV Dublin, Dublin, 1942, fol. 69 r, col. B, l. 9-13; D. O'CORRÁIN, «Ireland, Wales, Man and the Hebrides», in *The Oxford illustrated history of the Vikings*, P.H. SAWYER (éd), Oxford, 1997, p. 107-108.

41. *AFM* 988.

42. J. RYAN, «Pre-Norman Dublin» (cit. n. 5), p 122.

UNE INTÉGRATION DANS L'ESPACE SOCIAL INACHEVÉE (MILIEU XIe SIÈCLE – FIN XIIe SIÈCLE)

La situation des villes hiberno-scandinaves dans l'espace irlandais est paradoxale. Les chefs des principales dynasties irlandaises, d'abord très hostiles, utilisèrent bien vite les ressources en hommes et en capitaux dont ces villes disposaient, au point qu'à partir du milieu du XIe siècle, ces dernières perdirent leur indépendance. Nos textes révèlent des signes manifestes d'une certaine acculturation, confirmée par les fouilles effectuées notamment à Dublin depuis les années 1960. Il est pourtant indéniable que ces populations sont toujours qualifiées d'étrangères dans ces sources jusqu'à la fin du XIIe siècle et que cette exclusion tient autant aux structures de la société irlandaise qu'à la volonté exprimée par les Scandinaves de conserver jusqu'à la conquête anglaise une certaine autonomie.

L'attitude des rois irlandais à leur égard est caractéristique d'une évolution des mentalités envers les populations hiberno-scandinaves. On peut discerner trois formes de comportement chez les Irlandais, trois démarches qui se chevauchent et se succèdent et qui parfois s'entremêlent. Au cours d'une première étape, celle qui couvre la période des expéditions vikings jusqu'à la fin du Xe siècle, alors que ces cités n'étaient encore que des bases d'opérations pour des pillages intérieurs, la plupart des rois insulaires les combattirent avec acharnement[43]. Une telle détermination ne répondait pas qu'à des objectifs de défense des populations placées sous leur autorité ; il nous faut, en effet, constater que c'est très souvent peu de temps après leur avènement que les rois irlandais d'une certaine importance attaquèrent Dublin, Cork, Limerick ; Niall Caille en 833, Niall Glundub en 919, Mathgahmain de Munster en 968, Máel Sechnaill en 980. Or l'étude des sources irlandaises offre une image contrastée, comme si les cités scandinaves servaient aux rois irlandais à légitimer un pouvoir dynastique qui ne cessait de se renforcer dans une société en voie de militarisation[44]. L'objectif de la victoire sur les ennemis communs permettait aux rois d'établir une véritable souveraineté et de contrôler des forces que le simple jeu des relations dynastiques n'aurait pu justifier. Une telle évolution n'était pas sans rappeler certains processus de féodalisation qui touchaient à la même époque l'Angleterre et le continent.

Très rapidement pourtant, un certain nombre de ces rois utilisèrent des guerriers scandinaves dans leurs luttes politiques comme Cerball mac Dunlainge, roi de Leinster (847-888), qui les prit plus d'une fois à son service et donna ses filles à leurs chefs[45]. Ce comportement illustre la seconde forme des relations hiberno-scandinaves, qui court de la seconde moitié du IXe siècle

43. Cf. les quarante premiers chapitres de la saga *Cogadh Gaedhel re Gallaibh*, qui présentent une compilation, tirée de différentes annales, des combats livrés par les Irlandais contre les Scandinaves.

44. Lire à ce sujet l'article de Charles Doherty, « The Vikings in Ireland... », en particulier p. 312-314.

45. *Ibidem*, p. 301.

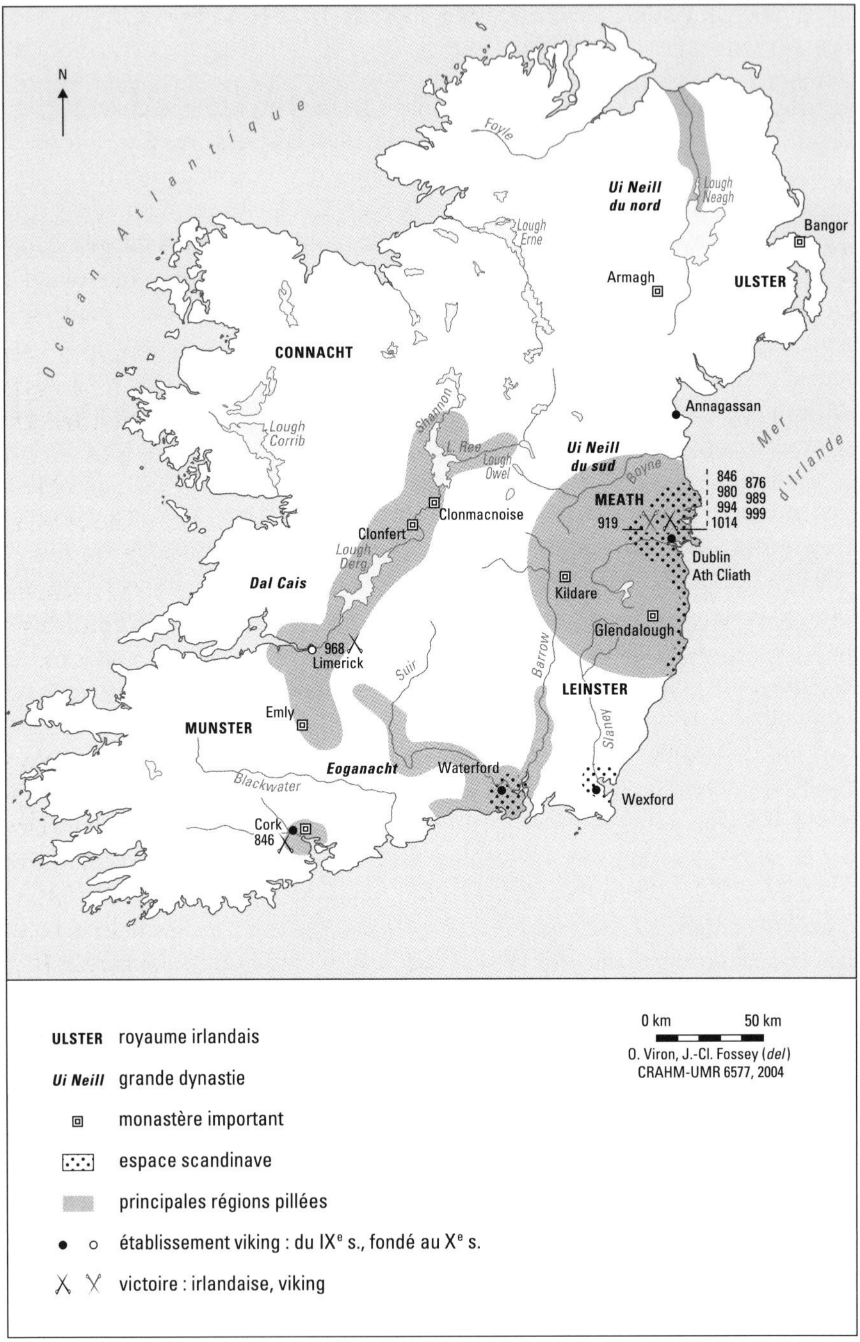

Les fondations scandinaves en Irlande.

au milieu du xie siècle : les flottes de mercenaires venus du Nord servirent bien vite les puissants du moment; c'est ainsi que Brian Boru emmenait périodiquement en campagne une troupe d'auxiliaires de Limerick pour combattre à ses côtés. À la bataille de Clontarf (1014), ces mercenaires combattirent la coalition formée par les Norvégiens des îles, les Dublinois et les troupes du roi de Leinster. Ces relations pouvaient même aller jusqu'à une alliance officielle, dont la nature ponctua les liens entre les rois de Leinster et ceux de Dublin jusqu'à la première moitié du xiie siècle. Parallèlement, les rois irlandais comprirent que les villes scandinaves pouvaient leur servir à puiser les richesses nécessaires à leur prodigalité et à la fidélisation de leurs clientèles. Dans ce but, ils utilisèrent tour à tour le pillage ou la taxation, qu'ils imposaient après une victoire. Máel Sechnaill pilla Dublin trois fois entre 980 et 994, les rois de Munster Mathgamhain et Brian s'emparèrent en 968 des richesses de Limerick, dont la mise à sac leur apporta des produits de luxe, des bijoux et des esclaves[46]. Les exigences de taxes furent infligées par tous les rois qui avaient un certain ascendant militaire sur les cités. Máel Sechnaill imposa un lourd tribut à Dublin en 989, Brian Boru en 1005, le roi de sud Brega en 1022, etc.

La troisième phase de relations entre les Irlandais et les fondations scandinaves commença en 1052. À cette date, le roi de Leinster Diarmait mac Máel na mBó s'empara de Dublin, en chassa le chef scandinave, et devint roi de la cité jusqu'en 1072. C'est son fils qui gouverna la ville comme vice-roi avant de mourir en 1070. L'objectif n'était plus de combattre les étrangers ou de se servir de leurs cités pour en puiser des tributs, mais d'en faire une des sources principales de l'enrichissement en maîtrisant les flux d'hommes et de marchandises que ces cités généraient. On peut donc affirmer que l'indépendance effective de Dublin prit fin au milieu du xie siècle. Les hauts rois irlandais contrôlèrent désormais les villes hiberno-scandinaves : Dublin, Waterford et Wexford en Leinster, Limerick et Cork en Munster. Ils y installèrent tour à tour des dynastes norvégiens ou danois (Ólaf, fils de Ragnall à Dublin entre 1070 et 1075) ou des princes irlandais, souvent leurs propres fils, comme Muirchertach O'Brien entre 1075 et 1086. Ce dernier amplifia encore cette évolution après son accession au trône de Munster en 1086 quand il quitta le territoire ancestral de son clan et s'installa à Limerick, qui devint sa capitale. Il y installa son palais, un embryon d'administration centrale et en fit le point d'intersection des quatre diocèses que le concile réformateur de Kells (1052) avait créés trente ans auparavant[47]. Une cité hiberno-scandinave accédait désormais pour la première fois au rang de capitale d'un royaume irlandais.

Pourtant, malgré la participation active des Scandinaves aux conjonctures politiques et économiques de leur époque, les sources irlandaises foisonnent de témoignages d'un rejet quasi unanime, rejet qui n'est pas le seul fruit de la peur des annalistes des monastères, premières victimes des déprédations vikings. À première vue pourtant, les signes manifestes d'acculturation sont

46. *Cogadh Gaedhel...*, chap. LIII.

47. D. Blair Gibson et A. Bettina, *Celtic Chiefdom, Celtic State,* Cambridge, 1995, p. 116-128.

nombreux. Il n'est que d'évoquer les mariages mixtes que les textes signalent dans les rangs de l'aristocratie[48], mais dont l'étude des squelettes inhumés à Dublin a montré également la fréquence parmi la population dublinoise[49]. Nous savons désormais grâce aux recherches effectuées ces cinq dernières années sur les identités génétiques des anciens habitants de Dublin, que les gens qui peuplaient les établissements littoraux étaient le fruit d'unions mixtes qui s'étaient établies dès la première moitié du IXe siècle, ce que corroborent, par ailleurs, les nombreux échantillons de culture matérielle en notre possession[50]. Comment expliquer alors ce contraste entre les sources textuelles qui assimilent systématiquement les hiberno-scandinaves à des étrangers et les résultats de recherches sur le terrain qui contredisent une telle affirmation et qui insistent au contraire sur l'hétérogénéité de la population? Je vois pour ma part trois raisons principales à cette opposition, que je ne peux ici qu'évoquer. La première raison tient essentiellement aux structures sociales et politiques irlandaises du haut Moyen Âge. L'inscription d'un personnage dans la société, et a fortiori dans la course au pouvoir, résultait en effet de ses liens familiaux et dynastiques, en relation avec des ancêtres réels ou supposés qu'il partageait avec les membres de son clan plus ou moins étendu. Cette appartenance déterminait son droit à la terre, à un certain statut, aristocratique ou non, à la protection des siens. Elle déterminait surtout les droits des grandes familles à présenter un candidat à la royauté dynastique ou régionale, dans un système où la primogéniture n'était pas, loin s'en faut, une règle reconnue. Un tel système dans une société agnatique excluait a priori l'étranger, qui ne pouvait s'inscrire dans aucun des cadres sociaux existants. Le mariage avec une princesse irlandaise ne donnait en théorie aucun droit à un statut aristocratique, encore moins à la royauté, les textes de loi ne prévoyant pour l'étranger marié à une Irlandaise qu'un quart du statut de la femme, déjà bien moindre que celui des hommes[51]. Pourtant, nous ne savons rien pour l'instant des formes d'intégration des Scandinaves dans leur arrière-pays, et il me paraît étonnant que, dans les domaines qu'ils contrôlaient, les populations autochtones et étrangères n'aient pas fini par se fondre. Nos sources à cette échelle sont désespérément muettes. Disons simplement que, dans les territoires sous contrôle irlandais, une telle fusion n'était pas possible. Sur le plan politique, tout du moins, une telle pénétration n'eut pas lieu et ce fut même une révolution quand, à la fin du XIIe siècle, à l'aube de la conquête de l'Irlande par les Anglo-Normands, le roi de Munster Diarmait mac Murchada donna sa fille au chef de l'expédition Strongbow[52] et présenta son gendre comme un successeur désigné[53].

48. Ch. DOHERTY, «The Vikings in Ireland...», p. 301.

49. B. O' DONOBHÁIN & B. HALLGRÍMSSON, «Dublin, the biological identity of the Hiberno-Norse town», in *Medieval Dublin I*..., p. 80.

50. Voir à ce propos P. F. WALLACE, «The archaeological identity of the Hiberno-Norse town», *Journal of the Royal Society of Antiquaries of Ireland*, n° 122, 1992, p. 35-66.

51. F. KELLY, *Early Irish Laws*, Dublin, 1998.

52. *Expugnatio Hibernica*..., chap. 12.10, p. 52.

53. *Ibidem*, p. 290, note 18.

La seconde raison tient sans doute à la volonté affichée des élites de ces villes hiberno-scandinaves de rester à la périphérie de la société irlandaise. Le fait d'assimiler certaines coutumes du pays d'accueil, de parler vraisemblablement les deux langues, norrois et irlandais, n'empêcha pas les dirigeants et les grandes familles de conserver leurs particularités politiques et économiques jusqu'à la conquête anglaise et au-delà, afin de maintenir autant que faire se pouvait certaines formes d'autonomie. De fait, les élites scandinaves ne se sont pas mêlées comme ailleurs, en Normandie par exemple, aux élites locales, au point qu'il est difficile après une génération ou deux de les distinguer autrement que par la toponymie ou l'onomastique. En Irlande, le maintien des identités est encore vivace après 1170. Quand les Anglo-Normands déplacèrent, après la conquête de Dublin en 1171, une partie de la population vers un nouvel emplacement hors les murs, sur l'autre rive de la Liffey, le nouvel établissement porta le nom de *Ostmenby*, *Oxmantown*, que l'on peut traduire par «la ville des 'Scandinaves'». Alors qu'il faut attendre 1300 pour voir disparaître leur onomastique particulière[54], les documents juridiques du XIVe siècle consacrés à Waterford montrent des éléments attestant que les *Ostmen* étaient encore perçus, un siècle et demi après la conquête, comme une communauté distincte.

La troisième et dernière raison évoquée est, je pense, le fruit de la mythification du passé viking par les auteurs irlandais. Deux de nos sources principales sur l'histoire du royaume de Munster et sur la présence scandinave en Irlande[55], qui datent toutes deux du début du XIIe siècle, cherchent à prouver la légitimité des rois dont elles font le panégyrique par leur capacité à regrouper les forces du royaume contre les envahisseurs venus du Nord, présentés sous le jour le plus cruel. Cette division entre Irlandais et Scandinaves, si fortement marquée dans la littérature des deux premiers siècles de présence viking[56], continue d'être un thème favori des écrivains des périodes suivantes qui veulent justifier le renforcement de la souveraineté royale en Irlande, même si dans le même temps les formes d'acculturation que nous avons constatées dans les villes hiberno-scandinaves évoquent davantage une lente mais progressive intégration dans la société irlandaise.

La situation des villes hiberno-scandinaves dans l'espace irlandais est donc paradoxale. Certes, les établissements devenus des centres urbains forment depuis le milieu du XIe siècle le cœur d'une économie en mutation. Ils sont à l'origine du développement commercial, de l'introduction de la monnaie (997), de l'ouverture vers les marchés d'Angleterre et du continent dans une économie basée jusqu'alors sur les rapports de clientélisme. Des signes manifestes d'une acculturation sont discernables dans les textes et ont été confirmés par les fouilles effectuées notamment à Dublin au cours des trois dernières

54. J. Ryan, «Pre-Norman Dublin», p. 125.

55. Il s'agit des sagas *Caithréim Cellachán Caisil*, A. Bugge (éd.), Oslo, 1905 et du *Cogadh Gaedhel re Gallaibh*.

56. M. Ní Mhaonaigh, «Friend and foe, Vikings in ninth- and tenth – century Irish literature», in *Ireland and Scandinavia*..., p. 381-402.

décennies. Il est cependant indéniable que, pour l'ensemble des raisons que nous avons évoquées, les fondations scandinaves se sont maintenues à la périphérie à la fois géographique et sociale de l'Irlande. Nous aurions pu encore évoquer d'autres arguments, comme le choix délibéré de toutes les fondations à partir du xɪ^e siècle de réclamer de Cantorbéry le droit de consacrer un évêque pour chacune et de tourner ainsi le dos à la structure monastique et traditionnelle du pays. Là encore, ce choix était déterminé par une volonté de différenciation indéniable, même s'il fut sans doute aussi dicté par l'affaiblissement des monastères, auprès desquels les Scandinaves s'étaient installés. La permanence de la situation périphérique des fondations hiberno-scandinaves était profondément enracinée et cultivée par les élites d'un côté comme de l'autre jusqu'en 1170-1171, quand d'autres étrangers, mieux organisés et plus puissants, aménagèrent dans leurs récentes conquêtes un nouveau type de société.

3e partie

Les débuts du duché de Normandie

Les Normands de la Seine
à la fin du IXe siècle

Jacques Le Maho*

S'il est vrai que beaucoup de zones d'ombre subsistent autour de l'événement fondateur de la Normandie – le traité de Saint-Clair-sur-Epte –, il faut également reconnaître qu'une grande part de ces incertitudes résulte de notre manque d'informations sur la situation des *pagi* de la basse Seine à la fin du IXe siècle. Depuis quand les Normands étaient-ils installés dans cette région? À quel moment Rollon y avait-il fait son entrée? Quels étaient les fondements juridiques, si tant est qu'il y en ait eu, de la présence des éléments scandinaves que nous voyons opérer à partir du pays de Rouen durant les quinze années qui précédèrent le traité de Saint-Clair-sur-Epte? Quels étaient leurs rapports avec la population locale? Peut-on parler d'un retrait complet des autorités franques, d'une région déjà livrée toute entière aux Normands? Autant de questions fondamentales qui constituent un objet de débat quasi permanent depuis le tournant majeur que marque, dans l'historiographie normande, la célébration du millénaire du duché en 1911.

Le problème est qu'il n'existe pratiquement aucune information directe sur cette période-clé de l'histoire de la Normandie. Il n'y a pas lieu de s'attarder trop longuement sur les raisons de cette pénurie documentaire. Précisons toutefois, car ce point est important pour une appréciation exacte des faits, qu'elle ne tient pas tant à l'arrêt des grandes sources annalistiques de la France du Nord, puisque celles-ci se poursuivent jusqu'aux environs de 900, qu'aux vicissitudes de l'histoire locale : à l'avènement du roi Eudes en 888, tous les monastères du pays de Rouen avaient fermé leurs portes, l'archevêque de Rouen et ses chanoines s'étaient repliés dans leurs refuges du Soissonnais. Il n'y avait donc plus un seul établissement religieux sur place pour nous laisser un témoignage, si mince soit-il, sur la situation du pays à la fin du IXe siècle.

Pour les années qui précèdent le traité de Saint-Clair-sur-Epte, on ne saurait dès lors s'étonner que la seule lueur nous vienne d'un document de

* Chercheur au CNRS (CRAHM – Université de Caen Basse -Normandie).

l'administration laïque, le diplôme du 17 décembre 905 par lequel Charles le Simple cède à son chancelier Ernustus onze serfs du domaine royal de Pîtres, dans le *pagus* de Rouen[1]. On s'accorde à y voir le signe d'une permanence des structures domaniales carolingiennes et du peuplement rural, dans un secteur pourtant très exposé, celui des confluents de la Seine, de l'Eure et de l'Andelle où séjournèrent à plusieurs reprises les armées normandes à partir du milieu du IXe siècle. Les avis divergent, en revanche, sur la mention d'un comte Odilard à l'initiative duquel fut faite la donation. S'agit-il d'un comte de Rouen? Si oui, cela voudrait dire qu'il existait encore, six ans avant la conclusion du traité de Saint-Clair-sur-Epte, une administration régulière à Rouen. Cependant, nombre de spécialistes jugent la chose improbable et sont plutôt enclins à voir, dans le silence ou l'obscurité des sources, le signe d'un abandon de la ville par les autorités franques. Pour beaucoup, ce retrait fut effectif dès le milieu des années 880. Et si le domaine de Pîtres était encore sous le contrôle de Charles le Simple vingt ans plus tard, c'est, conclut-on généralement, parce qu'il constituait le dernier îlot de la présence carolingienne dans le pays de Rouen.

Les premiers récits de la fondation du duché n'étant pas antérieurs au XIe siècle, dans quelle mesure ces relations tardives permettent-elles de combler le vide documentaire que nous venons d'évoquer? À l'accueil longtemps fort réservé des historiens ont succédé depuis peu quelques tentatives de réhabilitation, en faveur notamment de Dudon de Saint-Quentin et d'Adémar de Chabannes. Elles ont débouché sur de nouvelles lectures de l'histoire des origines du duché, assorties de révisions chronologiques parfois spectaculaires. Selon Felice Lifshitz, le baptême de Rollon n'aurait pas eu lieu en 911 ou 912 comme on l'a toujours admis jusqu'à présent, mais aux environs de 888. Ainsi s'expliquerait le rôle que Dudon attribue en la circonstance à Francon, archevêque de Rouen, que Felice Lifshitz propose de replacer avant Wido sur la liste épiscopale. Ceci accréditerait également la version d'Adémar, qui insère le récit de la fondation de la Normandie dans un chapitre commençant à l'avènement du roi Eudes (888-898)[2]. Les conclusions auxquelles est parvenu Pierre Bauduin, au terme de recherches fort novatrices sur les premiers temps du duché de Normandie, vont également dans le sens d'une intégration précoce des Normands au monde carolingien. Les deux témoignages-clés seraient celui de Dudon de Saint-Quentin lorsqu'il évoque l'union de Rollon avec une fille d'un comte de Bayeux du nom de Béranger, identifiable selon Hubert Guillotel à un marquis de ce nom mentionné vers 890, et celui d'Adémar de Chabannes lorsqu'il précise que le même Rollon était uni par des liens d'amitié à Ramnulf, comte de Poitiers, mort en 890. Cela signifierait que, dès cette époque, les Normands avaient assimilé les règles du jeu

1. *Recueil des actes de Charles III le Simple*, Ph. LAUER (éd.), Paris, 1940, p. 112, n° 51; traduction et commentaires de L. MUSSET, in *Documents de l'histoire de la Normandie*, M. DE BOUÄRD (dir.), Toulouse, 1972, p. 72-73.

2. F. LIFSHITZ, «La Normandie carolingienne, essai sur la continuité, avec utilisation de sources négligées», *Annales de Normandie*, 48e année – n° 5, décembre 1998, p. 505-524.

politique local ; les premiers contacts pourraient même remonter aux environs de 876, date que Dudon donne comme celle de l'arrivée de Rollon au pays de Rouen[3].

Si séduisantes soient-elles, ces nouvelles théories ne sont cependant pas exemptes de difficultés. À supposer que le baptême de Rollon ait eu lieu dès 888, comment se fait-il qu'un tel événement n'ait reçu aucun écho dans les annales franques, alors que celles de Saint-Vaast signalent la proposition de baptême faite par le jeune Charles le Simple à l'obscur chef normand *Hundeus*, arrivé dans la basse Seine en 896 ? S'il est vrai que Rollon participa au siège de Paris de 885/887, qu'il assiégea à la même époque la cité de Bayeux et défit le duc Renaud du Maine dans un combat à Pont-de-l'Arche (Dudon de Saint-Quentin), qu'il fit alliance avec le comte Ramnulf de Poitiers (Adémar de Chabannes), bref, qu'il fut un des acteurs de la scène politique et militaire de la fin du IXe siècle, pourquoi son nom n'apparaît-il nulle part dans les narrations de ce temps ? Sachant que le rappel des clercs de Saint-Ouen à Rouen et la restauration de l'abbaye de Jumièges ne sont pas antérieurs à 918 et 942, le caractère tardif de ces premiers gestes des ducs en faveur de l'Église locale est-il vraiment compatible avec l'idée d'une assimilation précoce des chefs normands à la culture carolingienne ? Comment concilier cette vision des choses avec le témoignage de la *Complainte sur la mort de Guillaume Longue Épée* écrite en 942 ou peu après cette date, où il est précisé que Guillaume naquit outre-Manche, alors que son père Rollon était encore païen ? Enfin, et cette dernière question touche au fond du problème car elle porte sur la fiabilité des bases documentaires de toutes ces interprétations, quelle valeur accorder à des témoignages rédigés un siècle ou deux après les événements ?

On peut, en effet, s'interroger sur la crédibilité d'Adémar de Chabannes quand par exemple il affirme qu'Adèle, sœur de Guillaume Longue Épée, avait épousé Èbles, comte de Poitiers. C'est une erreur manifeste, l'époux d'Adèle étant en réalité un fils d'Èbles, Guillaume Tête d'Étoupe. Il n'y a pas lieu de s'étonner d'une pareille bévue sous la plume d'un auteur censé pourtant bien connaître l'histoire de l'Aquitaine, car il est patent qu'Adémar est une source peu fiable pour la période antérieure au XIe siècle et que ses notations sur les dynasties régionales sont souvent erronées, quand elles ne sont pas en contradiction d'un paragraphe à l'autre. La prudence commande donc d'écarter du débat ce texte tardif, que nulle autre tradition ne vient corroborer. Quant à l'œuvre de Dudon de Saint-Quentin, l'entreprise de réhabilitation à laquelle nous assistons depuis quelques années lui a redonné sa juste place dans l'environnement politique et culturel de son époque – les environs de l'An mil –, mais elle ne s'est pas encore accompagnée d'une analyse systématique de la méthode du chroniqueur et de la nature de ses sources, ce qui, pour les

3. P. Bauduin, « Aux origines du duché de Normandie », *Bulletin de l'Office Universitaire d'Etudes Normandes*, n° 7, janvier 1999, p. 11-12 ; Id., « Des raids scandinaves à l'établissement de la principauté de Rouen », in E. Deniaux, C. Lorren, P. Bauduin, Th. Jarry, *La Normandie avant les Normands, de la conquête romaine à l'arrivée des Vikings*, Rennes, 2002, p. 382-413.

livres II et III consacrés aux origines du duché, serait le seul moyen de se faire une opinion sur la valeur réelle de ces récits. La seule approche de ce type depuis l'essai hypercritique de l'historien «positiviste» Henri Prentout en 1916, celle d'Eric Christiansen dans sa traduction anglaise du *De moribus* parue en 1998, se situe dans une perspective plus littéraire qu'historique, mais on peut regretter qu'elle n'ait pas davantage retenu l'attention des chercheurs normands[4]. En effet, les analyses et les annotations de cet éditeur confirment souvent le bien-fondé des réserves d'Henri Prentout. Sur un des points centraux du débat, la date de l'arrivée de Rollon à Rouen, il est clair que Dudon s'est contenté de broder autour d'un passage des *Annales de Saint-Bertin* relatif à l'entrée d'une flotte normande d'une centaine de navires dans la baie de Seine le 11 septembre 876; en réalité, cette source ne fait nulle mention de Rollon[5]. Pour le combat de Pont-de-l'Arche et la victoire de Rollon sur le duc Renaud, la source est aisément identifiable : un bref passage des annales de Saint-Vaast, concernant des événements survenus à Rouen durant l'été 885. Là encore, Dudon a usé très librement des éléments à sa disposition, plaçant le camp fortifié des Normands à Pont-de-l'Arche alors que les annales le situent en face de la cité de Rouen, brodant sur les circonstances de la mort de Renaud alors que le récit original ne donne aucune précision à ce sujet, présentant comme un vestige de retranchement viking la levée de terre d'un des châtelets du pont fortifié de Charles le Chauve, et enfin, par un processus d'extrapolation que l'on retrouve chez de nombreux chroniqueurs français du XIe siècle, introduisant le personnage de Rollon là où le récit original parlait seulement des «Normands», sans plus de précision. En ce qui concerne un autre point important de l'histoire de la dynastie ducale, le lieu de naissance de Guillaume Longue Épée, Dudon a opté pour une version à la fois conforme à la logique de son récit et propre à flatter ses lecteurs normands du début du XIe siècle, celle de la naissance du duc à Rouen. En réalité, Guillaume était probablement né dans un pays d'outre-Manche, et Dudon, qui devait connaître la *Complainte* ou une source proche de celle-ci, ne pouvait l'ignorer.

Est-ce à dire que le texte de Dudon doit être rejeté dans son intégralité? Ce serait sûrement une erreur. Pour certains éléments de son récit censés se placer au moment de la première entrée de Rollon dans le pays de Rouen, il semble que le chanoine ait eu accès à des traditions locales très anciennes, recueillies par les moines de Saint-Cyprien de Poitiers lorsqu'ils vinrent relever le monastère de Jumièges en 942; nous y reviendrons. Cela étant, il nous semble que, dans l'impasse de plus en plus évidente à laquelle conduit une démarche fondée sur la seule exégèse des textes narratifs, le moment est

4. H. PRENTOUT, *Étude critique sur Dudon de Saint-Quentin et son Histoire des premiers ducs normands*, Paris, 1916; E. CHRISTIANSEN, *Dudo of St Quentin – History of the Normans*, Woodbrige, 1998.

5. DUDON DE SAINT-QUENTIN, *De moribus et actis primorum Normanniae Ducum*, J. LAIR (éd.), Caen (*M.S.A.N.*, t. XXIII), 1865, p. 151; voir le commentaire d'E. CHRISTIANSEN, *Dudo of St Quentin*..., p. 190, n. 156.

venu de sortir de ce cadre documentaire traditionnel pour tenter de prospecter d'autres voies, d'autres approches, quitte à revenir ensuite à ces sources pour les reconsidérer sous un nouvel éclairage.

Les pistes encore inexplorées sont plus nombreuses qu'il n'y paraît à première vue. Il nous est ainsi apparu que l'on est probablement loin d'avoir exploité toutes les ressources de la toponymie et de l'archéologie. Cette lacune tient pour une grande part, nous semble-t-il, à une définition souvent inadéquate des problèmes et des champs de recherche. Les enquêtes archéologiques fondées sur un recensement des trouvailles d'objets scandinaves, ou réputés tels, n'ont généralement abouti qu'à des résultats assez décevants; au mieux, elles confirment la liste des lieux connus pour avoir été visités par les Vikings au cours de leurs raids du IXe siècle[6]. Ne faudrait-il pas commencer par une étude des sites de peuplement franc, en tentant d'y discerner les répercussions éventuelles, à plus ou moins long terme, des raids nordiques? Aucun historien du peuplement, même parmi les plus réservés sur l'utilisation des données toponymiques, ne doute de l'intérêt d'un recensement des noms de lieux d'origine scandinave dans le premier foyer de colonisation nordique que fut le pays de Rouen. Mais quels enseignements peut-on raisonnablement en attendre si l'on ignore la nature des habitats associés à ces toponymes? S'agit-il de villages ruraux ou de *vici*, de fondations nouvelles ou d'agglomérations anciennes rebaptisées? Bref, avant de discuter de la date et des aspects politiques de l'installation des Normands dans le secteur de la basse Seine, ne convient-il pas de dresser un état des lieux à la veille de leur arrivée, afin d'essayer de comprendre ce qui rendit possible cette installation? Quant à la chronologie des événements, et ce point reste bien l'élément central du débat, car il va de soi que les faits n'ont pas du tout la même signification selon qu'ils se placent dans les dernières années du règne de Charles le Chauve ou sous Charles le Simple, une nouvelle approche nous semble possible à travers certaines sources longtemps négligées ou ignorées. Là encore, il apparaît que les données les plus instructives ne sont pas forcément celles qui se rapportent directement aux Normands. C'est ce que montre notamment l'enquête sur les translations de reliques qui, voici quelques années, nous a permis de mettre en évidence un grand exode de clercs du Cotentin et du Bessin occidental vers la basse Seine en 889/890 : outre l'éclairage inattendu qu'elles jettent sur la situation du pays de Rouen au cours de la dernière phase des incursions nordiques, elles fournissent une indication chronologique qui, nous semble-t-il, pourrait s'avérer capitale dans ce débat[7].

Avant de revenir sur chacun de ces points, précisons que nous devrons nous limiter ici, faute de place, à un exposé très sommaire de l'argumentation.

6. P. PÉRIN, «Les objets vikings du musée des antiquités de la Seine-Maritime à Rouen», in *Recueil d'études en hommage à Lucien Musset*, Caen (Cahiers des Annales de Normandie, n° 23), 1990, p. 161-188.

7. J. LE MAHO, «Un exode de reliques dans les pays de la basse Seine à la fin du IXe siècle», *Bulletin de la Commission Départementale des Antiquités de la Seine-Maritime*, t. XLVI, 1998 (paru 1999), p. 136-188.

On voudra bien également nous pardonner de n'indiquer que le minimum de références indispensables.

LE PEUPLEMENT DE LA BASSE SEINE À LA FIN DES ANNÉES 880

Pour bien comprendre le caractère et l'ampleur des mutations intervenues dans le secteur de la basse Seine au IXe siècle, tentons d'abord de faire le point sur la situation de cette région à la veille du premier raid nordique de 841.

À Rouen même, le paysage urbain était marqué par le contraste entre la ville *intra-muros* et la zone suburbaine. Siège de la cathédrale Notre-Dame et de son chapitre, de plusieurs monastères, du palais du comte et sans doute d'une bonne partie des résidences des notables locaux (*cives*), la cité était le centre du pouvoir administratif et religieux. Les dix-huit hectares de ce secteur *intra-muros* étaient sans doute assez faiblement occupés. Autour des maisons canoniales et des cloîtres monastiques s'étendaient des cours, des jardins, de vastes vergers et sans doute beaucoup de terrains vagues. La présence probable d'un assez grand nombre de *curtes* privées, avec leurs bâtiments dispersés en ordre lâche, renforce l'impression d'un paysage semi-rural, sans doute assez proche de l'aspect qu'offraient les cités de Winchester et de Londres durant les premiers siècles de la période saxonne. L'environnement était tout autre à l'extérieur de l'enceinte urbaine. Les espaces non construits devaient y occuper également une place importante, mais c'est sans doute dans le *suburbium* que se situaient les quartiers artisanaux et les différents *portus* assurant l'approvisionnement de la ville. Rappelons, pour illustrer ce propos, deux textes bien connus des VIIIe et IXe siècles, la *Vie de saint Willibald* où il est fait mention d'un marché –près de la cité de Rouen–, et un récit de Nithard évoquant l'arrivée en 841, sur un site portuaire de la rive gauche de la Seine – donc en face de la cité – d'un convoi de 28 navires de commerce[8]. L'essentiel de la population artisanale et marchande habitait donc le secteur hors les murs, sans doute dispersé dans un assez vaste district autour de la ville[9].

À l'échelle de l'ensemble de la région fluviale, nous retrouvons la même dispersion des infrastructures économiques. Les abbayes situées à proximité immédiate du fleuve, telles Jumièges, Fontenelle (Saint-Wandrille-Rançon) et *Logium* (Caudebec-en-Caux) sur la rive droite, *Pentale* (Saint-Samson-de-la-Roque) et *Pennante* (Saint-Pierre-du-Val) sur la rive gauche, disposaient toutes de leur propre port sur la Seine, sans compter les ports fluviaux secondaires comme ceux du monastère de Jumièges à Duclair, à Vieux-Port et à Quille-

8. *Vita S. Willibaldi*, O. HOLDER-EGGER (éd.), *Monumenta Germaniae Historica, Scriptores* t. XV, vol. 1, Hanovre, 1887, p. 91 ; NITHARD, *Histoire des fils de Louis le Pieux*, II, 6, Ph. LAUER (éd. et trad.), Paris, 1926, p. 56.

9. J. LE MAHO, «Rouen à l'époque des incursions vikings (841-911) », *Bulletin de la Commission des Antiquités de la Seine Maritime*, t. XLII, 1994 (1995), p. 143-202.

beuf[10]. Beaucoup d'abbayes non riveraines devaient disposer elles aussi d'un accès au fleuve : il est probable que les monastères féminins de Montivilliers et de Pavilly, par exemple, disposaient d'emplacements pour leurs navires à Harfleur et à Duclair[11]. D'autres *vici* portuaires appartenaient à des établissements extérieurs, comme Sanvic à l'entrée de la baie de Seine, site probable du *portus* de l'abbaye de Saint-Denis par lequel transita une cargaison de plomb venue de Quentovic en 810; *Moriniacus*, port fluvial non identifié du pays de Rouen qu'un texte de 860 mentionne comme propriété de l'abbaye Saint-Laumer de Corbion dans le Perche; ou encore le *Portus Devenna* au confluent de l'Eure, dont les deux églises respectivement dédiées à saint Vigor (sur la rive gauche, à Pont-de-l'Arche) et saint Etienne (sur la rive droite, à Igoville) suggèrent un lien avec l'Église de Bayeux[12]. La pêche devait représenter une part importante de l'activité de ces ports, mais leur rôle était aussi d'assurer le transit des hommes et des marchandises. C'est par bateaux que les grands monastères de la Seine assuraient les liaisons avec leurs domaines du Parisis, du Cotentin, du Bessin ou du Boulonnais, et l'implication de ces abbayes dans le grand commerce de la Manche est bien connue. Les textes ne nous renseignent guère sur l'importance des villages associés à ces sites portuaires. Les deux seules indications chiffrées que nous livrent les sources, la mention de la prise de 68 otages par les Vikings dans un port de l'abbaye de Saint-Denis en 841 (peut-être Sanvic, à l'entrée de la baie de Seine), et celle de 28 courtils dans le port de Fontenelle pour la seule mense conventuelle en 854, suggèrent toutefois un habitat de type groupé[13].

L'impression générale est donc, sans grande surprise, celle d'un pays riche et peuplé. Du point de vue de l'aménagement de l'espace, et ceci est un peu plus inattendu dans la mesure où une longue tradition historiographique a focalisé toute l'attention sur le cas de Rouen, le trait dominant est la dispersion des activités économiques en une nébuleuse de sites portuaires ou de *vici* artisanaux et marchands.

Parmi les effets des raids normands à plus ou moins long terme, et en dépit des positions récentes de certains historiens tendant à relativiser le phénomène, on ne saurait sous-estimer les conséquences de l'évacuation des abbayes. Les moines de Saint-Ouen de Rouen trouvèrent refuge à Gasny (Eure, cant. Écos) vers le début des années 860, puis, sans doute à la suite de

10. Jumièges (Seine-Maritime, cant. Duclair) ; Saint-Wandrille-Rançon (Seine-Maritime, cant. Caudebec-en-Caux) ; Caudebec-en-Caux (Seine-Maritime, ch.-l. de cant.) ; Saint-Samson-de-la-Roque (Eure, cant. Quillebeuf-sur-Seine) ; Saint-Pierre-du-Val (Eure, cant. Beuzeville) ; Duclair (Seine-Maritime, ch.-l. de cant.) ; Vieux-Port (Eure, cant. Quillebeuf-sur-Seine) ; Quillebeuf-sur-Seine (Eure, ch.-l. de cant.).

11. Montivilliers (Seine-Maritime, ch.-l. de cant.) ; Pavilly (Seine-Maritime, ch.-l. de cant.) ; Harfleur (Seine-Maritime, cant. Gonfreville-l'Orcher) ; Duclair (Seine-Maritime, ch.-l. de cant.).

12. Sanvic (c. Le Havre, Seine-Maritime, ch.-l. de cant.) ; Pont-de-l'Arche (Eure, ch.-l. de cant.) ; Igoville (Eure, cant. Pont-de-l'Arche).

13. *Les premières annales de Fontenelle (Chronicon Fontanellense)*, J. Laporte (éd.), Mélanges de la Société de l'Histoire de Normandie, Rouen-Paris, 1951, p. 74-75; F. Lot, *Études critiques sur l'abbaye de Saint-Wandrille*, Paris, 1913, p. 34.

fugitifs. Plusieurs d'entre eux s'établirent à Rouen même. Successeur de Lista au siège de Coutances, l'évêque Ragenard s'installa avec ses chanoines dans l'église Saint-Sauveur de la cité. Siège probable d'un ancien monastère, cette église ainsi que les terrains attenants leur furent concédés par un acte dont la «donation» de Rollon à l'évêque Thierry en 913 n'est selon toute vraisemblance qu'une confirmation[18]. Les moines de l'abbaye de *Nantus* (Saint-Marcouf, Manche, cant. Montebourg) s'établirent au port d'Emendreville en face de la cité, un autre groupe dans une chapelle de la rive droite avec les reliques d'un saint Candide, peut-être celui vénéré à Picauville (Manche, cant. Sainte-Mère-Église). Par la cité de Rouen passèrent sans doute également un quatrième groupe avec les reliques de saint Léon de Coutances, un cinquième avec le corps de saint Germain le Scot (saint du littoral ouest du Cotentin) et un sixième avec celui de saint Manvieu, abbé du monastère de Deux-Jumeaux (Calvados, cant. Isigny-sur-Mer), à l'extrémité nord-ouest du diocèse de Bayeux. D'autres s'établirent en aval de la ville, se dispersant en divers lieux de la zone fluviale. Les religieux en charge du corps de saint Clair s'installèrent au hameau de Saint-Paul près de Duclair tandis que deux autres groupes prenaient possession des deux ports de l'abbaye de Jumièges, celui de la rive gauche avec les reliques d'une sainte Hameltrude et celui de la rive droite avec le corps d'un obscur saint Pèlerin, sans doute le même qui a donné son nom à la commune de Saint-Pellerin (Manche, cant. Carentan), au fond de la baie des Veys. Plus loin vers l'aval, à proximité de l'estuaire, nous sommes en présence de deux groupes venus des confins occidentaux du diocèse de Bayeux, l'un à Saint-Jean-d'Abbetot (comm. La Cerlangue, Seine-Maritime, cant. Saint-Romain-de-Colbosc) avec les reliques d'un saint Jean de l'abbaye déjà citée de Deux-Jumeaux, l'autre à Graville (Seine-Maritime, comm. du Havre) avec celles d'Honorine, sainte abbesse (?) qu'un martyrologe du VIIIe siècle mentionne comme ayant reçu sa première sépulture dans le *vicus* (non identifié) de *Colonica* au diocèse de Bayeux. Ajoutons, pour être complet, trois translations en direction de la côte ouest du pays de Caux : celles des reliques de saint Jouin (peut-être celui du Poitou, vénéré au diocèse de Coutances) à Saint-Jouin-Bruneval (Seine-Maritime, cant. Criquetot-L'Esneval), des reliques d'une obscure sainte Olive à Étretat (Seine-Maritime, cant. Criquetot-l'Esneval), et enfin du corps de saint Fromond, évêque de Coutances, à Fécamp (Seine-Maritime, ch.-l. de cant.)[19].

Ces faits appellent un certain nombre de remarques. On notera d'abord que sur les quatorze translations identifiées, onze eurent pour destination un site de la basse vallée de la Seine, dont trois de façon certaine à Rouen même. Ceci demande une explication car la même région fluviale, maintes fois parcourue par les flottes nordiques depuis 841 et donc réputée particulièrement dangereuse – à preuve l'évacuation générale de ses monastères –, était

18. M. FAUROUX, *Recueil des actes des ducs de Normandie (911-1066)*, Caen (*MSAN*, t. XXXVI), 1961, p. 19-20, n. 4.

19. J. LE MAHO, «Un exode de reliques...», p. 143-181.

encore sous le contrôle des Vikings en 887. Pour que la ville de Rouen et ses environs aient pu être considérés, deux ans plus tard, comme assez sûrs pour servir de refuge au clergé des diocèses occidentaux de la province, il faut qu'un changement majeur soit intervenu entre-temps dans la situation locale ; quel est-il ?

Un premier élément de réponse nous est peut-être apporté par l'archéologie. De multiples observations effectuées au cours des dernières décennies, il semble en effet résulter que la ville close avait fait l'objet d'une importante campagne de travaux à la fin du ixe siècle. Certains tronçons du rempart, comme celui avoisinant la porte de Beauvais à l'issue nord du *cardo* antique, précédemment abattu par sape (lors de l'entrée des Normands dans la cité en 885 ?) paraissent avoir été reconstruits. Le réseau de voirie fut l'objet d'une restructuration de grande ampleur. Plusieurs axes nord-sud hérités du réseau gallo-romain furent abandonnés et de nouvelles voies furent aménagées. Ces dernières reprenaient généralement le tracé des rues antiques au voisinage des portes de la ville, mais elles s'en écartaient progressivement en s'enfonçant vers le cœur de la cité. On peut logiquement en déduire que, selon un phénomène fréquemment constaté par les archéologues sur les sites d'agglomérations désertées, les principales constructions en dur – murailles et portes de la villes, églises et bâtiments du groupe épiscopal – étaient restées debout, mais qu'autour de ces monuments, il ne restait plus trace du semis de bâtiments de bois et de torchis qui avait constitué jusque-là l'essentiel du paysage urbain. Dans le même temps, les signes abondent d'une réoccupation rapide et dense de l'espace intra-muros. Auprès de la cathédrale, les fouilles des années 1980-1990 ont livré les vestiges de deux îlots d'habitations installés vers la fin du ixe siècle en bordure de la rue Saint-Romain et de la rue du Change, sur des terrains précédemment occupés par le cloître canonial et le palais archiépiscopal[20]. Leur installation fut consécutive à la mise en place de la nouvelle voirie, et il est probable qu'il en fut de même pour de nombreux autres sites d'habitat repérés à l'intérieur de la cité, mais qui n'ont livré jusqu'ici que des cours et des groupes de fosses domestiques : le *terminus post quem* fourni par le mobilier archéologique se situe très généralement aux alentours de la fin du ixe et du début du xe siècle. L'impression d'ensemble est que la majeure partie de la cité fut l'objet d'un redécoupage cadastral et d'une mise en lotissement, hypothèse que tendraient à confirmer les caractéristiques des deux îlots d'habitations fouillés aux abords de la cathédrale : un parcellaire en discordance avec l'état antérieur, des maisons disposées dans une série d'enclos en lanières, perpendiculaires à la rue et d'une largeur constante de six mètres[21].

20. J. Le Maho, « Les fouilles de la cathédrale de Rouen de 1985 à 1993 : esquisse d'un premier bilan », *Archéologie Médiévale*, XXIV, 1994, p. 31-35.

21. J. Le Maho, « Regard archéologique sur l'habitat rouennais vers l'an mil : le quartier de la cathédrale », in *La Normandie vers l'an mil*, F. de Beaurepaire et J.-P. Chaline (dir.), Rouen, 2000, p.179-183.

Chronologiquement, ces travaux se placent dans une fenêtre étroitement délimitée qui va de 887, date du retrait des Normands, à 889/890, lors de l'arrivée des premiers groupes de réfugiés dans la cité. Sachant, d'autre part, qu'une opération urbanistique de cette ampleur revêtait forcément un caractère public, on serait tenté d'en attribuer la paternité au roi Eudes (888-898). En effet, ce dernier avait tous les atouts en main pour ce qui apparaît, à bien des égards, comme une véritable refondation de la ville. Non seulement les occupations successives de la cité par les Normands avaient dû faire table rase d'une large partie de l'habitat urbain, mais le rattachement au fisc de nombre de propriétés rouennaises déclarées *loca deserta* (propriétés des monastères en exil, domaines privés en déshérence, etc.) assurait également au souverain une maîtrise foncière quasi complète de la cité.

Tout cela amène une foule de questions, à commencer par celle de la provenance des réfugiés. On peut penser, de prime abord, à d'anciens habitants venus se réinstaller dans leurs «manoirs» familiaux de la zone intra-muros. Cependant, ces descendants des vieilles familles de notables rouennais ne devaient représenter qu'une fraction minime de la population; du reste, la refonte urbanistique implique, comme nous l'avons vu, une révision générale du plan d'occupation des sols et de la carte des propriétés. En ce qui concerne la population religieuse, rappelons que les seules communautés attestées à Rouen à la fin du IXe siècle étaient originaires du Cotentin ou du Bessin. Quant à la population civile, tout semble indiquer que la plus grande partie en était désormais composée de marchands et d'artisans : ceux-ci allaient laisser leurs noms à de nombreuses rues de la ville médiévale (rues de la Courvoiserie, du Change, de la Ferronnerie, des Bonnetiers, etc.) et parfois aussi quelques traces archéologiques, comme les vestiges d'ateliers de ferronnerie et de tabletterie du Xe siècle mis au jour à proximité de la cathédrale Notre-Dame et de l'église Saint-Lô. De la cité résidentielle et semi-rurale qu'elle avait été auparavant, la ville close de Rouen se métamorphosait en une grande agglomération marchande, préfiguration de l'*emporium* de rang international qu'allait être la capitale normande en l'An mil.

Logiquement, on peut en conclure qu'une partie au moins de la nouvelle population de la cité était issue des quartiers portuaires du *suburbium*. Leur transfert dans la zone emmurée par le roi Eudes serait à mettre en parallèle avec l'opération réalisée peu après 886 par le roi Alfred le Grand pour le transfert de la population du faubourg marchand de *Lundenwic* dans la cité de Londres. Est-ce à dire que les nouveaux occupants venaient tous de la périphérie immédiate de la ville? On peut en douter si l'on se réfère à un passage des *Annales de Jumièges* où il est question des renseignements que les moines de Saint-Cyprien de Poitiers auraient obtenus à leur arrivée en Normandie, donc en 942 ou peu après cette date, d'un ancien habitant de Jumièges réfugié

22. *Les Annales de l'abbaye Saint-Pierre de Jumièges – Chronique universelle des origines au XIIIe siècle*, J. Laporte (éd. et trad.), Rouen, 1954, p. 82-83 (l'informateur des moines est dit habiter à «Rome», ce qui rend l'anecdote incompréhensible; la confusion est peut-être due à l'emploi d'un vocable du type *Rodomi* ou *Rotome* sur la source primitive).

à Rouen[22]. Le cas de cet homme, probablement un survivant du grand exode de la fin des années 880, n'est sûrement pas exceptionnel. Depuis le début de la crise normande, les ports et les *vici* monastiques de la basse Seine avaient maintenu plus ou moins bien leur activité, mais il arriva un moment où les communautés religieuses en exil ne furent plus en état de les administrer. L'un après l'autre, la plupart de ces *vici* finirent par tomber dans le domaine public, à l'exception peut-être de quelques localités fluviales encore détenues par de grands abbés laïques, lesquels, au demeurant, devaient ces bénéfices à la faveur du roi.

On peut ainsi considérer qu'à la fin des années 880, la plupart des *vici* portuaires de la Seine étaient sous le contrôle du souverain, ce qui donnait à ce dernier toute latitude pour procéder à un regroupement de leurs habitants dans la cité de Rouen ou dans d'autres places-fortes publiques, comme le *castrum* d'Evreux ou celui de Lillebonne. Là encore, le cas de la basse Seine ne serait nullement exceptionnel. Citons, pour ne retenir que deux opérations de même ampleur et sans doute contemporaines (fin des années 880), le transfert à Montreuil-sur-Mer de la population du port de Quentovic, celui des habitants d'Hamwic dans la cité de Winchester. En rassemblant la population active dans les places-fortes, les promoteurs de ces opérations – peut-être encore le roi Eudes pour Montreuil, à coup sûr Alfred le Grand pour Winchester – avaient vraisemblablement pour objectif de mieux contrôler ces ressources humaines. Si le prétexte officiel fut peut-être une raison de sécurité, il ne faut donc pas se méprendre sur le caractère de ces déplacements. Loin d'être spontanés, ils durent être planifiés, organisés, voire même, dans certains cas, effectués sous la contrainte. Rappelons à cet égard un précédent célèbre, le transfert à Haithabu en 808, par le roi danois Godfrid, de la population du port de Reric, identifié à Gross Strömkedorf, dans la baie de Wismar, au Mecklenbourg : ce groupe de déportés – on ne peut guère les appeler autrement – avaient dû accomplir une traversée de près de cent trente kilomètres.

LE DESTIN DES PORTS DE LA SEINE : DE L'ABANDON À LA RÉOCCUPATION PAR LES NORMANDS

Si les choses se sont bien passées comme nous le supposons, nous devons logiquement nous attendre à constater une désertion des *vici* et des ports secondaires de la Seine à la fin du ixe siècle. De fait, nombre d'indices semblent bien aller en ce sens.

Ce n'est probablement pas un hasard, tout d'abord, si la plupart des communautés religieuses du Cotentin arrivées dans le pays de Rouen en 889/890 s'installèrent dans des sites portuaires ; rappelons le cas des moines de Saint-Marcouf au port de Saint-Sever en face de Rouen, celui de ces groupes ayant trouvé asile dans trois dépendances portuaires du monastère de Jumièges, sans compter ceux qui vinrent s'établir sur la côte ouest du pays de Caux, à Saint-Jouin, Étretat et Fécamp. Si ces lieux purent accueillir un tel flot de réfugiés, c'est non seulement parce qu'ils relevaient du domaine public et comportaient un minimum d'infrastructures, mais également, condition nécessaire à tout transfert de communauté religieuse, parce qu'ils étaient vacants. Après le départ de ces groupes – car, nous le verrons, leur séjour dans le pays de Rouen fut généralement de courte durée – il est d'ailleurs significatif de constater que la plupart des lieux cités retournèrent à l'état d'abandon. Le port de Saint-Paul (Seine-Maritime, comm. Duclair, ch.-l. de cant.), par exemple, est décrit dans un récit du XIIe siècle comme un lieu désert et couvert de ruines ; selon l'auteur, les habitants avaient fui au temps des invasions normandes. Le port carolingien de l'abbaye de Fontenelle, au lieu-dit Caudebecquet (Seine-Maritime, comm. Caudebec-en-Caux, ch.-l. de cant.), fut définitivement abandonné ; lorsqu'en 960 cet établissement fut relevé, le port des moines fut transféré à Caudebec. Une tradition de village déserté s'attache également au hameau de Grestain en baie de Seine, site probable de l'ancien port de l'abbaye de *Pennante* (Eure, comm. Saint-Pierre-du-Val, cant. Beuzeville), attesté pour la dernière fois en 833. Au début du XIe siècle, seules se voyaient encore sur place les ruines d'une ancienne chapelle Notre-Dame.

Ces cas d'abandon prolongé, toutefois, ne sont probablement pas majoritaires. Si, sans quitter la vallée de la Seine, nous examinons la carte des toponymes scandinaves de la première génération – c'est-à-dire exempts d'éléments franciques ou romans – et que nous la confrontons à la carte archéologique et à celle des vocables paroissiaux, nous relevons presque à chaque fois les indices d'une agglomération préexistante. Il faudrait donc supposer que ces sites fluviaux, dont certains sont effectivement connus comme d'anciens ports monastiques, furent l'objet d'un changement d'appellation. Les localités concernées, au nombre de 28, se répartissent sur les deux rives en un double cortège qui va de l'estuaire jusqu'au confluent de l'Andelle. Au-delà de ce point, on ne rencontre plus un seul nom de lieu nordique associé à une localité fluviale (cf. carte).

Pour rendre compte de ces mutations toponymiques, il n'est guère possible de recourir à la même explication que celle généralement avancée pour les domaines ruraux, explication qui consiste à mettre les changements sur le compte d'une minorité d'encadrement nordique, c'est-à-dire de chefs locaux qui auraient reçu ces localités en alleu après 911. En raison de leur caractère portuaire, la plupart des agglomérations concernées relevaient du domaine public aux Xe et XIe siècles. D'autre part, à l'exception de quelques écarts, il n'est guère ici de nom de lieu nordique qui soit formé sur un anthroponyme ; la grande majorité des vocables en question, et ils s'apparentent en cela à la nomenclature nordique du littoral du Cotentin étudiée par René Lepelley, est de caractère descriptif. Or, comme l'a fort justement remarqué David Bates, les groupements toponymiques de ce type supposent un peuplement de caractère collectif, intervenu en un temps relativement court[23]. Puisqu'il s'agit principalement en l'occurrence de sites d'habitats rebaptisés et non de

23. D. BATES, *Normandy before 1066*, Londres-New-York, 1982, p. 18.

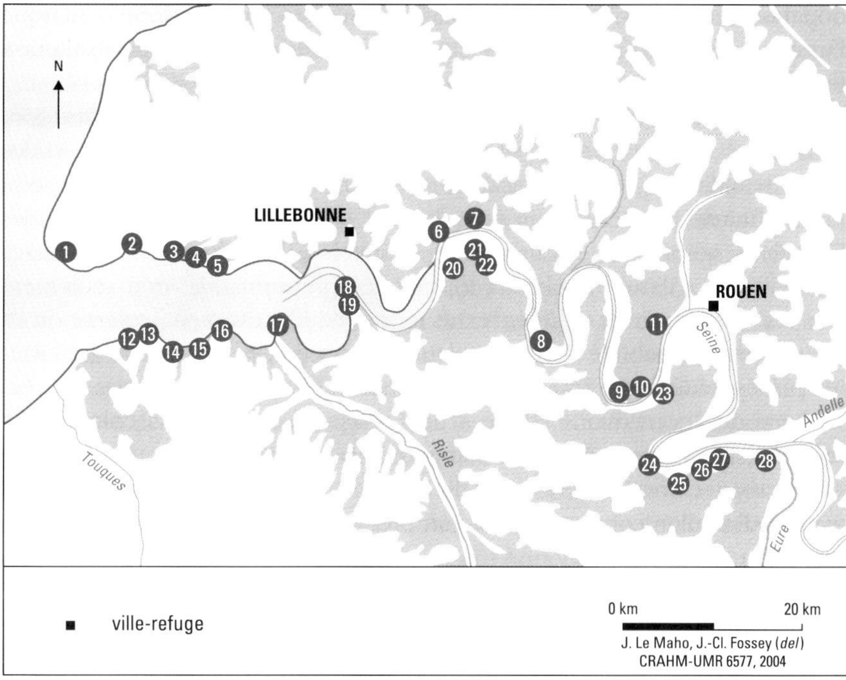

Carte des noms de lieux scandinaves de la vallée de la Seine.
Rive droite : 1 - Sanvic (S^{ne}-Mme, comm. Le Havre); 2 - Harfleur (S^{ne}-Mme, cant. Montivilliers); 3 - Orcher (S^{ne}-Mme, cant. Montivilliers, comm. Gonfreville-l'Orcher); 4 - Oudalle (S^{ne}-Mme, cant. Saint-Romain-de-Colbosc); 5 - Sensedalle (S^{ne}-Mme, cant. Saint-Romain-de-Colbosc, comm. Saint-Vigor d'Ymonville); 6 - Villequier (S^{ne}-Mme, cant. Caudebec-en-Caux); 7 - Caudebec-en-Caux (S^{ne}-Mme, c. l. de cant.); 8 - Conihout (S^{ne}-Mme, cant. Duclair, comm. Jumièges); 9 - Sahurs (S^{ne}-Mme, cant. Grand-Couronne); 10 - Hautot-sur-Seine (S^{ne}-Mme, cant. Grand-Couronne); 11 - Dieppedalle (S^{ne}-Mme, cant. Maromme, comm. Canteleu).

Rive gauche : 12 - Vasouy (Calv., comm. Honfleur, c. l. de cant.); 13 - Honfleur (Calv., c. l. de cant.); 14 - Crémanfleur (Calv., cant. Honfleur, comm. La Rivière-Saint-Sauveur); 15 - Fiquefleur (Eure, cant. Beuzeville, comm. Fiquefleur-Équainville); 16 - Grestain (Eure, cant. Beuzeville, comm. Fatouville-Grestain); 17 - Rislecliff (Eure, cant. Quillebeuf, comm. Saint-Samson-de-la-Roque); 18 - Quillebeuf (Eure, c. l. de cant.); 19 - Wambourg (Eure, comm. Quillebeuf, c. l. de cant.); 20 - Brotonne (S^{ne}-Mme, cant. Caudebec-en-Caux, comm. Vatteville-la-Rue); 21 - Ectot (S^{ne}-Mme, cant. Caudebec-en-Caux, comm. Notre-Dame et Saint-Nicolas-de-Bliquetuit); 22 - Bliquetuit (S^{ne}-Mme, cant. Caudebec-en-Caux, comm. Notre-Dame et Saint-Nicolas-de-Bliquetuit); 23 - Couronne (S^{ne}-Mme, comm. Grand-Couronne, c. l. de cant.); 24 - Elbeuf (S^{ne}-Mme, c. l. de cant.); 25 - Caudebec-lès-Elbeuf (S^{ne}-Mme, cant; Elbeuf); 26 - Martot (Eure, cant. Pont-de-l'Arche); 27 - Criquebeuf-sur-Seine (Eure, cant. Pont-de-l'Arche); 28 - Les Damps (Eure, cant. Pont-de-l'Arche).

CHEFS NORMANDS ET ÉLITES FRANQUES, FIN IXe-DÉBUT Xe SIÈCLE

Pierre BAUDUIN*

En 927, peu après le concile qu'il avait réuni à Trosly, en dépit de l'interdiction du roi Raoul, Herbert II de Vermandois fit sortir de sa prison le souverain carolingien déchu, Charles le Simple, pour l'emmener d'abord à Saint-Quentin puis à Eu, pour avoir une entrevue avec les Normands. Là, le fils de Rollon, Guillaume, se recommanda à Charles et conclut une «amitié» avec le comte de Vermandois. L'année suivante, après s'être fait rétrocéder Laon par le roi Raoul, Herbert rencontra une nouvelle fois les Normands pour établir avec eux une *amicitia*, dans laquelle fut inclus un autre protagoniste de la crise politique qui frappait alors le royaume de Francie occidentale, le marquis de Neustrie, Hugues le Grand, fils du roi Robert Ier [1].

Cet épisode rapporté par Flodoard s'inscrit dans le contexte de la lutte qui oppose le roi Raoul à Herbert II de Vermandois, l'un des princes les plus puissants de royaume. Il n'eut pas de conséquences durables. Le comte de Vermandois, agitant face à Raoul la menace d'un rétablissement de Charles, n'envisageait pas la restauration du Carolingien sur le trône. Peu après, ayant entrepris de faire la paix avec Raoul, il renvoya Charles dans la prison où celui-ci devait mourir, le 7 octobre 929. Ces ultimes soubresauts du règne de Charles le Simple ne montrent pas seulement l'attachement des Normands à la légitimité carolingienne. Par le passé, Charles avait pu compter sur leur aide pour combattre ses adversaires. Les faits relatés par Flodoard mettent aussi en exergue des pratiques et des liens sociaux – ici l'*amicitia* – dont on mesure mieux maintenant l'importance dans le fonctionnement de l'ordre médiéval.

Pour comprendre des sociétés communément présentées comme des «communautés sans état, gouvernées par différentes règles, mais incapables de produire une stabilité» (Gerd Althoff)[2], les historiens se sont attachés à analyser le fonctionnement des règles, souvent non écrites, qui régissaient les

---

* Maître de conférences, Université de Caen Basse-Normandie.

1. FLODOARD, *Annales*, a. 927 et 928, Ph. LAUER (éd.), Paris, p. 39-41; ID., *Historia Remensis Ecclesiae*, IV, 21, M. STRATMANN (éd.), *MGH, Scriptores*, XXXVI, Hanovre, 1998, p. 413.

2. G. ALTHOFF, «Friendship and political order», in *Friendship in Medieval Europe*, J. HASELDINE (éd.), Strout, 1999, p. 91-105, à la p. 92.

relations des groupes sociaux. Ils sont ainsi parvenus à définir des «réseaux englobants» (Régine Le Jan)[3], fondés sur la parenté, les liens créés par le baptême, le voisinage ou la fidélité et consolidés par un renouvellement périodique des alliances et des relations d'amitié. Ces liens ont également été mis en œuvre pour tenter de rallier les élites de populations que l'on souhaitait intégrer à la *societas regni*, ou pour harmoniser des rapports de force issus d'une confrontation[4]. De ce point de vue, l'expérience tentée dans ce qui devient, au début du Xe siècle, la Normandie se révèle particulièrement riche d'enseignements, tant sur les processus d'assimilation des nouveaux comtes de Rouen à l'élite franque que sur la société politique du royaume.

Les termes de l'accord de Saint-Clair-sur-Epte ont été l'objet de nombreux débats. L'opinion traditionnelle, qui avait placé la cession territoriale consentie aux Normands de la Seine dans un cadre féodal, est maintenant à peu près abandonnée[5]. Rollon était devenu l'homme du roi, un lien peut-être formalisé par un geste des mains, une *immixtio manuum* décrite par Dudon de Saint-Quentin[6]. Mais cette fidélité était avant tout personnelle et dissociée de la concession opérée en faveur du chef normand. Elle impliquait sans doute une assistance militaire, avant tout pour assurer la *tutela regni*, la «protection du royaume», comme l'indiquent les termes d'un célèbre diplôme de Charles le Simple pour Saint-Germain-des-Prés daté de 918[7], le seul document contemporain qui fait allusion aux dispositions de l'accord. Cependant le territoire attribué à Rollon ne l'était pas en bénéfice, mais *in alodo et in fundo*, «en alleu et en bien-fonds», une expression dont l'à-propos a été montré par Suzanne Reynolds et qui souligne le caractère permanent et inconditionnel de la donation faite en faveur de Rollon.

Cette fidélité était doublée par une *amicitia* et une alliance matrimoniale, du moins si l'on retient le mariage de Rollon avec Gisla, fille de Charles le Simple. Sur ce dernier point, il y aura toujours un doute[8]. Dudon est le seul

3. R. LE JAN, *Femmes, pouvoir et société dans le haut Moyen Âge*, Paris, 2001, p. 109-110.

4. Voir aussi Ph. DEPREUX, «Princes, princesses et nobles étrangers à la cour des rois mérovingiens et carolingiens : alliés, hôtes ou otages», in *L'Étranger au Moyen Âge*. Actes du XXXe Congrès de la Société des Historiens Médiévistes de l'Enseignement Supérieur Public, Paris, 2000, p. 133-154.

5. S. REYNOLDS, *Fiefs and vassals. The Medieval Evidence Reinterpreted*, Oxford, 1994, p. 121, 136-137; F. NEVEUX, *La Normandie des ducs aux rois*, Rennes, 1998, p. 24-25; ID., «La fondation de la Normandie et les Bretons (911-933)», in *Mondes de l'Ouest et villes du monde, Regards sur les sociétés médiévales. Mélanges en l'honneur d'André Chédeville*, Rennes, 1998, p. 300; F. LIFSHITZ, «Translating «Feudal» Vocabulary : Dudo of Saint-Quentin», *Haskins Society Journal*, 9 (1997), p. 39-56.

6. DUDON DE SAINT-QUENTIN, *De gestis Normanniae ducum seu de moribus et actis primorum Normanniae ducum*, J. LAIR (éd.), Caen (*MSAN*, t. XXIII), 1865 [ci-après DUDON], p. 169.

7. Ph. LAUER, *Recueil des actes de Charles III le Simple, roi de France (893-923)*, Paris, 1940-1949, 2 vol., t. I, n° 92, p. 209-212 (texte traduit dans J.-P. BRUNTERC'H, *Archives de la France*, t. 1, *Le Moyen Âge (Ve-XIe siècles)*, Paris, 1994, p. 331-340).

8. A. ECKEL, *Charles le Simple*, Paris, 1899, p. 80-83; H. PRENTOUT, *Étude critique sur Dudon de Saint-Quentin et son histoire des premiers ducs normands*, Paris, 1916, p. 206-207; L. MUSSET, «Ce que l'on peut savoir du traité de Saint-Clair-sur-Epte», *Annuaire des cinq départements de la Normandie*, Congrès de Vernon, 1981 (139e congrès), p. 79-82 (rééd. dans ID., *Nordica et Normannica. Recueil d'études sur la Scandinavie ancienne et médiévale, les expéditions vikings et la fondation de la Normandie, Studia nordica*, I, Paris, 1997, p. 377-381.

à mentionner cette union, qui ressemble par ailleurs au mariage d'une autre princesse carolingienne, elle aussi dénommée Gisla, avec le Normand Godfrid en 882, mais c'est insuffisant pour révoquer ce qu'il dit. Une Gisla est mentionnée parmi les six filles de Charles et de la reine Frérone par la *Genealogia Arnulfi comitis* rédigée par le prêtre Witger vers 959[9]. Le couple royal s'étant marié vers 907, la princesse aurait été au plus âgée de 3 ou 4 ans au moment de l'entrevue de Saint-Clair-sur-Epte et non pas la jeune fille accomplie dont Dudon dresse le portrait. La législation et les pratiques matrimoniales en usage dans le royaume attestent qu'on mariait les filles certes à un âge tendre, mais plutôt autour de 12 ans[10]. Toutefois il arrivait que des pères engageassent leurs filles très tôt, alors qu'elles n'étaient que des *infantes*, avant que n'interviennent les autres étapes du mariage, la *desponsatio* (les fiançailles) et les noces. Le récit de Dudon ici est trop contradictoire pour que l'on puisse se prononcer, mais il laisse plus tard entendre que l'union n'a pas été consommée[11].

La relation construite entre Rollon et Charles se fondait aussi sur l'amitié. Dudon le rappelle à plusieurs reprises dans le récit des négociations de Saint-Clair-sur-Epte, par exemple au moment où le roi propose sa fille en mariage au chef normand et lorsque l'archevêque Francon rapporte la réponse positive de Rollon[12]. Il faut situer ces liens dans leur contexte, historiographique d'abord (*i.e.* dans l'œuvre du chanoine de Saint-Quentin), et de manière plus générale dans le complexe des relations d'alliance et de pouvoir qui traversent l'élite aristocratique.

Chez Dudon, l'*amicitia* revêt une importance particulière, plus sensible en tout cas que dans les récits des autres chroniqueurs du duché[13]. L'auteur a pu être influencé par ses modèles littéraires, en particulier Cicéron et les Pères de l'Église : la part de cet héritage dans sa composition reste à déterminer[14]. Indéniablement, l'amitié revêt pour lui une dimension morale qui établit une ligne de partage entre ses héros. Il n'est jamais question d'ami ou d'amitié lorsque Dudon retrace la biographie de Hasting, comme s'il était

9. *Witgeri Genealogia Arnulfi comitis*, L.C. BETHMANN (éd.), *MGH, SS*, IX, Hanovre, 1851, p. 303 : *Karolus rex genuit ex Frederuna regina Hyrmintrudem, Frederunam, Adelheidim, Gislam, Rotrudem et Hildegardim; ex concubina vero Arnulfum, Drogonem, Roriconem et Alpaidim. Denique vero defuncta Frederuna regina, sibi sotiavit alteram in coniugium reginam nomine Otgivam, ex qua genuit filium eliganti forma Hlodovicum nomine.*

10. I. RÉAL, *Vies de saints, vie de famille. Représentation et système de parenté dans le Royaume mérovingien (481-751) d'après les sources hagiographiques*, Turnhout, 2001, p. 189-190, 251.

11. DUDON, p. 173 : *eam non cognovisse maritali lege.*

12. *Ibidem*, p. 166, 167.

13. L'amitié n'a guère sollicité d'études à partir des sources normandes, à l'exception notable d'E. ALBU HANAWALT, «Predatory Friendship : Evidence from Medieval Norman Histories», in *The Changing Face of Friendship*, L. S. ROUNER (éd.), Notre Dame (Indiana), 1994, p. 115-129. Pour l'Angleterre anglo-normande, cf J. MEDDINGS, «Friendship among the Aristocracy in anglo-norman England», *Anglo-Norman Studies*, XXII, 1999, p. 187-204.

14. Sur cette transmission : J. MCEVOY, «The Theory of Friendship in the Latin Middle Ages : Hermeneutics, Contextualization and the Transmission and Reception of Ancient texts and Ideas, from *c.* AD 350 to *c.* 1500», in *Friendship in Medieval Europe*..., p. 3-44.

Les relations des premiers Rollonides avec les élites franques

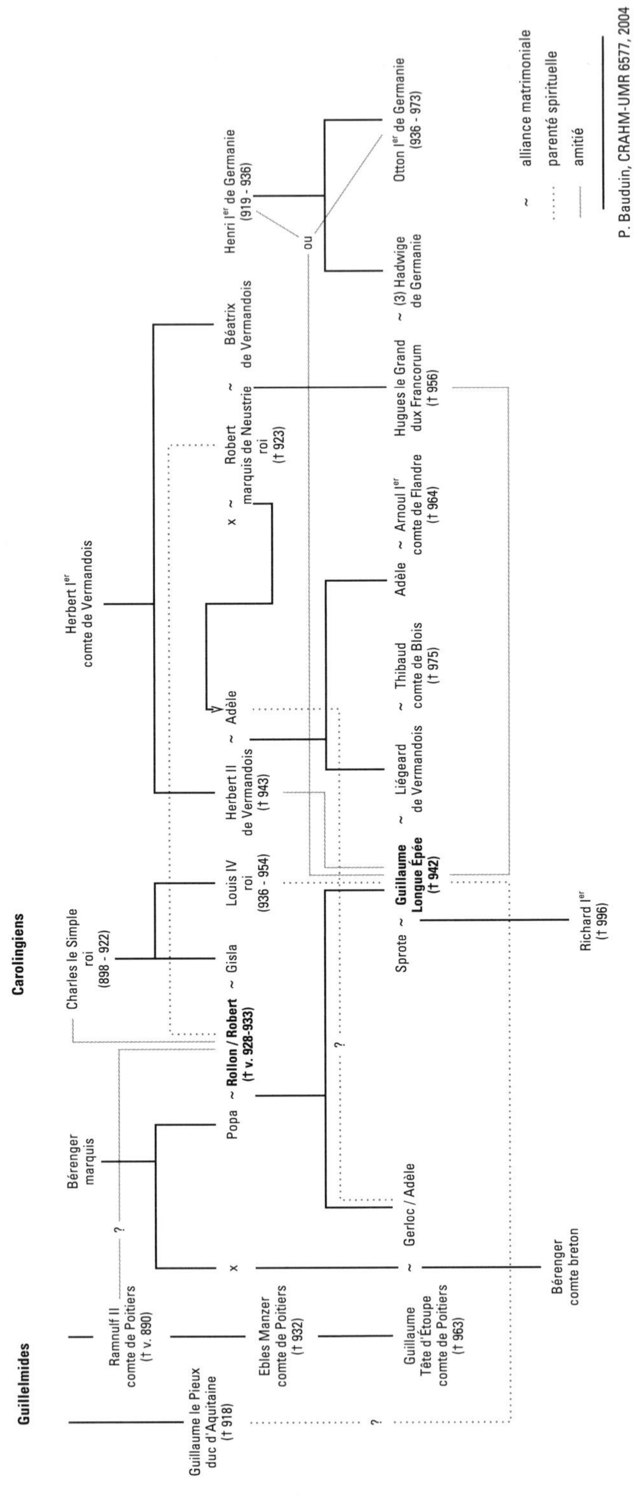

inconcevable qu'une relation de cette nature puisse être construite avec celui qui symbolise le barbare païen. Le respect scrupuleux de l'amitié étaye les portraits des héros positifs du récit, le roi Athelstan, Rollon, Guillaume Longue Epée, Richard Ier. Inversement les personnages les plus funestes émaillent leurs infamies d'entorses incompatibles avec les règles de l'amitié. Le comble est atteint lorsque ceux-ci prétextent l'amitié pour ourdir une machination : c'est le cas du roi danois qui précipite l'exil de Rollon, du roi de Francie, Lothaire, et bien sûr du plus diabolique d'entre tous, le comte Arnoul de Flandre, qui propose d'établir un pacte d'amitié avec Guillaume Longue Epée pour l'attirer dans le guet-apens qui lui coûta la vie.

Mais au-delà de cette perspective morale, l'auteur décrit de manière très précise des relations dont les historiens ont pu dégager la signification et l'importance [15]. Il n'en ignore pas le caractère contractuel, assorti de formes précises, comme la prestation de serments[16], ni les démonstrations publiques de cette amitié, appuyées par des échanges de présents[17], la réitération du qualificatif d' « ami »[18] et les effusions qui manifestent aux yeux de tous cette *amicitia*[19]. L'amitié établit des obligations réciproques d'entraide, rappelées régulièrement dans les passages que Dudon consacre aux relations entre Athelstan et Rollon[20]. Elle est suffisamment contraignante pour être invoquée dans diverses circonstances : ainsi Hugues le Grand justifie son *amicitia* avec Arnoul de Flandre pour se dérober à la protection qu'il doit à son vassal Herluin de Montreuil[21] ; Henri de Germanie refuse de conclure une amitié avec le roi Louis IV si l'intermédiaire de cette relation n'est pas son ami Guillaume Longue Épée[22]. Comme

15. G. ALTHOFF, *Verwandte, Freunde und Getreue : zum politischen Stellenwert der Gruppenbindungen im früheren Mittelalter*, Darmstadt, 1990 ; ID., *Amicitiae und pacta : Bündnis, Einung, Politik und Gebetsgedenken im beginnenden 10. Jahrhundert*, Hanovre (Monumenta Germaniae Historia, Schriften, 37), 1992 ; ID., « Friendship and political order » ; V. EPP, « Rituale frühmittelalterlicher 'amicitia' », in *Formen und Funktionen. Öffentlicher Kommunikation im Mittelalter*, G. ALTHOFF (éd.), Stuttgart, 2001, p. 11-24.

16. DUDON, p. 143 : *Tunc Rollo et Gurim, illorumque milites atque descripti ad exterminandum, pacem collaudaverunt. Determinato igitur conjurandae amicitiae tempore, uterque venit ad placitum : mutuis muneribus ditati foederati sunt.*

17. *Ibidem* cf note précédente et p. 198 : *Multisque competentiis variisque donis et muneribus vicissim ditati, inextricabili amicitiae solatiique et adiutorii vinculo, per consilium praecellentissimi omnium ducum ducis Willelmi ad invicem connexi sunt et foederati...*

18. *Ibidem*, p. 159 : *Ne flagelletur respublica diutius, si consulis, o amice, ad serviendum nobis eos, obsidibus datis, recipiam.*

19. *Ibidem*, p. 158 : *Qui simul congressi nimiumque amplexati atque amicabiliter sunt osculati.*

20. *Ibidem*, p. 149 : *...reminiscens Alstemus, rex Anglorum christianissimus, omnium regum probitate praecellentissimus, amicitiae qua se et Rollonem colligaret in foedera sempiterna ; duodecim naves frumento vino atque lardo oneratas, quin etiam totidem armato milite repletas, duci praecelso transmisit in Walgras* ; p. 158 : *Rex Anglorum Alstemus carum inextricabilis amicitiae tibi munus. Quondam, domine mi, tu et Alstemus rex Anglorum pacificus, pepigistis mutui adjutorii foedus, ut quin vestrum indigeret adjutorio, alterius muniretur suffragio ; et quem vestrum adversa fortuna protereret, alter illi in adjutorium subveniret.*

21. *Ibidem*, p. 204 : *Ego et Arnulfus conjuratae amicitiae intricati copula, nolumus concordiae et dilectionis atque competentiae nostrae propter te scindere vincula.*

le montre ce dernier exemple, l'amitié ne lie pas forcément des personnages de rang équivalent, mais elle est librement contractée, d'égal à égal, ce que viennent rappeler à Guillaume Longue Epée les envoyés des Bretons révoltés : «il n'y a rien d'autre entre nous et toi, sinon une amitié et une concorde, décidées d'égal à égal selon nos volontés et nos décisions communes»[23]. Cette exaltation de l'amitié vise bien sûr à promouvoir les princes de la dynastie normande. Le modèle du genre, celle qui lie Rollon avec Athelstan, appuie le propos des Francs qui, plus tard, exhortent Charles à conclure la paix avec les Normands : Rollon, disent-ils, est un ami loyal envers celui auquel il a donné sa parole[24]; Guillaume Longue Epée est l'intermédiaire obligé de l'amitié qui s'établit entre les rois de Germanie et de Francie; Richard, quant à lui, est le *memorabile pignus amicitiarum*, le «fameux garant des amitiés»[25]. Mais l'apologie n'entre pas ici en contradiction avec le fonctionnement des structures politiques de l'époque pour laquelle Dudon rapporte ces événements. Les recherches entreprises dans ce domaine ont suggéré une coïncidence entre la promotion des relations d'*amicitia* et les périodes de tension ou d'affaiblissement du pouvoir royal. Pour l'Angleterre anglo-saxonne, l'émergence du vocabulaire de l'amitié dans les actes royaux «semble devoir être liée à l'insécurité politique du début du IXe siècle» (Julia Barrow) et à la nécessité de normaliser les rapports conflictuels entre les rois de Mercie et l'archevêque de Cantorbéry[26]. Dans le monde carolingien, Gerd Althoff a montré qu'avec la crise de l'Empire, les liens de vassalité entre les grands et le roi ont été de plus en plus fréquemment doublés par ceux de l'amitié : l'initiative pouvait venir du souverain, qui espérait ainsi affermir l'adhésion des grands, éventuellement en la confortant par des liens de parenté; dans d'autres circonstances, elle émanait des grands qui voyaient là l'occasion de mieux contrôler le roi et de prévenir l'ascension d'un favori[27]. La construction d'un réseau d'amitiés occupe ainsi une place centrale dans la consolidation du pouvoir d'Henri Ier de Germanie (919-936)[28]. En France, les princes territoriaux ne sont pas en reste et on a pu parler, à propos d'Herbert II de Vermandois, d'une véritable instrumentalisation des relations de parenté et d'amitié, par le biais d'alliances matrimoniales conclues avec le futur roi Robert Ier, Arnoul de Flandre, Guillaume Longue Epée et d'*amicitiae* établies avec ce même Guillaume Longue Epée, Hugues le Grand, Gislebert de Lorraine, les rois Henri Ier et Otton de Germanie[29].

22. DUDON, p. 194-198.

23. *Ibidem*, p. 183 : *Nihil nobis et tibi, nisi amicitia et concordia, paribus voluntatibus aequalique consilio deliberato.*

24. *Ibidem*, p. 166.

25. *Ibidem*, p. 202.

26. J. BARROW, «Friends and Friendship in Anglo-Saxon Charters», in *Friendship in Medieval Europe*..., p. 106-123, notamment p.112-113.

27. G. ALTHOFF, *Verwandte, Freunde und Getreue* ..., p. 96-100 ; ID., *Amicitiae und pacta*..., p. 16-21; ID., «Friendship and political order», p. 93.

28. ID., *Amicitiae und pacta*..., p. 21 et suiv.

29. ID., *Verwandte, Freunde und Getreue*..., p. 106-107.

Cependant, Charles le Simple n'est pas Henri Ier de Germanie et les deux souverains semblent avoir conçu de manière bien différente leurs tentatives de consolidation de l'autorité royale. Le roi de Francie ne paraît pas avoir conclu d'*amicitiae* avec les grands du royaume, ni davantage utilisé ses nombreuses filles pour établir des liens de parenté avec eux[30]; plus tard, la promotion de son favori lorrain Haganon, perçu comme un homme de rang inférieur et «étranger» au royaume, révolta les princes territoriaux contre un souverain qui remettait en cause les fondements contractuels du pouvoir établis depuis l'assemblée de Coulaines en 843[31]. De ce point de vue, les faits rapportés par Dudon pour décrire les relations entre le Carolingien et Rollon – une fidélité doublée d'une alliance matrimoniale et d'une amitié – sont en apparence contradictoires avec ce qui est regardé, en particulier par Gerd Althoff, comme la conception du pouvoir de Charles. Il est tentant de clore le débat en invoquant une nouvelle fois le délit d'affabulation, à moins d'admettre la singularité de l'expérience tentée en 911 et que l'enjeu majeur des négociations de Saint-Clair-sur-Epte est, avec la stabilisation des Normands de la Seine, le place du futur comte de Rouen dans l'ordre du royaume. Il faut, pour y voir plus clair, considérer les relations établies entre Rollon et les autres protagonistes de cette histoire.

Il est difficile d'établir avec précision la carrière de Rollon avant 911. Mises bout à bout, les différentes traditions historiographiques occidentales et norroises – certaines fort tardives – dressent un itinéraire qui conduit le chef normand de la Baltique à la future Normandie, en passant par l'Angleterre, l'Irlande, les Hébrides, les Orcades et les bouches de l'Escaut[32]. Même si on laisse de côté les assertions les moins assurées, celles qui concernent la Russie en particulier, il n'en ressort pas moins un personnage dont l'action a embrassé différents territoires de l'Europe du Nord-Ouest. En cela, sans même se prononcer sur la réalité de telle ou telle entreprise menée par Rollon, il n'y a rien de contradictoire avec ce que les indices archéologiques ou toponymiques ont pu révéler sur les échanges d'hommes et de biens entre les différentes sphères d'activité des Scandinaves, en particulier les îles Britanniques et le continent[33]. On sait maintenant qu'une fraction notable des immigrants scandinaves venus en Normandie ont fait étape dans les îles Britanniques[34]; d'autre part, les relations économiques entre le Danelaw et le duché

30. G. Althoff, *Verwandte, Freunde und Getreue*..., p. 107.

31. A. Eckel, *Charles le Simple*..., p. 106-109; K. F. Werner, *Naissance de la noblesse. L'essor des élites politiques en Europe*, Paris, 1998, p. 250.

32. J. Renaud, *Les Vikings et la Normandie*, Rennes, 1989, p. 47-55; François Neveux, *La Normandie*..., p. 27-29.

33. L. Musset, «Pour l'étude comparative de deux fondations politiques des Vikings : le royaume d'York et le duché de Rouen», in *Essays in honour of John Le Patourel, Northern History*, vol. X, p. 40-54 (rééd. in L. Musset, *Nordica et Normannica*..., p. 157-171) ; L. Abrams, «England, Normandy and Scandinavia», in *A Companion to Anglo-Norman Studies*, Ch. Harper-Bill et E. Van Houts (éd.), Woodbridge, 2003, p. 43-62.

34. G. Fellows-Jensen, «Les noms de lieux d'origine scandinave et la colonisation viking de la Normandie. Examen critique de la question», *Proxima Thulé, Revue d'études nordiques*, vol. 1, automne 1994, p. 63-103.

sont également avérées, en particulier par les découvertes de céramiques[35]. Il est difficile d'établir dans quelle mesure le futur comte de Rouen et ses hommes ont pu participer aux entreprises de colonisation scandinaves opérées à partir de la fin des années 870 dans le nord-est de l'Angleterre et dont Dudon se fait peut-être l'écho lorsqu'il relate les relations entre le roi *Alstemus* et Rollon : l'identification de ce roi avec Guthrum, roi danois installé en Est-Anglie et baptisé sous le nom d'Athelstan, reste, en l'état actuel, une hypothèse.

Les recherches récentes accordent, en revanche, beaucoup plus de crédit à Dudon lorsqu'il envisage l'union fondatrice de la dynastie normande, entre Popa, fille du *praevalens princeps* Bérenger, et Rollon. Il serait ici beaucoup trop long de reprendre en détail le dossier mais on peut, à la suite d'Hubert Guillotel, reconnaître en Bérenger le titulaire d'un des deux grands commandements établis en Neustrie sous le règne de Charles le Chauve pour contrer la poussée bretonne et les incursions vikings[36]. Le personnage avait un rang équivalent à l'autre marquis de Neustrie, Robert (le frère du roi Eudes) et, comme l'atteste un acte de 892 en faveur de Saint-Martin de Tours, les deux hommes étaient liés par une *amicitia*[37]. Cette union – dont on discute le caractère légal – est sans doute intervenue à une date précoce, peut-être dès 889/890, lorsque les Normands, revenant d'une expédition infructueuse contre Paris, traversèrent le Bessin pour attaquer les Bretons. Elle faisait entrer Rollon dans le cercle des grandes familles du royaume et il n'est pas exclu que le chef normand a alors établi des relations d'amitié avec d'autres membres influents de l'élite franque, du moins si l'on accorde quelque crédit à l' *amicitia*, la très grande amitié, qui, d'après Adémar de Chabannes, unissait le futur comte de Rouen à Ramnulf II de Poitiers († 890), un proche parent de Guillaume le Pieux, comte d'Auvergne (886) et duc d'Aquitaine (895-918)[38]. Dans quelle

35. D. Dufournier, E. Lecler, J. Le Maho, «Céramiques glaçurées et décorées des xe et xie siècles découvertes à Rouen», Actes de la table-ronde archéologique Dieppe 17 et 18 septembre 1996, *Proximus*, n° 2, 1998, p.151-160.

36. H. Guillotel, «Une autre marche de Neustrie», in *Onomastique et Parenté dans l'Occident médiéval I*, K. Keats-Rohan et C. Settipani (éd.), Oxford (Prosopographica et Genealogia, vol. 3), 2000, p. 7-13; K. Keats-Rohan, «Poppa of Bayeux and her family», *The American Genealogist*, July/October 1997, p. 187-204 (publié en français sous le titre «Poppa de Bayeux et sa famille», in *Onomastique et Parenté...*, p. 140-153) ; P. Bauduin, *La première Normandie. Sur les frontières de la haute Normandie : identité et construction d'une principauté*, Caen, 2004, p. 104, 129-132.

37. J. Dufour, *Recueil des actes de Robert Ier et de Raoul, rois de France (922-936)*, Paris, 1978, appendice I, n° 37, p. 139-141 : *Tunc Beringerius comes respondit quod non esset suus solummodo vasallus, quamvis ex suo beneficio aliquid haberet, sed potius vasallus Rotberti, amici sui, quia plus ab ipso beneficium tenebat.*

38. *Ademari Cabannenis Chronicon*, III, 21 (ß), P. Bourgain (éd.), Turnhout, 1999, p. 141. *Qui Ranulfus consanguineus erat Willelmi nobilissimi comitis Arvernis, summamque amiciciam cum eo et cum Roso, principe Normannorum, habuit.* Adémar est le seul chroniqueur à apporter cette information. Dans la recension gamma, qu'Adémar rédigea un peu plus tard, l'auteur suggère que Ramnulf conclut un pacte avec Rollon (Adémar de Chabannes, *Chronique*, Y. Chauvin et G. Pon (intr. et trad.), Turnhout, 2003, p. 221). Bien qu'il paraisse relativement bien informé sur la Normandie (*ibidem*, p. 38), son crédit sur les débuts de la dynastie normande se trouve entamé par une erreur lorsqu'il mentionne, dans un autre passage de sa chronique (III, 23), le mariage d'Adèle, fille de Rollon, avec Èbles Manzer, comte de Poitiers. Gerloc/Adèle épousa en fait le fils de ce dernier, Guillaume Tête d'Étoupe (Dudon, p. 192).

mesure doit-on retenir ce lien avec les Willelmides, cela reste discuté. Le fait est que le fils de Rollon et de Popa reçut à son baptême le nom de Guillaume, à une date antérieure à la conversion de Rollon : d'après la *Complainte* rédigée peu après sa mort (942), Guillaume – dont on ne connaît pas le nom scandinave s'il en a jamais porté un – avait été élevé par sa mère dans la foi chrétienne alors que son père était encore païen[39] et il se montra plus tard soucieux de consolider les liens avec les Willelmides en donnant sa sœur en mariage au comte de Poitiers, Guillaume Tête d'Étoupe[40]. Le choix opéré en 911 est clairement celui d'un chef normand qui, depuis peut-être une vingtaine d'années, a misé sur l'intégration aux élites politiques du royaume. Autant qu'un aboutissement logique de l'expansion scandinave, il doit être compris comme une affaire interne au royaume franc. Charles songeait-il, en confiant la *tutela regni* au futur comte de Rouen, à restaurer une seconde marche de Neustrie en faveur d'un personnage apparenté au précédent titulaire, le comte Bérenger, cela à un moment où le marquis Robert cherchait précisément à conforter son assise territoriale entre Seine et Loire ? On comprendrait alors mieux l'offensive de Rollon à l'été 911, clairement dirigé contre le marquis de Neustrie. Quoi qu'il en soit, la victoire, sous les murs de Chartres, de la coalition de princes réunie par ce dernier débouche sur les négociations de Saint-Clair-sur-Epte et une normalisation des rapports de force, dont on saisit mieux les enjeux en examinant le baptême de Rollon.

Les faits peuvent être résumés simplement, à partir du récit de Dudon de Saint-Quentin. Lorsque le marquis Robert apprend que les pourparlers de paix sont sur le point d'aboutir, il propose à Rollon de devenir son parrain en lui faisant valoir tout l'intérêt de cette offre de parrainage : les deux hommes deviendront ainsi des amis fidèles et Robert pourra gagner au chef normand la bienveillance du roi. Quelque temps après l'accord de Saint-Clair-sur-Epte, en 912, Rollon est baptisé par l'archevêque de Rouen, Francon ; Robert le reçoit au sortir des fonts baptismaux, lui donne son nom de baptême, *Robertus*, et le comble de présents[41]. De fait, d'autres sources indépendantes de Dudon, en particulier un diplôme de Richard Ier daté de 968 en faveur de l'abbaye de Saint-Denis[42], attestent que Rollon a effectivement été dénommé Robert, comme son parrain, et le nom allait passer dans le stock anthroponymique de

39. *Hic in orbe transmarino natus patr./ in erore paganorum permanente./matre quoque consignata alma fidem/ sacra fuit lotus unda/ cuncti flete pro vvilelmo* (manuscrit de Clermont-Ferrand. Nous remercions Elisabeth Van Houts de nous avoir fourni sa transcription de ce texte). La *Complainte de Guillaume Longue Épée* a été éditée par J. LAIR, *Étude sur la vie et la mort de Guillaume Longue Epée*, Paris, 1893, p. 61-68 ; Ph. LAUER, *Le règne de Louis IV d'Outremer*, Paris, 1900, p. 319-323. Dans son édition, Jules Lair corrige *Hic in orbe* par *Hac in urbe*, correction qui n'a pas été admise par Philippe Lauer. Le texte de la *Complainte* suggère que Guillaume fut alors élevé dans la foi chrétienne par sa mère. Adémar de Chabannes (*Ademari Cabannenis Chronicon*, III, 27, p. 148) indique clairement que Guillaume fut baptisé dans l'enfance (*a pueritia baptizatus*).

40. DUDON, p. 192-193.

41. DUDON, p. 167-168 ; 170.

42. M. FAUROUX, *Recueil des actes des ducs de Normandie (911-1066)*, Caen (*MSAN*, t. XXXVI), 1961, n° 3, p. 70-72.

la dynastie normande. On ignore quand fut baptisée Gerloc, la fille de Rollon, mais son nom chrétien, Adèle, renvoie lui aussi à la famille robertienne, en l'occurrence celui d'une fille du marquis Robert.

La conversion était nécessaire à un chef païen pour intégrer pleinement la *societas regni*. Quelle qu'ait été sa sincérité, elle était une condition indispensable au ralliement du clergé et des populations sur lesquelles allait désormais s'exercer le pouvoir du nouveau comte de Rouen. Mais par son baptême, Rollon entrait également dans des rapports de parenté spirituelle, qui, au-delà de leur signification religieuse, établissaient des liens sociaux dont la portée a été clairement dégagée depuis une trentaine d'années, notamment par les travaux d'Arnold Angenendt et de Bernhard Jussen[43]. Ils créaient des relations comparables à l'*amicitia* (dont l'offre de parrainage du marquis Robert se fait clairement l'écho), confortaient ou formalisaient des alliances déjà existantes et contribuaient à en établir d'autres. À l'époque carolingienne, le parrainage est une des formes prises par le « patronage impérial », pour intégrer les élites des populations conquises en ménageant l'humiliation du vaincu sous le couvert d'une cérémonie quasi familiale, qui faisait du souverain le père spirituel du nouveau baptisé. Cette harmonisation du rapport de force jouait également lorsque la situation était moins favorable au souverain, pour établir en sa faveur une hiérarchie symbolique. Ainsi, en 882, alors que Godfrid est en mesure de poser ses conditions à Charles le Gros, l'empereur peut rétablir sa position en parrainant le prince danois et habiller sous le couvert d'un don de baptême le tribut substantiel qu'il lui accorde[44]. Enfin, même si la pratique semble loin d'avoir été systématique au cours du haut Moyen Âge, il arrivait que le filleul reçût le nom du parrain ou de l'un de ses proches. En Angleterre, Guthrum a été ainsi dénommé Athelstan, comme le défunt frère de son parrain le roi Alfred (871-899) et ce choix fut clairement assumé, car Guthrum émit des monnaies frappées au nom d'Athelstan, rappelant ainsi la paix conclue avec Alfred et sa soumission au roi[45]. Il est possible aussi que la transmission d'un nom royal anglo-saxon ait répondu à d'autres motivations politiques, associant Guthrum aux rois anglo-saxons d'Est-Anglie et/ou au frère d'Alfred qui avait gouverné le Kent sous l'autorité de son père Æthelwulf (839-855). Quelles qu'en aient été les raisons, cette identification procédait probablement d'une volonté, de la part de Guthrum, d'être tenu pour un roi chrétien et anglais.

43. A. ANGENENDT, « Taufe und Politik in frühen Mittelalter », *Frühmittelalterliche Studien*, 7, 1973, p. 143-168 ; ID., « Le parrainage dans le haut Moyen Âge. Du rituel liturgique au cérémonial politique », in *Clovis, histoire et mémoire*, M. ROUCHE (éd.), t. 1, *Le baptême de Clovis, l'événement*, Paris, 1997, p. 243-254 ; B. JUSSEN, *Spiritual Kinship as Social Practice. Godparenthood and Adoption in the Early Middle Ages*, Newark-Londres, 2000, notamment p. 210-238.

44. B. JUSSEN, *Spiritual Kinship…*, p. 219-220

45. P. KERSHAW, « The Alfred-Guthrum Treaty : Scripting Accomodation and Interaction in the Viking Age », in *Cultures in Contact : Scandinavian Settlement in England in the Ninth and Tenth Centuries*, D. M. HADLEY et J. D. RICHARDS (éd.), Turnhout, 2000, p. 43-64, à la p. 51 ; D. M. HADLEY, « 'Hamlet and the Prince of Denmark' : Lordship in the Danelaw, *c.* 860-954 », *ibidem*, p. 107-132, à la p. 122.

Visiblement des enjeux de même nature interviennent au moment des négociations de Saint-Clair-sur-Epte et du baptême de Rollon[46]. Indéniablement, l'offre du marquis Robert s'inscrit dans un processus de pacification – après la bataille de Chartres – et d'harmonisation des rapports de force. Mais celui-ci peut être compris dans une triple perspective. D'abord, dans la mesure où le parrainage du Robertien s'inscrit dans la tradition du patronage royal, il est clair que celui-ci est médiatisé par l'un des grands du royaume. Le prestige que le souverain franc peut obtenir de la conversion est partagé avec le chef d'une des principautés. L'harmonisation joue ici au profit du marquis Robert, et, en cela, elle reflète assez fidèlement l'état des forces politiques en Francie occidentale. Ensuite, en devenant le parrain de Rollon, Robert entérinait le choix du roi et la reconnaissance de Rollon au sein de l'élite princière du royaume. Mais il établissait, au moins de manière symbolique, une hiérarchie qui sauvegardait sa prééminence en Neustrie. Celle-ci était clairement lisible dans le choix du nom de baptême de Rollon : ce serait un Robert qui gouvernerait désormais à Rouen. Enfin, on peut se demander dans quelle mesure la relation de parenté spirituelle établie par Robert ne visait pas non plus à restaurer, sous une autre forme, l'*amicitia* qui le liait autrefois à son homologue Bérenger, le beau-père de Rollon.

La mise en œuvre, dans la perspective d'une intégration ou d'une association plus étroite au *regnum Francorum*, des rapports fondés sur la fidélité, la parenté, l'amitié ou les liens spirituels, n'a rien ici d'exceptionnel. Il faut cependant en souligner la souplesse et l'adéquation au contexte politique du royaume au début du xe siècle. Charles le Simple ne pouvait pas décider seul de la promotion d'un chef scandinave, fût-il déjà sur la voie de l'assimilation. S'il l'a effectivement envisagée, la coalition des princes réunie autour de Robert, à l'été 911, ne suggère pas seulement une alliance destinée à combattre le péril normand, mais aussi une réaction princière contre l'ascension, par la seule volonté royale, d'un parvenu : ces mêmes grands réagirent contre une tentative de la sorte, une dizaine d'années plus tard, lorsque Charles le Simple tenta d'imposer Haganon. Ce n'est pas uniquement le règlement du problème viking qui se joue en 911, mais aussi le statut du futur comte de Rouen parmi les élites du royaume. En définitive, la normalisation s'opère à la faveur d'un compromis qui ménage à chacun une porte de sortie honorable : au roi l'acte souverain (*i.e.* la cession territoriale en faveur des Normands de la Seine), et la fidélité de Rollon doublée ou non d'une *amicitia* et d'une alliance matrimoniale ; à Robert, une reconnaissance au minimum symbolique de sa prééminence en Neustrie ; à Rollon la formalisation de son installation sur la basse Seine et son entrée parmi les grands du royaume.

Son successeur poursuivit dans cette voie. En une quinzaine d'années, entre 927 et 942, Guillaume Longue Épée construisit un réseau de relations

46. P. BAUDUIN, « Quelques observations sur la parenté spirituelle en Normandie (xe-xiie siècles), in *Mélanges Pierre Bouet*, Cahier des Annales de Normandie, n° 32, Caen, 2002, p. 81-91.

qui n'a rien à envier aux princes de son temps. De ses origines franques, il conserva des liens de parenté solides qu'évoque à plusieurs reprises Dudon de Saint-Quentin, en particulier au moment de la révolte de Riouf[47]. Il est très vraisemblable qu'ils ont également alimenté les ambitions de Guillaume vers l'ouest de la province ecclésiastique de Rouen et la Bretagne. Dès 924, sous Rollon, Hugues le Grand, Herbert II de Vermandois et l'archevêque de Reims, Séulfe, avaient négocié la paix avec les Normands de la Seine pour tenter de les détacher du parti de Charles le Simple en leur abandonnant, selon Flodoard, Bayeux et le Mans[48]. Cette cession a été diversement commentée par les historiens, qui ont presque toujours révoqué en doute l'abandon du Maine aux Normands, proposant plutôt d'y reconnaître celle du comté d'Hiémois[49]. Le témoignage de Flodoard est cependant moins contradictoire qu'il n'y paraît si l'on considère que les *pagi* concernés sont précisément ceux sur lesquels s'exerçait l'autorité du marquis Bérenger une trentaine d'années auparavant[50]. En somme, l'accord de 924, ne semble pas avoir été autre chose qu'une reconnaissance formelle, en faveur de Rollon, du commandement autrefois confié au père de Popa. À l'évidence, il s'agissait de territoires à conquérir et le pouvoir du comte de Rouen fut difficile à établir puisque dès 925, toujours selon Flodoard, les hommes du Bessin vinrent attaquer les Normands de la Seine[51]. Si Bayeux finit par entrer dans l'orbite normande, il n'en fut pas de même pour le comté du Mans, qui resta un bastion robertien dans l'Ouest[52]. Plus tard, en 931, Guillaume tenta d'imposer son autorité sur la Bretagne à la faveur d'une rébellion des Bretons contre les Normands de la Loire; il réussit à rallier l'un des chefs de la révolte, le comte Bérenger, probablement le petit-fils ou l'arrière-petit-fils (Juhel Bérenger) du marquis Bérenger et l'ancêtre des comtes de Rennes[53]. Il est probable que les liens familiaux des deux protagonistes ont fondé l'intervention de Guillaume, qui trouvait là l'occasion d'affermir son autorité à l'ouest de la Gaule, et contribué à l'indulgence dont il fit preuve vis-à-vis du comte Bérenger.

---

47. DUDON, p. 187-191. D'après Dudon, Guillaume Longue Epée, «issu d'une noble lignée franque» recherche l'appui de son oncle maternel (*avunculus*), Bernard de Senlis, pour contrer la conjuration de Riouf. Sur ce personnage, K. KEATS-ROHAN, «Poppa de Bayeux et sa famille», in *Onomastique et Parenté*..., p. 146-148) ; P. BAUDUIN, *La première Normandie* ..., p. 130.

48. FLODOARD, *Annales*, a. 924, p. 24.

49. Sur ce point : G. LOUISE, *La Seigneurie de Bellême xe-xiie siècles, dévolution des pouvoirs territoriaux et construction d'une seigneurie de frontière aux confins de la Normandie et du Maine à la charnière de l'An mil,* Flers, 1992-1993, t. 1, p. 137-139, qui révoque en doute cette cession de l'Hiémois dès 924.

50. H. GUILLOTEL, «Une autre marche de Neustrie», p. 9.

51. FLODOARD, *Annales*, a. 925, p. 30.

52. G. LOUISE, *La Seigneurie de Bellême* ..., t. 1, p. 168 ; K. KEATS-ROHAN, «Politique et parentèle : les comtes, vicomtes et évêques du Maine c.940-1050», *Francia*, 23-1, 1996, p. 13-30; ID., «Un vassal sans histoire» ? : Count Hugh II (c. 940-965-992) and the Origins of Angevin Overlordship in Maine», in *Family Trees and the Roots of Politics. The Prosopography of Britain and France from the Tenth to the Twelfth Century*, K. KEATS-ROHAN (éd.), Woodbridge, 1997, p. 189-210.

53. Sur ces événements, voir : A. CHÉDEVILLE, H. GUILLOTEL, *La Bretagne des saints et des rois : ve-xe siècle*, Rennes, 1984, p. 392-397; F. NEVEUX, «La fondation de la Normandie et les Bretons...», p. 306-308.

Guillaume avait aussi des «amis» francs, dont il écoutait le conseil : c'est du moins, sous la plume de Dudon, l'un des reproches que lui adresse Riouf[54]. De fait, dès 927/928, il avait établi des *amicitiae* avec Herbert II de Vermandois et le beau-frère de ce dernier, Hugues le Grand[55]. Ces liens furent ensuite confortés par des alliances matrimoniales. En effet, au milieu des années 930, sans doute peu avant la mort du roi Raoul (janvier 936), une conférence réunit autour de Guillaume les grands du nord et de l'ouest du royaume, Guillaume Tête d'Étoupe, Hugues le Grand et Herbert II de Vermandois[56]. Sur le conseil de ces deux derniers, Guillaume donna sa sœur en mariage au comte de Poitiers, tandis qu'Herbert accordait la main de sa fille, Liégeard, au prince normand. La conclusion de ces alliances s'inscrivait dans la perspective d'une transition de règne qui vit finalement le retour d'un Carolingien sur le trône. Les princes du royaume devaient alors s'entendre sur la succession de Raoul et Guillaume tenait une place non négligeable dans l'équilibre des forces que l'on tentait alors de mettre en place. D'un point de vue politique, on peut alors considérer que l'assimilation du comte normand de Rouen à l'élite princière est désormais complète. La suite des événements le montre pleinement engagé dans les affaires du royaume, dans un premier temps souvent aux côtés d'Herbert II et d'Hugues le Grand, avant d'entamer un rapprochement avec Louis IV en 940 et surtout à partir de la fin de l'année 941. Selon Dudon, il aurait alors permis, à la faveur de son amitié avec Henri de Germanie, le rapprochement entre les deux rois. Le récit prête à caution, dans la mesure où il y a manifestement erreur sur la personne du souverain germanique – c'est Otton, le fils d'Henri qui règne alors – et la critique du texte a conduit nombre d'historiens français, à la suite de Philippe Lauer[57], à rejeter dans la légende la narration du chanoine de Saint-Quentin. Celle-ci doit cependant être réévaluée lorsque l'on considère le gouvernement d'Otton au début de son règne. En effet, même s'il s'est montré réticent à établir des pactes de cette nature avec les grands de son royaume, Otton s'est attaché à conserver ou à établir des *amicitiae* avec des rois étrangers et avec les princes du royaume de Francie, à commencer par Herbert II de Vermandois, le beau-père de Guillaume[58], de sorte que si le doute est permis sur le rôle effectivement joué par le prince normand dans le rapprochement entre les deux souverains, il n'y a pas de raison sérieuse de rejeter l'amitié qui le liait au roi de Germanie.

Quant aux relations de parenté spirituelle, elles semblent avoir été utilisées pour normaliser les rapports de Guillaume avec les rois Raoul puis Louis. Le premier cas est plus hypothétique, car il repose sur l'interprétation que l'on peut donner au choix du nom du fils de Guillaume, le futur Richard Ier, né vers 933. Il est certain qu'il ne s'agit pas du nom de l'un de ses deux parrains, Bothon,

54. Dudon, p. 187.

55. Flodoard, cit. note 1; Dudon, p. 186.

56. Dudon, p. 192-193. Sur la date (935) et le contexte : A. Chédeville, H. Guillotel, *La Bretagne*..., p. 398.

57. Ph. Lauer, *Le règne de Louis IV d'Outremer*, Paris, 1900, p. 79 n. 4 et p. 84 n. 1.

58. L. Buisson, «Formen normannischen Staatsbildung (9. bis 11. Jahrhundert) », *Studien zum mittelalterlischen Lehenwesen, Vorträge und Forschungen*, band V, Lindau und Konstanz, 1960, p. 144-145; G. Althoff, *Verwandte, Freunde und Getreue*..., p. 112.

princeps militiae, ou l'évêque de Bayeux, Henri, lequel avait également baptisé l'enfant à Fécamp[59]. Il faut plus vraisemblablement rapprocher ce choix des événements de 933, lorsque, selon Flodoard, le «prince des Normands se recommanda à ce même roi (=Raoul), qui lui donna la terre des Bretons située en bordure du rivage», c'est-à-dire très probablement le Cotentin et l'Avranchin. Le comte de Rouen, qui avait quelques années auparavant seulement accepté de se recommander à Charles le Simple, reconnaissait de la sorte la légitimité de Raoul et en dénommant son fils Richard, Guillaume pouvait confirmer son ralliement au Bourguignon. Le nom appartenait en effet au stock anthroponymique de la famille Bosonide, dont était issu Raoul : il avait été porté par le père de celui-ci, Richard le Justicier, duc de Bourgogne, et d'autres membres de sa famille. L'abbé Chaume et plus récemment Christian Settipani ont suggéré – mais sans preuves formelles – que le Richard, cité comme comte de Rouen en 787, était l'ancêtre des Bosonides[60]. Le dossier est ici trop fragile pour admettre sans réserve que Guillaume ait voulu ainsi rattacher sa descendance à ce personnage mais l'adoption du nom Richard nous semble symptomatique du ralliement du prince normand à la royauté de Raoul, même s'il n'y avait pas à proprement parler la création d'un lien de parenté spirituelle entre les deux protagonistes[61]. Le second cas est plus significatif, puisqu'il s'agit de la relation établie lorsque Guillaume accepte, à la demande du roi Louis IV, d'être le parrain du fils du roi, Lothaire, né à la fin de l'année 941. Quelques mois auparavant, en 940, Guillaume s'était recommandé au roi, qui lui avait alors remis la terre autrefois concédée à Rollon. Or en devenant compères, les deux princes se trouvaient symboliquement placés sur un pied d'égalité, atténuant de la sorte le rapport hiérarchique de seigneur à vassal, cela au moment où le roi Louis recherchait l'alliance de Guillaume.

En se plaçant du point de vue des élites aristocratiques, on ne saurait prétendre éclairer tous les aspects de l'insertion des Normands de Rouen dans le monde franc. Il apparaît toutefois que l'expérience tentée au début du Xe siècle sur la basse Seine doit être comprise comme une affaire intérieure au royaume de Charles le Simple, dont, à plus d'un titre, elle reflète l'équilibre des forces. Pourquoi une «Normandie» a-t-elle ici réussi? Pour une bonne part parce que les premiers Rollonides réussirent en l'espace de deux générations, à compter parmi les grands du royaume en s'adaptant aux structures sociales et politiques du temps.

---

59. DUDON, p. 219.

60. Abbé M. CHAUME, *Les origines du duché de Bourgogne*, t. 1, Dijon, Imprimerie Jobart, Librairie E. Rebourteau, 1925, p. 544-545; C. SETTIPANI, *La préhistoire des Capétiens 481-987*, t. 1 de la *Nouvelle histoire généalogique de l'auguste maison de France*, P. VAN KERREBROUCK (dir.), Villeneuve d'Ascq, 1993, p. 364-365.

61. Sur ce dernier aspect, il y aurait toutefois une enquête à poursuivre afin d'identifier l'un des parrains de Richard, Bothon : Dudon en fait un compagnon de Rollon, puissamment établi à Bayeux, et lui attribue le titre de *princeps militiae*. Ses origines scandinaves alléguées par l'auteur ne sont pas confirmées par l'onomastique, *Botho* porte un nom franc qu'il est tentant de le rapprocher de Boson, toutefois dans l'état actuel de la recherche, rien ne permet de suggérer un rapport entre le parrain de Richard et les Bosonides.

Francs, Scandinaves ou Normands ? Aperçus sur les premiers moines des monastères normands

Katharine S.B. Keats-Rohan*

Un des signes les plus évidents de l'impact des raids normands sur la société européenne est la rupture dans l'existence des monastères. Cependant, dès 918, débute un lent processus de retour des moines francs dans le comté de Rouen. Nous ne savons pratiquement rien des moines eux-mêmes, mais on peut distinguer des caractéristiques marquantes de la réimplantation des monastères.

Lucien Musset a montré qu'il y avait un haut degré de continuité depuis l'époque carolingienne jusqu'à l'époque normande. Des moines, à leur retour, purent présenter avec succès des requêtes pour obtenir une confirmation de leurs anciennes possessions par les nouveaux gouvernants[1]. La préservation de ces possessions était capitale pour la survie à long terme et le développement des monastères, et constituait d'ailleurs aussi un élément majeur pour la stabilité de la Normandie. Les nouvelles communautés furent rebâties sur les sites originaux des anciens établissements. Il s'agit des prestigieuses fondations mérovingiennes de Saint-Ouen à Rouen (restaurée vers 918), de Saint-Pierre de Jumièges (vers 940), de Saint-Taurin d'Évreux (vers 968) et de Saint-Wandrille de Fontenelle, dont les précédentes tentatives de restauration vers 940 et vers 960 portèrent finalement leurs fruits sous l'abbé Gérard (1001-1031)[2]. À l'exception de Saint-Taurin, ces monastères étaient tous situés dans le diocèse de Rouen et capables aussi bien de bénéficier que de contribuer à une vigoureuse reprise de la vie économique dans cette région. Jacques Le Maho a également pu montrer que c'est là que s'installèrent finalement les moines chassés du Cotentin[3].

* Linacre College, Oxford

1. L. Musset, « Les destins de la propriété monastique durant les invasions normandes (ixe-xie siècles). L'exemple de Jumièges », *Jumièges. Congrès scientifique du xiiie centenaire*, I, Rouen, 1955, p. 49-55.

2. Voir en général : L. Musset, « Monachisme d'époque franc et monachisme d'époque ducale en Normandie : le problème de la continuité », in *Aspects du monachisme en Normandie (ive-xviiie siècles)*, L. Musset (dir.), Paris, 1982, p. 55-74.

3. J. Le Maho, « Un exode de reliques à la fin du ixe siècle », *Bulletin de la Commission départementale des antiquités de la Seine-Maritime*, t. XLVI, 1998, p. 137-188.

Les fondations scandinaves en Occident, p. 195-208, Publications du CRAHM, 2005

Les occupants scandinaves se sont mêlés par des mariages aux populations franques et ont adopté, en l'espace de deux générations, la langue, la religion et les noms des Francs. Ils imprimèrent aussi leur marque sur le monachisme de deux façons : en devenant membres de communautés monastiques et en faisant des dons aux monastères, voire en fondant eux-mêmes de nouveaux établissements. Ces deux éléments ont été fondamentaux pour l'assimilation complète des nouveaux venus à la culture franque et pour leur intégration dans l'ordre social des Francs : ils constituent ainsi un intérêt majeur pour l'historien. Malheureusement, des enquêtes sur ces sujets nécessitent des sources écrites, or nous n'en disposons guère avant la fin du xe siècle, d'où l'intérêt de présenter un type de source très riche, les nécrologes religieux, provenant de trois monastères différents, le Mont-Saint-Michel, Jumièges et Saint-Taurin d'Évreux. Nous nous en tiendrons ici à des remarques très générales.

On doit attribuer la survie de l'Église dans la Normandie du xe siècle à la sage politique du pape Jean XII, qui autorisa une grande tolérance envers les pratiques quasi païennes des nouveaux convertis afin d'enraciner en douceur un christianisme authentique. On doit aussi attribuer cette survie au long et patient labeur de reconstruction et de consolidation mené par l'archevêque de Rouen Hugues (942-989), également abbé de Saint-Ouen[4]. La renaissance des structures ecclésiastiques de base, d'abord dans le diocèse de Rouen puis dans le reste de la Normandie, a été l'une des conditions essentielles de la survie du nouvel état normand. Aucun évêché ne fonctionnait régulièrement en dehors de Rouen avant 988 et si la série épiscopale des évêques de Coutances ne révèle aucune interruption durant cette période, il convient de rappeler que les prélats du diocèse de Coutances vivaient en exil à Rouen[5]. Le rétablissement des sièges épiscopaux vers 990 est sûrement lié à la restauration antérieure des monastères. Normalement, les monastères doivent se soumettre à la juridiction des évêques. En tant que propriétaires de certaines églises, les moines avaient la responsabilité de la vie paroissiale. Ils offraient, en outre, une sauvegarde permanente à tout le monde en assurant de façon continue une obligation de prière. Les princes normands ont vite saisi la place importante que l'Église occupait dans le monde franc et, par la suite, leurs sujets scandinaves l'ont compris également. À la fin du xe siècle, le chroniqueur Dudon de Saint-Quentin interpréta l'histoire du siècle sous cet éclairage : dans son récit, les comtes de Rouen ont atteint très tôt un état proche de la sainteté, qu'illustre Guillaume Longue Epée, martyrisé en 942, juste après avoir exprimé le souhait de devenir moine du monastère nouvellement restauré de Jumièges.

4. O. GUILLOT, «La conversion des Normands peu après 911. Des reflets contemporains à l'historiographie ultérieure», *Cahiers de civilisation médiévale* XXIV.2, 1981, p. 101-116, 181-219. Sur Hugues voir L. VIOLETTE, «Le mythe de saint Romain au xe siècle : naissance d'un mythe national normand?», in *La Normandie autour de l'an mil*, F. DE BEAUREPAIRE et J.-P. CHALINE (éd.), Rouen, 2000, p. 130-131, et J. LE MAHO, «La production éditoriale à Jumièges vers le milieu du xe siècle», *Tabularia «Études»*, 1, 2001, p. 11-32 (22 octobre 2001).

5. L. MUSSET, «Un millénaire oublié : la remise en ordre de la hiérarchie épiscopale en Normandie autour de 990», in *Mélanges Marcel Pacaut*, Lyon, 1994, t. II 563-573.

Quelles que soient leur richesse et leur valeur, les écrits de Dudon restent l'œuvre d'un homme qui a toujours biaisé les faits pour les adapter au programme qu'il s'était fixé. L'influence de l'œuvre de Dudon va bien au-delà du *De moribus*. Elle a été reconnue dans d'autres récits historiographiques qui surgissent à la faveur du redressement des structures ecclésiastiques dans la province de Rouen à la fin du xe siècle[6]. On observe un patronage monastique actif des chefs normands seulement à partir de 990 environ, alors qu'avant ils se contentaient de soutenir ou de ratifier les initiatives du clergé franc. En 990 Richard Ier installa des chanoines dans une nouvelle église à Fécamp; son action fut continuée et même amplifiée par Richard II, dont l'épouse Judith fonda l'abbaye de Bernay[7]. Leur fils Guillaume mourut moine à Fécamp en 1025. La mère de Richard II, Gunnor, avait patronné activement des églises de la Normandie occidentale. En définitive, on peut nettement distinguer deux époques. Entre 918 et 990, les monastères furent restaurés en Normandie par les Francs, avec l'accord des nouveaux dirigeants de Normandie. Ensuite, après 990, les Normands, enfin clairement engagés dans les valeurs chrétiennes, prirent en charge la direction d'un monachisme vraiment normand parce qu'ils étaient enfin prêts à embrasser eux-mêmes la vocation monastique.

Les présents que, selon le récit allégorique de Dudon, Rollon aurait offerts à l'issue de son baptême, montrent que la principale église du diocèse d'Avranches à la fin du xe siècle n'était pas l'église cathédrale mais l'abbaye du Mont-Saint-Michel[8]. Depuis 708, date à laquelle il fut établi par l'évêque Aubert, et durant les siècles qui suivirent, le sanctuaire du Mont-Saint-Michel a toujours été desservi par 12 chanoines dépendant de l'église d'Avranches. Bien avant 966, les chanoines furent rejoints par des moines. Dudon affirme que Richard Ier y construisit une grande et belle église et que le duc engagea les moines à suivre la *theorice uite palestra*. Selon le traducteur de Dudon, Eric Christiansen, cette phrase fait directement référence à la stricte observance monastique introduite par Guillaume de Dijon après 1001[9]. D'après les *Annales du Mont-Saint-Michel*, Richard II participa au vaste programme de construction de l'abbé Hildebert, mort en 1023 et remplacé par un abbé issu du cercle de Guillaume de Dijon. Comparé au témoignage des *Annales*, le texte de Dudon propose une datation (sous Richard Ier) erronée, mais il concorde avec les événements survenus durant le règne de Richard II.

---

6. M. ARNOUX, «Les premières chroniques de Fécamp : de l'hagiographie à l'histoire», in *Les Saints dans la Normandie médiévale*, Actes du colloque de Cerisy-la-Salle (26-29 septembre 1996), P. BOUET et F. NEVEUX (éd.), Caen, 2000, p. 71-82.

7. Vers l'an mil l'auteur de la *Translatio sancti Audoeni* a résumé la contribution de Richard Ier en ces termes : «admirable consul des Normands, fondateur de l'église de La Trinité de Fécamp» (cité dans M. ARNOUX, «Les premières chroniques de Fécamp...», p. 79, note 31).

8. DUDON DE SAINT-QUENTIN, *De moribus et actis primorum Normanniae ducum*, J. LAIR (éd.), Caen, 1865 [ci-après DUDON], p. 170 et 290.

9. *Dudo of St Quentin : History of the Normans*, E. CHRISTIANSEN (trad.), Woodbridge, 1998, p. 164 et p. 224, note 464; DUDON p. 290.

D'après un prétendu diplôme du roi Lothaire, Richard Ier envoya des moines à l'abbaye montoise[10]. Au siècle suivant fut écrite, au Mont-Saint-Michel, une histoire qui reprit, en la développant, la trame du récit. Selon ce texte, connu sous le nom d' *Introductio monachorum*, mais dont le titre *Inuentio, Translatio et Miracula sancti Auberti* serait plus convenable, Richard envoya un ultimatum aux chanoines du Mont : ils devaient se faire moines ou partir[11]. Deux d'entre eux demeurèrent dans l'intention de nuire à la nouvelle communauté, en dissimulant les précieuses reliques de saint Aubert. L'auteur anonyme utilise Dudon : il reproduit même la phrase *theorice uite palestra* lorsqu'il en vient à parler des raisons qui poussèrent Richard à réformer le Mont. Mais il s'en écarte complètement lorsqu'il décrit l'expulsion forcée des chanoines.

Dans bien des endroits où les moines bénédictins ont remplacé les chanoines au cours du xe siècle, les textes du xie siècle ont formulé des attaques perfides et sans aucun fondement à l'encontre des chanoines. En revanche, on ne trouve guère de telles critiques au xe siècle. La plupart des «réformes» n'ont été que des refondations, ou des restaurations, une sorte de «nettoyage de printemps» comme Alain Dierkens l'a montré pour la prétendue réforme de Gérard de Brogne en Flandre[12]. Dudon prétend que Richard Ier a construit une église pour les moines et qu'il les a incités à une stricte observance de la règle bénédictine. Il ne dit pas, comme le fait le diplôme de Lothaire, que les moines ont été installés à ce moment et ne mentionne pas de chanoines.

Cela n'a pas empêché l'auteur de l'*Introductio monachorum* d'écrire son récit injurieux contre les chanoines du Mont. Ce récit ne forme toutefois qu'un petit épisode dans l'ensemble du texte. En dépit de l'importance exagérée que lui ont accordée les historiens postérieurs, il ne fait guère de doute que l'histoire est fictive. Bien plus importante se trouve être la narration de la prise de possession par les moines, pour leur nouvelle église, des reliques de saint Aubert, le fondateur du collège de chanoines.

La plus ancienne copie connue de ce texte est celle qui a été rédigée dans le cartulaire, en 1149. Elle omet des passages comportant divers *Miracula*. C'est l'œuvre d'un moine bénédictin profondément préoccupé par le droit des Bénédictins à élire leurs abbés. Les seuls abbés mentionnés sont Mainard et Hildebert, mais la description des abbés qui n'étaient pas issus de la communauté comme *lupos rapaces* constitue une référence évidente aux conflits qui suivirent l'introduction d'une série d'abbés extérieurs par le cercle réformateur de Guillaume de Dijon. L'abbé Thierry fut institué en 1023. Après sa mort, en 1027, il fut remplacé par le moine montois Almodus. Celui-ci fut destitué par Robert le Magnifique en 1031 et remplacé par un autre «loup rapace», l'Italien

10. *Recueil des actes de Lothaire et de Louis V, rois de France (954-987)*, L. HALPHEN et F. LOT (éd.), Paris 1908, n° 24, p. 53-57.

11. Dom J. HUYNES, *Histoire générale de l'abbaye du Mont-Saint-Michel au péril de la mer*, publiée par E. DE ROBILLARD DE BEAUREPAIRE, 2 vol., Rouen 1872-1873.

12. A. DIERKENS, *Abbayes et chapitres entre Sambre et Meuse (VIIe-XIe siècles)*, Beihefte der Francia, 14, Sigmaringen, 1985, p. 245-247.

Suppo, qui fut finalement chassé par les moines, en 1048. Le dernier intrus, Raoul, a été remplacé en 1061 par Ranulf, un moine de l'abbaye.

Cette narration est généralement considérée comme une production du milieu du XIe siècle. Les recherches en cours de Pierre Bouet montrent clairement qu'elle fut composée au début de l'époque de Roger Ier, un abbé intrus nommé vers 1086 et révoqué en 1106. Elle contient le texte d'une bulle de Jean XIII fabriqué vers 1058, au moment où furent dressés deux exemplaires du soi-disant diplôme de Lothaire. Ces deux textes sont déjà mentionnés dans les plus anciennes annales du Mont conservées, qui s'achèvent en 1035, avec la mort de Robert le Magnifique. Ces annales, qui font partie d'une collection de chroniques, qui a ensuite été envoyée à l'abbaye de Saint-Augustin, à Cantorbéry (BL ms Royal 13 A XXIII), mentionnent la bulle de Jean XIII et le diplôme de Lothaire sous l'année 965. Il n'est fait aucune référence à Richard avant l'indication de sa mort en 996. D'ailleurs, aucun Normand n'est mentionné avant 1023, date à laquelle Richard II de Normandie est associé à la reconstruction de l'abbaye par l'abbé Hildebert, mort cette même année. Visiblement, l'essentiel était, pour les moines qui fabriquèrent alors la bulle et établirent ou falsifièrent le diplôme de Lothaire, de démontrer au duc Guillaume que ses prédécesseurs avaient approuvé le droit des religieux à élire leurs abbés et leur avaient accordé un privilège d'exemption. Le *factum* par lequel l'abbé Renouf régla bientôt (1061) ses différends avec l'évêque d'Avranches, en acceptant la soumission du monastère à l'autorité épiscopale, démontre clairement la fausseté des revendications élevées par les moines dans leurs productions littéraires[13]. Et, ce qui est plus important, il indique clairement que l'évêque s'est impliqué dans les affaires de l'abbaye avec un réel souci de la communauté, sur laquelle les prédécesseurs de Renouf ont très probablement exercé une autorité quasi épiscopale pendant le Xe siècle.

Dans son récit, l'auteur nomme plusieurs moines, dont certains seraient, prétend-il, la source des fables qu'il rapporte. Cela pourrait suggérer qu'il utilise un texte antérieur, à moins qu'il ne s'agisse simplement d'un artifice de conteur pour tenter de faire croire à ses inventions. Les moines nommés sont Wazo, Osmond, Hildeman, Fromond, Drogon, Bernier et Vitalis. Un méchant chanoine du Xe siècle est appelé *Berneherius*, dont le nom est orthographié de façon bien distincte de Bernier. Un chanoine moins mauvais est appelé Durand. La signification de ces noms apparaît clairement grâce à un manuscrit de Fleury, venu d'Angleterre entre 1000 et 1004, au temps de l'abbé Mainard II. Dans ce manuscrit, un scribe du Mont-Saint-Michel nommé Hervard, a inscrit une liste de 50 moines vivants du Mont-Saint-Michel, en commençant par l'abbé Mainard II, ainsi que de 30 moines décédés[14]. Cette

13. J.-F. LEMARIGNIER, *Étude sur les privilèges d'exemption et de juridiction ecclésiastique des abbayes normandes depuis les origines jusqu'en 1140*, Paris, 1937, p. 29 et note 10, p 156-161, 252-254, 264-266.

14. D. GREMONT et frère DONNAT, «Fleury, le Mont-Saint-Michel et l'Angleterre à la fin du Xe et au début du XIe siècle à propos du manuscrit d'Orléans, n° 127 (105)», *Millénaire monastique du Mont-Saint-Michel*, t. I, *Histoire et vie montoise*, J. LAPORTE (éd.), Paris, 1967, p. 751-793 et planche XVI.

auparavant donné un moine, Guillaume, fils de Richard II, mort à Fécamp en 1025. Pour une part, ce succès peut être associé à une période au cours de laquelle les Normands étaient parvenus à se forger une identité de Francs issus d'ancêtres scandinaves. Le plus ironique, peut-être, c'est que le témoignage de ce changement provienne du Mont-Saint-Michel, en l'occurrence une abbaye théoriquement dans les limites du duché depuis 933, mais également attachée à maintenir son identité neustrienne tout au long du siècle suivant, comme le montrent les célèbres donations faites par les comtes du Mans et ceux de Rennes.

La liste de Fleury constitue cette sorte de matériau rare et précieux : une source historique entièrement objective et digne de foi. Il est maintenant possible de considérer plus en avant le diplôme de Lothaire et tous les problèmes qu'il suscite : a-t-il jamais existé sous la forme d'un document authentique et, si c'est le cas, que disait-il? Nous pouvons désormais replacer dans son contexte le texte frauduleux et mensonger de l'*Introductio*. Les allusions au Mont-Saint-Michel, faites par Dudon, peuvent être comprises comme des mentions anachroniques où le puissant renouveau religieux contemporain, des environs de 990 à 1025, servit de modèle pour décrire un passé plus lointain. La liste de Fleury nous donne un aperçu véritable sur une période de transition qui vit la transformation d'une noble communauté franque en une congrégation normande cosmopolite. Enfin, grâce au génie de Guillaume de Volpiano, nous pouvons atteindre, à partir du même texte, les autres grands monastères de Normandie et d'ailleurs, de Jumièges ou Fécamp à des établissements lointains tels que Saint-Bénigne de Dijon et Saint-Arnoul de Metz.

APPENDICE I

Liste des moines de l'abbaye du Mont-Saint-Michel vivants et morts figurant dans un manuscrit de l'abbaye de Fleury, Bibl. mun. d'Orléans, ms 127 (103).

Haec nomina uiuorum fratrum
Domnus abba Mainardus. Hildebertus. Vualcherius. Rainaldus./ Gualterius. Herimarus. Frotmundus. Heldemanus. Mainardus francus./ Mainardus. Vitalis. Anffridus. Harduinus. Almodus. Bona fides./ Riculfus. Hermenulfus. Heruardus. Drocus. Bernardus. Guazbertus./ Gislebertus. Teudo. Dauid. Hodo. Aiulfus. Vualdricus. Algerius./ Gauffredus/ Burcardus/ Anschetellus. Mainardus. Vuascelinus. Heldebertus./ Angerius. Goduinus. Hosmundus. Drocus. Rotgerius. Richardus./ Franco. Rotgerius. Rainaldus. Ebremarus. Goscelmus. Martinus./ Hosbernus. Bertrannus. Vitalis. Burnincus.

Et haec nomina defunctorum/
vii Kal. Ian. [26 Jan.] obiit Sedemanus.
Nonis Ianuar. [5 Jan.] obiit Uuiddo.
xvii Kal. Feb. [16 Jan] Obiit Stephanus.
v kal. Febr. [28 Jan.] obiit Henmenulfus.
ii idus Febr. [12 Fev.] obiit Maurus.
x kal. Mar. [20 Fev.] obiit Berengarus.
xvii kal. April. [16 Mar.] obiit Teodericus.
viii kal. April. [25 Mar.] obiit Berengarus.
xvi kal. Mai. [16 Avril] obiit Mainardus abba
xi kal. Mai. [21 Avril] obiit Fulredus
iiii kal. Mai. [28 Avril] obiit Heldemanus.
ii kal. Mai. [30 Avril] obiit Fulco.
kal. Mai. [1 Mai] obiit Mainerus.
v nonas Mai. [3 Mai] obiit Heruardus abba.
xvi kal Iunii. [16 Mai] obiit Otbertus.
xv kal. Iunii. [17 Mai] obiit Balfridus.
xiiii kal. Iunii. [18 Mai] obiit Framericus.
vi idus Iunii. [8 Juin] obiit Rainaldus
xii kal. Iulii. [20 Juin] obiit Fastulfus
vii kal. Iulii. [25 Juin] obiit Rotgerius.
ii idus Iulii. [14 Juil.] obiit Amalbertus.
xvi kal. August. [17 Juil.] obiit Vuatso. et Ernaldus.
viii kal. August. [25 Juil.] obiit Albuinus.
iiii id. Aug. [10 Août] obiit Vualtelmus.
xviii kal. Sept. [15 Août] obierunt Durandus. et Gerardus.
xvi kal. Sept. [17 Août] obiit Garulfus.
x kal. Sept. [23 Août] obiit Tetulus.
Nonis Sept. [5 Sept.] obiit Riboldus.
vii idus Sept. [7 Sept.] obiit Fulco.

xi kal. Oct. [21 Sept.] obiit Gleuloes.
xvii kal. Nov. [16 Oct.] obiit Grimoldus.
xiiii kal. Novem. [19 Oct.] obiit Benedictus.
xiiii kal. Decemb. [18 Nov.] obiit Adelulfus.
xii kal. Decemb. [20 Nov.] obiit Uuarinus.
v kal. Decemb. [27 Nov.] obiit Uuiddo.
iiii nonas Decemb. [2 Dec.] obiit Radulfus.
iii nonas Decemb. [3 Dec.] obiit Vuitbertus.
vii idus Decemb. [7 Dec.] obiit Berneherius.

APPENDICE II

Nécrologe de Saint-Germain-des-Prés : obits des moines des monastères normands, 1023-1065 environ, pour la plupart mentionnés aussi dans les nécrologes de Saint-Bénigne de Dijon, du Mont-Saint-Michel, de Jumièges et de Saint-Taurin d'Évreux.

Clé : Fiscanno/s. Trinitatis = Fécamp, sci. Michaelis - Mont-Saint-Michel, s. Uuandregisili = Saint-Wandrille, Gemmeticensis = Jumièges, s. Crucis = La Croix-St-Leufroy, s. Audoeni = Saint-Ouen
deest/desunt = le(s) nom(s) ne figure(nt) pas dans les nécrologes
italique en gras = nom scandinave *italique en gras** = nom soit scandinave soit franc *italique* = nom favorisé par les Normands

2.1 ***Osbern*** s. Crucis [*deest* Dijon]
3.1 *Hugo* mon. Fiscanno [*deest* St Taurin]
8.1 *Uualterius* sci Uuandregisili [*deest* St Taurin]
8.1 *Hugo* mon. Fiscanno [*deest* Dijon]
10.1 Sasuualo mon. Fiscanno [*deest* St Taurin]
11.1 Columbanus s. Trinitatis [*deest* Jumièges St Taurin]
13.1 Petrus conuersus s. Trinitatis (*deest* Dijon, St Taurin)
14.1 *Rotbertus* s. Trinitatis [*deest* Dijon]
17.1 *Uuilelm* conuersus s. Audoeni episcopi [*deest* Dijon]
18.1 Ioseph sci Michaelis
25.1 ***Anschitillus*** s. Trinitatis [*deest* Dijon, St Taurin]
26.1 Fulcherius atque Uuazo s. Trinitati [*desunt* MSM, Jumièges, St Taurin]
31.1 ***Anfredus**** s. Trinitatis [*desunt* MSM, Jumièges, St Taurin]
2.2 Arnulfus s. Trinitatis [*deest* Dijon, St Taurin]
13.2 *Hugo* Gemmeticensis
15.2 *Osbert* s. Trinitatis [*deest* Dijon, MSM, St Taurin]
16.2 Andreas sci. Michaelis [*deest* Jumièges]
17.2 *Rotbertus* s. Uuandregisili sacerdos et prior [*deest* St Taurin]
18.2 Rodericus abba [Gemmeticensis] [*deest* Dijon, St Taurin]
22.2 Iohannes abbas Fiscannensis coenobii
23.2 *Uuillelmus* s. Trinitatis [*deest* Dijon]
24.2 *Richardus* s. Trinitatis [*deest* Dijon]
6.3 Lantselinus s. Trinitatis [*deest* Dijon]
7.3 Graulf abbas s. Uuandregisili [+ 1047 *deest* MSM, Jumièges]
7.3 ***Turstin*** s. Trinitatis [*deest* Dijon, St Taurin]
10.3 *Uualterius* conuersus monachus s. Trinitatis [*deest* St Taurin]
13.3 Christian s. Trinitatis [*deest* St Taurin]
16.3 Dorinus s. Trinitatis [*deest* Jumièges]
25.3 *Rotbertus* sci Guandregisili [*deest* St Taurin]
1.4 Haymo s. Trinitatis [(*deest* St Taurin, Jumièges]
1.4 Frotmund s. Trinitatis [*deest* Dijon, Jumièges]
8.4 Rotbert s. Trinitatis [*deest* Jumièges, St Taurin]
9.4 Deodatus s. Trinitatis [en fait, moine du MSM]
9.4 Constancius s. Trinitatis [*deest* Jumièges, St Taurin]
9.4 Dagobertus s. Trinitatis [*deest* Jumièges, St Taurin]
17.4 *Rodulfus* s. Trinitatis [*deest* Dijon]
18.4 Constancius s. Trinitatis [*deest* Jumièges]
21.4 Aimericus s. Trinitatis [*deest* St Taurin]
24.4 *Rotger* s. Trinitatis [*deest* St Taurin]
28.4 Erminerius s. Trinitatis [*deest* Dijon, Jumièges]
29.4 Berenger s. Trinitatis [*deest* Jumièges]
1.5 Stabilis s. Trinitatis [*deest* St Taurin]
3.5 Gunter sci Petri Genmeticensis
5.5 Isuard s. Trinitatis
6.5 ***Ingulf**** s. Trinitatis [*deest* Jumièges, St Taurin]
15.5 Riculf s. Trinitatis
17.5 Ratbald s. Trinitatis [*deest* Jumièges]
17.5 Benedict s. Trinitatis [*deest* MSM]
17.5 Theoderic abbas Gemmeticensis
23.5 Magnus s. Trinitiatis [*deest* St Taurin]
23.5 Alberic abbas s. Crucis [+ avant 1071, *deest* Dijon, Jumièges]
24.5 ***Normand*** s. Trinitatis [*deest* Dijon, St Taurin]
25.5 Iosfredus s. Trinitatis [*deest* Dijon, St Taurin]
25.5 ***Osmund*** s. Trinitatis [*deest* Dijon, MSM, St Taurin]
25.5 Stephan s. Uuandregisili [*deest* Dijon, St Taurin]
28.5 *Rodulf* s. Trinitatis [*deest* Dijon]

29.5 *Uuillelmus* s. Trinitatis [*deest* Dijon]
2.6 Tezelinus s. Trinitatis [*deest* MSM, St Taurin]
4.6 Girbert sci. Uandregisili [*deest* MSM, Dijon, St Taurin]
6.6 *Rotbert* abbas s. Trinitatis
16.6 Adam s. Trinitatis [*deest* Dijon]
26.6 Aldemann s. Trinitatis [*deest* Jumièges]
29.6 Uualcherius s. Trinitatis [28.vi Jumièges et St Taurin, où il s'agit d'un moine montois qui figure dans la liste de Fleury]
1.7 Gunfred s. Trinitatis [*deest* Jumièges, St Taurin]
6.7 *Osmund* episcopus mon. s. Trinitatis [*deest* Jumièges, St Taurin]
19.7 Iosfredus s. Trinitatis [*deest* Dijon, St Taurin]
22.7 Fulbert s. Trinitatis
22.7 Gislebert abbas s. Petri Castellionis [*deest* Dijon, MSM]
22.7 Andreas monachus s. Uuandregisili professus s. Germani [*deest* Dijon, St Taurin]
9.8 Ermengardis reclausa ciuitatis Ebroicae [*deest* MSM, Jumièges]
18.8 Liutbrann s. Michaelis
23.8 *Robert* s. Trinitatis [*deest* MSM, St Taurin]
24.8 Benedict s. Trinitatis [*deest* Jumièges, St Taurin]
25.8 *Robert* s. Michaelis
30.8 Amalfred s. Trinitatis [*deest* Jumièges]
30.8 *Rotbertus* abbas Gemmeticensis [+ 1078 *deest* MSM]
31.8 Gozelin s. Trinitatis [*deest* MSM, Jumièges]
1.9 Alberic s. Trinitatis [*deest* St Taurin]
3.9 Girbert abbas s. Guangregisili [+ 1089 *deest* Dijon, MSM, Jumièges, St Taurin]
7.9 *Uualterius* s. Uuandregisili [*deest* MSM, Jumièges, St Taurin]
8.9 *Rodulf* s. Trinitatis [*deest* Jumièges]
10.9 Moyses s. Trinitatis
11.9 Dauid s. Trinitatis [*Deest* Dijon]
12.9 ***Ansger****** [*deest* Dijon, MSM, St Taurin] et Richardus s. Trinitatis [*deest* St Taurin]
19.9 Girelm s. Trinitatis [*deest* MSM, St Taurin]
23.9 *Uualterius* s. Trinitatis [*deest* Dijon]
25.9 *Hugo* s. Trinitatis
27.9 Gyrardus s. Trinitatis
28.9 Edric s. Trinitatis [*deest* Dijon, St Taurin]
29.9 Iohannes s. Trinitatis
30.9 Hildebertus abbas sci Taurini episcopi [Hildebert II du MSM]
27.10 Uuarinus s. Trinitatis [*deest* Dijon, St Taurin]
27.10 ***Osulf*** s. Trinitatis [*deest* Dijon, Jumièges, St Taurin]
1.11 Isembert abbas s Trinitatis Rotomagensis [*deest* MSM]
1.11 Dauid sci Michaelis [moine de la liste de Fleury, *deest* Dijon]
1.11 Plaudus [Placidus] s. Trinitatis [*deest* Jumièges]
5.11 Alcher s. Trinitatis [*deest* MSM, Jumièges, St Taurin]
8.11 Gyselbert s. Petri Gemmeticensis
9.11 *Roger* s. Trinitatis [*deest* Dijon]
12.11 Herueus s. Trinitatis [*deest* Dijon, St Taurin]
15.11 ***Osmund*** s. Trinitatis [*deest* Dijon, MSM]
27.11 Adelelm s. Trinitatis [*deest* Dijon,MSM, Jumièges]
29.11 Gerard abbas sci Uuandregisili [*deest* Dijon, St Taurin}
5.12 *Uuillelmi* filius ducis, s. Trinitatis [*deest* Dijon}

Implantations scandinaves et traces matérielles en Normandie. Que pouvons-nous attendre ?

Anne Nissen Jaubert*

L'importance et l'impact des installations scandinaves ont beaucoup varié d'une région à l'autre. En Angleterre, les Scandinaves ont marqué les terres d'accueil par leur langue, par une législation spécifique dans le Danelaw et par un apport culturel décisif. En Irlande, les Norvégiens ont joué un rôle déterminant dans le développement des villes, notamment de Dublin. Enfin, en Europe orientale, la présence scandinave, sans doute suédoise, est attestée à partir de 750 environ à Staraja Ladoga. La Normandie occupe à cet égard une place paradoxale : elle tient son nom des hommes du Nord, qui y ont établi la fondation scandinave la plus dynamique et la plus pérenne de toutes. L'apport nordique apparaît clairement à travers les sources écrites et linguistiques, mais apparemment sans laisser de traces matérielles. Pendant longtemps, l'insuffisance des recherches archéologiques a été mise en cause. De l'autre côté de la Manche, de grandes fouilles urbaines puis des prospections avec des détecteurs métalliques avaient augmenté le nombre de découvertes scandinaves. Cependant, les nombreuses interventions archéologiques des deux dernières décennies, notamment en Normandie, n'ont guère augmenté le corpus du mobilier scandinave[1]. Les archéologues français ont certes pu laisser passer quelques objets, mais la plupart auraient cherché à s'informer sur ces artefacts inhabituels. Leur rareté reflète probablement une réalité historique. Pour appréhender cette question, il ne suffit pas d'inventorier ou de critiquer le maigre corpus normand et français. Le contexte chronologique, l'origine précise et le nombre des Scandinaves (par commodité

* INRAP, UMR 6173 – CITERES, LAT.

1. A. Nissen Jaubert, « Some Aspects of Viking Research in France », in *Vikings in the West*, S. Stumann Hansen et K. Randsborg (dir.), Copenhague (Acta Archaeologica, 71), 2000, p. 159-170 ; P. Périn, « Les objets vikings du Musée des Antiquités de la Seine-Maritime à Rouen », in *Recueil d'études en hommage à Lucien Musset*, Caen, 1990 (Cahiers des Annales de Normandie, 23), p. 161-188 ; Id., « Les objets vikings découverts en Haute-Normandie », *Les Vikings en France, Les Dossiers d'Archéologie*, n° 277, octobre 2002 [désormais *Les Vikings en France*], p. 18-25.

Les fondations scandinaves en Occident, p. 209-223, Publications du CRAHM, 2005

Aussi bien les sources textuelles qu'archéologiques attestent des relations soutenues entre les Anglo-Saxons et les Scandinaves. Bède le Vénérable relate l'arrivée massive en Angleterre d'Angles, de Jutes et de Saxons, qui auraient laissé leurs terres d'origine désertes. Le célèbre poème de Beowulf détaille le séjour du héros chez le roi danois Hrotgar à Lejre[9]. Bien que les habitats anglo-saxons ressemblent peu aux sites continentaux, les pratiques funéraires et divers types de mobilier confirment l'importance des relations anglo-scandinaves. La célèbre sépulture à bateau de Sutton Hoo illustre de manière éclatante qu'une identité culturelle et vraisemblablement aussi idéologique unissait certaines élites des deux côtés de la Mer du Nord. La conception générale de la tombe ainsi que le mobilier de prestige et l'armement trouvent leurs parallèles les plus proches en Scandinavie. Pourtant, à l'exception du bouclier, elle n'enferme aucun objet scandinave tandis que les importations du royaume franc et des régions méditerranéennes sont nombreuses[10].

Les textes francs ignorent superbement les mondes nordiques jusqu'à la fin du VIIIe siècle, quand les riches fondations monastiques deviennent les cibles privilégiées des Vikings. Comme ailleurs, l'opportunité de leurs frappes implique que les Scandinaves étaient remarquablement bien renseignés sur les crises intérieures du royaume franc, sans doute grâce aux relations personnelles dont nous avons perdu toute trace. La manière dont Rollon a su s'intégrer au sein de la haute aristocratie franque conforte cette supposition[11]. Après la conquête de la Saxe, les Francs s'intéressent particulièrement aux Danois, leurs nouveaux voisins. Louis le Pieux tente d'influencer la politique intérieure du Danemark, en jouant des rivalités dynastiques et en devenant le parrain du roi Harald Klak (826), venu à la cour franque chercher l'appui de l'empereur. La mission chrétienne gagna en intensité sous le règne de Louis, avec Ebbon puis Ansgar, au Danemark, et à Birka, en Suède.

VESTIGES SCANDINAVES EN FRANCE

L'étude de l'expansion scandinave varie selon la nature des sources, les informations qu'elles livrent et les interrogations qu'elles suscitent. Le contexte des raids, les réseaux d'alliances et les cadres de ces installations reposent avant tout sur les textes. Les approches linguistiques dominent quand il s'agit d'estimer l'étendue et l'impact sur l'occupation du sol, la navigation, la pêche

9. T. CHRISTENSEN, « Lejre beyond Legend – the Archaeological Evidence », *Journal of Danish Archaology*, 10, 1993, p. 163-165.

10. M. A. CARVER, *Sutton Hoo. Burial Ground of Kings?*, Londres, 1998 ; M. A. CARVER, « Cemetery and Society at Sutton Hoo : Five Awkward Questions and Four Contradictory Answers », in *Spaces of the Living and the Dead : An Archaeological Dialogue*, C. E. KARKOV *et al.* (dir.), Exeter, 1999, p. 1-14.

11. P. BAUDUIN, *La première Normandie (xe-xie siècles). Sur les frontières de la haute Normandie : identité et construction d'une principauté*, Caen, 2004, p. 128-132.

ou l'agriculture[12]. Bien souvent l'archéologie est simplement prise en compte pour conforter les informations des sources écrites et toponymiques, en identifiant par exemple du mobilier à caractère scandinave. Les contextes historiques et géographiques sont souvent avancés pour lier des phases de destruction ou d'abandon aux attaques vikings. Cependant, la maladresse peut aussi provoquer des incendies et plusieurs textes évoquent que des élites franques et bretonnes ont profité de ces temps agités pour piller. L'attribution scandinave ne va donc pas de soi.

Les conséquences indirectes des agressions apparaissent occasionnellement dans les textes, mais les sources archéologiques répondent difficilement à ces questions. L'édit de Pîtres de 864 mentionne des ouvrages défensifs contre les Normands, comme celui étudié près de la Seine à Pîtres (Igoville, Eure)[13]. La fuite des communautés religieuses et le déplacement des reliques sont utilisés pour localiser les régions les plus affectées. D'autres études s'intéressent aux conséquences indirectes, comme celle d'Hélène Noizet dans ce volume, qui suggère que le monastère de Saint-Martin de Tours profita des attaques pour réclamer des dédommagements permettant de refondre et d'étendre son patrimoine foncier. De leur côté, des numismates ont suggéré que les grandes émissions des monnaies du type *Dei Gratia Rex* sous Charles le Chauve durent renflouer la masse monétaire suite aux énormes sommes versées en tant que *danegeld*[14].

À Rouen, un violent incendie suivi d'une période d'abandon durant la seconde moitié du IXe siècle sont attribués à la grande attaque viking de 841. Vers 900, la reconstruction du secteur modifie le réseau viaire qui, selon les études morphologiques, s'inscrirait dans une refonte du tissu urbain que Jacques Le Maho avait d'abord attribué aux premiers princes normands avant de privilégier l'hypothèse d'une planification carolingienne de la fin du IXe siècle[15]. Les datations archéologiques sont trop larges pour être concluantes; le choix repose *in fine* sur le contexte historique et le savoir-faire (ou le degré de civilisation) dont on veut bien créditer les Normands. N'oublions pas que les plans rigoureux de Hedeby et Ribe sont antérieurs au Xe siècle.

La densité et la répartition des installations scandinaves en Normandie sont essentiellement estimées à partir des arguments linguistiques, qui sont également avancés pour préciser l'origine des nouveaux arrivants. Les discussions récentes qui remettent sérieusement en cause l'origine norvégienne de

12. E. RIDEL, «L'héritage des Vikings dans le domaine de la pêche en Normandie (du XIe siècle à nos jours)», in *L'héritage maritime...*, p. 363-376; EAD., «L'influence des Vikings sur la langue d'oïl : pour une archéologie des mots», *Les Vikings en France*, p. 16-17.

13. B. DEARDEN, «Igoville (Eure) – le Fort», in *De la Gaule à la Normandie. 2000 ans d'histoire. 30 ans d'archéologie,* Rouen, 1990, p. 145-149.

14. P. GRIERSON et M. BLACKBURN, *Medieval European Coinage,* 2e éd., Cambridge, 1991 p. 232 et suiv.

15. J. LE MAHO, «Les fouilles de la cathédrale de Rouen de 1985 à 1993. Esquisse d'un premier bilan», *Archéologie Médiévale*, XXIV, 1994, p. 1-49; ID., «Les Normands dans la vallée de la Seine (IXe-Xe siècles)», *Les Vikings en France*, p. 31.

16. A. KARKER et P. SKÅRUP, «Trois noms de personnes scandinaves en Normandie», *Proxima Thulé. Revue d'études nordiques*, 3, 1998, p. 101-111.

et une bague en or sont de fabrication scandinave certaine et les pièces de jeu font probablement partie d'un jeu de *neftafl*. La plupart des objets restent toutefois difficilement attribuables : des *umbos*, des fers de lance, une marmite etc... Une boucle est d'ailleurs de facture carolingienne. L'emplacement et la datation tardive (deuxième moitié du xe siècle) de la tombe de Groix méritent attention. Le défunt, de haut rang, a été enterré après la victoire décisive d'Alain Barbetorte en 936. Il est peu vraisemblable qu'on ait aménagé un tel monument funéraire – qui est un haut lieu symbolique – en territoire ennemi ou sur un simple lieu de passage. Dans le cas d'une mort accidentelle, on aurait vraisemblablement ramené les corps pour les enterrer dans un endroit plus adéquat[29]. La sépulture à bateau de Groix pourrait indiquer l'existence de quelques enclaves scandinaves que les Bretons n'avaient pas encore réussi à réduire. L'attribution aux Scandinaves des autres sites bretons est plus délicate. Quelques ouvrages défensifs sont liés aux conflits entre les Bretons et les Vikings à Trans. La datation repose cependant sur quelques tessons de céramique et présente de grandes incertitudes chronologiques[30]. Fouillée sur une plus grande superficie, l'enceinte circulaire du Camp de Péran serait l'œuvre de Vikings installés en Bretagne[31]. La découverte d'une monnaie frappée par les Danois à York constitue le principal argument, mais là encore la prudence s'impose. Le site est sans doute lié aux conflits entre les Vikings et les Bretons, mais qui l'a fait construire? Les vestiges bâtis n'ont rien de scandinave et la monnaie anglo-scandinave est d'un type courant. En principe, cette pièce aurait pu se glisser dans la bourse d'un Breton réfugié outre-Manche. Ni les armes ni les autres objets du xe siècle sont spécifiquement scandinaves. Au monastère de Landevennec, des niveaux de destruction et des phases d'abandon ont été imputés aux attaques vikings, mais le site n'a livré aucun objet scandinave[32]. En Aquitaine, plusieurs armes découvertes dans la Charente sont attribuées aux Vikings, mais la plupart sont trop peu caractéristiques pour certifier une attribution scandinave et d'autres trop anciennes, tel un scramasaxe, pour être prises en compte[33]. Le site de Taillebourg, qui déjà attirait l'attention d'André Debord, constitue peut-être une exception. Ici les recherches subaquatiques

29. Saxo Grammaticus (fin XIIe siècle) raconte que, lors des croisades en terre slave, les dépouilles des Danois de haut rang avaient été bouillies ou salées afin que l'on puisse les transporter au Danemark. Des découvertes archéologiques confirment ces pratiques pour le Moyen Âge et même avant (E. ROESDAHL, «Saltede helte», *Skalk* 5, 1979, p. 32). Les ossements découpés d'un homme de haut rang, enterré à Himlingøje au IIe siècle indique l'ancienneté de cette pratique.

30. J. Y. HAMEL-SIMON *et al.*, «Fouille d'un retranchement d'Alain Barbertorte datable de 939», *Les Dossiers du Centre régional archéologique d'Alet*, VIII, 1979, p. 47-74.

31. J.-P. NICOLARDOT, «Une forteresse du xe siècle : le Camp de Péran à Plédran (Côtes-d'Armor)», *Revue archéologique de l'Ouest*, 8, 1992, p. 123-157; ID., «Le Camp de Péran et les Vikings en Bretagne», *Les Vikings en France*, p. 60-69.

32. A. BARDEL et R. PERENNEC, «Les Vikings à Landévennec», *Les Vikings en France*, p. 50-59.

33. J. RENAUD, «Les Vikings en Aquitaine», *Les Vikings en France*, p. 80-86. Parmi les armes on note notamment un scramasaxe de l'époque mérovingienne.

34. A. DUMONT, J.-F. MARIOTTI et M. PICHON, «La Charente à Taillebourg-Port d'Envaux (France, dép. Charente-Maritime). Premiers résultats d'une propection thématique subaquatique», *Archäologische Korrespondenzblatt* 33, 2003, p. 591-592.

toujours en cours ont livré quelques indices ténus d'une présence scandinave[34].

En résumé, la plupart des sites ont été liés aux Vikings à partir d'un contexte historique qui correspondrait à une phase chronologique, souvent des niveaux de destruction ou d'abandon observés sur le terrain. Exceptionnellement, ces niveaux ont livré un ou deux objets scandinaves mais guère plus. Les armes constituent la plus grande catégorie, mais la plupart appartiennent à des types courants. Certaines pièces sont typiquement scandinaves comme la bague en or de l'île de Groix, les marteaux de Thor et les fibules ovales de Pîtres. Trois objets seulement portent un décor animalier scandinave et ils proviennent tous des sépultures de Pîtres et de l'île de Groix[35]. D'autres pièces restent sans doute à identifier, mais il faudrait s'assurer du contexte de leur découverte. Trop souvent, une présence viking a été postulée à partir de pièces de collections douteuses, voire de faux. Récemment, une pierre runique a été signalée près du village de Rûnes en Lozère avec un animal dans le style d'Urnes. La date tardive du style (XIe siècle), une inscription pseudo-énigmatique et son exécution médiocre montrent clairement qu'il s'agit d'un canular sans doute inspiré par le nom du village[36].

TRACES SCANDINAVES EN DANELAW – UNE COMPARAISON

Une comparaison avec les traces scandinaves en Danelaw permet d'éclairer les données normandes. Sur le long terme, les Scandinaves, surtout des Danois, avaient moins bien réussi leur prise de pouvoir en Angleterre qu'en Normandie, mais ils y ont laissé davantage de traces matérielles. Les toponymes et les vocabulaires spécialisés, notamment dans le domaine de l'agriculture, témoignent clairement de l'impact scandinave[37]. Plusieurs publications archéologiques évoquent sans hésiter le York des Vikings, chose impensable pour Rouen ou Bayeux. Cependant à York, la plupart des artefacts des phases des IXe-Xe siècles correspondent en réalité simplement à une phase chronologique, sans qu'on puisse leur attribuer une origine spécifiquement nordique. Restent les traces d'artisans marqués par la culture scandinave qui ont travaillé l'ambre et le jais et produit quelques accessoires vestimentaires nordiques, par exemple les fibules trilobées. Notons aussi les monnaies Saint-Pierre frappées par les Danois à York. Ces émissions apportent un éclairage intéressant sur les autorités danoises qui cherchaient à exprimer leur légitimité comme les souverains occidentaux.

Les fouilles faites à Repton, un important site religieux qui abritait un mausolée de la dynastie de Mercie, constituent un exemple particulièrement

35. M. Müller-Wille, « Das Schiffgrab von der Ile de Groix (Bretagne) », *Berichte über die Ausgrabungen in Haithabu*, 12, 1978, p. 42-48 ; P. Périn « Les objets vikings du Musée… » et Id., « Les objets vikings… ».

36. P. Carlier et A. Gautier, « Les pierres gravées de Rûnes. Témoignage d'anciennes traditions vikings sur le Mont Lozère », *Cave des Moineaux*, 7, Janvier 1996, p. 4-12.

37. D. M. Hadley, « "Hamlet and the Princes of Denmark"… », p. 107-134.

intéressant pour les recherches des installations scandinaves. La grande armée danoise y avait installé son quartier d'hiver en 873-874. Plusieurs aménagements importants datent effectivement de la seconde moitié du IXe siècle : une enceinte hémi circulaire; une grande sépulture collective ou charnier contenant les ossements de plus de 264 individus; une tombe masculine privilégiée ainsi que quelques sépultures à mobilier. L'identification est plus aisée pour la tombe privilégiée. Le défunt, de grande taille, avait un marteau de Thor et un collier de perles en verre, quelques accessoires vestimentaires, une épée et enfin la dent d'un verrat ou d'un sanglier[38]. En réalité, seul le marteau est spécifiquement scandinave, tandis que l'épée ainsi que les autres objets sont peu caractéristiques. Leur attribution scandinave repose sur le contexte de leur découverte et non leur typologie. Plusieurs sépultures du IXe siècle sont qualifiées de scandinaves parce qu'elles se distinguent des autres inhumations par la présence de mobilier funéraire qui toutefois reste peu caractéristique en dehors d'une bague en or et d'une hache d'armes[39]. On note également les traces de la destruction d'une croix de pierre attribuée aux Danois. D'un point de vue méthodologique, cette explication se rapproche des interprétations des couches de destruction à Landevennec et à Rouen (cf. supra).

Des arguments anthropologiques ont également été avancés pour identifier les Danois à Repton : les ossements de la grande sépulture collective appartiennent à des hommes grands et robustes, qui se distinguent des autres squelettes plus graciles qualifiés de type indigène. Leur nombre et leur contexte chronologique accréditent l'hypothèse de deux groupes. Cependant, l'interprétation de la sépulture collective comme charnier pose problème. La plupart des datations au ^{14}C coïncident certes avec la fin du IXe siècle, mais les marges chronologiques sont importantes. La taille ne dépend pas seulement de l'origine ethnique mais aussi de l'alimentation et du rang social. Guy Halsall suggère ainsi d'interpréter le charnier comme un ossuaire qui a pu également contenir les os de tombes anglo-saxonnes[40]. Ces réserves ne mettent nullement la présence de la grande armée danoise en doute. Il est alors particulièrement intéressant de noter, que les Danois, malgré leur nombre, n'ont presque pas laissé d'artefacts scandinaves : à peine une dizaine pour plusieurs centaines d'hommes. Ailleurs, en Angleterre, un bon nombre de sépultures qualifiées de scandinaves suscite des remarques semblables. Plusieurs ne contiennent que du mobilier anglo-saxon, les principaux arguments en faveur de leur attribution ethnique étant la présence de mobilier funéraire, considérée comme une pratique païenne, donc scandinave. Des recherches récentes s'accordent toutefois à nuancer cette vision et insistent davantage sur les motivations sociales des dépôts

38. M. BIDDLE et B. KJØLBYE, «Repton and the «great heathen army» (873-4)», in *Vikings and the Danelaw*, p. 45-96.

39. *Ibidem*, p. 60-74. L'épée est d'un type courant (Petersen M).

40. G. HALSALL, «The Viking Presence in England? The Burial Evidence Reconsidered», in *Cultures in Contact...*, p. 263 et suiv.

funéraires. L'Église n'a jamais interdit les dépôts funéraires qui ont servi bien plus souvent à marquer une appartenance sociale ou culturelle qu'à manifester une croyance[41].

Les indices de présence scandinave sont encore plus ténus en milieu rural. Certes, plusieurs habitats ont livré des objets caractéristiques, que ce soit du mobilier avec un décor animalier ou des clochettes dites norroises. Cependant, chaque site ne compte guère plus d'une ou deux pièces. D'ailleurs, la découverte d'une applique dans le style de Borre à Wharram Percy n'implique pas que l'habitat soit scandinave, d'autant plus que des phases antérieures sont attestées. Il est plus intéressant de noter que les habitants, comme pour tant d'autres villages anglais, répartissaient les terres du terroir selon le *solskifte* (cf. supra)[42]. En dehors du Danelaw, les Scandinaves seraient à l'origine des changements de modes de construction en Écosse et aux Hébrides. Les maisons circulaires pictes auraient cédé la place à des bâtiments rectangulaires. Des voix critiques se sont élevées contre cette théorie, attirant l'attention sur des bâtiments rectangulaires antérieurs et sur la coexistence des deux types de plan[43]. Enfin, les maisons rectangulaires sont plus petites et leur plan moins stéréotypé qu'en Scandinavie. Ces arguments présupposent toutefois une évolution peu nuancée et simpliste des interactions culturelles. À regarder de plus près, l'organisation spatiale des maisons rectangulaires les rapproche malgré tout davantage des constructions nordiques[44].

Ce tour d'horizon révèle plusieurs similitudes entre les situations française et britannique. Les sites et les phases attribuées aux Vikings le sont souvent parce qu'ils s'inscrivent dans un contexte chronologique. Les identifications certaines proviennent surtout de contextes funéraires, tandis que celles des habitats et des armes isolées reposent davantage sur une extrapolation à partir de quelques objets ou un contexte historique. Notons que ce constat ne démontre nullement une absence scandinave, seulement que le mobilier identifiant est issu d'un répertoire extrêmement réduit. La principale différence entre la Normandie et le Danelaw est qualitative. Les populations anglo-saxonnes et scandinaves développent ensemble une culture anglo-scandinave, notamment dans le domaine artistique. Les styles animaliers et les artefacts scandinaves sont adoptés et produits sur place où ils connaîtront une évolution originale. En Angleterre, ce style mixte continue à évoluer durant le XIe siècle avec des versions locales des styles de Ringrike et d'Urnes[45]. Certains

41. Critique HALSALL, « The Viking Presence... », p. 259-276. J. GRAHAM-CAMPBELL, « Pagan Scandinavian burial in the central and southern Danelaw », in *Vikings and the Danelaw...*, p. 105-123 ; C. TREFFORT, *L'Église carolingienne et la mort*, Lyon, 1996, p. 72 et suiv.

42. M. BERESFORD et J. HURST, *Wharram Percy, deserted medieval village*, Londres, 1990 ; M. HARVEY, « Regular open-field systems on the Yorkshire Wolds », in *Landscape History*, 4, 1982, p. 29-39

43. J. RICHARDS, « Identifying Anglo-Scandinavian Settlements », in *Cultures in Contact...*, p. 296-298.

44. M. PARKER PEARSON, « Cosmology and architecture in Iron Age Britain », in *Habitat et Société. Actes des rencontres 22-23-24 octobre 1998*, F. BRAEMER *et al.* (éd.), *XIXe Rencontres internationales d'Archéologie et d'Historie d'Antibes*, Antibes, 1999, p. 53-66.

objets dont l'influence nordique ne laisse pas de doute comme les clochettes norroises, les croix en pierre et les *hogbacks* (pierres tombales en forme de maison scandinave) ou les *trial pieces* n'existent pas en Scandinavie.

LES STYLES ANIMALIERS COMME CRITÈRES D'IDENTIFICATION

Dans les fouilles scandinaves, l'attribution viking est une question chronologique et non pas ethnique. Ailleurs, ce sont souvent les objets avec un décor animalier qui jouent le rôle de marqueurs ethniques ou culturels. Notons que, même dans les pays nordiques, ces artefacts ne constituent qu'une part infime du mobilier. Plusieurs sites n'en ont même pas livré, bien que la mise en place d'une production de masse assure une plus large diffusion de ces objets que pour les siècles précédents. Ce constat amène à s'interroger sur la nature et la diffusion des styles animaliers avant et durant l'époque viking. Le style I est surtout diffusé chez des ethnies qui, à tort ou à raison, revendiquent une origine scandinave comme les Lombards, les Goths, les Burgondes etc., alors les exemples sont relativement rares parmi les Francs. Un possible contenu symbolique d'ordre ethnique, voire religieux, de ces ornements pourrait expliquer cette diffusion, comme le suggère Lotte Hedeager[46].

Le style II connaît son plus fort développement dans le sud de la Scandinavie[47]. Cette région ne livre certes pas de grands ensembles spectaculaires, mais les nombreuses découvertes isolées révèlent une grande variété thématique et stylistique et les contextes sociaux sont plus variés qu'ailleurs. En dehors de cette aire géographique, ce style décore essentiellement les armes et les appliques de harnachement dans des sépultures masculines privilégiées[48]. En France, c'est toutefois la tombe dite de la reine Arégonde, qui présente les exemples les plus prestigieux du style II[49].

Les représentations animalières occupent une grande place dans l'art du haut Moyen Âge. Comme tant d'autres, les styles animaliers nordiques émanent de

45. G. THOMAS, « Anglo-Scandinavian Metalwork from the Danelaw : Exploring Social and Cultural Interaction », in *Cultures in Contacts...*, p. 237-258 ; K. LEABY et C. PATERSON, « New light ont the Viking presence in Lincolnshire : the artefactual evidence », in *Vikings and the Danelaw...*, p. 181-202 ; P. DIXON *et al.* « The Southwell lintel, its style and significance », *ibidem,* p. 245-269.

46. P. DIXON *et al.* « The Southwell lintel... », fig. 13 ; L. HEDEAGER, « Migration Period Europe : the formation of a political Identity » in *Rituals of Power...*, p. 39-46

47. H. ROTH : « Les styles animaliers » in *Actes des xe Journées Internationales d'Archéologie Mérovingienne*, Pierron, 1989, p. 17-32 ; K. HØILUND NIELSEN, « Animal Style – a Symbol of Might and Myth. Salin's Style II in a European Context », *Acta Archaeologica*, 69, 1998, p. 1-52

48. K. HØILUND NIELSEN, « Animal Art and the Weapon-Burial Rite – Political Badge? », in *Burial and Society. The Chronological and Social Analysis of Archaeological Burial Data*, C. K. JENSEN et K. HØILUND NIELSEN (dir.), Århus, 1997, p. 129-148.

49. P. PÉRIN, « Pour une révision de la datation de la tombe d'Arégonde épouse de Clotaire Ier, découverte en 1959 dans la basilique de Saint-Denis », *Archéologie Médiévale,* XXI, 1991, p. 21-50.

motifs zoomorphes tardo-antiques, mais avec des spécificités qui les distinguent par exemple clairement des décors francs et aquitains[50]. Ces décors ne sont pas de simples effets de mode, ils ont une signification qui nous échappe, mais qu'il serait erroné de nier. Nul doute sur le contenu symbolique du poisson, du lion ou du pélican dans l'iconographie chrétienne, qui nous est familière et que des textes ont expliquée. Mais qu'en est-il des serpents, des rapaces et des verrats des styles animaliers nordiques? Alain Dierkens a attiré l'attention sur un passage d'une lettre écrite par Boniface en 748, où l'auteur condamne les représentations de monstres et de serpents. Y aurait-il un lien avec les styles animaliers ou est-ce un simple mouvement d'humeur contre des décors exubérants[51]? En Lombardie et en Angleterre, certains objets religieux chrétiens sont décorés dans le style Salin II, mais ce sont dans les aires christianisées tardivement qu'il trouve sa plus forte expression. Notamment dans le sud de la Scandinavie, où des élites puissantes ont maintenu une tradition païenne jusqu'à la fin du premier millénaire. C'était sans doute suffisant pour attirer l'ire de Boniface, l'apôtre de la Germanie. Le décor animalier a aussi pu exprimer une appartenance culturelle et identitaire; sa plus forte diffusion en Austrasie et en Lombardie coïnciderait avec une opposition forte au pouvoir franc[52]. Or Boniface déclare que «sans la protection des princes francs, je ne peux pas guider le fidèle, ni protéger les prêtres, les clercs, les moines et les nonnes. Et sans son mandat et son autorité je ne peux lutter contre les rites païens et l'adoration des idoles en Germanie»[53]. Martin Carver évoque aussi l'opposition contre les Francs pour expliquer le contexte politique, idéologique et religieux de la nécropole de Sutton Hoo[54]. Il ne sera sans doute jamais possible de détailler le sens symbolique des anciens styles animaliers nordiques. Notons toutefois que leur diffusion est faible chez les Francs occidentaux anciennement christianisés et qui prolongent une culture romaine plus authentique. Le style III est en grande partie élaboré à partir des modèles carolingiens, mais ceux-ci proviennent des régions où certains membres des élites se paraient jadis d'objets décorés dans le style II.

Les styles animaliers vikings se distinguent nettement des styles I et II; les études stylistiques ont traditionnellement privilégié les influences anglo-

50. B. SALIN, *Die altgermanische Thierornamentik. Typologische Studie übergermanische Metallgenstande aus IV. bis IX. Jahrhundert, nebst einer Studie über irische Ornamentik*, Stockholm, 1904; H. ROTH : «Les styles animaliers» in *Actes des Xe Journées Internationales d'Archéologie Mérovingienne*, Pierron, 1989, p. 17-32.

51. «*Supervacuam et Deo odibilem vestimentorum superstitionem omni intentione prohibere stude. Quia illa ornamenta vestium, ut illis videtur, quod ab aliis turpitudo dicitur, latissimis clavis vermium marginibus clavata adventum Antichristi ab illo transmissa precurrunt; illius calliditate per ministros suos introducere intra claustra monasteriorum fornicationem et luxoriam*» (*MGH Epistolae selectae*, t. 1, Berlin, 1916, p. 161-170); A. DIERKENS, «The Evidence of Archaeology», in *The Pagan Middle Ages*, L. J. R. MILIS (éd.), Rochester, 1998, p. 39-64.

52. K. HØILUND NIELSEN, «Animal Style – Symbol...».

53. M. DE REU, «The First Contact between Paganism and Christianity», in *The Pagan Middle Ages*, p. 13.

54. M. A. CARVER, «Cemetery and Society at Sutton Hoo...».

saxonnes mais plusieurs études récentes ont démontré l'apport décisif de l'art carolingien[55]. Les styles nordiques E/F et Broa offrent plusieurs détails proches du style III continental qu'on ne trouve pas sur les modèles anglo-saxons. Les modèles cités proviennent tous des confins germaniques de l'empire carolingien, où les styles Salin I-II étaient relativement bien représentés. Pure coïncidence? Ces régions n'étaient-elles pas particulièrement bien situées pour développer le style III, qui à son tour influencera le décor animalier scandinave? La diffusion des styles animaliers, qu'on leur reconnaisse un contenu symbolique ou non, laisse penser qu'ils étaient peu appréciés en Francie occidentale. À l'inverse, les influences franques sur les élites scandinaves apparaissent dans divers domaines. L'attrait des modèles carolingiens ainsi que les réticences des Francs envers les décors animaliers nordiques ont pu freiner leur diffusion en Normandie, d'autant plus que le prestige et le caractère exclusif des styles animaliers diminuent à l'époque viking. Les archéologues perdent ainsi des marqueurs précieux de l'impact scandinave.

Une influence nordique a été signalée pour plusieurs sculptures et enluminures normandes du XIIe siècle. Il s'agit entre autres des chapiteaux de Lion-sur-Mer et de Touques, datés vers 1090-1100, ainsi que celui de Tilly-sur-Seulles, daté vers 1130. Il existe des exemples anglais comparables d'influence fortement nordique[56]. Ces exemples datent tous du XIIe siècle et sont donc postérieurs à la conquête de l'Angleterre. Dans l'ancien Danelaw, plusieurs ateliers de sculpture romane ont adopté et retravaillé les styles de Ringrike et d'Urnes à l'époque anglo-normande[57]. Les parallèles scandinaves proviennent de l'architecture chrétienne romane, fortement influencée par l'architecture anglo-normande, comme le montrent entre autres les cathédrales de Lund, Trondheim, Stavanger et Sigtuna, et même le célèbre portail de l'église en bois de Hylestad, qui pourtant représente une ancienne légende païenne[58]. Contrairement à l'Angleterre ou l'Irlande, la Normandie ne livre aucun indice d'une adaptation locale des styles nordiques au moment des installations scandinaves, comme le style de Borre, ni des styles Jelling et Mammen, légèrement plus tardifs. Les styles de Ringrike et Urnes, du XIe et du début du XIIe siècle, datent d'une période où le duché normand avait défi-

55. I. SKIBSTED KLÆSØE, «Inspirationerne til vikingetidens kunst», in *Norden og Europa i vikingetid og tidlig middelalder*, N. LUND (dir.), Copenhague, 1993, p. 131-151; I. SKIBSTED KLÆSØE, «Plant Ornament. A Key to a New Chronology of the Viking Age», *Lund Archaeological Review*, 3, 1997, p. 73-87; E. WAMERS, «Zwischen Salzburg und Oseberg. Zu Ursprung und Ikonographie des nordischen Greiftierstils», in *Völker an Nord- und Ostsee und die Franken. Akten des 48 Sachsensymposiums in Mannheim vom 7. bis 11. September 1997*, U. VON FREDEN *et al.* (dir.), Bonn, 1999, p. 195-228.

56. M. BAYLÉ, *Les origines et les premisses des développements de la sculpture romane en Normandie, Art de Basse-Normandie*, vol. 100 bis, Caen, 1992, p. 154-156; EAD., «La scultura», in *I Normanni popolo d'Europa 1030-1200*, Venise, 1994, p. 62-64.

57. P. DIXON *et al.* «The Southwell lintel, its style and significance», in *Vikings and the Danelaw...*, p. 245-268.

58. *Les Vikings... les Scandinaves et l'Europe 800-1200*, Catalogue de l'exposition, Grand Palais, Paris, 2 avril-12 juillet 1992, Altes Museum, Berlin, 1er sept.-15 nov. 1992, Nationalmuseet, Copenhague, 26 déc. 1992-14 mars 1993), Paris, 1992, catalogue, n° 442.

nitivement renoncé aux relations scandinaves. Le caractère nordique de certaines sculptures et enluminures normandes s'inscrit dans un contexte purement anglo-normand.

La principale différence entre l'impact scandinave en Angleterre et en France réside dans l'émergence d'une culture anglo-scandinave qui, à maints égards, prolonge et renforce les bases jetées lors des migrations anglo-saxonnes. Les Normands en Neustrie se distinguent par leur intégration remarquable et rapide dans la société et la culture franques. Dès l'époque de Rollon, les élites normandes ont rapidement privilégié leurs réseaux francs aux dépens des relations avec le monde scandinave. Il est éloquent que Richard II décline l'offre d'épouser Estrid, sœur du roi danois, et quand Guillaume, quelques décennies plus tard, conquiert l'Angleterre, la Tapisserie de Bayeux qualifie les Normands de « Francs » et le *Domesday Book* s'inspire de modèles carolingiens[59]. Faut-il pour autant rejeter l'archéologie dans l'étude de passé scandinave de la Normandie? Certainement pas, mais il faut développer d'autres méthodes d'analyse en mettant l'accent sur des études comparatives et des vestiges indirects pour mieux faire apparaître les conséquences des installations scandinaves. Une étude des parcellaires particuliers dans le Pays de Caux, déjà signalés par Marc Bloch, et dans le Val de Saire, où les toponymes scandinaves sont très nombreux pourrait peut-être apporter de nouvelles informations[60]. Il serait intéressant de vérifier si la diffusion de *delle* a un rapport avec les noms de lieu en *–toft,* devenu *–tôt.* Qui sait, peut-être arriverait-on à identifier une organisation spécifiquement scandinave des finages?

59. K. F. WERNER, *Les origines (avant l'an mil),* Paris, 1984, p. 485.

60. Je remercie respectivement Jacques Le Maho et Claude Lorren pour ces informations.

Les relations entre la Normandie et les colonies scandinaves des Îles Britanniques à la lumière des noms de lieux

Gillian Fellows-Jensen*

Les sources écrites fournissent quelques informations concernant les colonies scandinaves en Angleterre et en Normandie au cours de la période viking, même si celles-ci demeurent éparses et superficielles. Dans le cas de l'Angleterre, la *Chronique anglo-saxonne* nous donne une chronologie détaillée des activités des Vikings sur une période de trois siècles à dater de l'arrivée de trois navires au sud de l'Angleterre sous le règne de Beorhtric (786-802) – où un shérif peu méfiant a pris une bande de Vikings pour des commerçants sans histoire et a payé son erreur de sa vie – jusqu'à la description des mesures prises par Guillaume le Conquérant en 1085 pour répondre à une menace d'attaque par les Danois. Les raids vikings à travers l'Angleterre et les différents quartiers d'hiver occupés par la grande armée peuvent être repérés sur une carte ; toutefois, même sur une période relativement limitée, l'image est loin d'être claire.

La *Chronique anglo-saxonne* contient également quelques informations sur les raids vikings en Normandie, et ces références brèves peuvent être complétées à l'aide des annales de plusieurs monastères, et des chroniques écrites par trois auteurs francs ou normands, Flodoard de Reims, Dudon de Saint-Quentin et Guillaume de Jumièges. Sur la base de ces sources parfois contradictoires et donc de fiabilité variable, il a néanmoins été possible de reconstituer une chronologie des événements dans le nord de la France, depuis les premiers raids vikings, qui ont dû avoir lieu à peu près en même temps que les attaques sur l'Angleterre à la fin du VIIIe siècle, en passant par les quelques raids ponctuels de la première moitié du IXe siècle, les expéditions de pillage systématiques de la deuxième moitié de ce même siècle, à la cession par Charles le Simple aux Vikings de terres situées en Haute-Normandie lors de la deuxième décennie du Xe siècle[1].

---

* Professeur, Université de Copenhague, Institut for Navneforskning.

1. L. Musset, « Naissance de la Normandie (Ve – XIe siècles) », in *Histoire de la Normandie*, M. de Boüard (dir.), Toulouse, 1970, p. 102-103 ; J. Le Patourel, *The Norman Empire*, Oxford, 1960, p. 12 et 283.

Les fondations scandinaves en Occident, p. 225-239, Publications du CRAHM, 2005

Les sources écrites ne donnent pas de description détaillée des endroits où les Vikings se sont installés en Angleterre ou en Normandie. Elles ne donnent pas même de description précise des frontières séparant les terres cédées aux Vikings et celles restées respectivement dans les mains des Anglais ou des Francs. Dans le cas de l'Angleterre, on trouve une description d'une frontière tracée à l'issue d'un traité entre le roi Alfred et le roi danois Guthrum en 886 environ. Cette frontière n'est évidemment que le fruit de négociations avec les Danois de l'Est-Anglie et n'a rien à voir avec l'établissement du Danelaw en tant que tel. Il n'existe pas de semblable description de frontières concernant la Normandie. La première cession de territoire aux Vikings aux abords de la Seine (*Normannis Sequanensibus*) qui a eu lieu entre les années 912 et 918 n'est mentionnée que sous la forme du droit de s'installer dans «certains endroits (*pagi*) sur la côte, y compris la ville de Rouen»[2]. La seconde cession de terre aux Vikings eut lieu dans la région de la Loire en 921. Il s'agit de la Bretagne et du pays nantais. Flodoard mentionne une cession dans le Bessin (autour de Bayeux) et dans le Maine. La dernière cession de territoire en Normandie eut lieu en 933 et concerna des terres bretonnes près de la côte (*terram Brittonum in ora maritima sitam*), c'est-à-dire probablement le Cotentin et l'Avranchin[3]. Nous ne pouvons être certains de l'étendue exacte des territoires cédés et rien ne suggère que les cessions de terre avant 933 contribuèrent à la consolidation du territoire viking en Normandie. Il n'est pas impossible que ce soit lors de la première arrivée des nouveaux colonisateurs scandinaves dans les années 960, dont certains ont pu séjourner quelque temps dans les îles Britanniques, que les Vikings aient commencé progressivement à étendre leur territoire jusqu'à ce que ses frontières viennent correspondre à celles du duché de Normandie en 1066[4].

Bien entendu, les frontières des territoires cédés aux Vikings ne coïncident pas nécessairement avec celles des territoires où ils s'installèrent. Il est nécessaire, dans le but de localiser les endroits qu'ils occupèrent effectivement, d'examiner les indices fournis par les noms de lieux. Il paraît raisonnable de supposer que les noms de lieux d'origine nordique en Angleterre et en Normandie ont été formés soit par les Vikings qui s'y installèrent, soit par leurs successeurs. En Angleterre, la frontière méridionale et occidentale du domaine où l'on trouve des noms de lieux en *–bý* correspond assez bien avec la frontière tracée à la suite du traité dans les années 880, si l'on tient compte du fait que les habitats s'établissent rarement dans les endroits montagneux ou marécageux (carte 1). En Normandie, c'est la répartition des noms de lieux en *–toft* qui offre la vue d'ensemble la plus satisfaisante des territoires de colonisation nordique (carte 2). On trouve un grand nombre de ces noms de lieux en

2. M. DE BOÜARD, «De la Neustrie carolingienne à la Normandie féodale : continuité ou discontinuité», *Bulletin of the Institute of Historical Research*, 28, 1955, p. 4; D. BATES, *Normandy before 1066*, Londres, 1982, p. 1, 8-9.

3. N. S. PRICE, «The Vikings in Brittany», *Saga-Book of the Viking Society*, XXII, 1989, p. 364.

4. E. SEARLE, «Fact and Pattern in Heroic History : Dudo of Saint-Quentin», *Viator*, 15, 1984, p. 132; EAD., «Frankish rivalries and Norse warriors», *Anglo-Norman Studies*, 8 (1985), p. 211.

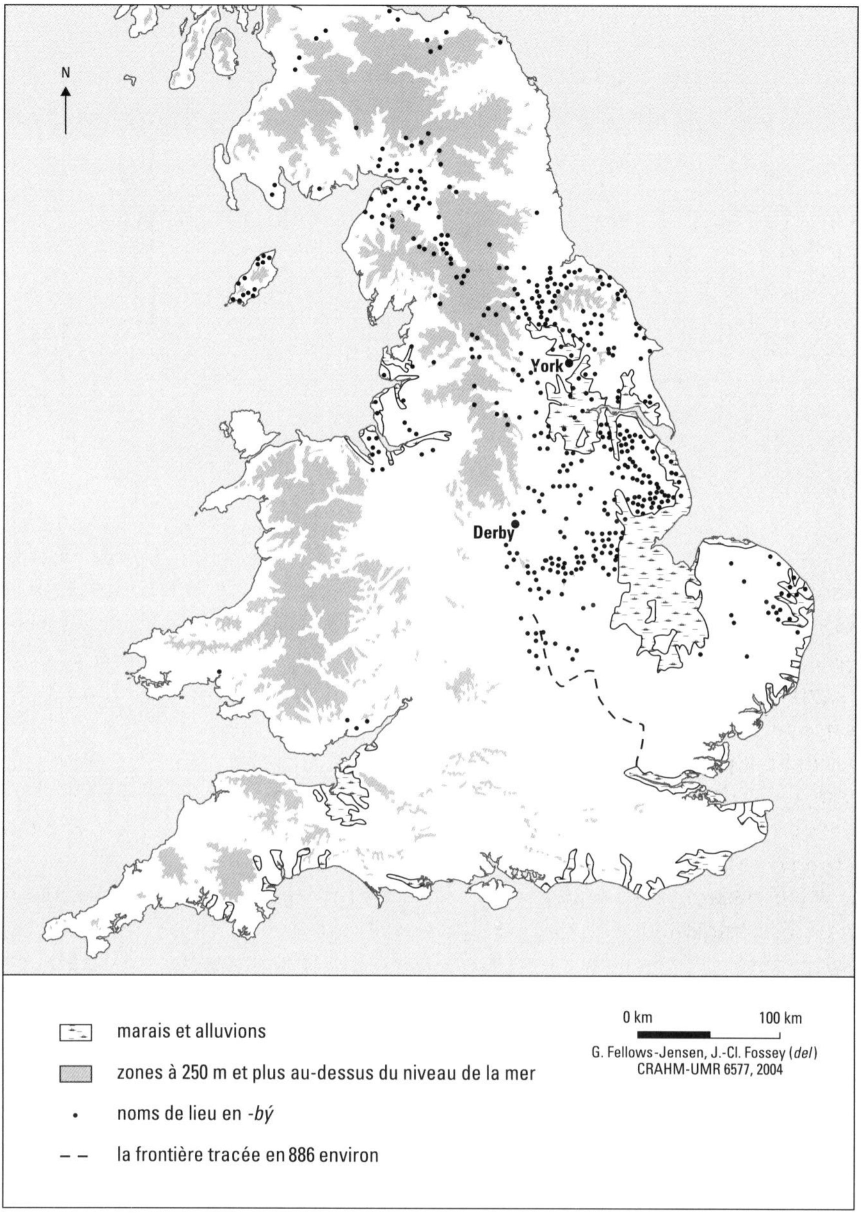

Carte 1 : Répartition des noms de lieux en bý en Angleterre et en Écosse tirée de Gillian Fellows-Jensen, «Scandinavian Place-Names of the Irish Sea Province», dans Viking Treasure from the North West : The Cuerdale Hoard in its Context, James Graham-Campbell (éd.), Liverpool, 1992, p. 37.

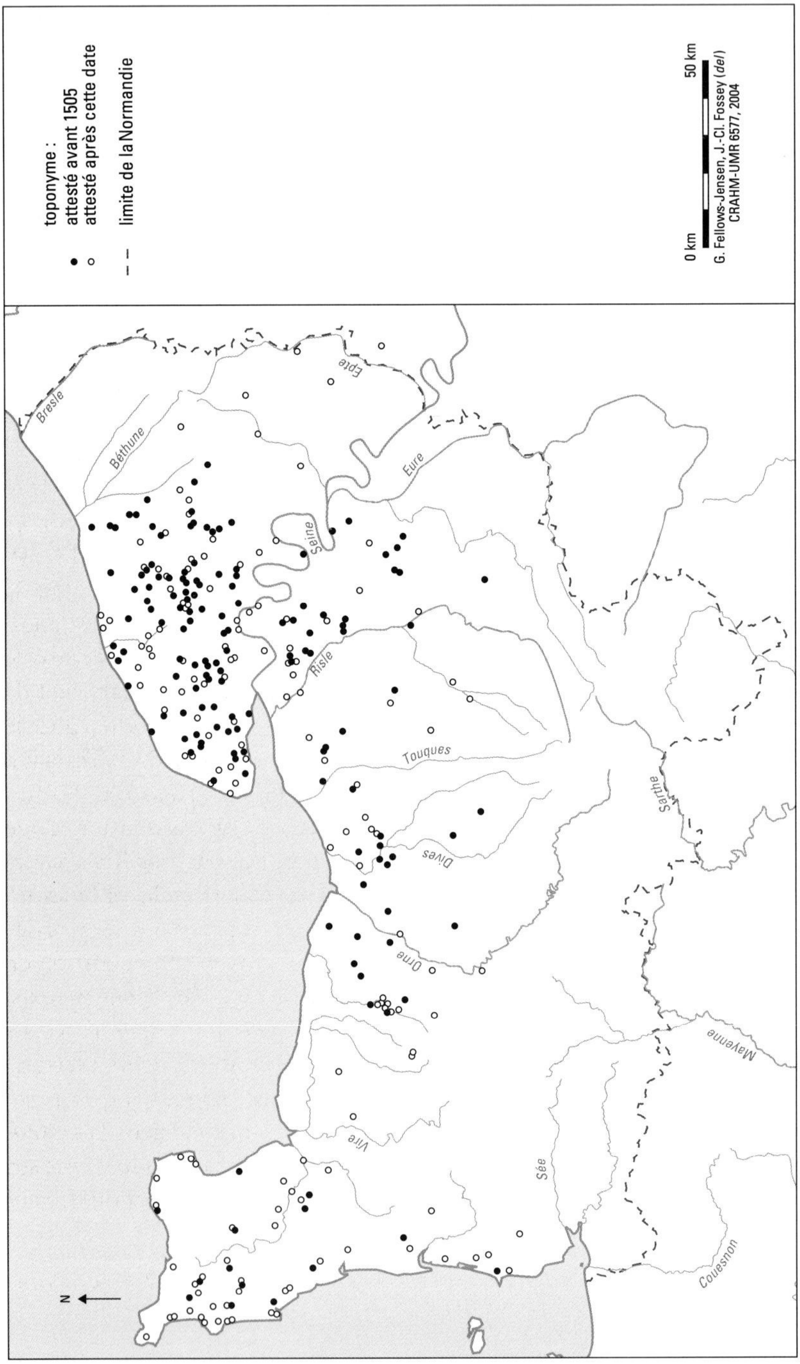

Carte 2 : Répartition des noms de lieux en -tot en Normandie.
Carte établie par Bengt Holmberg et tirée de son livre Tomt och toft som appellativ och ortnamnselement, Uppsala, 1946.

Seine-Maritime, quelques-uns dans la partie septentrionale de l'Eure de même que dans le Calvados, la Manche et l'Orne. Il serait bon de souligner qu'en dépit de l'occurrence très fréquente de noms de lieux en *–toft* en Seine-Maritime, ceux-ci sont quasiment absents de la partie nord-est de la région[5]. Là, cependant, de nombreux indices ont été révélés récemment concernant le remplacement à l'ère post-viking de noms de lieux d'origine nordique par des noms de lieux d'autres origines, ce qui fragilise les indices d'une hypothétique présence scandinave. Les noms de rivière nordiques **Fulebec* et **Dieppa*, par exemple, y ont été remplacés respectivement par les appellations « Le Philibert » et « La Béthune »[6]. Les noms de rivières plus petites et de ruisseaux dans cette région sembleraient avoir été particulièrement changeants mais on ne trouve pas d'indice évident attestant la disparition des noms d'établissements d'origine nordique. Ce qui est significatif, cependant, c'est que l'apparition de nombreux noms de lieux secondaires d'origine nordique dans des documents anciens de la région montre que les Scandinaves ont dû s'y installer.

L'information la plus spécifique concernant les processus effectifs de colonisation en Angleterre est contenue dans les annales des années 876, 877 et 880 de la *Chronique anglo-saxonne*. Celles-ci relatent la manière dont les Danois se sont partagé les terres du Yorkshire, de l'est des Midlands et de l'Est-Anglie, et ont commencé à les cultiver pour en tirer leur subsistance. Dans la première moitié du vingtième siècle, il a été suggéré que les soldats danois avaient simplement troqué leurs épées contre des bêches et des socs de charrue, pour labourer la terre inculte. On a aussi pensé qu'ils établirent de nouveaux habitats que l'on désigna par leur propre anthroponyme suivi de l'élément toponymique *–bý*, comme *Thórir* dans Thoresby. Cette situation était mise en contraste avec les conditions prévalant en Normandie, où l'on pensait que la nature des noms de lieux nordiques était la marque d'une saisie de larges territoires par les chefs scandinaves, qui ont exigé des loyers et des impôts perçus sur les paysans demeurés sur place à cultiver la terre[7].

La recherche récente a démontré qu'il n'y avait finalement pas de si grandes différences entre les conditions d'implantation dans le Danelaw et en Normandie. J'ai suggéré que, dans le Danelaw, les grands domaines préexistants furent dissous vers le début du Xe siècle, et que de petites parcelles furent données aux membres de l'armée en récompense de leurs services. C'est aux Danois, cependant, que furent transmis les revenus de la terre, même s'ils ne furent pas nécessairement activement engagés dans la culture de celle-ci. Les descriptions contenues dans la *Chronique anglo-saxonne* sur la manière dont les Danois se partagèrent l'est de l'Angleterre, lors du dernier

5. G. GAUDEFROY, « Survivances de l'empreinte norroise dans la partie orientale de la Seine-Maritime (ancien pays de Talou) », *Nouvelle Revue d'Onomastique*, 35-36, 2000, p. 251.

6. *Ibidem*, p. 217-220 et cartes 3-4.

7. Cf. F. M. STENTON, « The Scandinavian colonies in England and Normandy », *Transactions of the Royal Historical Society*, 4e série, 27, 1945, p. 1-12, réimp. in *Preparatory to Anglo-Saxon England*, D. M. STENTON (éd.), Oxford, 1970, p. 335-345 ; R. H. C. DAVIS, *The Normans and their Myth*, Londres, 1976, p. 23.

probable que de nombreux noms hybrides en *–ville*, que j'ai choisi de désigner sous le nom «d'hybrides de Gonneville» (en raison du fait que le nom nordique *Gunni* est associé à *–ville* plusieurs fois), résultent d'un remodelage partiel d'un ancien nom en *–ville*. Que ce remodelage de ces noms ait eu lieu lors du premier partage de terres par Rollon entre ses hommes ou beaucoup plus tard, il est difficile de l'affirmer avec certitude, mais on peut raisonnablement avancer pour certains cas un premier remodelage au cours du XIe siècle. Toutainville dans l'Eure, par exemple, a probablement été remodelé pour inclure le nom de Thurstan Goz, fils d'Ansfrid le Danois, qui a possédé de la terre en cet endroit et qui était toujours en vie aux environs de 1020[24].

Il est intéressant de noter que les hybrides de Gonneville sont relativement beaucoup plus fréquents en Normandie que les hybrides de Grimston dans le Danelaw. Il est également attesté que les noms de lieux consistant en un nom germanique continental plus *–ville*, comme par exemple *Osbern* à Auberville (*Osbernivilla* 1080) sont beaucoup plus fréquents en Normandie que les noms formés avec des anthroponymes anglais suivis de *–tūn* ne le sont en Angleterre. Les noms de lieux anglais en *–tūn* ont normalement un nom commun ou un adjectif comme élément spécifique, comme par exemple Thornton et Weston[25]. La raison en est probablement le fait qu'il n'était pas habituel que de petits domaines fussent entre les mains de propriétaires privés en Angleterre avant la période viking. C'étaient le roi, l'Église et quelques grands comtes qui étaient en possession de toute la terre. Ce n'est que lorsque les Vikings commencèrent à diviser les grands domaines en unités plus petites que le besoin fut ressenti de créer des noms de lieux désignant un petit domaine aux mains de propriétaires privés. En Normandie en revanche, les noms de lieux en *–ville* sont assez courants dans tous les départements actuels, à l'exception de l'Orne[26]. Ces noms contiennent presque toujours des noms de personnes comme éléments spécifiques, ce qui indique qu'il devait déjà y avoir des domaines plus petits dans les mains de propriétaires privés en cet endroit. Il était relativement normal pour les Vikings de suivre ce modèle et de former des noms tels que Gonneville pour les domaines plus petits dont ils se sont emparés.

En Angleterre, ce ne sont pas de petits habitats indépendants que les Vikings ont saisis, mais des fractions de domaines étendus. Leur fonction plus

23. L. MUSSET, «Pour l'étude des relations entre les colonies scandinaves d'Angleterre et de Normandie», in *Mélanges de linguistiques et de philologie Fernand Mossé in memoriam*, Paris, 1959, p. 330-339; F. DE BEAUREPAIRE, «La Toponymie de la Normandie», *Cahiers Léopold Delisle*, 18, Paris, p. 60-61.

24. L. MUSSET, «Une famille vicomtale : les Goz», in *Documents de l'histoire de la Normandie*, M. DE BOÜARD (éd.), Toulouse, 1970, p. 95.

25. G. FELLOWS-JENSEN, *Scandinavian Settlement Names in the East Midlands*, Navnestudier, 16, Copenhague, 1978, p. 283-285.

26. A. SCHIBER, «Die germanischen Ortsnamen in Frankreich», in *Die fränkischen und alemannischen Siedlungen in Gallien*, Strasbourg, 1894, p. 43-62, cité ici d'après la réimpression in *Siedlung, Sprache und Bevölkerungsstruktur im Frankenreich*, F. PETRI (éd.), Darmstadt, 1973, p. 19-38.

ancienne est souvent reflétée dans leurs noms anglais, comme par exemple Swinton («enclos à cochons»), et Appleton («enclos à pommes»). Quand les Vikings saisissaient un habitat, ils en conservaient parfois le nom en usage, mais souvent ils lui en ont donné un nouveau. Cela a été le cas, par exemple, des 47 Kir(k)by (**kirkju-bý*). Ceux-ci ont reçu leur nom de la présence d'une église dans le village. Les églises en pierre ont dû beaucoup surprendre les Danois et il est probable également que les villages ne possédaient pas tous une église au IXe siècle. Autrement, l'appellation n'aurait pas été assez distinctive, ce que l'on peut voir d'après le fait que, plus tard, il devint nécessaire de leur joindre des affixes distinctifs, comme par exemple Kirby Cane : Cane est un surnom dérivé du nom de lieu Caen.

Les noms de lieux en *–bý* que l'on trouve en Angleterre et dont l'élément spécifique est un substantif ou un adjectif renvoyant à une caractéristique de l'habitat semblent avoir été formés au début du Xe siècle, peut-être pour marquer un changement de statut consécutif à une soumission plus directe à l'égard du roi, en particulier en matière fiscale. Plus tard, lorsque les Danois ont commencé à céder des territoires aux Anglais et que l'autorité des chefs sur leurs hommes s'est affaiblie, ces chefs n'ont pu empêcher la fragmentation de leur domaine en habitats indépendants qui ont alors reçu de nouveaux noms en *–bý* incluant souvent le prénom de leur nouveau propriétaire, comme par exemple *Ásgeir*, *Eindriði*, *Hraði* et *Hundulf* dans Asgarby, Mavis Enderby, Raithby et Hundleby dans la vallée de la rivière Lymn en Lincolnshire[27]. De ce point de vue, il est important de noter qu'au Danemark les noms de lieux en *–bý* ont rarement des prénoms pour élément spécifique, et les occurrences que l'on peut trouver ont tendance à être des noms propres d'origine chrétienne ou bas-allemande, comme par exemple *Grūmi* dans Grumby en Angeln[28]. Il a même été suggéré que le type de nom de lieu associant un prénom nordique et le suffixe *–bý* a pu apparaître dans le Danelaw[29].

Il n'y a pas d'indice fiable de la création de noms nordiques en *–bý* en Normandie. À plusieurs époques, des chercheurs ont avancé que le générique *–bý* se retrouvait dans Carquebut, dans plusieurs Criquebeuf, Bourguébus et Tournebu. Il y a de nombreuses années, cependant, Lucien Musset m'a fait remarquer que les orthographes anciennes de ces noms renvoient dans tous les cas, de façon quasiment certaine, à un élément générique nordique différent, à savoir *búð*, «baraque»[30]. De nombreux petits habitats indépendants en Normandie ont reçu des noms du type de Gonneville, d'autres des noms en *–búð*, mais la majorité a reçu des noms en *–toft*, générique nordique qui

27. P. EVERSON, «An excavated Anglo-Saxon sunken-featured building and settlement site at Salmonby, Lincs, 1972», *Lincolnshire History and Archeology*, 8, 1973, p. 61-70 et G. FELLOWS-JENSEN, *Scandinavian Settlement Names in the East Midlands*, p. 413-414.

28. W. LAUR, «Stednavne på –by sammensat med personnavne», *NORNA-rapporter*, 26, 1984, p. 94-104.

29. K. HALD, *Vore Stednavne*, 2e éd., Copenhague, 1965, p. 109-113.

30. G. FELLOWS-JENSEN, «Les noms de lieux d'origine scandinave et la colonisation viking en Normandie. Examen critique de la question», *Proxima Thulé*, 1, 1994, p. 82-83.

apparaît dans plus de 300 noms de lieux en Normandie, et généralement avec pour élément spécifique un anthroponyme nordique[31]. Le mystère reste entier quant à la raison pour laquelle c'est *–toft* plutôt que *–bý* qui est devenu l'élément générique nordique relatif à l'habitation le plus courant dans la formation des noms de lieux en Normandie. Dans les territoires scandinaves, le mot *toft* est employé assurément dans des noms de lieux ayant le sens de « parcelle à construire », mais il est possible qu'il ait aussi été employé avec le sens qui est maintenant celui de la forme dérivée *tomt*, à savoir « habitation désertée ». En tout cas, c'est dans ce sens qu'apparaît *toft,* à la fois dans des noms de lieux islandais, et comme emprunt en gaélique[32]. Il faudrait peut-être tenir compte de la possibilité que les noms de lieux en *–toft* dans les établissements vikings soient le reflet de la destruction de peuplements existants par les raids des Vikings et de la saisie par ces derniers des ruines dans le but d'y établir de nouveaux habitats[33]. On trouve peu de noms d'habitats en *–toft* dans le Danelaw, et les nombreux noms de lieux d'importance secondaire en *–toft* y apparaissent dans des régions marécageuses comme dans la région de Holland dans le Lincolnshire et ils ne semblent pas avoir été formés avant que le mot *toft* ait été emprunté par l'anglais comme terme technique désignant une parcelle de terrain à bâtir[34]. Une plus grande occurrence de noms en *–toft* en Normandie que dans le Danelaw indiquerait-elle de plus grands dégâts causés par les raids vikings en Normandie, à la suite de quoi la population locale aurait été plus souvent qu'en Angleterre forcée à quitter son habitation ? En tout cas, il est établi que les Vikings ont mis beaucoup plus de temps en Normandie qu'en Angleterre à abandonner les raids pour se sédentariser et cultiver la terre. À la fin du IXe siècle, au moment où les hommes de Halfdan, dans le Danelaw, étaient activement occupés avec l'agriculture, le roi franc Charles le Chauve a publié une proclamation dans laquelle il décrit la fuite des paysans sans domicile loin des Vikings et se plaint de ce que cette situation illégale a provoqué une pénurie de main-d'œuvre pour effectuer les semences et les moissons[35].

L'élément générique toponymique *–thorp*, qui dénote « un domaine dépendant et secondaire », à la fois au Danemark et dans les colonies danoises, apparaît dans pas moins de 576 noms de lieux en Angleterre. Sa répartition est considérablement plus limitée que celle des noms de lieux en *–bý*[36]. Il est possible que la répartition des noms en *–thorp* en Angleterre reflète une strate sous-jacente de noms de lieux anglais liés au générique vieil anglais *–throp* et c'est peut-être là une des raisons pour lesquelles il n'y a que seize noms

31. B. HOLMBERG, *Tomt och toft som appellativ och ortnamnselement*, Uppsala, 1946, p. 279-283.

32. *Ibidem*, p. 124 et 137.

33. A. DAUZAT, *Les noms de lieux*, Paris, 1926, p. 147.

34. K. CAMERON, « The minor names and field-names of the Holland division of Lincolnshire », in *The Vikings*, T. ANDERSSON et K. I. SANDRED (éd.), Uppsala, 1978, p. 81-88.

35. J. M. WALLACE-HADRILL, *The Vikings in Francia*, Reading, 1975, p.17.

36. G. FELLOWS-JENSEN, « *Thorp*-navne og *throp*-navne i England », *NORNA-rapporter*, 76, 2003, p. 47-59.

en *–thorp* en Normandie[37]. Une autre explication, plus probable, est qu'il n'y avait aucun besoin en Normandie d'un élément désignant un domaine secondaire et dépendant, car la situation typique en cet endroit au cours de la période viking est la prédominance de fermes isolées et non pas de villages d'où des domaines dépendants pouvaient être séparés. Louis Guinet a aussi avancé que quelques-uns au moins de ces noms en *-thorp* que l'on trouve en Normandie ont été formés par les Anglo-Saxons qui vivaient dans le Bessin entre le IIIe et le Ve siècle[38]. Un des arguments en faveur de cette explication est que plusieurs de ces noms localisés dans le nord du Cotentin ont des orthographes en Tourp plutôt que Torp, ce qui refléterait peut-être une forme proto-germanique **thurpa* et une origine saxonne, mais cela pourrait tout aussi bien n'être qu'une particularité dialectale ou une forme latinisée.

Puisque les éléments génériques *–bý*, *–toft* et *–thorp* sont tous reliés, d'une manière ou d'une autre, à des domaines formés avant l'arrivée des Vikings en Angleterre et en Normandie, le meilleur moyen d'identifier les endroits que les Vikings ont colonisés au sens strict du terme dans ces deux régions est de se pencher sur les éléments génériques désignant des clairières, et tout d'abord *–thveit*. Cet élément n'apparaît pas avec une fréquence particulièrement grande dans les régions méridionales du Danelaw, mais on le retrouve assez souvent dans le nord du Yorkshire et le nord-ouest de l'Angleterre, et en particulier en Cumbrie. Ceci suggère que ce furent les Vikings qui, les premiers, défrichèrent ces régions inhospitalières pour s'y installer[39]. Si la carte de répartition des *thveit* se superpose à celle des *thorp*, on peut en déduire que la croissance démographique à l'époque des Vikings a provoqué l'intensification de l'exploitation des zones cultivées par l'installation d'habitats supplémentaires en bordure de celles qui existaient déjà, alors que dans les endroits où l'on ne trouve que des *thveit*, la surface de terre cultivée a été augmentée par le défrichement de forêts et de broussailles.

En Normandie, la répartition des noms en *-thveit* est moins étendue, et il n'y a qu'en pays de Caux et dans le Roumois que l'on en trouve avec une certaine fréquence[40]. Dans le Roumois, il y a plusieurs *thveit*, comme dans la forêt de la Londe où les noms de lieux gallo-romans sont totalement absents, ce qui laisse à penser que ce sont les Vikings qui ont défriché cette région pour la coloniser[41]. Les noms de lieux en cet endroit révèlent cependant leur formation par des francophones. L'ordre des éléments est roman, le générique y précédant le spécifique, et les noms sont précédés de l'article défini français

37. J. Adigard des Gautries, « Études de toponymie normannique I. Les noms en *–torp* », *Études Germaniques*, 6, 1951, p. 3-10

38. L. Guinet, « Les toponymes normands 'Torp(s)', 'Torpt', 'Tourp(s)', 'Tour(s)' », *Annales de Normandie*, XXX, 1980, p. 193-197.

39. G. Fellows-Jensen, « Little thwaite, who made thee ? », in *Proceedings of the XIXth international congress of onomastic sciences Aberdeen, August 4-11 1996*, W. F. H. Nicolaisen (éd.), vol. 2, Aberdeen, 1998, p. 101-106.

40. Å. Kari Hansen, *Språkkontakt i gammelt koloniområde*, Bergen, 1998, p. 185-187.

41. F. de Beaurepaire, *Les noms des communes et anciennes paroisses de l'Eure*, Paris, 1981, p. 197.

«le», comme dans Le Thuit-Anger. En Normandie et en Angleterre, le mot nordique *thveit* est entré dans la langue locale sous les formes *tuit* et *thwaite* respectivement, ce qui complique le recensement de noms de lieux qui fourniraient des indices sur la colonisation scandinave.

En conclusion, je voudrais dire quelques mots sur la nationalité des colonisateurs scandinaves en Angleterre et en Normandie. Je suis persuadée que les colonisateurs de l'est de l'Angleterre étaient pour l'essentiel des Danois, et que ce sont les descendants de ces Danois qui traversèrent plus tard la chaîne Pennine et s'installèrent dans le nord-ouest de l'Angleterre. Je ne nierais pas cependant qu'ils ont pu rencontrer là des colonisateurs d'origine norvégienne, dont quelques-uns avaient probablement passé du temps dans des régions gaélophones. Il faut aussi reconnaître que les bandes de pilleurs sous les chefs danois ont pu comprendre des hommes d'autres nationalités : Norvégiens, Irlandais, Frisons, Götar, Féroïens, gaélophones, Britanniques et Bretons, si l'on en juge par les indices que fournissent les noms de lieux.

Pour ce qui est de la Normandie, on semble s'accorder à présent sur le fait que, malgré la naissance de Rollon en Norvège, les noms portés par les colonisateurs Viking, tels qu'ils apparaissent dans les sources écrites et ceux qui sont contenus dans les noms de lieux en *–toft*, semblent suggérer que la plupart d'entre eux étaient danois, comme dans le Danelaw[42]. Les noms de lieux que l'on trouve en Normandie montrent également, cependant, qu'il y avait des hommes d'autres pays parmi ceux qui s'installèrent dans cette région à la période viking. Quelques Anglais ont donné leur nom à des habitats en *–ville*, comme *Dunstān* à Dénestanville, et ce furent sans doute des Anglais qui apportèrent avec eux les termes agricoles qui se retrouvent en Normandie centrale et occidentale, tels que *forlenc*, du vieil anglais *furlang*, et *wendinc* du vieil anglais *wending*[43], et peut-être aussi l'habitude de donner le nom **Caldecot*, «baraque froide», à des huttes non-chauffées dans des endroits exposés, comme Caudecote et Côte-Côte[44]. Dans le Cotentin, on retrouve également, dans les noms de lieux, des empreintes d'hommes venant de régions gaélophones, comme par exemple *Dicuil* à Digulleville, de même que des noms d'origine nordique qui sont particulièrement fréquents dans les îles septentrionales et occidentales de l'Écosse, telles que *Bretakollr* à Brectouville[45].

42. B. HOLMBERG, *Tomt och toft...*, p. 280-281 ; J. ADIGARD DES GAUTRIES, *Les noms de personnes scandinaves en Normandie de 911 à 1066*, Lund, 1954, p. 265-270.

43. L. MUSSET, «Pour l'étude des relations...», p. 330-339.

44. J. ADIGARD DES GAUTRIES, «Études de toponymique normannique II. Les *Caudecote*», *Études Germaniques*, 8, 1953, p. 1-5.

45. L. MUSSET, «Participation de Vikings venus des pays celtes à la colonisation scandinave de la Normandie», *Cahiers de Centre de Recherche sur les Pays de Nord et du Nord-Ouest* 1, Caen, 1978, p. 109-112; G. FELLOWS-JENSEN, «Some Orkney personal-names», in *Proceedings of the Eleventh Viking Congress*, Edimbourg, 1993, p. 397-407.

Dans les deux colonies, les Vikings ont adopté quelques noms de lieux, en ont modifié certains, et en ont remplacé d'autres par de nouveaux noms. Dans les deux colonies, ils se sont emparés d'établissements prospères et en ont fondé de nouveaux en bordure d'habitats plus anciens ou sur des terres vierges. Les populations vikings impliquées étaient de nationalités diverses. Il semblerait qu'il y ait eu une relation étroite entre les différentes colonies vikings dans l'Europe de l'Ouest, et il paraît probable que bon nombre des colonisateurs en Normandie avaient auparavant passé du temps dans les îles écossaises et dans le Danelaw.

LES NOMS DE LIEUX ISSUS DE L'IMPLANTATION SCANDINAVE EN NORMANDIE : LE CAS DES NOMS EN *-TUIT*

Åse Kari H. WAGNER*

POURQUOI ÉTUDIER LES -TUITS?

Les noms en *-tuit* s'avèrent intéressants tant sur le plan linguistique que sur celui de l'histoire de l'implantation des Vikings en Normandie. Premièrement, ils sont nécessairement des témoins de défrichements véritablement nouveaux (et non simplement d'anciens lieux antérieurs à l'implantation normande, comme le laissent penser nombre de noms en *-ville* et en *-tot*). Deuxièmement, les noms en *-tuit* recèlent un matériel linguistique moins stéréotypé et des déterminants bien plus rares que les noms en *-tot* et, surtout, que ceux en *-ville*. Troisièmement, les noms en *-tuit* témoignent d'un contact de langue plus étendu, ce qui a aussi une importance historique significative pour savoir qui étaient et d'où venaient les Normands.

Avant d'aborder le matériel en lui-même, je voudrais souligner qu'essayer de présenter, en l'espace de quelques pages[1], les noms de lieux issus de l'implantation normande, entraîne plus d'un dilemne. En effet, c'est un matériel que de nombreux obstacles rendent difficile à traiter : l'état des attestations; l'influence de plusieurs langues très proches entre elles au Xe siècle; le problème posé par les transcriptions des actes et les erreurs toujours possibles des copistes; l'état lacunaire des sources scandinaves contemporaines de cette époque. Ces obstacles font que le matériel linguistique datant de l'implantation normande est très difficile à interpréter, et que l'étymologie d'un grand nombre des déterminants présentés ci-dessous est incertaine. Dans la mesure où le matériel linguistique témoigne d'un contact de langues assez important en Normandie aux Xe et XIe siècles, j'utiliserai les expressions

* Associate Professor, Université de Stavanger.

1. À défaut de pouvoir détailler ici, je renverrai, pour toutes les références aux sources, à ma thèse (Å. K. HANSEN [WAGNER], *Språkkontakt i gammelt koloniområde : En studie av normannerbosetningens stedsnavn, med særlig vekt på navnegruppa -tuit,* thèse de doctorat, linguistique scandinave, Université de Bergen, Norvège, Département des études scandinaves, 2000), qui porte notamment sur les éléments en *-tuit*.

Les fondations scandinaves en Occident, p. 241-252, Publications du CRAHM, 2005

d'« implantation normande » et de « noms issus de l'implantation normande » (et non de « noms scandinaves »)[2].

LE CONTEXTE

Les noms en *-tuit* font partie d'un ensemble onomastique plus large bien connu. En ce qui concerne la Haute-Normandie, la répartition des toponymes montre que le Pays de Caux fut la zone principale de l'implantation normande. C'est aussi le cas des espaces bordant la Seine et la Risle. On observe à peu près la même répartition pour les noms de nature[3] ; l'extension ultérieure de ces toponymes est due à un emprunt plus fréquent de ces noms dans le dialecte local.

Pour la Basse-Normandie, la distribution des noms de lieux indique que le nord-ouest de la presqu'île du Cotentin fut le secteur où l'implantation normande fut la plus importante. Le Calvados compte peu de noms, ainsi que la Manche, exception faite d'un certain nombre d'implantations le long de la côte.

Dans mon travail de thèse, j'ai élaboré des cartes de tous les noms connus – y compris ceux aujourd'hui disparus – d'étymologie scandinave ou anglo-scandinave, afin de pouvoir étudier les noms en *-tuit* dans leur contexte topographique. Je ne peux malheureusement pas les présenter ici, et je me contente donc de renvoyer à ce travail[4] pour les cartes concernant les principaux groupes.

COMMENT SE RÉPARTISSENT LES NOMS EN -TUIT?

Le groupe des noms en *-tuit* se compose d'un total de 88 noms (plus un nom incertain) : 64 sont de forme composée, le reste étant de forme simple. Ils sont surtout localisés en Haute-Normandie, à l'exception d'un seul situé en Cotentin.

24 noms (dont 13 aujourd'hui disparus) se trouvent dans la région qui correspond à peu près à l'actuel Pays de Caux, c'est-à-dire le territoire qui concentre le plus de noms de lieux, toutes catégories confondues, issus de l'implantation normande.

2. Tous les noms cités dans l'article sont identifiés par rapport à leur localisation dans une commune actuelle (indiquée entre parenthèses, sauf quand le nom est lui-même un nom de commune). Abréviations utilisées : † = nom perdu, adj. = adjectif, anglo-scand. = anglo-scandinave, auj. = aujourd'hui, déb. = début, env. = environ, f. = féminin, fr. = français, fr.-norm. = français de Normandie, m. = masculin, n. = neutre, nom. = nominatif, germ. = germanique continental (le plus souvent franc), mod. = moderne, pl. = pluriel, s. = siècle, vangl. = vieil anglais, vxda. = vieux danois, vxfr. = vieux français, vxnorv. = vieux norvégien, vxscand. = vieux scandinave

3. Dans l'onomastique scandinave on distingue entre nom d'habitat et nom de nature. Ces derniers désignaient des éléments du milieu naturel (ruisseaux, champs etc…) , mais sont souvent devenus des noms d'habitations par la suite.

4. Å. K. HANSEN [WAGNER], *Språkkontakt i gammelt koloniområde…*, p. 320 et suiv.

14 noms (dont neuf perdus) apparaissent dans ce qui correspond grosso modo à l'actuel Pays de Bray où ne se rencontrent qu'un petit nombre de toponymes issus de l'implantation normande (peu de noms en *-ville* associés à un élément scandinave, presqu'aucun nom en *-tot*). Les seuls noms issus de l'implantation normande que l'on y trouve sont en fait des *-tuit* et quelques noms de nature.

En fait, la plus forte concentration se situe dans la vallée de la Seine. On y distingue deux espaces différents : un premier groupe de noms se trouve le long de la Risle et de la Seine à l'ouest de Rouen, c'est-à-dire dans une zone où ils sont mêlés à d'autres noms issus de l'implantation normande. Un second groupe de noms est situé plus à l'est – dans la région d'Elbeuf et en Vexin – un secteur où les noms issus de l'implantation normande sont bien plus rares.

Cinq noms (dont trois perdus) sont situés dans la plaine de Caen et, pour le Cotentin, un seul nom (disparu) est connu.

Au total, on observe une concentration proportionnellement plus importante des *-tuit* dans des régions périphériques telles que le Pays de Bray, le Roumois et le Vexin – des régions où les noms issus de l'implantation normande sont bien moins nombreux.

Quelle signification donner à ces noms? Quand ont-ils été formés et par qui? Quelles conclusions historiques en tirer à propos de l'implantation des Scandinaves? Pour répondre à ces questions, une analyse étymologique de ces noms est un préalable indispensable.

LE DÉTERMINÉ, VXSCAND. *ÞVEIT* F. «DÉFRICHEMENT»

Où le trouve-t-on ailleurs qu'en Normandie?

Les noms de lieux en vxscand. *-þveit* f. sont répandus un peu partout dans les pays scandinaves. Ils sont très courants en Norvège (*-tveit*, *-tveid*, *-tvet*), avec près de 600 noms de fermes (et plus de 80 noms de châlets et pâturages d'alpage). Le Danemark (*-tved*) en compte un peu moins de 200, tandis qu'on en trouve seulement 27 en Suède (*-tvet*; dont certains dans l'ancien Bohuslän norvégien). En revanche, on ne rencontre pas moins de 267 noms en *-thwaite* dans les îles Britanniques (ainsi qu'une centaine de noms pour désigner des champs). Ces noms sont surtout situés dans le nord-ouest de l'Angleterre et en Écosse, dans des régions traditionnellement considérées comme typiquement norvégiennes. On en trouve aussi dans le Danelaw, mais il s'agit généralement de noms où l'élément scandinave a été introduit par des Anglais.

Dans quelles conditions est-il utilisé?

Les *-þveits* de Norvège, comme ceux du Danemark, sont périphériques par rapport au centre de la paroisse, mais cependant anciens (nombre d'entre eux datent probablement de la période des Migrations (VIe-VIIIe siècle)).

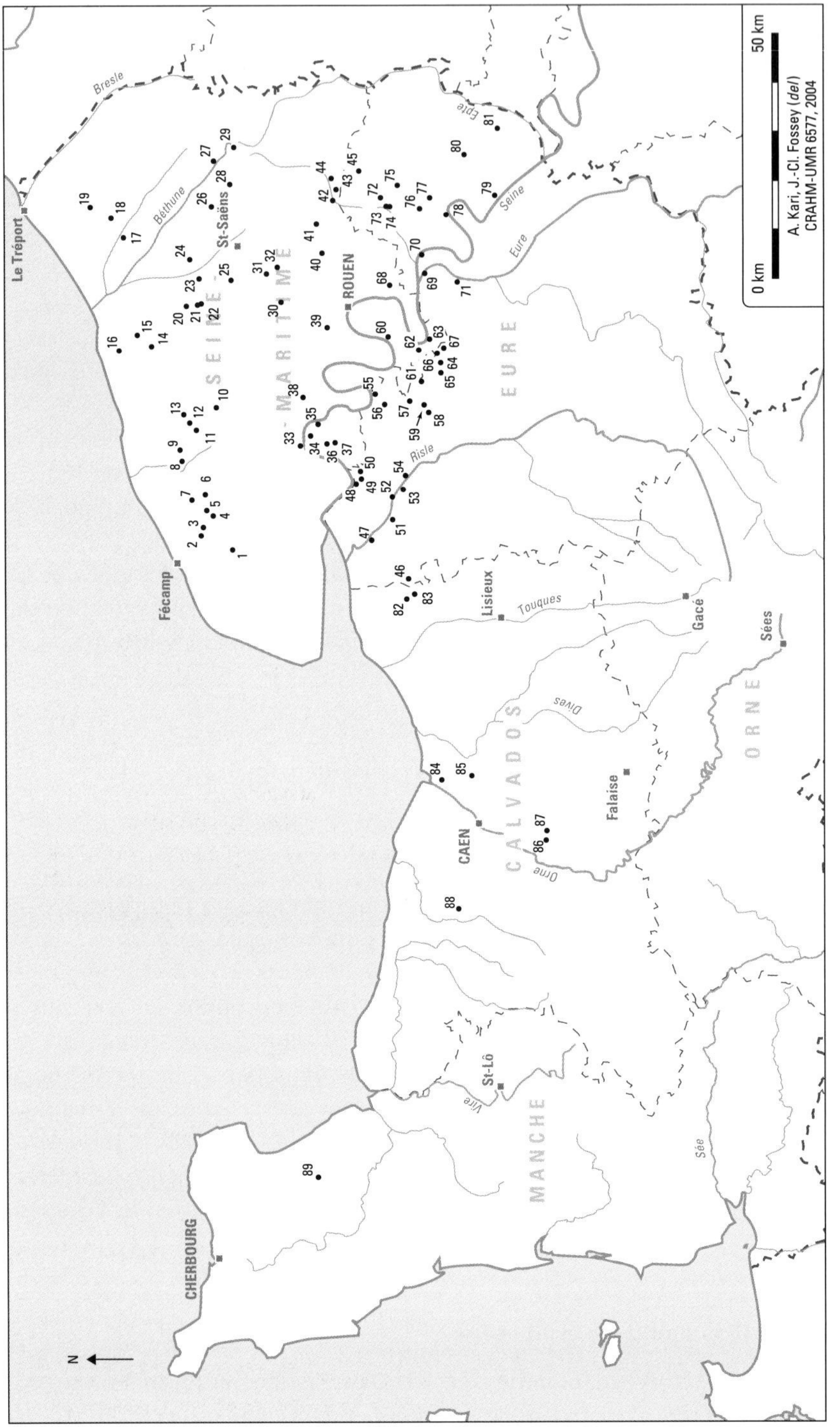

Les noms en -tuit (noms perdus inclus).

LISTE DES NOMS EN -TUIT :

1. †Lautuit
2. †Esleetuit
3. †Lestuit
4. †Turgotuit
5. †Catuit
6. Le bois Tortuit
7. †Longthuit (Gerponville)
8. Vicquetuit
9. †Ronchetuit
10. Le Thuit (Yvecrique)
11. †Autuit
12. Vautuit
13. †Micquetuit
14. †Talebotuit
15. Gennetuit
16. †Grintuit
17. Rue de la Haie Duthuit
18. Monthuit
19. Regnetuit
20. †Rouuetuit
21. Brennetuit (Heugleville-sur-Scie)
22. Longtuit (Heugleville-sur-Scie)
23. Brennetuit (St-Hellier)
24. †Tournenfuyt
25. Bracquetuit (Tôtes)
26. †Kieletuit
27. Les Milletuis
28. †Les Ouvertuits
29. †Lintuit
30. Le Thuit (Mont-Cauvaire)
31. †Le Thuit (Claville-Motteville)
32. Bractuit (St-Germain-sous-Cailly)
33. †Bonetuit
34. St-Nicolas-de-Bliquetuit
35. Notre-Dame-de-Bliquetuit
36. †Criquetieu
37. †Mare de Tournetui
38. †Bracquetuit (Epinay-sur-Duclair)
39. †Heltuit
40. †Longthuit (La Vieux-Rue)
41. †Sautuyt
42. †Bracquetuit (Elbeuf-sur-Andelle)
43. †Guituit
44. Le Thuit (La Haye)
45. Long Thuit (Le Tronquai)
46. †Bosc-en-Tuit
47. †Thuit Hebert
48. †Tutus
49. Les Duthuits
50. Le Thuit (Ste-Croix-sur-Aizier)
51. Le Haut Etuit
52. †Formetuit
53. †Brochestuit
54. Aptuit
55. †Le Thuit Noël
56. †Mondestuit
57. Thuit-Hébert
58. Le Thuit (Le Theillement)
59. Le Thuit (Berville-en-Roumois)
60. Le Milthuit
61. †Le Tuit-Heudebert
62. Le Thuit-Hingant
63. †Le Tuit-Bénard
64. Le Thuit-Signol
65. Thuit-Simer
66. Le Thuit-Anger
67. Le Thuit-Agron
68. Le Thuit (St-Aubin-Celloville)
69. Le Pré-Cantuit
70. †Le Thuit (Poses)
71. Blacquetuit
72. Fief d'Authuit
73. Le Thuit (Charleval)
74. Le Petit Thuit (Charleval))[1]
75. Les Thuits (Touffreville)
76. Criquetuit
77. Le Thuit (Fresne-l'Archevêque)
78. Le Thuit
79. Le Thuit (Port-Mort)
80. †Letuit (Forêt-la-Folie)
81. Le Thuit (Ecos)
82. Tontuit
83. Les Bottentuits
84. †La voie du Tuit (Amfreville)
85. †Biautuit
86. La chapelle du Thuis (Boulon)
87. †Bauquetuit
88. Le Thuit (Audrieu)
89. †Aubertuit

---

1. L'emplacement des deux *tuits* à Charleval nous incite à penser qu'il s'agit d'un seul *tuit* (*þveit*) à l'origine.

Les *-thwaites* anglais et écossais ont le même caractère. Les sources parlent le plus souvent de *campus, pāstūra, cultūra*; les noms ont des déterminants qui renvoient à la végétation et se trouvent sur des terrains accidentés et au pied de montagnes. Leurs attestations sont souvent assez anciennes. Dans les îles Britanniques, de plus, *thwaite* semble avoir survécu jusqu'au XIIIe siècle en tant qu'élément actif pour créer de nouveaux noms.

Quelle est sa signification?

Vxscand. *þveit* f. vient du germ. **þwait-ō*, attesté en vieux norvégien, en vieil islandais et en vieux danois. Une variante de la même racine, germ. **þweitan*, est attestée en islandais et en vieil anglais (cf. le verbe vieil anglais *þwītan* «couper, fendre»). Le *thwaite* anglais est emprunté au scandinave.

Le sens le plus exhaustif du verbe et de l'appellatif est «couper, découper, fendre», «ce qui est coupé, fendu, découpé» – surtout à propos d'arbres, mais aussi de poids et mesures, et à propos de l'argent.

L'existence de l'emprunt *thwaite* (élément topographique) en anglais dans le sens de «défrichement» porte à croire que l'élément toponymique avait ce sens général déjà à l'époque viking.

Que signifiait le *-tuit* normand?

À la fois l'étymologie du vxscand. *þveit* f. et le fait qu'un grand nombre des *tuits* normands sont encore situés à la lisière ou au milieu des forêts, suggèrent que la signification du *-tuit* normand était «défrichement de forêt».

Il apparaît de plus que les noms en *-tuit* ont souvent désigné des habitats dès leur première mention dans les sources : lorsqu'ils apparaissent, ces toponymes entrent dans la composition de noms de personnes dont on précise, en le faisant précéder de la préposition «de», le lieu d'origine ou de résidence. C'est le cas, par exemple, pour les attestations *Osulfi de Handestuith*, début du XIIe siècle (mod. *Le Haut Etuit*, Saint-Germain-Village), *W. de Mōtuit*, 1195 (mod. *Monthuit*, Bailly-en-Rivière), et d'autres.

Plusieurs de ces lieux-dits acquirent le statut de paroisse, par exemple *Le Thuit-Anger* et *Le Thuit-Signol*, tous les deux, noms de paroisse dès le XIIIe siècle, ou *Bracquetuit*, qui a le statut de paroisse en 1137, *Bliquetuit* au milieu du XIIIe siècle, et †*Tutus* (= mod. Vieux-Port) dès 1027.

Conclusion partielle

Un rapide examen de l'élément vxscand. *þveit* f. nous montre donc qu'il est répandu dans une grande partie de la Scandinavie, et surtout sur des terres norvégiennes. En Scandinavie comme dans les îles Britanniques, les groupes de noms semblent avoir le même caractère secondaire que les *-tuit* normands. L'élément toponymique semble signifier «défrichement (de forêt)», ce que corroborent à la fois le mot emprunté en anglais et le matériel normand, qui fait référence, le plus souvent, à un «défrichement suivi d'une implantation».

LE DÉTERMINANT

Tout se complique dès qu'on s'intéresse au déterminant des *-tuit* normands. Il convient de s'interroger d'abord sur la signification du déterminant puis sur l'origine linguistique de ce dernier.

La signification du déterminant

Pour certains *-tuit*, le déterminant est un nom de personne, mais ce cas de figure est proportionnellement moins fréquent que pour les toponymes formés en *-tot* et surtout en *-ville*. Cela concerne à coup sûr *Regnetuit* (Avesnes-en-Val; *Galterus Ruffus de Renertuit*, 1248 < vxfr. *Regnier* ou vxscand. *Ragnarr*), †*Turgotuit* (Ypreville-Biville; *Rogeri de Torgotuit*, 1252 < vxscand. *Þorgautr/-gotr*), probablement *Aptuit* (Corneville-sur-Risle; *feod. de Apetuit*, 1203 < vxda. *Api*), †*Aubertuit* (Gourbesville; XVe siècle < anglo-scand. *Osbern* [ou – moins vraisemblablement – vxscand. *Ásbjǫrn*]) et d'autres. Des exemples se rencontrent également lorsque *-tuit* entre en composition dans une formation de type roman, comme *Le Thuit-Agron* (Le Thuit-Signol; *Thuit-Agron*, 1319 < *Hagron*, probablement d'origine germanique continentale) et *Le Thuit-Anger* (Amfreville-la-Campagne; *Tuit Ansger*, milieu du XIIe siècle < vxfr. *Ansger, Ansgarius, Ansgerius*, d'origine germanique continentale ou vxscand. *Ásgeirr*).

Le plus souvent, le déterminant est presque exclusivement un élément topographique : †*Esleetuit* (Limpiville; *le tenemt desleetuit*, 1412 < vxscand. *slétta* f. «plaine») et *Vautuit* (Doudeville; *Wautuit*, XIIIe siècle < vxda. *val(l)* m. «plaine, remblai»/vangl. *wald* «terrain boisé») renvoient à de bonnes terres à cultiver, de même que †*Sautuit* (Saint-Aignan-sur-Ry; *Vallée de Sautuyt*, 1497 < vxscand. *saurr* m. «terrain marécageux») et †*Brochestuit* (Tourville-sur-Pont-Audemer; *in Brochestuith*, 1155 < peut-être vangl. *brōc* m., «ruisseau»), dont les déterminants semblent faire référence à des terrains marécageux ou en tout cas très humides et donc fertiles.

Pas moins de 20% de tous les *-tuits* sont associés à des végétaux de différentes sortes, surtout à des herbes sauvages comme les fougères (quatre [†]*Brac[que]tuit*; par exemple *Bracquetuit* [Tôtes; *in par. de Brachetuit*, 1137; < anglo-scand. **brake* «fougère»]) et des halliers de ronces et d'épines, qui donnèrent leur nom à *Tontuit* (Saint-Benoît-d'Hébertot; *apud Tornetiuet*, XIIe siècle; < vxscand. *þorn* m. «épine»), à *Brennetuit* (Saint-Hellier; *terram de Bramthuit*, 1137 < peut-être vangl. *brōm*, **brām* m. «épine») et à d'autres lieux-dits. Il peut s'agir de la végétation antérieure au défrichement ou d'endroits où l'on a exploité le bois puis laissé le tout en friche sans procéder ensuite à la fondation d'un habitat.

Le nombre élevé de déterminants faisant référence à des éléments topographiques ou à des végétaux confirme donc qu'il s'agirait de défrichements. L'association de l'élément *-tuit* à des noms de personnes peut s'expliquer de plusieurs façons : les noms renvoient à des personnes habitant l'endroit, s'y étant installées ou n'ayant exploité que les produits du défrichement (notamment les grumes). L'essart d'*Aptuit* peut ainsi avoir été l'œuvre d'un certain *Api* qui possédait déjà l'implantation d'*Appeville*, à trois kilomètres d'*Aptuit*. Cependant, dans des zones plus isolées, le nom de personne dans le déterminant doit constituer un indice assez clair d'une implantation réalisée par la personne en question. En effet, on compte peu d'autres noms datant de l'implantation normande qui pourraient indiquer que les *-tuits* ne sont que des simples noms de champs dépendant d'un habitat.

L'ORIGINE LINGUISTIQUE DU DÉTERMINANT

Il résulte de cette analyse que les *-tuits* ne forment pas un groupe de noms typiquement norvégiens ou danois, mais ils apparaissent plutôt « plurilingues ».

Origine scandinave ou scandinave de l'est[5]

Certes, les éléments scandinaves sont majoritaires : on le voit dans *Aptuit* (< vxdan. *Api*), *Blacquetuit* (Montaure ; *blacquetuit*, 1456 < adj. vxscand. *blakki* « clair »), †*Criquetieu* (Forêt de Brotonne ; *Fontaine-de-Criquetuit*, 1407 < vxscand. *kriki* m. « coin »), †*Esleetuit* (Limpiville ; *le tenemt desleetuit*, 1412 < vxscand. *slétta* f. « plaine »), *Le Milthuit* (Petit-Couronne ; *Miqueltuit*, 1239 < adj. vxscand. *mikill* « grand ») et d'autres.

Aucun déterminant n'est typiquement norvégien, mais quelques-uns, rares, ont une origine caractéristique qui les rattache au scandinave oriental, et plus précisément au vieux danois : *Aptuit* est probablement composé du nom de personne *Api*, qu'on trouve presque exclusivement au Danemark et en Suède. On peut aussi voir dans *Vautuit* (mentionné ci-dessus) l'élément est-scandinave *val(l)* m. (ou le terme vangl. de la même famille ; *wald* « terrain boisé »). Nous verrons plus loin que le contexte toponymique corrobore cette influence linguistique anglo-danoise.

Un phénomène phonétique intéressant se manifeste dans quatre noms du type *Longt(h)uit* / *Long Thuit* (ex. *Lanquetuit*, 1210 < adj. vxda. *langr* « long ») : les attestations anciennes font constamment état de *Lanque-*, qui plaide en faveur d'une origine formée sur **Langaþveit* (nom.). De telles formes non-métaphoniques sont propres au vieux danois, tandis que l'adjectif aurait subi, en vieux norvégien, une modification de la voyelle /a/en/ɔ au féminin (nom. *Lǫngaþveit*). Ceci s'applique aussi aux nombreux *Lanquetot*, dont le déterminant n'a pas non plus subi de modification de la voyelle radicale.

Origine française

Beaucoup de déterminants peuvent être interprétés dans un contexte français : c'est avant tout le cas des 10 noms de composition de type roman (certains

5. On entend par « scandinave de l'est » un nom qui se rattache au groupe linguistique qualifié de « scandinave oriental » (vxdan., vxsuéd.).

mentionnés ci-dessus), tant en raison du nom de personne lui-même, qu'en raison du mode de composition, devenu courant seulement à partir du XIe siècle.

D'autres exemples sont connus pour *Monthuit* (Bailly-en-Rivière; *Muntut*, 996-1007 < probablement vxfr. *mont* m. – une étymologie clairement soutenue par la situation topographique du hameau), †*Ronchetuit* (Bosville; *Roncetuyt*, 1502; < fr.-norm. *ronche*), et †*Talebotuit* (Hermanville; début XIVe siècle, probablement contenant le nom de personne *Tal(e)bot*, vraisemblablement d'origine germanique continentale). Notons également †*Biautuit* (Banneville-la-Campagne; *Biautuit*, début XIVe siècle < adj. vxfr. *biau*) et †*Bonetuit* (Saint-Arnoult; *G. de Bonetuit*, env. 1175 < adj. vxfr. *bone*) et de nombreux autres toponymes qui semblent bien avoir un adjectif français dans le déterminant.

Origine anglo-scandinave

Par ailleurs, d'autres noms s'interprètent plutôt comme des noms d'origine anglo-scandinave. Outre †*Aubertuit*, déjà indiqué, on peut citer les quatre (†)*Brac[que]tuit* (ex. à Tôtes; *in par. de Brachetuit*, 1137; < anglo-scand. **brake* « fougère »). Ce type de nom se retrouve à la fois en Angleterre (*Brackenthwaite*) et au Danemark (*Bregnetved*). On trouvait également, en vieux-scandinave, un terme très proche **brakni* m. pour désigner « fougère ». Nous remarquons cependant que le déterminant, dans les noms normands, dès leur apparition dans les sources, reflète toujours une expression /brakə/, et jamais /brakn̲ə/, contrairement à ce qu'on aurait pu attendre du vieux scandinave **Braknaþveit*. Aucun argument phonologique convaincant n'explique la simplification du groupe de consonnes /kn/ dans ces noms. Cependant, il existe un *brāke* en anglais, qui semble être emprunté au vxscand. **brakni*[6] (cf. Kurath et Kuhn, 1958; Part B.5). Il est donc bien possible que ces noms soient liés à l'anglo-scandinave *brake* « fougère ».

Origine vieil anglaise

D'autres noms s'interprètent mieux à partir du vieil anglais : †*Brochestuit* (Tourville-sur-Pont-Audemer; *in Brochestuith*, 1155) se laisse assimiler à certains noms norvégiens et danois en *Brok-*. Ils ont généralement été interprétés dans le sens (figuratif) de *brók* f. « braies », mais peuvent aussi être apparentés à **brók* dans le sens de « marécage ». Cependant, ce mot n'apparaît jamais en tant qu'appellatif en vieux scandinave. Si, en revanche, nous considérons les noms de lieux anglais, nous découvrons que l'équivalent vangl. *brōc* m., avec le sens de « rivière, ruisseau », est très répandu. Dans un certain nombre de toponymes, il se retrouve aussi composé avec les déterminés scandinaves *býr* m. « maison; ferme; hameau » et *þorp* n. « petite ferme; place ouverte non-boisée ». On constate également, dans †*Brochestuit*, ce qui semble être l'emboîtement *-es*. Très rares sont les cas de noms de lieux d'implantation normande où subsistent des traces

6. H. KURATH et S. M. KUHN, *Middle English Dictionary*, Part B.5, Ann Arbor, 1958.

7. E. EKWALL, *The Concise Oxford Dictionary of English Place-Names*, 4e éd., Oxford, 1960, p. 216.

du génitif *-s*, pourtant si courant dans la langue d'origine. À ma connaissance, †*Brochestuit* est le seul exemple, avec *Handestuit* (auj. *Le Haut-Etuit*, Saint-Germain-Village ; *Handestuit*, 1123). On peut penser qu'il s'agit du vangl. *-es*, où le *-s* est conservé en raison de la voyelle (tandis que le *-s* du vxscand. entraîne constamment des groupes de consonnes trop lourds et tombe probablement de ce fait). Même le déterminant dans *Handestuit* s'explique mieux à partir du vieil anglais : ce déterminant apparaît dans des noms anglais comme *Handsacre* (*Hadesacre*, 1086, *Handesacre*, XIIe siècle) et *Handsworth* (*Handeswrde*, 1086), un déterminant qu' E. Ekwall[7] considère comme un nom d'homme **Hand* (qui prend le génitif masculin *-es* dans les compositions).

Les deux *Brennetuit* (ex. Saint-Hellier ; *terram de Bramthuit*, 1137) sont peut-être composés avec le vangl. *brom*, **brām* m. « épine », que l'on retrouve, par ailleurs, composé avec *thwaite* en Angleterre.

Ceci dit, il est important de rappeler que les liens avec l'Angleterre sont un fait établi déjà antérieurement : nous savons que le flux humain de l'Angleterre vers la Normandie n'est pas négligeable. La *Chronique anglo-saxonne* mentionne explicitement l'armée de Thurcytel, qui s'embarqua pour la côte de l'actuelle Normandie en 918[8]. Nous disposons également des travaux de J. Adigard des Gautries, L. Musset et F. de Beaurepaire qui, partant de l'analyse des noms tels que *Caudecotte*, *forlenc*, *Anglesqueville*, *L'Etantot*, *Auderville* et d'autres, ont soutenu la thèse d'un lien avec l'Angleterre[9].

CONTEXTE TOPONYMIQUE

L'allégation du contact avec l'anglais est aussi renforcée par ce que j'ai appelé le contexte toponymique, c'est-à-dire les voisins directs d'un nom de lieu donné. On peut notamment mentionner les noms suivants :

†*Aubertuit* (voir ci-dessus) a un déterminant qui s'interprète au mieux à partir de l'anglo-scandinave (ou du vieil anglais). Ses voisins †*Ainglemare* et †*es longs faulans* étayent cette interprétation. †*Ainglemare* est composé du vxscand. *englar* m. pl. « Anglais » (au génitif pluriel *engla*) suivi de *mare* (du vxscand. *marr* m. « mer, lac », sémantiquement influencé par le vangl. *mer* « bassin »), et semble donc avoir été formé par des Scandinaves. Ces deux noms attesteraient la présence d'anglophones.

Le déterminant dans *Vautuit* (voir ci-dessus) semble venir du vxda. *vall* m. (« plaine ») ou du vangl. *wald* « terrain boisé ». *Vautuit* est situé juste au sud

8. *Anglo-Saxon Chronicle*, G. N. GARMONSWAY (trad.), Londres, 1953, p. 100.

9. J. ADIGARD DES GAUTRIES, « Études de toponymie normannique II : Les Caudecote », *Études Germaniques*, VIII, 1, 1953, p. 1-5 ; L. MUSSET, « Pour l'étude des relations entre les colonies scandinaves d'Angleterre et de Normandie », *Mélanges de linguistique et de philologie. Fernand Mossé in memoriam*, Paris, 1959, p. 330-339 ; ID., « Notes de microtoponymie normande. I : Forlenc », *Bulletin de la société des Antiquaires de Normandie*, LX, 1967-1989 (publ.1992), p. 27-31 ; F. DE BEAUREPAIRE, « Les noms d'Anglo-Saxons contenus dans la toponymie normande », *Annales de Normandie*, X, 1960, p. 307-316 ; ID., « Quelques finales anglo-saxonnes dans la toponymie normande », *Annales de Normandie*, XIII, 1963, p. 219-236.

d'*Anglesqueville-la-Bras-Long*. À trois kilomètres au sud de *Vautuit* se trouve aussi *Harcanville* (*Harkenvilla*, fin du XIIe siècle), qui contient probablement le nom de personne vangl. *Hardekin*[10]. La commune voisine d'*Harcanville*, *Doudeville* (*Dodevilla*, XIIe siècle) semble contenir le nom de personne vieil anglais *Dodda*/*Dudda*.

Le nom de *Fultot* (Doudeville) contient un élément qui se trouve rarement en Norvège, mais dans un bon nombre de noms de ruisseaux au Danemark (*Fulebæk*, de l'adj. *ful* «vilain» et *bekkr* m. «ruisseau»). L'élément *ful* est, en revanche, particulièrement courant en Angleterre, aussi dans les noms d'habitats. Le nom *Anglesqueville-la-Bras-Long* (*Englesquevillam*, 1189)[11], à deux kilomètres de Fultot, suggère une probable influence anglaise. De même, pour le nom de *Folleville* (St-Maclou-de-) (cant. Tôtes; *ecclesia de Follevilla*, env. 1240)[12], situé seulement à deux kilomètres de *Letantot* (*apud Alestantot*, XIIe siècle)[13], qui touche à son tour *Tôtes* (*Totes*, 1030)[14]. Ce dernier appartient à mon avis à un groupe de noms créés par des anglophones avec des éléments empruntés au vieux scandinave[15].

Notons pour terminer que plusieurs *-tuits* se trouvent (ou se trouvaient) proches d'anciens microtoponymes d'origine anglaise ou anglo-scandinave. À part †*Aubertuit*, déjà mentionné, tel est le cas de †*Bauquetuit* (Barbery; †*furlencs* et †*Lonc-forlenc*), †*la voie du Tuit* (Amfreville; †*Foulans*), *La chapelle du Thuis* (Boulon; †*furlencs*, et †*Loncforlenc*) et *Le Thuit* (Audrieu; †*in longuo Forlenc*)[16].

CONCLUSION

J'ai essayé de répondre aux quatre questions posées en introduction par une analyse du déterminé et du déterminant. Cette analyse nous montre que le vxscand. *-þveit* f. a été utilisé, en Normandie, dans le sens de «défrichement (de forêt) suivi d'une implantation», ce qui est soutenu également par le déterminant, qui contient une large part d'éléments topographiques, se rapportant surtout à des végétaux sauvages.

Plusieurs déterminants s'expliquent dans un contexte français. Pour certains, il est clair que les noms sont créés par des francophones, démontrant ainsi que l'élément *-tuit* est rentré comme élément toponymique dans le dialecte local.

---

10. F. de Beaurepaire, *Les noms des communes et anciennes paroisses de la Seine-Maritime*, Paris, 1979, p. 91.

11. *Ibidem*, p. 29.

12. L'étymologie proposée par M.-T. Morlet (*Les noms de personne sur le territoire de l'ancienne Gaule du VIe au XIIe siècles. III : Les noms de personne contenus dans les noms de lieux*, Paris, 1985, p. 314) est problématique (Å. K. Hansen [Wagner], *Språkkontakt i gammelt koloniområde*..., p. 69 et suiv.

13. Ch. de Beaurepaire, J. Laporte, *Dictionnaire topographique du département de Seine-Maritime comprenant les noms de lieux anciens et modernes* [...], Paris, 1982-1984, tome 2, p. 556.

14. F. de Beaurepaire, *Les noms des communes*..., p. 156.

15. Å. K. Hansen [Wagner], *Språkkontakt i gammelt koloniområde*..., p. 234 et suiv.

16. L. Musset, «Notes de microtoponymie normande... », nous renvoyons à cet article pour les références des microtoponymes.

La plus grande partie des déterminants est néanmoins d'origine scandinave. Aucun déterminant n'est typiquement norvégien, tandis que quelques-uns sont typiquement danois. Ceci correspond bien au fait que les *-tuits* semblent contenir certains éléments anglo-scandinaves ou vieil anglais, ainsi qu'au contexte toponymique mentionné ci-dessus. Le fait de toujours prendre en compte le contexte toponymique demande une grande vue d'ensemble de la part du chercheur. Cette démarche est cependant nécessaire, et la recherche sur la toponymie datant de l'implantation normande gagnera beaucoup à prendre mieux en compte ce contexte toponymique.

Nous avons vu que les *-tuits* ont une distribution différente des autres noms d'habitats datant de l'implantation normande. Ils sont attestés tardivement, souvent 200 ans après les noms en *-tot* ou en *-ville*, mais ils sont presque toujours formés selon un mode de composition de type germanique et contiennent une majorité de déterminants scandinaves – surtout des appellatifs –, ce qui suppose fortement l'existence d'une langue scandinave vivante. Il n'y a donc rien, dans les attestations elles-mêmes, qui indique que ce sont des noms créés à une époque tardive.

Pourtant, leur caractère de peuplement secondaire est toutefois souligné par un ensemble de faits. En premier lieu, les *-tuits* se trouvent très souvent sur des hauteurs et/ou à la lisière des habitats soit plus anciens, soit plus importants ou attestés plus tôt. D'autre part, un grand nombre des *-tuits* sont toujours des fermes isolées et beaucoup se situent à la lisière des forêts. Enfin, de nombreux déterminants sont des appellatifs faisant référence à la végétation.

Cela correspond bien avec une remarque formulée par L. Musset[17] : les *-tuits* semblent avoir connu leur expansion pendant une période où la croissance démographique imposait une extension de l'habitat. L'expansion a eu lieu à la fois dans le Pays de Caux – au sein d'un espace déjà très peuplé par les Scandinaves – et dans des secteurs où ils n'étaient pas implantés jusque là, tels que le Vexin, le Pays de Bray et la région autour d'Elbeuf. À la fois les indices historiques et linguistiques semblent indiquer qu'une partie des fondateurs des *-tuits* ont été des gens ayant besoin de terres, venus des îles Britanniques (le Danelaw), peut-être vers la fin du xe siècle.

L'implantation fut durable : la plupart des *-tuits* sont attestés durant des siècles, même si quelques-uns ne sont mentionnés qu'une fois et ne sont peut-être – par conséquent – que de simples noms de champs.

Il est très intéressant de voir comment un petit groupe de noms, dont la période de productivité – c'est-à-dire la période où l'on utilisait activement cet élément pour créer des noms en *-tuit* – n'est guère longue (peut-être un peu plus d'un siècle), témoigne si bien des grands changements linguistiques qu'a vu ce premier siècle de l'implantation normande.

17. L. Musset, « Essai sur le peuplement de la Normandie (vi^e^–xiie siècles) », *Les mondes normands* (viiie–xiie siècles). Actes du 2e congrès international d'archéologie médiévale (Caen, 2-4 octobre, 1987), Caen, 1989, p. 97–102.

Les premiers mots lexicaux d'origine scandinave attestés en Normandie dans les textes latins du XIe siècle[1]

Élisabeth Ridel*

En linguistique, la toponymie et l'anthroponymie ont toujours été bien plus étudiées que le lexique pour illustrer la présence scandinave en Normandie. Pourtant l'influence des Vikings sur le lexique de la langue d'oïl est certainement plus révélatrice des échanges linguistiques entre Francs et Scandinaves. Il convient, en effet, de différencier nettement un mot lexical scandinave uniquement attesté – pour ainsi dire figé – en toponymie qui semble n'avoir jamais été employé par un locuteur de langue d'oïl d'un mot scandinave intégré au lexique de la langue d'oïl[2].

Les plus anciennes attestations de mots lexicaux d'origine scandinave datent du XIe siècle et se rencontrent surtout dans des textes latins de nature diplomatique. Lucien Musset n'hésitait pas à qualifier l'ensemble de ces termes de «vieux normand» et à affirmer que seule cette couche linguistique permet de «jalonner le passage d'un dialecte nordique à un dialecte roman»[3]. Peut-être faut-il nuancer ce propos mais il est indéniable que l'importance linguistique de ces termes est capitale.

Si le corpus de ces mots est bien connu maintenant des spécialistes des origines vikings de la Normandie – en particulier grâce aux études de L. Musset –, une analyse linguiste complète n'a pas vraiment été entreprise. L. Musset, en tant qu'historien, les a surtout analysés d'un point de vue juridique[4]. Nous voudrions donc proposer une analyse linguistique détaillée de ces premiers mots scandinaves : morphologiquement, phonétiquement et sémantiquement. Auparavant

* CNRS, CRHQ (Caen).

1. Je remercie vivement Catherine Bougy et Pierre Bouet d'avoir bien voulu relire cet article et d'y avoir apporté quelques suggestions.

2. Ces mots lexicaux scandinaves (substantifs et adjectifs) n'apparaissent que dans des toponymes composés où ils figurent comme premier ou second élément. Parmi de nombreux exemples, citons *kald*, «froid», dans *Caudebec*; *eik*, «chêne», dans *Yquelon*; *steinn*, «pierre», dans *Grestain*; dont il ne subsiste aucune trace dans les parlers d'oïl de Normandie.

3. L. Musset, «Bibliographie critique [à propos de R. P. de Gorog, *The Scandinavian Element in French and Norman*, New York, 1958] », *Études germaniques*, XVIII, 1963, p. 365-367.

4. En particulier les termes *walmannus*, *fisigardus*, *veresc*, *hogue*, *homme*, *masloth*, *ullac* et *hainfara* dans son article publié en 1976 «Les apports scandinaves dans le plus ancien droit normand», réédité dans L. Musset, *Nordica et Normannica. Recueil d'études sur la Scandinavie ancienne et médiévale, les expéditions des Vikings et la fondation de la Normandie*, Paris, 1997, p. 245-261.

Les fondations scandinaves en Occident, p. 253-271, Publications du CRAHM, 2005

Lucien Musset puis David Bates pour ceux après 1066[10]. Nous avons donc constitué notre corpus à partir d'un dépouillement minutieux de l'*index rerum* de ces trois recueils que nous avons complété par deux textes figurant dans les sources suivantes : les *Consuetudines et justicie* de Guillaume le Conquérant datant de 1091[11] et le Cartulaire de l'abbaye Saint-Étienne de Caen[12]. Pour les actes écrits après 1066, nous n'avons retenu que ceux effectivement rédigés en Normandie; ceux rédigés en Angleterre ont surtout servi de points de comparaison. En comptant le terme attesté dans les *Miracula* (et sans compter ceux attestés plusieurs fois), nous avons ainsi obtenu un corpus de 12 mots (tableau 1)[13].

On peut déjà faire trois remarques essentielles avant d'aborder le détail des mots. Il importe de souligner, d'une part, l'ancienneté des attestations, comme nous l'avons déjà signalé, puisqu'on y trouve les premières attestations de mots employés ultérieurement comme *hogue*, *esneque*, *mare*, *varech*, *batel* ou bien uniquement attestés en toponymie tels que *londe* et *homme*; d'autre part, la rareté voire l'unicité de certaines attestations comme *fisigardus* et *mansloth* qui n'apparaissent plus comme termes lexicaux dans aucun autre document, ou *walmannus* uniquement attesté dans un document du XIIe siècle. Citons aussi les termes *ullac* et *hainfar(a)/hanfare* qui ne sont plus employés après le XIIe siècle. Enfin une remarque diplomatique est nécessaire. Très peu de mots nous sont parvenus sous leur forme originale : la majorité des manuscrits dans lesquels ils apparaissent, ont, en effet, été perdus et ceux-ci n'ont été conservés que sous forme de transcriptions. Dans quelle mesure les copistes ont-ils bien retranscrit les termes non latins des documents d'origine? Selon Marie Fauroux, les cartulaires offrent en général d'excellentes versions ainsi que les copies d'érudits dont le souci de fidélité importait plus que tout. Apparemment nous pouvons donc être assurés de la fiabilité de la retranscription des termes non latins.

Au terme de cette première partie, un constat s'impose. L'emploi quasi-exclusif du latin pour la rédaction de tous les types d'écrits ayant empêché la diffusion de la langue d'oïl, a, en conséquence, empêché la diffusion des termes dialectaux d'origine scandinave, comme ceux d'ailleurs d'autre origine. Cependant, si l'on tient compte des mots d'origine scandinave attestés dans les deux textes de langue d'oïl que nous avons cités, le résultat est décevant : on ne récolte pas plus de neuf mots en tout dont deux seulement pour *La Vie de saint Alexis*[14]. La langue littéraire était, en réalité, loin de refléter la langue

11. Texte édité par C.H. HASKINS, *Norman Institutions*, Cambridge (Mass.), 1925, «Appendix D», p. 281-284.

12. Arch. dép. du Calvados, 1 J41, fol. 54; on peut trouver l'édition de ce texte dans E. DE FRÉVILLE, *Mémoire sur le commerce maritime de Rouen*, Rouen / Paris, 1857, t. I, p. 178, n. 3.

13. Ce corpus se veut le plus complet possible mais n'est nullement exhaustif.

14. Ce sont les mots *brant*, «épée» (*brandr*, même sens), *eschiet*, «navire» (*skeið*, «navire de guerre»), *eskipre*, «marin» (*skipari*, même sens), *gab*, «plaisanterie» (*gab*, même sens), *gaber*, «plaisanter» (*gaba*, même sens), *nafrer*, «blesser» (*nafarra*, «transpercer»), *regreter*, «déplorer» (*grata*, «pleurer»), *sigle*, «voile» (*segl*, même sens), *sigler*, «faire voile» (*sigla*, même sens).

Type de source	Date	Mots concernés (formes originales)	Tradition du texte
Charte (Fauroux, n° 58)	1026-1027	*Holmus*	Original perdu Copie du XVIIe s.
Charte (Fauroux, n° 66)	1028-1033	*Masloth* (var. *Mansloth*)	Original perdu Copies du XIIIe s. et de 1422
Charte (Fauroux, n° 67 ; cf. n° 66)	1028-1033	*mansloth*	Original perdu Copie du XIIIe s.
Charte (Fauroux, n° 61)	1030	*fisigardum*	Original perdu Copie de la fin du XIe s.
Charte (Fauroux, n° 94)	1035-1040	*Londas*	Original perdu Copie du XVIIIe s.
Charte (Fauroux, n° 103)	1037-1045	*(de) Hulmo*	Original
Charte (Fauroux, n° 186)	1042-1066	*(de La) Mara* (var. *de la Mare*)	Original perdu Copies du XIe et du XIIIe s.
Charte (Fauroux, n° 121)	v. 1050	*hainfaram* *ullac*	Original perdu Copie de 1227
Texte hagiographique (*Miracula sancti Vulfranni*)	v. 1055	*Isnechia*	Ms. originaux perdus Edition par la Société des Bollandistes
Charte (Fauroux, n° 214)	1056-1066	*verefc* (pour *veresc*) *(ecclesia) Holmi*	Original perdu Vidimus de 1319 et de 1397
Charte (Fauroux, n° 150)	1062	*Hogam*	Original perdu Copie du XVIIIe s.
Charte (Fauroux, n° 151 ; cf. n° 150)	1062	*(la) Hoge*	Original perdu Copie du XVIIIe s.
Charte (Fauroux, n° 224)	1063-1066	*werec* (var. *Verec*)	Original perdu Copies du XVIIe s. et du XIXe s.
Charte (Musset, n° 21 ; cf. Fauroux, n° 58)	v. 1075	*Hulme*	Original perdu Copie du XIIe s.
Charte (Musset, n° 3)	1077	*lundis*	Original
Charte (Cartulaire de Saint-Étienne de Caen, f° 54)	1079-1101	*(societate / communionem)* *Walmannorum* (2) *Walmanni*	Original
Charte (Musset, n° 6 ; Bates, n° 50)	1080-1082	*batellis*	Original
Consuetudine et *Justicie* de Guillaume le Conquérant	1091	*hanfare*	Édité par Ch. Haskins d'après un ms. du XIIe s.

N.B. : C'est la première date qui a été prise en compte pour établir la chronologie.

Tableau 1 : Corpus des mots lexicaux d'origine scandinave attestés dans les textes latins du XIe s.

de communication et n'offrait qu'un «vernis dialectal», comme le souligne Gaston Zink[15], décelable surtout sur la phonétique et la morphologie. Ainsi, paradoxalement, le latin s'avère être, en Normandie, le premier conservatoire des mots d'origine scandinave. Par comparaison, c'est surtout le vieil anglais qui, en Angleterre, a conservé les premiers mots scandinaves : on compte environ 80 mots attestés aux Xe et XIe siècles[16]. Certes, les liens de parenté linguistique entre le vieil anglais et l'ancien scandinave ont favorisé

15. G. ZINK, *L'ancien français*, 5e éd., Paris, 2000 (Que sais-je?, 1056), p. 26.

16. Sur ces 80 mots, 40 ont survécu jusqu'en anglais standard et dans certains dialectes d'Angleterre; cf. S. HUG, *Scandinavian Loanwords and their equivalents in Middle English*, Berne, 1987, p. 3-5.

l'intégration de ces mots, mais le vieil anglais a surtout été une langue beaucoup plus utilisée dans les écrits que la langue d'oïl. En somme, en dépit d'arguments historiques (intégration rapide des Vikings à la société carolingienne), quantitatifs (pas assez de Vikings pour imposer leur langue et surtout peu de femmes), linguistiques (divergences profondes entre l'ancien scandinave et la langue d'oïl) tous convaincants et complémentaires, il est nécessaire de prendre en compte le fait que nous sommes aussi extrêmement tributaires des sources que nous avons à notre disposition : hasard des manuscrits conservés, hasard d'un mot scandinave attesté dans un document et surtout absence de textes, aux xe et xie siècles, reflétant véritablement la langue de communication.

En guise de conclusion, nous invoquerons le récit d'Adémar de Chabannes figurant dans sa chronique consacrée à l'histoire des Francs et rédigée vers 1030 :

> «Rollon une fois mort, son fils gouverna à sa place. Il avait été baptisé dès son enfance et toute la foule des Normands qui habitait près de la *Francia* reçut la foi chrétienne et, abandonnant la langue païenne, s'habitua au latin[17]».

C'est bien sûr une vision idéalisée de l'intégration linguistique des Vikings que nous offre Adémar de Chabannes, digne d'un homme cultivé formé à la culture latine, puisque les Vikings ont surtout appris la langue d'oïl. Cependant cette vision n'est pas totalement fausse dans la mesure où les Vikings ont eu affaire à deux langues : la langue vulgaire, c'est-à-dire la langue de l'oral, constituée des patois d'oïl de Neustrie et le latin, la langue de l'Église, c'est-à-dire la langue de l'écrit. Toutefois, faire du latin la langue vernaculaire est un «lapsus» qui montre bien, en filigrane, à quel point cette langue était omniprésente dans la culture à cette époque.

ANALYSES LINGUISTIQUES

L'étymologie scandinave des mots présentés (en dehors du terme *batel*) a été établie depuis longtemps; il n'y a pas lieu de refaire une démonstration mot par mot qui serait d'ailleurs fastidieuse. Nous voudrions proposer, au contraire, des analyses linguistiques portant sur l'ensemble du corpus en essayant de dégager les remarques essentielles d'un point de vue morphologique, phonétique et sémantique (cf. tableau 2).

Morphologie

Sans doute est-il ambigu de parler de latin pour ces termes sous prétexte qu'ils apparaissent dans des textes rédigés en latin. Il convient plutôt de parler de termes de langue d'oïl d'origine scandinave adaptés à la déclinaison latine

17. Adémar de Chabannes, *Chronique*, J. Chavanon (éd.), Paris, 1897, 3, 27, p. 148 : *Tunc Roso defuncto, filius ejus Willelmus loco ejus praefuit, a puerica baptizatus, omnique eorum Normannorum, qui juxta Frantiam inhabitaverant, multitudo fidem Chriti suscepit, et gentilem linguam obmittens, latino sermone assuefacta est.*

Formes latines (nom. singulier)	Formes d'oïl (*reconstituées)	Étymons scandinaves	Opérations phonétiques	Contexte sémantique
-*holmus* (1026-1066) -*hulmus* (1037-1045)	-**holme* -*hulme* (1075)	*holmr* (îlot, terrain entouré d'eau)	-perte de la désinence casuelle	-pas de précision sémantique -adaptation à la déclinaison latine (sauf *hulme*)
	mansloth (1028-1033) (tenure rurale)	*mannshlutr* (part d'un homme)	-perte de la désinence casuelle	-précision : *vulgo* -traduction : *partes*
fisigardus (1030)	**fisigard*	**fiskigarðr* (pêcherie)	-perte de la désinence casuelle -simplification de la spirante [ð] -assimilation progressive	-pas de précision sémantique -adaptation à la déclinaison latine
-*londa* (1035-1040) -*lunda* (1077)	-*londe* -**lunde*	*lundr* (bois)	-perte de la désinence casuelle	-pas de précision sémantique -adaptation à la déclinaison latine
mara (1042-1066)	*mare* (1042-1066)	*marr* (marais)	-perte de la désinence casuelle	-pas de précision sémantique -adaptation à la déclinaison latine (*mara*)
hainfara (v. 1050)	-**hainfare* -*hanfare* (1091) (assaut de la maison)	**heimfar* (-*för*) (visite de la maison)	-simplification de la diphtongue -nasalisation	-pas de précision sémantique -adaptation à la déclinaison latine (*hainfara*)
	ullac (v. 1050)	*utlagi* (hors la loi)	-chute de la voyelle finale -assourdissement de la consonne finale -assimilation régressive	-pas de précision sémantique
	isnechia (v. 1055)	*snekkja* (navire de guerre)	-voyelle prothétique	-précision : *barbara lingua* -traduction :*ingens paro*
	veresc / werec (1056-1066)	*vág-reki* (rejet de la vague)	-chute de la voyelle finale -fermeture de [ar] en [ɛr]	-précision géolinguistique : *in illis finibus* (Cotentin) -traduction : *(decima) tocius* quoque ejectivi
hoga (1062)	*hoge* (1062)	*haugr* (colline, tumulus)	-perte de la désinence casuelle -simplification de la diphtongue [au]	-pas de précision sémantique -adaptation à la déclinaison latine (*hoga*)
walmannus (1079-1101)	**valmann* ou **vauman*	**hval-mann* (baleinier)	-vocalisation du [l] atteinte à la fin du XIe s.	-pas de précision sémantique -adaptation à la déclinaison latine
batellus (1080-1082)	*batel*	*bátr* (petit bateau)	-perte de la désinence casuelle -ajout d'un suffixe en -*el*	-pas de précision sémantique -adaptation à la déclinaison latine

N.B. : Seul le sens des termes normands (formes latines et formes d'oïl) a été précisé quand celui-ci diffère de l'étymon scandinave.

Tableau 2 : Résumé des analyses linguistiques.

pour les besoins de la rédaction, comme c'est le cas des anthroponymes et des toponymes scandinaves. Si certains termes se présentent effectivement sous une forme latine tels que *holmus/hulmus* (nom. m.), *mara* (nom. f.), *fisigardum* (acc. m.), *hainfaram* (acc. f.), *hogam* (acc. f.), *londas* (acc. f. pl.) /*lundis* (abl. f. pl.), *batellis* (abl. m. pl.) et *walmannorum/walmanni* (gén. m. pl./nom. m. pl.)[18] ; d'autre n'ont pas été latinisés comme *masloth/mansloth*, *ullac*, *veresc* et même *isnechia* en dépit des apparences trompeuses. Si la finale de ce dernier présente des analogies avec les substantifs féminins latins, il n'y a pas lieu d'y voir une forme latinisée puisque *isnechia* vient directement de

18. Nous avons utilisé les abréviations suivantes : abl. = ablatif ; acc. = accusatif ; f. = féminin ; gén. = génitif ; m. = masculin ; nom. = nominatif ; pl. = pluriel.

l'ancien scandinave *snekkja* avec dégagement d'une voyelle prothétique à l'initiale, typique du système phonétique d'oïl[19]. Dans le cas des termes latinisés, il est, par ailleurs, d'autant plus aisé d'en reconstituer la forme originelle d'oïl que l'on retrouve la plupart de ces termes dans des sources postérieures. Enfin, il est très intéressant de constater que certains termes se présentent sous une double forme au cours du XIe siècle : à la forme latine répond à la même date, ou quelques années après, une forme d'oïl. Ce sont les cas des termes *hogam/hoge*, *mara/mare*, *holmus/hulme* et *hainfara/hanfare*.

Commençons par le terme très connu *hogam* qui apparaît sous une forme latine dans la première charte, mais qu'une seconde charte de la même époque et désignant le même lieu mentionne sous une forme d'oïl précédée de l'article défini *la Hoge*[20], ce qui indique qu'il s'agissait d'un substantif couramment employé. Il est attesté au XIIe siècle comme tel (*hoge*) chez Marie de France avec le sens de «colline»[21]. Son large emploi en toponymie, pour désigner toute sorte de hauteur, montre qu'il a été usité bien après cette époque. Ce substantif a d'ailleurs survécu jusqu'au XXe siècle sous la forme *hougue* dans le dialecte normand de Jersey.

Le cas de *mara/mare* est très similaire. La charte dans laquelle ce terme est mentionné offre une forme latine et une variante d'oïl qui sont toutes deux précédées de l'article défini *la* indiquant, comme pour *hoge*, qu'il s'agit d'un substantif[22]. C'est ainsi la plus ancienne attestation du français moderne *mare,* dont l'origine normande et scandinave était certes établie depuis longtemps, mais dont l'ancienneté ne remontait qu'au XIIe siècle (v. 1170) avec Marie de France[23]. Dans les deux cas, il est, par ailleurs, remarquable de relever des bribes de syntaxe de langue d'oïl intégrées au texte latin : en face de *apud Hogam*, nous trouvons *apud la Hoge* et nous pouvons également relever *terram que dicitur de la Mara* (var. *que vocatur de la Mare*). On peut penser que l'emploi de ces substantifs, *hoge* ou *mare*, pour désigner des lieux précis a conduit les scribes, qui ont recopié les actes ultérieurement, à les interpréter comme des noms propres et, de ce fait, à les écrire avec une majuscule[24].

On peut traiter de manière à peu près semblable le cas de *londas*, dérivé de l'ancien scandinave *lundr* («bois») également bien attesté en toponymie,

19. La voyelle prothétique est un palliatif destiné à faciliter la prononciation du groupe *s* + consonne (sp-, st-, sk-, sm-, sn-). Le timbre de cette voyelle a d'abord été [i] avant de s'ouvrir en [e] au cours du IIIe siècle après J.-C. Ce phénomène affecte tous les emprunts germaniques commençant par ce groupe consonantique.

20. La Hougue à Biville (Manche, cant. de Beaumont-Hague) : FAUROUX, n° 150, p. 335 et n° 151, p. 336.

21. MARIE DE FRANCE, *Yonec*, vers 346, 347, 355 et 452, in *Les Lais de Marie de France*, J. RYCHNER (éd.), Paris, 1983, p. 113 et p. 116.

22. FAUROUX, n° 186, p. 369.

23. A. J. GREIMAS, *Dictionnaire de l'ancien français*, Paris, 1992, p. 369.

24. Citons à ce titre le toponyme *La Mare de Vauville* dans le Cotentin (Manche, cant. de Beaumont-Hague) où le mot *mare* est parfaitement compris. De nombreux toponymes comportent d'ailleurs des substantifs qui sont couramment usités : *bois*, *mont*, *ruisseau*, etc.

qui se présente comme toponyme dans la charte la plus ancienne et comme substantif dans la plus récente. Ce terme était donc toujours en usage vers la fin du XIe siècle avant qu'il ne se fige dans le paysage toponymique au cours des siècles suivants. D'après les deux formes latines dont on dispose, on peut poser comme forme d'oïl *londe*, qui est pour ainsi dire la forme officielle dans la toponymie comme l'attestent les nombreux *La Londe*, *Les Londes*; mais aussi **lunde*, comme le suggère la forme latine *lundis*. Rappelons à ce titre qu'en dialectologie, la multiplicité des formes n'a rien d'étonnant. Mais il est possible qu'il y ait une influence graphique du latin *unda* qui a donné le français «onde»; on aurait ainsi calqué sur ce modèle *lunda* d'après *londe*. Il pourrait également s'agir de la graphie normande *u* pour [o] que l'on retrouve surtout dans les textes anglo-normands du XIIe siècle.

Le cas de *holmus*/*hulmus* s'inscrit également dans cette catégorie de substantifs employés dans la toponymie. Si l'on peut relever la forme d'oïl *hulme*, on peut aussi suggérer la forme **holme* que l'on retrouve ultérieurement dans les nombreux toponymes *Le Homme*, *Le Hommet*. Le nom de pays *Le Houlme* paraît plus vraisemblablement dérivé de la forme *hulme*. Face à l'ancien scandinave (commun) *holmr* («îlot, terrain entouré d'eau»), le vieux danois *hulm* pourrait expliquer cette seconde forme moins habituelle dans la toponymie.

Le terme *batellus*, mentionné à l'ablatif pluriel, représente la latinisation de l'ancien français *batel* dont la forme du pluriel est à l'origine du français moderne «bateau»; il s'agit de la plus ancienne attestation de ce mot, alors que les dictionnaires citent en général comme première source *L'Estoire des Engleis* de Gaimar écrite vers 1138. Si les dictionnaires étymologiques font dériver *batel* du vieil anglais *bāt*, une étymologie scandinave, *bátr*, est tout aussi envisageable. L'ajout du suffixe *-el* à valeur diminutive a dû donner plus de corps à ce mot monosyllabique.

Quant à *fisigardum*, issu de **fiskigarðr* («pêcherie»), ce terme est particulièrement intéressant car c'est l'unique attestation d'un substantif qui a dû être plus employé qu'il n'a été enregistré[25]. Preuve en est sa survivance dans la toponymie sous les formes *Figart*, *Figard* et *Figar*. La forme ancienne de *Figart*, qui est un nom de champ mentionné au XIIIe siècle à Fécamp, est *Fisigardus*, rapporté malheureusement sans date mais qui, par rapprochement avec notre substantif, peut dater du XIe siècle. Cette seconde forme latine permet d'affirmer qu'il s'agissait d'un substantif masculin dont la forme romane était **fisigard*, avec prononciation de la consonne finale. On retrouve ce terme dans deux noms de rochers : l'un, *Figard*, est situé à Agon-Coutainville dans la Manche et l'autre, *Figar*, sur le rivage de Lion-sur-Mer dans le Calvados.

Enfin, le terme *walmannus* est l'un des rares exemples qui n'offrent pas d'attestations ultérieures sous forme d'oïl. Il est aisé de postuler comme forme

25. Pour toutes les références concernant ce substantif et ses applications en Normandie, nous renvoyons à notre article «L'héritage des Vikings dans le domaine de la pêche en Normandie (du XIe siècle à nos jours)», in *L'Héritage maritime des Vikings en Europe de l'Ouest*, É. RIDEL (éd.), Caen, p. 364-367.

d'oïl **valmann*, avec le maintien des consonnes finales géminées. Issu de l'ancien scandinave **hvalmann* (littéralement «homme de la baleine», «baleinier»), on retrouve à nouveau ce terme sous la forme *waumanni* dans deux autres documents rédigés en latin datant du début du XIIe siècle et provenant du cartulaire de l'abbaye de Montebourg dans le Cotentin[26]. Signalons aussi l'existence en Normandie d'un anthroponyme *Le Vauman*[27].

D'autre part, il convient de noter morphologiquement un phénomène qui marque l'intégration des mots scandinaves au système de la langue d'oïl : la perte des désinences casuelles scandinaves. Ce phénomène affecte en particulier les mots masculins au nominatif singulier marqués par une finale en *-r* dont il ne subsiste aucune trace : *haugr* (*hoge*), *lundr* (*londe* / **lunde*), *bátr* (*batel*), *mannshlutr* (*mansloth*). À vrai dire nous ne sommes guère en mesure de savoir à quel cas les mots scandinaves ont été intégrés à la langue d'oïl. S'il ne subsiste aucun vestige de ces désinences casuelles, le terme *isnechia* fait figure d'exception. Alors que les voyelles finales se sont amuïes en langue d'oïl[28], ce terme a préservé sa finale vocalique scandinave ; ce qui indique, d'une part, qu'il a été intégré au nominatif singulier et, d'autre part, qu'il a vraisemblablement été intégré récemment. Nous reviendrons sur ce point très important.

Phonétique

Comme le souligne pertinemment Jacques Chaurand, le propre des éléments lexicaux est de s'assimiler au nouveau système d'une langue[29]. En s'intégrant au système phonétique de la langue d'oïl, les termes lexicaux scandinaves ont ainsi subi plusieurs phénomènes caractéristiques de ce système : la simplification des diphtongues, l'effacement des voyelles finales que nous avons évoqué, l'assourdissement des consonnes finales, le dégagement d'une voyelle prothétique, la nasalisation des voyelles au contact d'une consonne nasale, l'assimilation (régressive ou progressive) et un phénomène dialectal propre à l'ouest de la France.

La simplification des diphtongues latines (monophtongaison) a pris place vers le Ier et le IIe siècle après J.-C. ; par la suite, les emprunts au francique au cours du VIe siècle ont naturellement suivi le même mouvement (ex. **rauba* /*robe*)[30]. Il en a été de même pour les mots scandinaves comme l'atteste la monophtongaison de la diphtongue [au] de *haug(r)* en [o]. De même on peut postuler que la diphtongue atone [ei] de *heimfar* (*-för*)[31] s'est réduite en [e] ;

26. Pour l'étymologie de ce terme et les références bibliographiques, cf. L. MUSSET, «Quelques notes sur les baleiniers normands du Xe au XIIIe siècle», 1964, réédité in ID., *Nordica et Normannica...*, p. 310-311.

27. L. MUSSET, «L'anthroponymie au service de l'histoire : les surnoms normands en -man», *Études germaniques*, II, 1947, p. 138.

28. L'amuïssement d'un phonème indique sa disparition.

29. J. CHAURAND, *Histoire de la langue française*, 9e éd., Paris (Que sais-je? 167), 1998, p. 10.

30. G. ZINK, *Phonétique historique du français*, Paris, 1986, p. 51.

31. Nous devons partir d'une forme d'ancien scandinave avant la métaphonie du [a] en [ö] et non de la forme norroise *heimför* attestée dans les sources islandaises.

d'où la forme hypothétique **hemfar*, suggérée par les formes *hainfar(a)* et *hanfare* avec nasalisation.

L'effacement des voyelles finales s'est, quant à lui, produit vers le VIIe siècle ; aussi des mots scandinaves intégrés ultérieurement, au cours du Xe siècle, ont-ils subi d'emblée ce phénomène, comme *vág-rek(i)* et *utlag(i)*, contribuant ainsi à l'effacement des désinences casuelles. C'est pourquoi le cas d'*isnechia* est particulièrement intéressant car l'on s'attendrait davantage au milieu du XIe siècle à une forme **isneche*, attestée seulement au XIIe siècle : *esneche* (*-neke*, *-neque*). Le timbre [a], en effet, s'assourdit sans s'effacer et aboutit à un *e* sourd[32] ; ce qui laisse supposer la forme [isnekkjǝ̣]. Mais en syllabe finale ce [ǝ̣] tend à s'amuïr, et ce dès les IXe-Xe siècles[33] ; on aurait donc dû avoir dès cette époque [isnek(k)], la chute du [ǝ̣] ayant vraisemblablement entraîné l'amuïssement du [j] difficile à maintenir en finale.

L'assourdissement des consonnes finales (découvertes d'ailleurs par l'effacement des voyelles finales) a eu lieu au cours des VIIe et VIIIe siècles. Ce phénomène a affecté le terme *utlag(i)* (d'où *ullac*), mais cela ne semble pas avoir été systématique puisque l'on trouve *ulage* au XIIe siècle. Dans ce mot arrivé tardivement dans la langue d'oïl, la voyelle finale a pu seulement s'affaiblir en [ǝ̣], ce qui expliquerait cette dernière forme.

Le dégagement d'une voyelle afin de faciliter la prononciation s'est effectué devant un [s] + consonne dans le cas d'*i-snekkja*, comme nous l'avons déjà signalé. Le timbre [i] de cette voyelle prothétique appelle quelques commentaires. Dans les emprunts germaniques postérieurs au IIe siècle, la voyelle prothétique prend directement le timbre [e] ; c'est l'homophonie des deux voyelles qui a provoqué la dissimilation de la prothèse en [i][34], comme c'est le cas de l'ancien français *isnel*, issu du germanique *snell*[35]. À côté de la forme *isnechia*, on peut raisonnablement supposer qu'il a existé à la même époque une forme **esnechia*, comme a existé le doublet *isnel/esnel*.

La nasalisation des voyelles est l'un des traits distinctifs du vocalisme français. Ce phénomène a affecté toutes les voyelles au contact d'une consonne nasale (-m, -n) et a pris pied à la période pré-littéraire, c'est-à-dire au début du XIe siècle[36]. Les deux formes *hainfar(a)* et *hanfare* permettent de mesurer l'évolution de la nasalisation. Nous avons vu qu'il fallait partir d'une forme **hemfar* après monophtongaison de la diphtongue ; par la suite, au début du XIe siècle la voyelle [e] s'est nasalisée au contact de [m] comme l'atteste la première forme enregistrée vers 1050 où la graphie *ain* tente de traduire la nasalisation [ɛ̃n]. Dans la deuxième moitié du XIe siècle [ɛ̃n] aboutit à [ɑ̃], comme par exemple dans [ɛ̃nfɑnt → ɑ̃fɑ̃nt], ce qui donne *hanfare* attesté vers 1091.

---

32. G. Zink, *Phonétique*..., p. 43.

33. *Ibidem*, p. 190.

34. Processus qui consiste à rendre dissemblable deux phonèmes ; c'est le processus inverse de l'assimilation.

35. *Ibidem*, p. 67-68.

36. *Ibidem*, p. 81-89.

Enfin, on peut relever un phénomène de phonétique combinatoire qu'est l'assimilation : elle est régressive dans le cas d'*utlag(i)* (*utl-* / *ull-*) et progressive dans celui de *fiskigarð(r)* (*fiski-* / *fisi-*).

Face à ces phénomènes phonétiques généraux qui caractérisent la langue d'oïl, nous en avons relevé un qui relève du domaine du Grand Ouest et qui caractérise bien les parlers locaux de Normandie : il s'agit de la fermeture de [ar] en [ɛr], que l'on peut constater de nos jours, par exemple, dans le mot *charbon*/*cherbon* ou bien *hareng*/*héreng*. Cette action fermante du [r] est bien attestée dans les textes écrits en Normandie aux XVe et XVIe siècles[37]. Il est intéressant de constater que le terme *veresc* rend compte, dès le XIe siècle, de ce phénomène dialectal. L'étymon d'origine est vraisemblablement *vág-rek(i)*, composé de *vágr*, « vague » et de *(v)reki*, « rejet » ; on obtient donc [varek], puis après fermeture du [a], [verek]. Ce terme est d'ailleurs attesté ultérieurement sous ces deux formes (transcrite *warec* et *werec*) dans un texte d'ancien français, d'origine anglo-normande, *Le Voyage de saint Brandan*, écrit vers 1120[38].

Les attestations ultérieures de tous ces mots montrent qu'ils ont continué à évoluer selon le propre système phonétique de la langue d'oïl, ce qui n'a d'ailleurs rien d'étonnant. Ainsi *hoge* subit-il au cours du XIIIe siècle, comme d'autres mots, la fermeture du [o] en [u] ; d'où *hougue*, largement attesté dans la toponymie du nord du Cotentin[39]. Le terme *walmanni* subit, quant à lui, la vocalisation du [l] dont l'étape définitive se situe à la fin du XIe siècle[40] ; d'où *waumanni* attesté au début du XIIe siècle.

Sémantique

C'est probablement l'un des aspects le plus passionnants de ces premiers termes scandinaves car les textes latins fournissent des précisions sémantiques d'un grand intérêt. Il est aisé de constater que ces termes sont présentés de deux manières différentes.

Dans le premier cas, la majorité des termes apparaissent sous une forme latine, comme nous l'avons vu, et sans aucune précision sémantique (tableau 2). On peut donc en déduire qu'il s'agit de termes intégrés depuis longtemps et parfaitement compris, au point que leur latinisation a semblé évidente. Par exemple, c'est uniquement par l'étymologie que le sens de *fisigardus* nous est connu. Si ce terme désigne une pêcherie située à Dieppe, il devait être parfaitement compris non seulement du scribe qui a rédigé la charte mais aussi de l'établissement bénéficiaire auquel se réfère cette charte (abbaye de la Trinité-du-Mont à Rouen) et éventuellement du donateur (Robert le Magnifique)[41]. Les

37. R. LEPELLEY, *La Normandie dialectale*, Caen, 1999, p. 66.

38. Sur l'étymologie du mot *varech* ainsi que les références bibliographiques, cf. notre article « L'héritage des Vikings dans le domaine de la pêche... », p. 374-375.

39. Comme l'a démontré R. Lepelley dans « La côte des Vikings : toponymie des rivages du Val de Saire (Manche) », *Annales de Normandie*, 1, 1993, p. 23

40. G. ZINK, *Phonétique*..., p. 130.

41. FAUROUX, n° 61, p. 186 : plus précisément, le duc Robert confirme d'anciennes donations à l'abbaye de la Trinité-du-Mont dont un *fisigardum* situé à Dieppe.

termes *walmanni* et *hainfara* s'interprètent de la même façon, ainsi qu'*ullac* qui n'a pas été latinisé ; ce qui montre d'ailleurs que la latinisation des termes de la langue vulgaire n'est pas systématique dans les chartes latines.

Dans le deuxième cas, qui concerne exactement trois termes (*mansloth*, *veresc*, *isnechia*), les scribes ont jugé utile d'apporter des précisions sémantiques en indiquant, d'une part, la catégorie langagière des mots par les mentions *vulgo* (« couramment, communément », c'est-à-dire en langue commune, en langue d'oïl) et *barbara lingua* (« en langue étrangère ») et, d'autre part, en proposant une traduction. Nous n'insisterons pas sur le terme *mansloth*, remarquablement étudié par L. Musset[42]. Ce qu'il faut retenir d'un point de vue sémantique, c'est qu'il s'agit d'un terme rural spécifique qui ne devait pas appartenir au vocabulaire du scribe pour que celui-ci propose d'abord un équivalent latin, *pars* (« part »), qui traduit exactement le second élément du mot (*-loth*, issu de *hlutr*, « part ») et ajoute la mention *vulgo* :*.XXXIII. partes que vulgo Masloth* (var. *Mansloth*) *dicuntur*[43]. Ce terme de tenure apparaît dans une autre charte de la même époque. Il est intéressant d'y observer que les précisions sémantiques figurant dans la première charte ont totalement disparu[44] ; ce qui pourrait suggérer que cette fois-ci le mot était compris ou que la charte a été rédigée exactement au même moment et au même endroit.

Le contexte du terme *veresc* est le seul à offrir une précision géolinguistique. Le rédacteur de la charte précise, en effet, que ce mot est employé « dans ce pays » (*in illis finibus*), c'est-à-dire vraisemblablement dans le Cotentin[45]. Il propose également une traduction, « tout ce qui est rejeté par la mer » (*tocius quoque ejectivi*), qui rend exactement compte de l'étymon scandinave d'origine *vág-reki* (« rejet de la vague »).

Mais c'est le terme *isnechia* avec la mention *barbara lingua* qui interpelle le plus. En effet, cette précision ne s'applique pas à la langue vulgaire mais bien à une langue étrangère comme le suggère l'adjectif *barbarus*. Ainsi, bien que le terme *isnechia* soit déjà intégré au système phonétique de la langue d'oïl, comme l'indique la voyelle prothétique, le moine de Saint-Wandrille, qui a rédigé les *Miracula*, l'a senti comme un terme étranger. Il est utile de préciser, à ce titre, que si l'adjectif *barbarus* s'applique à toute langue étrangère au latin, l'expression *barbara lingua* a plus particulièrement désigné dans les textes latins médiévaux les langues germaniques[46]. Dans un contexte également germanique, on peut penser que, vers le milieu du XIe siècle,

42. L. Musset, « Un type de tenure d'origine scandinave en Normandie : le *mansloth* », *Mémoires de l'Académie nationale des sciences, arts et belles-lettres de Caen*, XII, 1952, p. 359-367, réédité in Id., *Nordica et Normannica*..., p. 441-446.

43. Fauroux, n° 66, p. 201.

44. Fauroux, n° 67, p. 203. Il s'agit d'une confirmation de biens à la cathédrale de Rouen, dont les 33 *mansloth* situés à Pont-d'Ouilly et mentionnés dans la charte précédente, par le duc de Normandie Robert et l'archevêque de Rouen.

45. Fauroux, n° 214, p. 406 : confirmation de donations par Guillaume le Bâtard à l'église Notre-Dame de Coutances.

46. Comme le montrent les différentes attestations dans Du Cange, *Glossarium mediae et infimae latinitatis (1678)*, L. Favre (éd.), Paris, 1937, vol. I, p. 571b (désormais cité Du Cange).

barbara lingua s'appliquait à l'ancien scandinave. Si le rédacteur des *Miracula* n'a pas reconnu en *isnechia* un terme de langue d'oïl, c'est que ce terme ne devait pas être encore très courant, mais le moine savait très bien ce qu'il désignait comme l'indique son récit (l'équipage d'un navire, qui avait chaviré dans l'estuaire de la Seine, est sauvé par une grande barque après avoir prié saint Vulfran)[47] :

> [...], *ecce repente ingens paro, qui barbara lingua Isnechia dicitur, apparuit, in qua innumerabiles videbantur stare viri, loricis coruscantibus induti. Hi igitur propius accedentes hinc inde legebant quos unda sparserat, secumque in barca collocabant.*

Il est intéressant de remarquer que le moine a pris soin d'employer deux autres mots latins équivalents au terme *isnechia* : *paro* et *barca*. Le latin *paro*, qui est un emprunt au grec, désignait dans l'antiquité un petit navire léger et au Moyen Âge, plus particulièrement, un navire de pirates (*navis piratarum, parva navicula piratarum, hostilis navis, conflictus navis*)[48]. Le moine mentionne que ce navire n'est pas seulement «grand» (*magnus*) mais «immense» (*ingens*) ; en employant ainsi les termes d'*ingens paro*, il indique précisément le type de navire désigné par le mot *isnechia*, c'est-à-dire un navire de guerre d'une taille assez importante. Ce terme semble donc conforme à son étymon d'origine puisque la *snekkja* était un navire de 20 bancs de nage (soit 40 rameurs), si ce n'est plus, et pouvait contenir jusqu'à 90 hommes[49]. Dans ce cas, bien que le contexte hagiographique relève de l'imaginaire, la mention «des hommes revêtus de cuirasses étincelantes» ne pourrait-elle pas faire référence à des guerriers? Le second mot, *barca*, insiste, quant à lui, sur l'architecture apparemment légère du navire. Il s'appliquait en général à des bateaux de rivière non pontés. Or rappelons que les navires de guerre vikings sont non pontés et assez bas sur l'eau, leur faible tirant d'eau leur ayant permis de remonter tous les grands fleuves et cours d'eau d'Europe. Ils conservent dans leur morphologie une allure de grande barque. Le moine de Saint-Wandrille a donc dû voir fréquemment à son époque ce type de navire naviguer sur la Seine pour que cette image de «grande barque guerrière» s'impose à lui.

La mention de la *barbara lingua* et la présence d'un terme hybride comme *isnechia*, qui se situe entre la langue scandinave et la langue d'oïl, peuvent-elles nous conduire à les interpréter comme les indices de la continuité de la

47. *Miralcula sancti Vulfranni*..., p. 152; traduction : «voici qu'apparut tout à coup un immense navire, qui en langue barbare se dit *Isnechia*, dans lequel on voyait d'innombrables hommes revêtus de cuirasses étincelantes. Ceux-ci s'approchant plus près recueillaient un peu partout ceux que la mer avaient dispersés et les plaçaient avec eux dans la barque».

48. Références antiques dans F. GAFFIOT, *Dictionnaire français-latin*, Nouvelle édition revue et augmentée par P. FLOBERT, Paris, 2000, p. 1132; A. BAILLY, *Dictionnaire grec-français*, nouvelle édition revue par L. SÉCHAN et P. CHANTRAINE, Paris, 2000, p. 1495. Références médiévales dans DU CANGE, vol. VI, p. 178.

49. Sur tous ces points nous renvoyons à notre article «Bateaux de type scandinave en Normandie (Xe-XIIIe s.)», in *L'Héritage maritime des Vikings*..., p. 289-320 (notamment p. 290-297).

langue des Vikings vers le milieu du XIe siècle? Certainement pas. À notre avis, il convient plutôt de les analyser dans un autre contexte qui est celui des relations extérieures de la Normandie.

PERSPECTIVES HISTORIQUES

Que peut apporter l'étude de ces premiers mots lexicaux scandinaves à notre compréhension de l'établissement scandinave de la Normandie? Deux termes émergent de notre corpus, *mansloth* et *isnechia*, qui nous éclairent sur les relations extérieures de la Normandie, avec l'Angleterre scandinave, d'une part, et avec le monde nordique en général, d'autre part.

L'influence anglo-scandinave

Les historiens comme les linguistes ont depuis longtemps mis en évidence qu'en Normandie un certain nombre de Vikings n'étaient pas en réalité venus directement de Scandinavie mais d'Angleterre. La participation de Vikings originaires des territoires scandinaves d'Angleterre a, en effet, constitué un apport très appréciable à la construction de la Normandie ducale : toponymes et anthroponymes anglo-saxons le prouvent[50].

C'est dans ce contexte anglo-scandinave que Lucien Musset a proposé d'interpréter le terme *mansloth*. Il a montré, sur la base des travaux d'un philologue anglais et d'un historien norvégien, que l'ancien scandinave *mannshlutr* n'était pas un terme rural à l'origine mais une part de revenu dans l'exploitation des pêcheries, en particulier en Norvège où il est attesté. L'emploi de ce terme pour une tenure est en fait un développement dialectal propre aux Scandinaves d'Angleterre. La plus ancienne attestation de *mannshlutr* avec ce sens rural spécifique apparaît en Angleterre (comté de Nottingham) vers 956 sous la forme *mannahlot* dans une charte pour l'archevêque d'York Oscytel[51]. On peut donc qualifier le terme normand *mansloth* d'anglo-scandinave dans la mesure où étymologiquement il est d'origine scandinave et sémantiquement anglais. Face à une onomastique anglo-scandinave bien attestée, il s'agit apparemment du seul substantif de cette nature enregistré en Normandie.

Il semble malheureusement impossible de dater avec précision l'entrée de ce terme en Normandie car l'apport anglo-scandinave s'est vraisemblablement effectué sur plusieurs décennies entre le IXe et le XIe siècle, comme le montrent les attestations suivantes. Le départ de Scandinaves d'Angleterre vers la Normandie est mentionné à trois reprises dans la *Chronique anglo-saxonne*.

50. Voir en particulier L. MUSSET, «Les apports anglais en Normandie de Rollon à Guillaume le Conquérant (911-1066)», *Publications de l'Association des Médiévistes anglicistes de l'enseignement supérieur*, IV, 1977, p. 59-82, réédité in ID., *Nordica et Normannica*..., p. 447-466; G. FELLOWS-JENSEN, «Les noms de lieux d'origine scandinave et la colonisation viking en Normandie. Examen critique de la question», *Proxima Thulé*, vol. 1, 1994, p. 63-103 (notamment p. 94-100).

51. L. MUSSET, «Un type de tenure d'origine scandinave... », p. 442.

TABLE DES MATIÈRES

Centre Culturel International de Cerisy-la-Salle

Le Centre Culturel International de Cerisy organise, chaque année, de juin à septembre, dans le cadre accueillant d'un château du XVIIème, monument historique, des colloques réunissant artistes, chercheurs, enseignants, étudiants, mais aussi un vaste public intéressé par les échanges culturels.

Une longue tradition culturelle

– Entre 1910 et 1939, Paul Desjardins organise à l'abbaye de Pontigny les célèbres **décades**, qui réunissent d'éminentes personnalités de l'époque pour débattre de thèmes artistiques, littéraires, sociaux, politiques. Entre autres : Bachelard, Curtius, Gide, Groethuysen, Koyré, Malraux, Martin du Gard, Oppenheimer, Sartre, Schlumberger, Valéry, Wells.

– En 1952, Anne Heurgon-Desjardins, remettant le château en état, crée le **Centre Culturel de Cerisy** et, grâce au soutien des «Amis de Pontigny-Cerisy», poursuit, en lui donnant sa marque personnelle, l'œuvre de son père.

– Depuis 1977, ses filles, Édith Heurgon et Catherine Peyrou, ont repris le flambeau et donnent une nouvelle ampleur aux activités du Centre. Les sujets se sont diversifiés, les formules de travail perfectionnées et les installations modernisées.

Un même projet original

– Accueillir dans un cadre prestigieux, éloigné des agitations urbaines, pendant une période assez longue, des personnes qu'anime un même attrait pour les échanges, afin que se nouent, dans la réflexion commune, des liens durables. Ainsi, la caractéristique de Cerisy, comme de Pontigny autrefois, hors l'intérêt, certes, des thèmes choisis, c'est la qualité de l'accueil ainsi que la convivialité des rencontres, «le génie du lieu» en somme, où tout est fait pour l'agrément de chacun.

– Les propriétaires, qui assurent aussi la direction du **Centre**, mettent gracieusement les lieux à la disposition de l'**Association des Amis de Pontigny-Cerisy**, sans but lucratif et reconnue d'utilité publique, dont le Conseil d'Administration est présidé par Jacques Vistel, conseiller d'État.

Une régulière action soutenue

– Le **Centre Culturel** a organisé plus de **400 colloques** abordant aussi bien les œuvres et la pensée d'autrefois que les mouvements intellectuels et les pratiques artistiques d'aujourd'hui, avec le concours de personnalités éminentes. Ces colloques ont donné lieu, chez divers éditeurs, à près de **300 ouvrages**, dont certains, en collection de poche, accessibles à un large public.

– Le **Centre National du Livre** assure une aide continue pour l'organisation et l'édition des colloques. Les **collectivités territoriales** (Conseil Régional de Basse Normandie, Conseil Général de la Manche, Communauté de Communes de Cerisy) ainsi que la Direction Régionale des Affaires Culturelles, apportent leur soutien au fonctionnement du centre. Ne se limitant pas à son audience internationale, l'Association peut ainsi accueillir un public local nombreux dans le cadre de sa **coopération** avec l'**Université de Caen** qui organise et publie plus de deux rencontres annuelles.

RENCONTRES DE CERISY
ORGANISÉES AVEC L'UNIVERSITÉ DE CAEN

Cycle « Normandie médiévale »
Organisation : Office Universitaire d'Études Normandes et Centre de Recherches Archéologiques et Historiques Médiévales

Aux Presses Universitaires de Caen

Les Normands en Méditerranée dans le sillage des Tandrède, 1994, rééd. 2001
Les Évêques normands du XIe siècle, 1995
L'Architecture normande au Moyen Âge (coédition Ch. Corlet), 1997, rééd. 2002
Manuscrits et Enluminures dans le monde normand (X[e]-XVe siècles), 1999
Les Saints dans la Normandie médiévale, 2000
Frédéric II et l'Héritage normand d'Italie méridionale (1194-1250), 2000
L'Architecture de la renaissance en Normandie (co-édition Corlet), 2003
La Tapisserie de Bayeux : l'art de broder l'histoire, 2003

Chez d'autres éditeurs

Culte et pèlerinage à Saint-Michel : les trois monts dédiés à l'archange, Ecole Française de Rome, 2003
L'Angleterre et la Normandie au Moyen Âge, Publications du CRAHM, 2003
Les Fondations scandinaves en Occident, Publications du CRAHM, 2005

Centre de recherches « texte, histoire, langage »

Aux Presses Universitaires de Caen

Le stéréotype : crise et transformations, 1994
L'auteur, 1996
Voix, Traces, Avènement : l'écriture et son sujet, 1999
Saint-Évremond entre Baroque et Lumières, 2000
Le récit d'enfance et ses modèles, 2003

Chez d'autres éditeurs

Éloquence et vérité intérieure, Honoré Champion, 2002

Centre d'études et de recherche en Sciences de l'Éducation

Le sens de l'école et la démocratie, Peter Lang, 2001

Conception – Réalisation

Publications du CRAHM
Esplanade de la Paix
F-14032 Caen Cedex

Tél. 02 31 56 56 09
Fax 02 31 56 54 95

E-mail : crahm.publications@unicaen.fr
Internet : http://www.unicaen.fr/crahm/publications

Impression : IMB.